U0594175

道路桥梁工程理论
及施工方法研究

主　编　彭盛涛　张凤春　孙小菊
副主编　吕振利

中国水利水电出版社
www.waterpub.com.cn

内 容 提 要

本书共分十一章,阐述了道路工程概论,道路路线设计,道路交叉设计,路基工程与施工,路面工程与施工,桥梁工程概论,混凝土简支梁桥的构造、设计及计算,其他体系桥梁及桥梁支座,拱桥的构造、设计及计算,桥梁墩台的构造、设计及计算,桥梁工程施工等知识内容。

不仅对不同道路的设计以及施工方法进行了介绍,还对不同体系桥梁的构造和设计进行了介绍。

本书不仅可以作为高等院校道路桥梁工程技术专业的参考用书,也可作为土木工程、交通运输等专业道路与桥梁方向的参考用书,也可作为从事道路与桥梁设计、管理和施工的工程技术人员的参考用书。

图书在版编目(CIP)数据

道路桥梁工程理论及施工方法研究 / 彭盛涛,张凤春,孙小菊主编. -- 北京 : 中国水利水电出版社,2015.8(2022.10重印)
ISBN 978-7-5170-3498-8

Ⅰ. ①道… Ⅱ. ①彭… ②张… ③孙… Ⅲ. ①道路施工②桥梁施工 Ⅳ. ①U415②U445

中国版本图书馆CIP数据核字(2015)第185895号

策划编辑:杨庆川	责任编辑:陈 洁	封面设计:崔 蕾

书 名	**道路桥梁工程理论及施工方法研究**
作 者	主 编 彭盛涛 张凤春 孙小菊
	副主编 吕振利
出版发行	中国水利水电出版社
	(北京市海淀区玉渊潭南路1号D座 100038)
	网址:www.waterpub.com.cn
	E-mail:mchannel@263.net(万水)
	sales@mwr.gov.cn
	电话:(010)68545888(营销中心)、82562819(万水)
经 售	北京科水图书销售有限公司
	电话:(010)63202643、68545874
	全国各地新华书店和相关出版物销售网点
排 版	北京厚诚则铭印刷科技有限公司
印 刷	三河市人民印务有限公司
规 格	184mm×260mm 16开本 26印张 665千字
版 次	2016年1月第1版 2022年10月第2次印刷
印 数	2001-3001册
定 价	89.00元

前　言

"公路"一词最早出现于 20 世纪初，它伴随汽车的出现而产生。改革开放以来，我国国民经济出现强劲增长的趋势，公路运输需求急剧增加，公路建设事业尤其是高等级公路和桥梁建设得到快速发展。在经济上，桥梁和涵洞的造价一般来说平均占公路总造价的 10%～20%。

本书依据公路工程现行的技术标准、规范和规程，以应用为核心，以实用、实际和实效为原则，及时反映现阶段公路工程的发展和科技成果。结合公路工程人才培养目标，突出了以培养应用型人才为目标的指导思想。

本书共分十一章，具体包括：道路工程概论，道路路线设计，道路交叉设计，路基工程与施工，路面工程与施工，桥梁工程概论，混凝土简支梁桥的构造、设计及计算，其他体系桥梁及桥梁支座，拱桥的构造、设计及计算，桥梁墩台的构造、设计及计算，桥梁工程施工。

全书在内容选取、章节安排和文字阐述上力求做到：基本理论简明扼要、深入浅出，注意理论联系实际，重点突出各种道路工程和桥梁工程实用技术，适当介绍国内外各种道路工程和桥梁工程的新技术、新工艺、新材料和新设备。

本书具有以下几方面的特点：

①全书侧重构造要求及原理、设计规范和施工规范的应用、标准设计的应用、施工工艺和方法。

②详细的计算仅限于简单的结构，而且侧重于实用计算，即更加关注"计算步骤"而不是深层次的理论分析。

③对于较复杂的桥型，侧重其构造要求，对设计、计算方法也有针对性地做一些介绍。

④在施工方面，重点介绍基本工艺和现阶段常用的施工方法，对于一些大型、复杂的桥梁施工，也做了简要介绍。

本书使用的技术标准、技术规范均为现行最新的，所引用的相关历史资料、专业资料均经多方考证，力求准确、"最新"，并在理论、工艺、结构、材料等方面体现行业发展的最新动态。

全书由彭盛涛、张凤春、孙小菊担任主编，吕振利担任副主编，并由彭盛涛、张凤春、孙小菊负责统稿，具体分工如下：

第 1 章、第 2 章、第 10 章：彭盛涛(广安职业技术学院)；

第 3 章、第 4 章、第 9 章第 1 节～第 2 节：张凤春(吉林建筑大学)；

第 5 章、第 11 章：孙小菊(黄河交通学院)；

第 6 章～第 8 章、第 9 章第 3 节～第 4 节：吕振利(华侨大学)。

本书在编写过程中参考了大量的相关书籍和文献，在此向有关作者表示衷心的感谢！

由于我们水平有限，编写时间也较紧迫，错误之处一定不少，敬请读者批评指正。

编　者

2015 年 6 月

目　　录

第1章 道路工程概论

1.1 道路现状及道路的发展概况

1.1.1 我国道路的现状

城市道路随着城市的发展和经济的繁荣而迅速发展。据统计至 2005 年末，全国拥有城市道路 2.47×10^5 km，道路面积 3.92×10^9 m²，城市人均道路面积 10.93 m²。比 1999 年的城市人均道路面积增加了 2.13 m²。公路里程由 2002 年的 1.76×10^6 km 增至到 2005 年的 1.93×10^6 km，高速公路的里程数已达到 4.1×10^4 km，跃居世界第二位，一级公路和二级公路也保持了年均 29% 和 14% 的增长率。公路等级明显提高，路况大为改善。与此同时，特大城市为解决客运正在建造地下铁道；一般大中城市中，环城路、立交桥、人行天桥、人行地道都处于规划与建设中。

随着城市人口与经济的发展，以及城市化水平的迅速提高，大量增长的城市交通需要与有限的道路容量产生的供求矛盾日趋尖锐。我国大城市机动车数量正以每年 15%～20% 的增长速度递增，自 1980 年以来，我国特大城市市区机动车平均时速已由过去的 20 km/h 左右下降到现在的 12 km/h 左右。在一些大城市中心地区，机动车平均时速已下降到 8～10 km/h。全国百万人口以上的特大城市，大部分交通流量负荷接近饱和，有的城市中心地区交通已接近半瘫痪状况。虽然至 2005 年，我国城市人均道路面积已达到 10.93 m²，但一些发达国家一般为 20～40 m²，我国道路网密度也很低，一般只有 4%，而发达国家一般均在 20% 左右。到目前为止，我国 70% 左右的城市还没有形成城市干道网系统，大城市快速路、大容量轨道交通系统的建设还处于起步阶段。为适应城市化进程的进一步加快，汽车工业的大规模发展，缓解与改善城市道路交通，今后治理与规划的对策是继续深化多层次的城市规划与建设综合交通体系，注重工程建设与管理政策双管齐下。

1.1.2 道路发展史

中国是一个有 5000 多年文明史的国家，在道路、桥梁的修建和车辆制造以及交通管理等方面都取得过辉煌的成就，是我国古代灿烂文化的一部分。道路交通对于繁荣经济和交流文化，对于维护民族团结和国家统一，都作出了巨大贡献。中国古代道路和桥梁建筑，在世界上曾处于领先地位，在世界道路交通史上留下了光辉的篇章。

公路，在我国历史上习称为"道路"。早在公元前 2000 年，我国已出现可行驶牛、马车的道路。秦朝时期的这种道路称为"驰道"，较长时期称为"驿道"，并强调"车同轨、书同文"。公元前 2 世纪，我国通往中亚细亚和欧洲的丝绸之路开始发展起来。唐代是我国古代道路发展的鼎盛时期，初步形成了以城市为中心的四通八达的道路网。元明时有"大道"之称。清代道路网系统分为三等,即将由京都通往各省会间的道路称为"官马大路"、由各省会通往各地城市的联络支线称为"大路"、市区内街道称为"马路"。"官马大路"分东北路、东路、西路和中路四大干线,共长2000 km多。

到了清代末期和明国初期,由于汽车和近代筑路法的输入,开始有了"汽车路"的名称。其后随着外文资料的输入,将英语"Public Road"译为"公路",并将"highway"一词也译为"公路"。国民政府成立后,一般将城市以外的汽车路称为"公路",将市内和市郊的汽车路称为"道路"。在某些情况下,"公路"与"道路"两词互为通用。

我国现代公路建设始于1906年。1906年,清朝政府为镇压人民起义,广西巡府拨军饷十万银元派驻军修建镇南关(友谊关)——龙州公路(55 km)。1949年新中国成立时,公路通车里程仅8.07万km,公路密度仅0.8 km/百平方公里。

1949年新中国成立以来,我国进入了社会主义建设的伟大时代。由于工农业生产迅速发展,人民生活逐步提高,尤其是建立和发展了汽车工业和石油工业,使我国公路交通事业得到了迅速的发展。特别是1978年以后,国家实行了以经济建设为中心的政策,开始了建设有中国特色的社会主义的新时期,公路建设也开创了崭新的局面。公路运输已渗入到经济建设和社会生活的各个方面,在国民经济中占有越来越重要的地位。

近代出现的公路与古代的土路其功能截然不同。公路为近代交通工具的载体,在交通流量和行驶速度日益增长的情况下,对公路的建设要求不断提高,这些都是古代道路无法比拟的。近代公路建筑,随着测量技术、筑路技术、筑路材料和检测技术的发展,其结构不断完善和发展,它包括了由路基、路面、桥梁、涵洞、隧道、渡口、防护、景观及交通工程等构成的公路建设内容。

汽车工业的发展,促进了公路建设的发展。公路运输较铁路、水运、航空、管道等运输方式,由其独特的特点,即直达、迅速、适应性强和服务面广。因此,汽车运输一出现,就在经济、政治、军事、文化和旅游等方面占有重要的地位。为了提高汽车运输的服务质量,公路的通车里程在不断增长,路基路面的建设质量、公路的等级也在不断提高。

1.1.3 我国道路的发展规划

城市道路发展目标应与城市经济发展相适应,与人口增长和车辆增长相适应,建成布局得当、结构合理、设施完备的城市道路网。

1.城市道路发展工作的序列

城市道路发展工作的序列是规划、建设、养护,并注意技术进步。

①道路规划。从提高功能、改善运行条件出发,完善路网规划。城市应按交通需要,进行快速路系统规划。完善路口渠化,大中城市应进行非机动车交通规划。

②道路建设。加快主次干道和快速路建设,在交通特别繁忙地段安排立交、人行过街设施、停车场和自行车道建设,各城市应有重点地改造路线瓶颈地段。

③养护维修。以解决道路病害为重点,提高养护质量,保证道路完好,提高铺装率和道路工程建设质量。

④技术进步。在规划设计和管理工作中积极推广计算机应用技术,逐步实现利用电子技术解决信息处理,注意高等级道路和桥梁结构的技术发展,开展工废和再生沥青混凝土的利用,引

进机械化筑路、养护机械的先进技术,开发研制新型机械设备。

2.我国道路发展的原则

道路发展原则有:

①城市道路规划应以国民经济建设发展计划为依据,按城市总体布局,合理安排建设计划和投资比例,与城市经济和其他设施协调发展。

②贯彻近远期相结合的原则。—城市道路建设的五年计划和年度计划应与远期规划相结合,从路网体系、道路宽度、道路结构等方面为城市道路的远景发展创造条件。

③贯彻配套建设的原则。在城市建设和新城区建设及旧城改造中,对城市道路建设实行综合开发、配套建设,以道路带动城市基础设施建设和城市发展。

④发挥整体功能的原则。从建设、养护维修、路政管理3个环节上加强管理,制止乱占乱挖,改善道路环境,保证城市道路各种功能的充分发挥。

3.发展规划

到目前为止,我国有两个重要的国家公路网的规划,即《"五纵七横"国道主干线系统规划》和《国家高速公路网规划》。

(1)"五纵七横"国道主干线系统规划

"五纵七横"国道主干线的规划始于20世纪80年代,当时随着改革开放的推进和经济社会的发展,交通基础设施对国民经济发展的"瓶颈"制约进一步加剧。为此,交通部编制了《"五纵七横"国道主干线系统规划》,并于1992年得到国务院批准,1993年正式发布实施。

该规划预计到2020年建成五纵七横12条总长约3.5万km的国道主干线。这些国道主干线都是二级以上的高等级公路,其中高速公路约占总里程的76%。它们连接了首都、各省省会、直辖市、经济特区、主要交通枢纽和重要对外开放口岸,覆盖了当时全国所有人口在100万以上的特大城市和93%的人口在50万以上的大城市,是具有全国性政治、经济、国防意义的重要干线公路。"五纵七横"国道主干线规划如图1-1所示。

由于我国公路基础设施建设规模不断扩大,到2007年底,"五纵七横"国道主干线提前建成,为我国现代化建设发挥了重大的作用。

(2)国家高速公路网规划

"十五"中期,在《"五纵七横"国道主干线系统规划》的基础上,为进一步适应国民经济快速发展和满足人民群众安全便捷出行的需求,交通部编制了《国家高速公路网规划》,并于2004年年底由国务院发布实施。国家高速公路网简称为"7918"网,共34条路线,包含了"五纵七横"国道主干线的全部12条路线,总规模为8.5万km,其中主线6.8万km,地区环线、联络线等其他路线约1.7万km。服务对象进一步扩展到所有人口在20万人以上的城市、国家4A级及以上旅游景区城市等,规划技术等级全部为高速公路。

国家高速公路网规划如图1-2所示。

1.1.4　城市道路现状及发展

1996年底,城市道路总车里程13.25万km,人均道路面积7.6 m²/人,万人拥有公交车辆7.29辆,客运总量314.8万人次。到2006年底,城市道路总车里程24.15万km,人均道路面积11.04 m²/人,万人拥有公交车辆9.05辆,客运总量465.9亿人次,各项指标比十年前均有较大发展。但是近十年来民用车辆从 488.02 万辆增加到 3679.35 万辆（其中私人小汽车 2333.32 万辆），由于私人小汽车的快速膨胀，导致城市交通比十年前更加拥挤，污染更加严重。

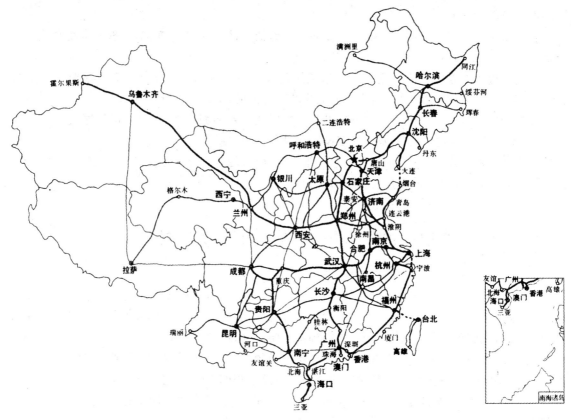

图 1-1 "五纵七横"国道主干线规划

在今后，城市道路和交通发展的重点会在以下这些方面：

①城市公共交通是城市交通的基础，各城市结合自己的情况可以适时发展地铁、轻轨等大运量轨道交通。

②加强交通管理。

③发展快速干道，改善路网布局。

④研制新型交通工具。

⑤城市道路发展的重点将逐步从提高道路面积率向综合交通管理发展。

1.1.5 国外道路发展概况

相比之下，国外的道路运输比我国要发达得多。早在第二次世界大战以后，道路运输首先在几个发达的国家迅速地发展起来。由于道路运输对环境的适应能力很强，道路上可以行驶不同的车辆，旅客和货物等可以直接由起点运到终点，在距离不很长的情况下，效率很高，表现出很强的竞争能力。因此在竞争中道路的运输量大幅度上升，而原来运输量大的铁路客货运输量却大幅度下降。表 1-1、表 1-2 的统计数字即表明了这一点。

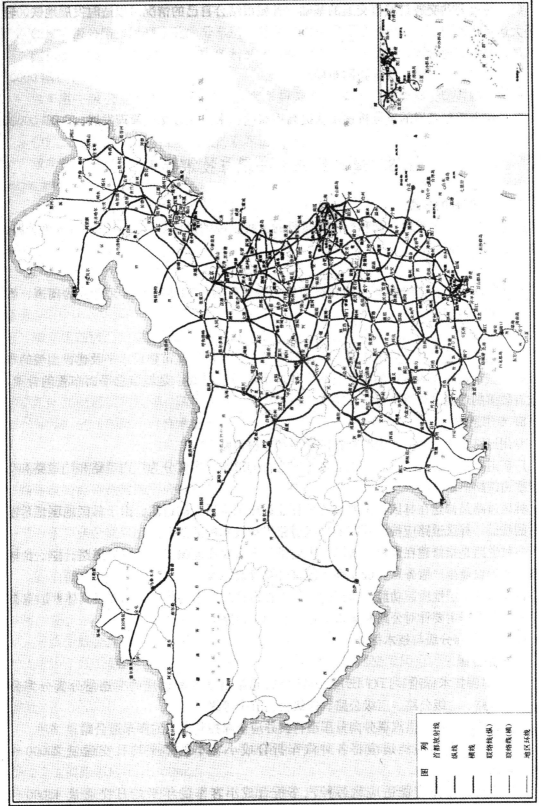

图1-2 国家高速公路网布局方案

表 1-1　发达国家交通方式所占的比例表

国　名	年　度	道路（%）	海运（%）	铁路（%）	合计（百万吨·公里）
法　国	1986	67.1	3.7	29.2	164000
	1987	69.2	3.5	27.2	172000
	1988	70.3	3.7	25.9	195600
原联邦德国	1986	55.0	20.8	24.2	250000
	1987	57.1	19.2	23.7	249500
	1988	57.6	19.9	22.5	266400
英　国	1985	64.2	26.2	9.6	159100
	1986	60.5	29.9	9.6	172000
	1987	61.3	29.3	9.4	184800
美　国	1985	32.3	20.3	47.4	3036000
	1986	33.0	20.4	46.6	3092000
	1987	33.0	21.3	46.9	3330000
日　本	1985	47.5	47.4	5.1	433893
	1986	49.7	45.5	4.8	434685
	1987	50.5	44.9	4.6	408585

表 1-2　发达国家全国道路里程覆盖国土面积比例表

国名	高速公路里程（km）	主干线公路里程（km）	国土面积（km²）	高速公路里程/国土面积（km/10³）	主干线公路里程/国土面积（km/10³）
美　国	84361	733601	9372614	9.00	78.27
原联邦德国	8970	39814	248694	36.61	160.09
英　国	3100	15406	299988	10.33	51.36
法　国	7100	35070	551000	12.88	63.65
意大利	6216	51862	301277	20.63	172.14
日　本	4661	50941	377801	12.33	134.84

　　从以上数据可以看到：发达国家（除美国外）的道路在交通运输中都占有较大的比例，其原因就在于发达国家不仅是道路路线长，而且高等级公路占的比例大，道路网布局密度大，道路交通占全国交通总量的比例大，在交通运输中起着重要的作用。以原联邦德国为例：至 1988 年时的近 30 年中，其汽车客运能力增加了 15%，铁路客运能力仅增加了 5%；公路货物运输增加了 85%，而铁路货物运输几乎未增加。

1.2　道路的分类、分级与技术标准

1.2.1　道路的分类

道路是指供各种无轨车辆和行人等通行的工程设施的总称。按其使用特点分为公路、城市道路和专用道路。

1.公路

城市郊区以外、连接城乡间的较长道路。按其重要性和使用性质又可分为国道、省道、县道和乡道四类。

2.城市道路

城市范围内的道路，除承担交通运输任务外，还能反映城市建设水平及建设面貌的布局风格。城市道路作为城市的公共空间，是城市建设的基础，是城市总平面布置的骨架，要求有较多的功能。

3.专用道路

专用道路主要包括厂矿道路、林区道路和乡村道路。

厂矿道路主要是为工厂、矿山运输车辆通行的道路。通常分为厂内道路和厂外道路及露天矿山道路。

林区道路是修建在林区，主要供各种林业运输工具通行的道路。由于林区地形及运输木材的特征，林区道路应按照专门的林区道路工程技术标准执行。

乡村道路是指修建在乡村、农场，主要供行人和农业运输工具通行的道路。由于乡村道路主要为农业生产服务，一般不列入国家公路等级标准。

各类道路由于性质、功能、位置的不同，在设计时采用的依据、标准及具体要求也有所不同。本课程主要针对公路和城市道路，它们是道路的主要部分。

1.2.2　城市道路分类与技术分级

城市的生产、供应、服务，居民的工作出行、生活出行和交通运输等都依靠道路来完成。近年来，随着汽车工业的发展和现代城市交通与运输的兴旺，更需要有功能分明的城市道路为其服务，以明确城市道路的特性，充分发挥其不同功能，保证城市中生产、生活活动正常进行，交通运输经济合理。因此，根据道路在城市中所处的地位、功能作用以及交通特性进行合理的分类，有着重要的技术经济意义。

功能不分、交通混乱的道路网，会给城市的正常生产和生活带来不便，不仅会影响城市道路的交通组织，降低交通运输效率，加剧交通拥挤的状况，还会导致交通肇事的增加和公害的产生。对城市道路进行合理的分类可以使各种道路在城市道路网中充分发挥其功能作用，做到不同道路各尽其能，车辆、行人各行其道，从而达到安全、迅速、经济、舒适和美观的目的。

道路的类型不同，其相应的技术标准也不同。如对于主要交通干道，为保证较高的车速，其相应的技术指标就高;而居住区道路,限于自然地形等条件的局限,其指标可以低一些。因此,道路分类也是决定道路宽度和几何线形设计等技术标准的主要依据。

1.城市道路分类

我国城市道路根据道路在道路网中所处的地位、交通功能、沿线建筑物及车辆和行人进出的服务频率,将其分为快速路、主干路、次干路和支路4大类。

(1)快速路

快速路是城市中有较高车速为长距离交通服务的重要道路。其主要联系市区各主要地区、主要的近郊区、卫星城镇,以及主要对外公路。它具有以下特征:对向车行道间设中间分隔带,禁止行人和非机动车进入快速车道;进出口采用全控制或部分控制;与高速公路、快速路、主干道相交采用立体交叉;与交通量较小的次干路相交可采用平面交叉;与支路不能直接相交;过路行人集中处设置过街人行天桥或地道。

(2)主干路

主干路是城市道路网的骨架,是连接城区各主要分区的交通干道。其承担城市的主要客货运交通,是城市内部的交通大动脉。

主干路一般设6条车道或4条机动车道且有分隔带的非机动车道。一般不设立体交叉,而采用扩大交叉口的办法提高通行能力,个别流量特大的主干路交叉口,也可设置立体交叉。

(3)次干路

次干路是城市中数量较多的一般交通道路,配合主干路组成城市干道网,起联系各部分和集散交通的作用,并兼有服务功能。

次干路一般可设4条车道,可不设单独非机动车道。交叉口可不设立体交叉,部分交叉口可以作扩大处理,并加以渠化。在街道两侧允许布置吸引人流的公共建筑,并应设停车场。

(4)支路

支路是次干路与街坊路的连接线,解决局部地区交通,以服务功能为主。部分主要支路可以补充干道网的不足,可以设置公共交通路线,也可以作为自行车专用道。支路上不宜通行过境车辆,只允许通行为地区服务的交通车辆。

2.城市道路技术分级

根据《城市道路设计规范》(CJJ 37—90)(以下简称《城规》)的规定,各类城市道路的主要技术指标可参见表1-3。

表1-3 我国城市道路分类及主要技术指标

类别	项目					
	级别	设计速度/(km·h⁻¹)	双向机动车道数/条	机动车道宽度/m	分隔带设置	横断面采用形式
快速路		80,60	≥4	3.75~4	必须设	双、四幅路
主干路	Ⅰ	50~60	≥4	3.75	应设	单、双、三、四
	Ⅱ	40~50	3~4	3.5~3.75	应设	单、双、三
	Ⅲ	30~40	2~4	3.5~3.75	可设	单、双、三

续表

类别	级别	设计速度/(km·h⁻¹)	双向机动车道数/条	机动车道宽度/m	分隔带设置	横断面采用形式
次干路	Ⅰ	40～50	2～4	3.5～3.75	可设	单、双、三
	Ⅱ	30～40	2～4	3.5～3.75	不设	单幅路
	Ⅲ	20～30	9	3.5	不设	单幅路
支路	Ⅰ	30～40	2	3.5	不设	单幅路
	Ⅱ	20～30	2	3.25～3.5	不设	单幅路
	Ⅲ	20	2	3.0～3.5	不设	单幅路

1.2.3 公路分类与技术分级

根据公路的使用任务、功能和适用的交通量,公路分为5个等级:高速公路、一级公路、二级公路、三级公路和四级公路。

根据《公路路线设计规范》(JTG D20—2006)(以下简称《路规》)的规定,各级公路的技术指标见表1-4。

表1-4 各级公路主要技术指标汇总表

公路等级		高速公路、一级公路								
设计速度/(km·h⁻¹)		120			100			80		60
车道数		8	6	4	8	6	4	6	4	4
行车道宽度/m		2×15.00	2×11.25	2×7.50	2×15.00	2×11.25	2×7.50	2×11.25	2×7.50	2×7.00
路基宽度/m	一般值	42.00	34.50	28.00	41.00	33.50	26.00	32.00	24.50	23.00
	最小值	40.00		25.00	38.50		23.50		21.50	20.00
平曲线最小半径/m	极限值	650			400			250		125
	一般值	1000			700			400		200
停车视距/m		210			160			110		75
最大纵坡/%		3			4			5		6
车辆荷载		公路—Ⅰ级								
公路等级		二级公路、三级公路、四级公路								
设计速度/(km·h⁻¹)		80	60	40	30	20				
车道数		2	2	2	2	2或1				
行车道宽度/m		2×7.50	2×7.00	2×7.00	2×6.50	2×6.00(单车道时为3.5)				

公路等级		二级公路、三级公路、四级公路					
设计速度 /(km·h⁻¹)		80	60	40	30	20	
路基宽度/m	一般值	12.00	10.00	8.50	7.50	6.50(双车道)	4.50(单车道)
	最小值	10.00	8.50				
平曲线最小半径/m	极限值	250	125	60	30	15	
	一般值	400	200	100	65	30	
会车视距/m		220	150	80	60	40	
最大纵坡/%		5	6	7	8	9	
车辆荷载		公路-Ⅱ级					

1.2.3　设计依据

道路工程是包括道路的规划、勘测、设计、施工和养护等过程的应用科学技术。由于各条道路的任务、目的、功能及所在地区的自然条件各异，对每条道路的设计要求也各有不同。为满足交通运输发展和国家建设需要，以及合理地使用工程建设投资，国家制定颁布了《城规》、《路规》、《公路工程技术标准》(JTG B01—2003)等作先道路工程规划、勘测、设计、施工、养护全过程技术执行标准与质量控制方面的法律依据。

1.设计速度

设计速度是指在道路、交通与气候良好的情况下，仅受道路物理条件限制时具有平均驾驶技术水平的驾驶员所能保持的最大而安全的车速。它是表明道路等级与伸用水平的主要指标，是道路几何线形设计所依据的车速。

2.设计车辆

车辆的外廓尺寸是道路几何设计的重要依据，如路幅组成、弯道加宽、纵坡、视距、交叉口设计等都与车辆的外廓尺寸密切相关。各类规范对各种车辆进行归类，将其尺寸标准化称为设计车辆。我国《城规》将设计车辆分为小型汽车、普通汽车和铰接车3类。各机动车设计车辆外廓尺寸见图1-3。

3.交通量

交通量是确定道路等级的主要依据。道路的交通量是指单位时间内(每小时或每昼夜)通过道路上某一横断面处的往返车辆总数。交通量与社会经济发展速度、气候、物产、文化生活水平等多方面因素有关，且随着时间、地点的不同而随机变化。其具体数值通过交通调查和交通预测确定。

设计年限包括为确定路面宽度而采用的计算交通量增长年限与为确定路面结构而采用的路面使用年限两种。

在确定道路横断面车行宽度时，远期交通量的年限作为道路设计年限的指标。在设计年限内,车行道的宽度应满足道路交通增长的要求,以保证车辆能安全、舒适、通畅地行驶。《城规》中道路交通量达到饱和状态时的设计年限见表1-5。

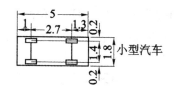

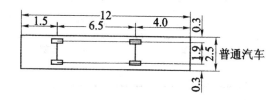

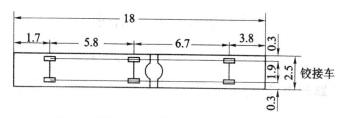

图1-3　机动车设计车辆外廓尺寸(尺寸单位:m)

表1-5　交通量达到饱和状态时的设计年限

道路分类	快速路、主干路	次干路	支路
设计年限/a	20	15	10～15

注:a代表年。

路面结构需要翻修改建的年限为路面结构设计年限。根据路面等级、面层类型及交通量选用不同的设计年限,以保证在设计年限内路面平整并具有足够强度。路面结构达到临界状态时的设计年限见表1-6和表1-7。

表1-6　各级公路的沥青路面设计年限

公路技术等级	高速公路、一级公路	二级公路	三级公路	四级公路
设计年限/a	15	12	8	6

表1-7　各级公路的水泥路面设计基准期

公路技术等级	高速公路	一级公路	二级公路	三、四级公路
设计年限/a	30	30	20	20

必须指出,在进行路面结构设计时,其远景交通量应按照路面结构的使用年限来估算,若在该使用年限中的车行道宽度容纳不下那么大的交通量,则应以车行道的通行能力达到饱和时的

那个年份的设计交通量作为路面结构设计的依据。

4.通行能力

在一定的道路和交通条件下,道路上某一路段单位时间内通过某一断面的最大车辆数,称为道路的通行能力,其单位为辆/小时。道路通行能力是表示道路对于交通量的承载能力,通行能力越大,容许通过的交通量也越大。

机动车道通行能力按单位时间通过道路某断面的小型汽车计;中小城市小型汽车很少时,可按普通汽车计。车种换算系数见表1-8。

表 1-8　车种换算系数

车种	小型汽车	普通汽车	铰接车
换算系数	1.0	1.5	2

1.3　道路的基本组成

1.3.1　城市道路的组成

在城市里,沿街两侧建筑红线之间的空间范围为城市道路用地,该用地由以下不同功能用地组成:

①供各种车辆行驶的车行道。其中,供汽车、无轨电车、摩托车行驶的为机动车道;供有轨电车行驶的为有轨电车道;供自行车、三轮车、畜力车行驶的为非机动车道。

②专供行人步行交通用的人行道。

③起卫生、防护与美化作用的绿化带。

④用于排除地面水的排水系统,如街沟或边沟、雨水口、窨井、雨水管等。

⑤为组织交通、保证交通安全用的辅助性交通设施。如交通信号灯、交通标志、交通岛、护栏等。

⑥交叉口和交通广场。

⑦停车场和公共汽车停靠站台。

⑧沿街的地上设施。如照明灯柱、架空电线杆、给水栓、邮筒、清洁箱、接线柜等。

⑨地下的各种管线。如电缆、煤气管、给水管、污水管等。

⑩在交通高度发达的现代城市,还建有架空高速道路、人行过街天桥、地下道路、地下人行道、地下铁道等。

1.3.2　城市道路的特点

与公路相比较,城市道路具有功能多样、组成复杂,车辆多、类型杂、车速差异大,行人交通量大,道路交叉点多,沿路两侧建筑密集,艺术要求高,城市道路规划、设计的影响因素多,政策性强等特点。

第2章　道路路线设计

2.1　道路平面设计

2.1.1　概述

道路是一个三维空间实体,是带状的空间构筑物。其设计主要包括路线走向和线形设计两方面的问题。

路线设计应合理利用地形,正确运用技术标准,保证线形的均衡性。道路线形应在平、纵、横三方面进行综合设计,保持各元素之间的协调一致。这三方面的组合不仅要满足汽车动力性能的要求,而且还要满足驾驶员视觉和心理等方面的要求,这对保证汽车行驶安全顺适具有极其重要的作用。

道路平面线形是指道路中线投影到平面的几何形状和尺寸。平面线形设计时如受地形、地物等障碍的影响而发生转折,就需要设置圆曲线,为保证行车的舒顺与安全,在直线、圆曲线间或不同半径的两圆曲线之间要插入缓和曲线,圆曲线与缓和曲线合称为平曲线。

路线设计应妥善处理远期与近期、整体与局部的关系,结合地形、地物、地质、水文、气象、筑路材料等自然条件,充分考虑农业、环保等方面的要求,注意与铁路、航运、空运、管道等运输的配合协调,通过综合研究分析,认真进行方案比选,不同的路线方案应对其工程造价及对自然环境和社会环境的影响进行充分论证和分析,达到技术经济、环境效益相统一。

2.1.2　道路平面基本线形

道路的平面线形,通常指的是道路中线的平面投影,主要由直线和圆曲线两部分组成。对于等级较高的路线,在直线和圆曲线间还要插入缓和曲线,此时,该平面线形则由直线、圆曲线和缓和曲线3部分组成。这种线形对行车更为平顺有利,对于城市主干道的弯道设计,宜尽可能设置缓和曲线。

平面线形各要素的选择应根据道路等级、设计速度,充分考虑沿线自然环境和社会环境,做到该直则直,该曲则曲,设计的平、纵面线形舒顺流畅,采用的平、纵指标高低均衡,并与地形、景观、环境等相协调。

在平面线形中,圆曲线是使用最多的基本线形。圆曲线在现场容易设置,可以自然地表明方向的变化。采用平缓而适当的圆曲线,既可引起驾驶员的注意,又常常促使他们紧握方向盘,而且还可以使驾驶员正面看到路侧的景观,起到诱导视线的作用。

为了缓和汽车的行驶,符合汽车行驶轨迹,在直线和圆曲线间或在不同半径的两圆曲线之间,一般采用曲率由零渐渐地向某一定值不断变化的缓和曲线进行组合。缓和曲线的作用是缓和人体感到的离心加速度的急骤变化,使驾驶员容易做到匀顺地操纵方向盘,提高视觉的平顺度及线形的连续性。

下面我们对直线、圆曲线和缓和曲线进行简单介绍。

1. 平面直线

直线是平面线形中的基本线形。直线以最短的距离连接两目的地,具有路线短捷、汽车行车方向明确、驾驶操作简单、视距良好等特点,同时直线线形简单,容易测设。另外,直线路段能提供较好的超车条件,对双车道的道路有必要在间隔适当的距离处设置一定长度的直线。基于直线的这些优点,在各种线形工程中都被广泛采用。

但由于直线线形缺乏变化,在行车速度快的情况下,更易使驾驶者感到单调、疲乏,难以准确目测车间距,增加夜间行车车灯炫目的危险,还会导致出现超速行驶状态。因此,直线路段尤其是长直线路段,行车安全性较差,往往是交通事故的多发路段。另外,直线布设时不易与地形及周围环境相适应,尤其在山岭重丘区,往往造成工程量增大、破坏自然环境等弊端。因此,在设计直线线形和确定直线长度时,必须慎重选用。

（1）直线的运用

下列路段可采用直线:

①农田、河渠规整的平坦地区,城镇近郊规划等以直线条为主的地区。

②特长、长隧道或结构特殊的桥梁等构造物所处的路段,以及路线交叉点前后的路段。

③双车道公路为超车所提供的路段。

（2）直线的长度

考虑到线形的连续和驾驶的方便,相邻两曲线之间应有一定的直线长度。这个直线长度是指前一曲线的终点（缓直 HZ 或圆直 YZ）到后一曲线起点（直缓 ZH 或直圆 ZY）之间的长度。在道路平面线形设计时,一般应根据路线所处地带的地形、地物条件,驾驶员的视觉、心理感受以及保证行车安全等因素,合理地布设直线路段,对直线的最大与最小长度应有所限制,既不宜过长,也不宜过短。

我们讨论下直线的最大长度。

从理论上讲,合理的直线长度应根据驾驶员的心理反应和视觉效果来确定,但目前这一问题尚在研究之中。各国普遍从经验出发,根据调查分析的结果来规定直线的最大长度。像意大利和日本这样的多山之国,高速公路平面线形以曲线为主,日本、德国规定直线最大长度不宜超过设计时速的 20 倍。我国目前对直线的最大长度未作明确限定,仅规定"直线的长度不宜过长"设计人员可根据地形、地物、自然景观以及经验等来判断和决定直线的最大长度。

当依据地形条件或其他特殊情况而采用长直线时,应结合沿线具体情况采取相应的技术措施,如:

①直线路段路线纵坡不应过大,否则会造成上坡行车较难,下坡速度过快且极易失控,从而产生交通事故。

②平面直线最好与纵面大半径的凹形竖曲线组合（如图 2-1 所示）,以获取良好的视距条件,改善线形及行车质量。

③直线路段两侧地形过于空旷、景观单调或变化较少时,宜采取种植不同的树种或设置合理的建筑物等措施改善道路沿线的景观,保证行车安全、舒适。

④长直线或长下坡尽头的平曲线,除曲线半径、超高、视距等必须符合规定要求外,还必须采

取设置交通标志、增加路面抗滑能力等安全措施。

(a)长直线与直坡组合　　　　　　　　(b)长直线与凹形竖曲线组合

图 2-1　长直线与直坡或凹形竖曲线组合

接下来讨论直线的最小长度。

两圆曲线间以直线径向连接时,基于保证线形连续性的考虑,直线的长度不宜过短。

首先讨论同向曲线间的最小直线长度。

两个转向相同的相邻曲线之间连以直线时,若直线较短容易产生把直线和两端的曲线看成为反向曲线的错觉,当直线过短时甚至把两个曲线看成是一个曲线,这种线形(见图 2-2)破坏了线形的连续性,形成所谓的"断背曲线",且容易造成驾驶员操作的失误,设计中应尽量避免。因此,《公路路线设计规范》(JTGD20—2006)规定:设计速度大于或等于 60 km/h 时,同向圆曲线间的最小直线长度(以 m 计)以不小于设计速度(以 km/h 计)的 6 倍为宜。

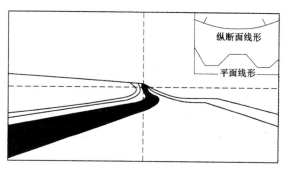

图 2-2　同向曲线之间插入短直线

其次我们讨论下反向曲线间的最小直线长度。

两个转向相反的相邻曲线之间考虑到为设置超高和加宽缓和段的需要以及驾驶人员转向操作的需要,其间的最小直线长度应予限制。《公路路线设计规范》规定:当设计速度大于或等于 60 km/h 时,反向圆曲线间的最小直线长度(以 m 计)以不小于设计速度(以 km/h 计)的 2 倍为宜。

设计速度小于或等于 40 km/h 时,可参照上述规定执行。

2.圆曲线

在平面线形中,圆曲线是最常用的基本线形,各级道路不论转角大小均应设置圆曲线。圆曲线由于与地形适应性强、线形美观和易于测设等优点,使用十分普遍。

(1)圆曲线的半径

下面给出计算公式。

圆曲线作为平曲线或平曲线的组成部分,其主要技术指标就是圆曲线半径。圆曲线半径是以汽车在曲线部分能安全而又顺适地行驶所需要的条件而确定的。通过对行驶于平曲线上的汽车横向受力状态的分析及各种力的几何关系,得出圆曲线半径的计算公式为:

$$R = \frac{V^2}{127(\mu + i)} \tag{2-1}$$

式中,R 表示圆曲线半径,m;V 表示行车速度,km/h;μ 表示横向力系数,即单位车重所承受的实际横向力,极限值为路面与轮胎之间的横向摩阻系数;i 表示路面的横向坡度,曲线内侧低外侧高取正值,反之则取负值。

由式(2-1)可见,圆曲线半径越大,横向力系数就越小,汽车就越稳定。所以,从汽车行驶稳定性出发,圆曲线半径越大越好。但有时因受地形、地质、地物等因素的限制,圆曲线半径不可能设置的很大,如果半径选用的太小,又会使汽车行驶不稳定,安全性较差甚至翻车。所以,必须综合考虑汽车安全、迅速、舒适和经济,并兼顾美观,使确定的最小半径能满足某种程度的行车要求。

接下来我们讨论下圆曲线最小半径。

由式(2-1)计算最小曲线半径时,式中的 V 采用各级道路相应的设计速度,因此确定圆曲线最小半径的关键参数是横向力系数和路面横坡。确定横向力系数时既不能超过摩阻系数,还要考虑司乘人员在行驶中所能忍受的横向力的大小和舒适感。

圆曲线最小半径包括极限最小半径、一般最小半径和不设超高的最小半径。

极限最小半径是圆曲线半径采用的最小极限值,当地形困难或条件受限制时,方可采用。

我国《公路工程技术标准》(JTGBO 1—2003)制定极限最小半径时采用表 2-1 所列的最大横向力系数和最大超高值,计算结果取整得圆曲线极限最小半径(见表 2-1)。

表 2-1　圆曲线极限最小半径

设计速度(km/h)	120	100	80	60	40	30	20
横向力系数	0.10	0.12	0.13	0.15	0.15	0.16	0.17
超高值(%)	8						
极限最小半径(m)	650	400	250	125	60	30	15

一般最小半径则按设计速度行驶的车辆能保证其安全性与舒适性,是设计时建议采用的值,它介于极限最小半径与不设超高的最小半径之间。我国《公路工程技术标准》制定一般最小半径时采用表 2-2 所列的横向力系数和超高值,计算结果取整得出圆曲线一般最小半径(见表 2-2)。

表 2-2　圆曲线一般最小半径

设计速度(km/h)	120	100	80	60	40	30	20
横向力系数	0.05	0.05	0.06	0.06	0.06	0.05	0.05
超高值(%)	0.06	0.06	0.07	0.08	0.07	0.06	0.06
一般最小半径(m)	1000	700	400	200	100	65	30

不设超高的最小半径是指道路曲线半径较大、离心力较小时,汽车沿双向路拱外侧行驶的路面摩擦力足以保证汽车行驶安全稳定所采用的最小半径。

圆曲线半径大于一定数值时,可以不设置超高,从行驶的舒适性考虑,必须把横向力系数控制到最小值,我国《公路工程技术标准》规定:

①路拱横坡小于等于 2.0% 时,横向力系数按 0.035~0.040 取用;并规定当路拱横坡为1.5% 时,横向力系数采用 0.035;当路拱横坡为 2.0% 时,横向力系数采用 0.040。

②路拱横坡大于 2.0% 时,横向力系数按 0.040~0.050 取用;当路拱横坡为 2.5% 时,横向力系数采用 0.040;当路拱横坡为 3.0% 时,横向力系数采用 0.045;当路拱横坡为 3.5% 时,横向力系数采用 0.050。

《公路路线设计规范》规定的不设超高的圆曲线最小半径见表 2-3。

表 2-3　不设超高的圆曲线最小半径

设计速度(km/h)		120	100	80	60	40	30	20
不设超高圆曲线 最小半径(m)	路拱≤2%	5500	4000	2500	1500	600	350	150
	路拱>2%	7500	5250	3350	1900	800	450	200

我国《城市道路设计规范》(CJJ37-90)规定的圆曲线最小半径见表 2-4。

表 2-4　城市道路圆曲线最小半径

计算行车速度(km/h)	80	60	50	40	30	20
不设超高最小半径(m)	1000	600	400	300	150	70
设超高一般最小半径(m)	400	300	200	150	85	40
极限最小半径(m)	250	150	100	70	40	20

（2）圆曲线最大半径

公路平面线形设计选用圆曲线半径时,在地形等条件允许的前提下,应尽量采用大半径曲线,以保证行车的舒适和安全。但半径过大,常常会造成平曲线过长。曲线过长且地形平坦、景观单调时,同样会使驾驶者感到疲劳、反应迟钝;而且当圆曲线半径大于 9000 m 时,驾驶者视线集中的 300~600 m 范围内的视觉效果同直线没有区别,过大的半径对测设和施工也都不利。因此,《公路路线设计规范》规定,圆曲线的最大半径不宜超过 10000 m。

（3）圆曲线的运用

圆曲线半径的选用与设计速度、地形、相邻曲线的协调均衡、曲线长度、曲线间的直线长度、纵面线形的配合、公路横断面等诸多因素有关。在确定半径时,应注意以下几点:

①设置圆曲线时应与地形相适应,以采用超高为 2%~4% 的圆曲线半径为宜。

②公路线形设计时应根据沿线地形等情况尽量选用较大半径,条件受限制时,可采用大于或接近于圆曲线最小半径的"一般值";地形条件特殊、困难而不得已时,方可采用圆曲线最小半径的"极限值"。

③设置圆曲线时,应同衔接路段的平、纵线形要素相协调;使之构成连续、均衡的曲线线形,并避免小半径圆曲线与陡坡相重合的线形。

3.缓和曲线

简单介绍下缓和曲线的作用。

缓和曲线是指在直线与圆曲线之间或者半径相差较大的两个转向相同的圆曲线之间设置的一种曲率连续变化的曲线。《公路工程技术标准》规定,除四级路可不设缓和曲线外,其余各级公路都应设置缓和曲线。在现代高速公路上,有时缓和曲线所占的比例超过了直线和圆曲线,

成为平面线形的主要组成部分。在城市道路上,缓和曲线也被广泛使用。缓和曲线具有如下作用:

①曲率连续变化,符合车辆行驶轨迹。

②离心加速度逐渐变化,旅客感觉舒适。

③超高横坡度逐渐变化,行车更加平稳。

④与圆曲线配合得当,增加线形美观,如图 2-3 所示。

(a)不设缓和曲线感觉路线扭曲　　　　(b)设置缓和曲线后变得平顺美观

图 2-3　直线与曲线连接效果图

2.1.3　道路平面定线

道路路线基本走向的选择,应根据指定的路线总方向和道路等级等因素综合考虑,并结合铁路、城镇、工矿企业、地形、地物等自然条件,选择一条最优的路线走向。在平面定线时,一般是先在地形图上进行纸上定线,然后进行实地放线。

1. 纸上定线

在城市某一地区中把一条道路的平面位置确定下来,这项工作称为定线。

在设计前,将城市道路网规划所拟定的本路线在平面和立面上必须经过的控制点如道路的起、终点,桥梁的位置,铁路道口、交叉口,不能拆迁的重要建筑物,准备利用的原有路面等,按方位坐标描绘在已测绘好的大比例(一般为 1:500)地形图上,初步拟定出一条最为经济和理想的路线,这样就可确定道路中心线和红线在平面上的位置,此项工作称为纸上定线。进行纸上定线时,要求详细地确定每一段路的具体走向、转折地点、弯道半径、直线与曲线的衔接、交叉口中心的设计方位坐标等。

一般来讲,定线时应尽量注意节约用地,少占农田,正确选定平面和立面上的控制点。遇到重要桥梁,尽量使道路中线与水流方向正交,避免修建斜桥或曲线桥。若所选定的路线在交通量上占有极重要的地位时,则桥位应服从于路线。道路与铁路相交时最好正交,并应保证有足够的视距。布设路线要力求平顺,在必须插入弯道时应力求弯道半径大一些,在不得已设置小于推荐半径的弯道时,必须按技术标准设置超高、加宽、缓和段或缓和曲线。

总之,纸上定线必须根据具体情况,不断修正,不断完善,最后确定出一条最为合理和经济的路线走向。

道路路线直线段、曲线段确定后,就可以从路线的起点或相关的桩号开始,按每隔 20 m 或 50 m 距离,依路线前进方向顺序编列每桩的里程桩号。各桩的距离应能满足道路设计用,一般在市区为 20 m,郊区或地形地物变化不大的路段为 50 m。对道路曲线的起点、中点、终点及设置人工结构处、道路交叉口等特征点应加桩,编制桩号一般是按由西向东或由南向北的方向进行,这样可使道路平面图和纵断面图的位置相一致并便于设计。

2.实地放线

城市道路实地放线一般说来就是将图上已定好的道路中心线准确地移到实地上去。实地放线时,规划和设计人员都应会同测量人员亲临现场,先行实地踏勘。

实地放线操作方法一般有 3 种:图解法、解析法(或称坐标法)和综合法(即以上两种方法的混合)。

2.1.4　平曲线设计

在道路平面设计中,应在相交的两直线段交汇点处,用曲线将其平顺地连接起来,以利于汽车安全正常地通过,这段曲线称为平曲线。平曲线一般为一段圆弧线,为了进一步提高使用质量,在圆曲线与两端的直线之间,还应插入一段过渡性的缓和曲线,以便更好地保证行车的安全和舒适。

1.汽车行驶理论

汽车在弯道上行驶时,除有重力外还受到离心力的影响。由于离心力的产生,使汽车在平曲线上行驶时横向产生两种不稳定的危险:一是汽车向外滑移;二是向外倾覆。要使汽车在平曲线上行驶时达到横向安全状态,即确保汽车无侧滑和倾覆的危险,就必须分析汽车行驶在平曲线上的横向受力状态。

(1)汽车在弯道上行驶时的受力特点

设平曲线段上的道路横断面如图 2-4 所示,平曲线在该断面处的曲线半径为 R,路面内、外侧对称,路面横坡 $i = \tan\alpha$,汽车以速度 V(单位:km/h)或秒(单位:m/s)匀速行于内外侧路面上时,除了受到竖直向下的重力 G 外,还受到水平方向的离心力 C 以及轮胎与路面的横向摩阻力(附着力)F 的作用。由于受到离心力的作用,车辆有产生向曲线外侧横向滑移和倾覆的可能;所以离心力是车辆在弯道上行驶时的主要不稳定因素,而横向摩阻力则是车辆受到离心力作用后产生的路面对车轮的反力(向心力),它是保证汽车在弯道上行驶的横向稳定与安全的要素之一。

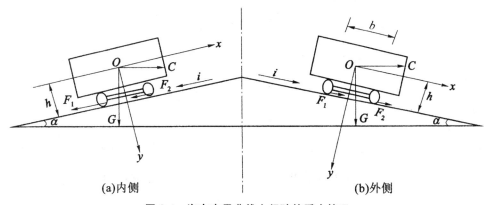

图 2-4　汽车在平曲线上行驶的受力情况

(2)横向力和横向力系数

首先介绍下离心力。

当汽车沿曲线行驶时,即产生离心力,它除了使车辆可能产生横向滑移与倾覆外,还会增大燃料的消耗,加剧车辆的磨耗、机件磨损等,并使乘客感到不舒适。若设汽车质量为 m(单位:kg),重力加速度为 $g=9.81$ m/s²,则作用于汽车上的离心力计算公式为:

$$C = \frac{mv^2}{R} = \frac{GV^2}{127R} \tag{2-2}$$

式中,C 表示离心力;G 表示汽车重量;v 表示车速,m/s;m 表示汽车质量,kg;V 表示车速,km/h;g 表示重力加速度,m/s²;R 表示平曲线半径,m。

从式中我们可以看出,汽车在弯道上行驶时离心力与车速的平方成正比,与平曲线半径成反比,即车速愈高,半径愈小,离心力就愈大,同时汽车行驶就愈不安全。

接下来我们介绍横向力与竖向力。

当汽车行驶于平曲线上时,x 轴方向作用于车体上的实际横向力为:

$$x = C \cdot \cos\alpha \pm G \cdot \sin\alpha \tag{2-3}$$

由于横坡倾角 α 很小,因此

$$\cos\alpha = 1, \sin\alpha = \tan\alpha = i\ (\ i\ \text{为道路横坡})$$

所以

$$x = C \pm G \cdot i = \frac{GV^2}{127R} \pm G \cdot i \tag{2-4}$$

若将垂直于路面的两个分力合起来,则可得到作用于汽车上的竖向力为:

$$y = C \cdot \sin\alpha \mp G \cdot \cos\alpha \tag{2-5}$$

因为

$$\alpha \to 0$$

所以

$$\sin\alpha \backsim 0, \cos\alpha = 1$$

则

$$y = G$$

什么是横向力系数?

横向力 x 与竖向力 y 之比值称为横向力系数 μ,即:

$$\mu = \frac{x}{y} = \frac{x}{G} = \left(\frac{GV^2}{127R} \pm G \cdot i\right)/G = \frac{GV^2}{127R} \pm i \tag{2-5}$$

横向力系数 μ 表示汽车转弯行驶时单位重量上所受到的横向力。μ 值取决于行驶稳定性、乘客的舒适程度及运营经济。

①行驶稳定性。

a.横向倾覆分析。

假设图 2-4 中汽车重心高 h(单位 m),车轴上的轮距为 b(单位 m),重心在 $\frac{b}{2}$ 处,则 $x \cdot h$ 为倾覆力矩,$y \cdot b/2 \approx G \cdot b/2$ 为稳定力矩。因此,保证汽车不发生倾覆的必要条件是:

$$x \cdot h \leqslant G \cdot b/2 \text{ 或者 } \mu \leqslant \frac{b}{2h}$$

现代汽车设计中通常 $b=2h$，因此，在翻车危险状态时：

$$\mu \geqslant 0.1$$

b. 横向滑动分析。

假设 φ_0 是车轮与该处路面之间的横向摩阻系数，则轮胎与路面间的摩阻力为 $y \cdot \varphi_0$，将阻止横向力 x 使汽车向平曲线外侧滑移。因此，保证汽车不产生横向滑移的必要条件是：

$$x \leqslant y \cdot \varphi_0 \tag{2-6}$$

由公式(2-5)得

$$x = \mu \cdot y$$

故上式可改写为：

$$\mu \leqslant \varphi_0 \tag{2-7}$$

各种路面的 φ_0 值可参考表 2-5。

表 2-5　路面横向摩阻系数 φ_0 值

路面类型	φ_0 值	
	路面干燥时	路面潮湿时
水泥混凝土路面	0.4～0.6	约 0.3
沥青混凝土路面		约 0.24
砂石路面	0.4～0.8	约 0.16

由上述分析可知，当 $\mu = 0.15 \sim 0.16$ 时，干燥与潮湿路面均可使汽车以较高速度安全行驶。

② 乘客舒适程度。

当 $\mu < 0.10$ 时，转弯不感到有曲线存在，很平稳；

当 $\mu = 0.15$ 时，转弯略感到有曲线存在，但尚平稳；

当 $\mu = 0.20$ 时，转弯已感到有曲线存在，乘客稍感到不稳定；

当 $\mu = 0.35$ 时，转弯感到有曲线存在，乘客已感到不稳定；

当 $\mu = 0.40$ 时，转弯已非常不稳定，乘客站立不稳，有倾倒的危险。

③ 运营经济。

实验得知 $\mu \not> 0.15$ 较经济。

经综合分析，μ 值大小与行车安全、经济与舒适密切相关。因此，μ 值的选用应根据行车速度、圆曲线半径及超高横坡度的大小，在合理的范围内选择。

2. 平曲线最小半径

由公式(2-5)可导出道路平曲线半径的计算公式：

$$R = \frac{V^2}{127(\mu \pm i)} \tag{2-8}$$

式中，"＋"指汽车在弯道的内侧行驶；"－"指汽车在弯道的外侧行驶。

由上式可以看出，R 是由设计行车速度 V、横向力系数 μ 和路拱横坡度 i 所决定的。为了使 R 能达到所要求的道路等级，车速 V 应取规定的设计车速值，而 i 和 μ 的取值则视 R 值的不同使用要求而定。

综合分析，为了满足设计人员对平曲线半径的不同使用目的与要求，《城规》和《路规》中规定了几种平曲线半径的最小值,见表2-6和表2-7。

表2-6 城市道路圆曲线半径

设计车速/(km·h⁻¹)	80	60	50	40	30	20
不设超高最小半径/m	1000	600	400	300	150	70
设超高推荐半径/m	400	300	200	150	85	40
设超高最小半径/m	250	150	100	70	40	20

表2-7 公路圆曲线最小半径

设计车速/(km·h⁻¹)		120	100	80	60	40	30	20
一般值/m		1000	700	400	200	100	65	30
极限值/m		650	400	250	125	60	30	15
不设超高最小半径/m	路拱≤2.0%	5500	4000	2500	1500	600	350	150
	路拱>2.0%	7500	5250	3350	1900	800	450	200

《路规》规定的不设超高的圆曲线半径是按 $\mu = 0.035$,$i_{超} = -0.015$ 按公式计算取整后得到;《城规》规定的不设超高的圆曲线半径是按 $\mu = 0.06$,$i_{超} = -0.015$ 按公式计算取整后得到。所谓不设超高的圆曲线半径,是考虑圆曲线半径较大时,离心力的影响较小,路面的摩阻力可以保证汽车有足够的稳定性,这时就不需要设置超高。汽车在不设超高的平曲线上行驶时,由于此半径是考虑汽车在最不利情况下计算出的,即使汽车沿路拱外侧行驶,只要是在规定的车速下,行驶还是安全的。

所谓极限最小半径是指能保证以设计车速行驶的车辆,安全行驶的最小半径。它是设计采用的极限值。曲线半径为极限最小半径时,应设置最大超高。

所谓一般最小半径是指在通常情况下采用的最小半径,当圆曲线半径小于不设超高的最小半径时,应在曲线上设置超高,超高的横坡度按设计行车速度,半径大小,结合路面类型、自然条件等情况确定。

3.缓和曲线与缓和段

缓和曲线是设置在直线与圆曲线之间或大圆曲线与大圆曲线之间,由较大圆曲线向较小圆曲线过渡的线形,是道路平面线形要素之一。它的主要特征是曲率均匀变化。

设置缓和曲线的作用有:

①便于驾驶员操纵转向盘,使司机有足够的时间和距离来操纵方向盘,让汽车按行车理论轨迹线顺畅地驶入或驶出圆曲线。

②满足乘客乘车的舒适与稳定的需要。

③满足超高、加宽缓和段的过渡,利于平稳行车。

④与圆曲线配合得当,增加线形美观。

缓和曲线的形式有回旋线、双曲线、三次抛物线等。现在我国普遍使用的是回旋线。回旋线的曲率由小到大,随弧长作直线变化,曲线和曲率都是连续的,它能提供一条连续的圆滑线,这就

为曲率由 $\rho = 0$ 变化到 $\rho = \dfrac{1}{R}$ 具备了几何条件。

从道路设计考虑,缓和曲线的长度应长些,一般应能满足 3 个基本条件:

①驾驶员操作轻松,乘客感觉舒适。

②汽车行驶的时间不宜过短,至少 6 s。

③超高的附加纵坡不宜过陡。根据这些条件,《城规》规定城市道路缓和曲线最小长度见表 2-8。

表 2-8　缓和曲线最小长度

设计车速/(km·h^{-1})	80	60	50	40	30	20
曲线缓和段长度/m	70	50	45	35		
直线缓和段长度/m					25	20

在城市道路上,当圆曲线半径小于不设缓和曲线的最小半径(见表 2-9),且设计车速≥40 km/h 时,应设置缓和曲线,如设计车速 V＜40 km/h 时,可设置直线缓和段,而当圆曲线半径大于不设缓和曲线的最小半径时,直线和圆曲线可以径向连接。

表 2-9　不设缓和曲线的圆曲线最小半径

设计车速/(km·h^{-1})	80	60	50	40
不设缓和曲线的圆曲线最小半径/m	2000	1000	700	500

4.平曲线半径的选择及其要素计算

平曲线半径的选择及其要素计算。

(1)平曲线半径的选用原则

平曲线半径的选择在平面设计中是一个值得重视的问题,一般来说,应结合当地的地形、经济等具体情况和要求来定 6 对各个等级的道路平曲线,原则上应尽可能采用较大的半径,以提高道路的使用质量。城市道路设计中规定:凡规划区内道路的圆曲线,应采用大于或等于不设超高圆曲线最小半径值。当受地形条件限制时,可采用设超高推荐半径,地形条件特别困难时,方可采用设超高最小半径值。一般来说,选择平曲线半径主要考虑两点因素:一是道路的等级和它所要求的设计车速;二是地形、地物的条件。根据这两点因素来选定一个较大的比一般半径大一些的平曲线半径。尽可能选用大于或等于不设超高的平曲线最小半径值,但最大半径不宜超过 10000 m。

通过计算得到的平曲线半径值一般应采用整数。当半径在 125 m 以下时,应取 5 的整倍数;在 125~250 m 时,取 10 的整倍数;在 250~1000 m 时,取 50 的整倍数;在 1000 m 以上时,取 100 的整倍数。零碎之数除设置复曲线可用外,一般因不便于测设计算,都不采用。

(2)平曲线要素计算

当平曲线的半径 R 和路线转折角 α 确定后,即可进行平曲线各要素的计算。如设有缓和曲线时,还需确定缓和曲线的长度 L_c 值。如图 2-5 和图 2-6 所示,按照几何关系可算得平曲线各要素见表 2-10。为了便于应用,公路曲线测设用表中按不同的 R 和 α(以 L_c 值)将相应的各要素值编制成表以备查用。

表 2-10　平曲线要素公式

要素名称	只有圆曲线	设置缓和曲线
切线长 T/m	$T = R \cdot \tan \frac{\alpha}{2}$	$T_0 = q + (R+p)\tan\frac{\alpha}{2}$
曲线长 L/m	$L = \frac{\pi}{180} R \cdot \alpha$	$L_0 = R(\alpha - 2\beta_0)\frac{\pi}{180} + 2L_c$
外距 E/m	$E = R \cdot (\sec\frac{\alpha}{2} - 1)$	$E_0 = (R+p)(\alpha - 2\beta_0)\sec\frac{\pi}{180} - R$

式中，p 表示圆曲线内移值，

$$p = \frac{L_c^2}{24R} - \frac{L_c^4}{2688R^3} \tag{2-9}$$

q 表示内移前，圆曲线的起点到缓和曲线起点的距离，

$$q = \frac{L_c}{2} - \frac{L_c^3}{240R^2} \tag{2-10}$$

β_0 表示缓和曲线角，$\beta_0 = \frac{L_c}{2R} \cdot \frac{180}{\pi}$ ，(°)。 $\tag{2-11}$

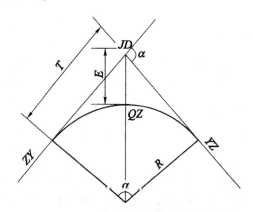

图 2-5　路平曲线要素示意图

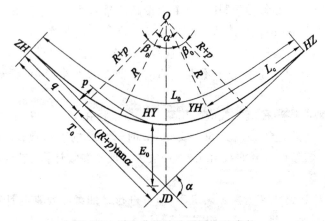

图 2-6　缓和曲线的设置及有关常数

ZH—第二缓和曲线起点(直缓点)；HY—第一缓和曲线终点(缓圆点)；

QZ—圆曲线中点(曲中点)；YH—第二缓和曲线起点(圆缓点)；HZ—第二缓和曲线终点(缓直点)

在这些公式中,有时是先已知某些要素条件,根据条件再反求出所需的平曲线半径值,看是否能满足地形地物及所需的设计车速的要求,若不符合规范要求,则重新调整原有数据,重新计算,直至符合要求为止。

5.平曲线最小长度

平曲线长度包括圆曲线的长度和缓和曲线的长度。当汽车在平曲线上行驶时,如果曲线很短,则司机操作方向盘很频繁,在高速驾驶的情况下是相当危险的。因此,平曲线的长度除了满足平曲线的转弯半径 R 和路线转角 α 等几何因素外,还应满足另外两方面的要求:

一是使司机有足够的时间从容地操作方向盘,一般曲线长至少要有 6 s 的路程,圆曲线的最小长度见表 2-11;二是保证缓和曲线的最小长度,缓和曲线由于曲率的变化引起了离心力的变化,而所产生的离心加速度不应超过规定的数值,以保证乘客的舒适。平曲线最小长度不应小于表 2-12 的规定值。

表 2-11　城市道路圆曲线最小长度

设计车速/(km/h⁻¹)	80	60	50	40	30	20
圆曲线最小长度/m	70	50	40	35	25	20

表 2-12　城市道路平曲线最小长度

设计车速/(km/h⁻¹)	80	60	50	40	30	20
平曲线最小长度/m	140	100	85	70	50	40

为了使路线顺直,在地形等条件许可的情况下,应尽量使路线转角小一些,但当转角过小时,往往容易引起司机在视觉上产生急弯的错觉,此时应设置较长的平曲线,使司机感到道路是顺适地转弯,其长度应大于表 2-13 所列之值。

表 2-13　城市道路转角<7°时平曲线最小长度

设计车速/(km/h⁻¹)	80	60	50	40	30	20
平曲线最小长度/m	$1000/\alpha$	$700/\alpha$	$600/\alpha$	$500/\alpha$	$350/\alpha$	$280/\alpha$

注:表中的 α 角为道路转角值(单位:°)。当 α<2°时,按 α=2°计算。

2.1.5　弯道的超高和加宽

1.平曲线超高

首先我们给出超高的概念。

在弯道上当汽车沿着双向横坡的外侧车道行驶时,由于车重的水平分力与离心力的方向相同,见图 2-7 所示,且均指向曲线外侧,影响行车的横向稳定。因此,为了使汽车能够在弯道上不减速,获得一个向着平曲线内侧的自重分力以抵消一部分离心力的作用,也为了使乘客在弯道上没有不舒服的感觉,使汽车能安全地行驶,就需要把该部分的路面做成向曲线内侧倾斜的单向坡面,这就称为平曲线的超高,如图 2-7(a)所示。

超高的位置应设置在全部圆曲线范围内,这段单向超高横坡的路段称为全超高路段,其内各断面形式都相同,也可称为全超高断面。从直线段的双坡断面向圆曲线的单向超高横坡断面逐渐过渡须有一个渐变的过渡段,即图 2-7 中的 L_c 段为超高缓和段。一般情况下,圆曲线两端的超高缓和段是对称的,因此平曲线上路面超高设计是由 3 部分组成的。

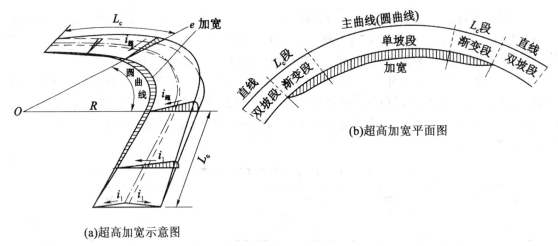

(a)超高加宽示意图

(b)超高加宽平面图

图 2-7　曲线上路面的超高加宽示意图

什么是超高横坡度

超高横坡度可通过公式(2-8)推导算出,并用 $i_{超}$ 代替 i,取"+"号,表示车辆在平曲线内侧行驶,可得:

$$i_{超} = \frac{V^2}{127R} - \mu \tag{2-12}$$

对某一确定的道路来说,设计车速 V 和横向力系数 μ 是确定的,超高横坡度 $i_{超}$ 就只随平曲线半径 R 的变化而变化。当 R 越小,所需的超高横坡度就大,但如果横坡度过大,当汽车以等于或低于设计车速在弯道上行驶或停车时,汽车就有向弯道内侧滑动的危险,所以《城规》规定了城市道路的最大超高横坡度,见表 2-14。

表 2-14　城市道路最本超高横坡度

设计车速/(km/h⁻¹)	80	60	50	40	30	20
最大超高横坡度/%	6	4	2			

反之,平曲线半径 R 越大,所需要的 $i_{超}$ 就越小,当 R 大到一定程度时,就不需要设置超高了,此时汽车即使在弯道外侧行驶也是很安全的。

当按公式(2-12)计算出的超高横坡度小于路拱横坡度时,为了计算和施工的方便,应设置等于路拱横坡度的超高。

下面介绍超高的过渡方式。

超高的过渡方式应根据地形状况、车道数、$i_{超}$ 值、横断面形式、便于排水、路容美观等因素决定,按其超高旋转轴在道路横断面组成中的位置可分为几种情况。

(1)无分车带的超高方式

①超高横坡度等于路拱横坡度时,将外侧车道绕路中线旋转,直至达到超高横坡度值。

②超高横坡度大于路拱横坡度时,有以下 3 种过渡方式:

a.绕内边缘旋转。先将外侧车道绕路中线旋转,待达到与内侧车道构成单向横坡后,整个断面再绕未加宽前的内侧车道边缘旋转,直至达到超高横坡度值,如图 2-8(a)所示。一般新建工程多采用此方式。

b.绕中线旋转。先将外侧车道绕路中线旋转,待达到与内侧车道构成单向横坡后,整个断面一同绕路中线旋转,直至达到超高横坡度值,如图 2-8(b)所示。一般改建工程多采用此种方式。

c.绕外边缘旋转。先将外侧车道绕外边缘旋转,与此同时,内侧车道随中线的降低而相应降坡,待达到单向横坡后,整个断面仍绕外侧车道边缘旋转,直至达到超高横坡值,如图 2-8(c)所示。此种方式仅在特殊设计时采用。

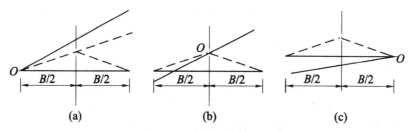

图 2-8　无分车带的超高过渡方式

(2)有分车带的超高方式

当道路有分车带时,其超高过渡方式有以下 3 种,如图 2-9 所示。

①绕中间带的中心线旋转[见图 2-9(a)]。

②绕中央分隔带边缘旋转[见图 2-9(b)]。

③绕各自行车道中线旋转[见图 2-9(c)]。

城市道路单幅路路面宽度及三幅路机动车道路面宽度宜绕中线旋转;双幅路路面宽度及四幅路机动车道路面宽度宜绕中央分隔带边缘旋转,使两侧车行道各自成为独立的超高横断面。

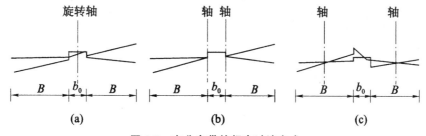

图 2-9　有分车带的超高过渡方式

简单介绍下超高渐变率及超高缓和段的长度 L_c。

如图 2-10 示,由于路面外侧抬高,外侧边缘纵坡与路面原设计纵坡有一个差值,此差值称为超高渐变率,又称超高附加纵坡度。

行车道的超高缓和段或加宽缓和段一般应从缓和曲线起点开始设置。为保证排水,超高缓和段也可以从缓和曲线的某一点开始设置。

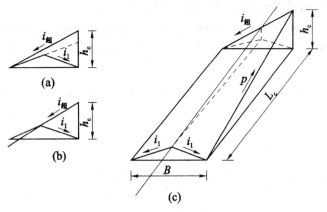

图 2-10　超高的形式

2.平曲线加宽

为什么要加宽的原因？

汽车在弯道上行驶时,汽车前轮的轨迹半径和后轮的轨迹半径不同,汽车前轮可以自由地转动一定的角度,而后轮只能直行,不能随便转动。因此汽车在弯道上行驶时前后轮迹不会重叠,后轮内轮轮迹底弧线半径比前外轮轮迹底弧线半径小一些,见图 2-11。当汽车沿内侧车道行驶时,如果转弯半径较小,汽车的前轮轮迹在道路上,而内后轮轮迹就可能落到侧石线上了。另外,汽车在弯道上行驶,其轨迹也是很不稳定的,有较大的摆动和偏移。在这种情况下,弯道内侧的路面就应该加宽,见图 2-7。《城规》规定,当道路圆曲线半径小于或等于 250 m 时,应在圆曲线内侧加宽。城市道路对每条车道的加宽值作了规定,见表 2-15。城市道路路面加宽后,人行道或路肩也应相应加宽,以保证行人交通和路容的美观。

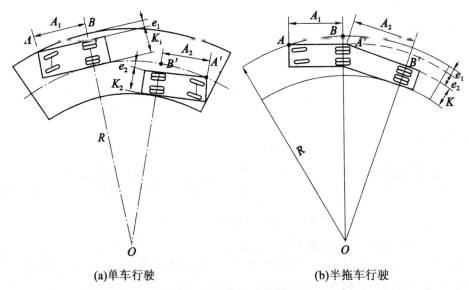

(a)单车行驶　　　　　　　　　　(b)半拖车行驶

图 2-11　平曲线上路面的加宽

表 2-15　圆曲线每条车道的加宽值

车型 \ 圆曲线半径/m	$200<R\leqslant 250$	$150<R\leqslant 200$	$100<R\leqslant 150$	$60<R\leqslant 100$	$50<R\leqslant 60$	$40<R\leqslant 50$	$30<R\leqslant 40$	$20<R\leqslant 30$	$15<R\leqslant 20$
小型汽车	0.28	0.30	0.32	0.35	0.39	0.40	0.45	0.60	0.70
普通汽车	0.40	0.45	0.60	0.70	0.90	1.00	1.30	1.80	2.40
铰接车	0.45	0.55	0.75	0.95	1.25	1.50	1.90	2.80	3.50

接下来我们介绍下加宽缓和段长度。

①设置缓和曲线或超高缓和段时,加宽缓和段长度应采用与缓和曲线或超高缓和段相同值。

②不设缓和曲线或超高缓和段但有加宽时,加宽缓和段长度应按加宽侧路面边缘宽度渐变率为 1∶15～1∶30,且长度不得小于 10 m 的要求设置。

一般在圆曲线范围部分是全加宽段,而直线段的加宽值为零,所以在全加宽段的前后必须分别设置一段加宽过渡段,此过渡段即为加宽缓和段,加宽缓和段一般设在紧接圆曲线起点、终点的直线上。在地形困难地段,允许将加宽缓和段的一部分插入曲线,但插入长度不得超过加宽缓和段的一半。

2.1.6　平曲线上视距的保证

汽车在道路上行驶时,必须使司机能看清楚前方一定距离范围内道路表面,以便遇到意外情况可及时处理,从而避免事故的发生。这一确保汽车刹车时看得见、停得住的必要距离称为行车视距。在城市道路交叉口、弯道的内侧及道路上坡的转坡点等处均应保证行车视距的最短距离。

行车视距通常可分为停车视距、错车视距、会车视距和超车视距等多种。其中错车视距只在最低级的单车道公路上才考虑。目前,我国《城规》主要规定了停车视距和会车视距两种。

1. 停车视距

从汽车驾驶员发现前方障碍物到汽车在障碍物前完全停住所需要的最短距离称为停车视距,驾驶员的视线高度为 1.2 m,障碍物的高度为 0.1 m。停车视距的长度包括反应距离、制动距离和安全距离 3 个部分,即 $S_T = S_1 + S_2 + S_3$,如图 2-12 所示。

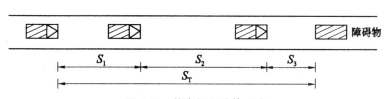

图 2-12　停车视距计算图式

（1）反应距离 S_1

驾驶员从发现障碍物到开始制动汽车所行驶的距离,称为反应距离。

$$S_1 = \frac{V}{3.6} \cdot t \qquad (2\text{-}13)$$

式中,V 表示制动前的设计车速,km/h;t 表示反应时间,s。

t 与驾驶员对事物的反应本能、视力、与物体的距离、大气的能见度和车道的类型等因素有关,一般情况下取 $t = 2.5$ s(其中判断时间为 1.5 s,反应时间为 1 s),故可将上式写成:

$$S_1 = 0.694V \text{(单位:m)}$$

(2)制动距离 S_2

驾驶员从采取措施开始制动至汽车完全停住所需要的距离称为制动距离。在此时间内,汽车从原来的车速 V 降为零,因此需消耗它全部的动能来做功以克服它所受到的阻力,其计算公式为:

$$S_2 = \frac{KV^2}{254(f \pm i)}$$

式中,K 表示制动系数,一般在 1.2~1.4 之间;f 表示轮胎与路面的纵向摩阻系数;V 表示制动前的设计车速,km/h;i 表示路段的纵坡度,上坡为"+",下坡为"-"。

在设计车速已经确定的情况下,制动距离随 f 的变化而变化。从安全行车考虑,f 愈大愈好,但是路面的类型和轮胎的气压、式样和花纹等决定了 f 的大小。通常,干燥路面 f 偏大,潮湿路面偏小,V 小时 f 偏大,V 大时 f 偏小。

(3)安全距离 S_3

一般取 $S_3 = 5 \sim 10$ m,以保证汽车有一定的安全距离,在障碍物前停车而不致撞到障碍物上。

《城规》规定停车视距见表 2-16。

表 2-16　停车视距

$V/\text{km/h}^{-1}$	80	60	50	40	30	25	20
S_T/m	110	70	60	40	30	25	20

2.会车视距

会车视距在双车道且无明确划分车道线的道路上考虑,这是因为在双车道道路上,司机一般都在道路的中间行驶,只有当发现对方有来车时,才回到右侧车道上,这种从发现对方来车而至相互避开会车的最小距离叫做会车视距。会车视距的长度为表 2-16 中停车视距的两倍。

3.弯道视距的保证

汽车在弯道上行驶时,其内侧行车视线可能被树木、建筑物、路堑边坡或其他障碍物所遮挡,因此,在设计时必须检查平曲线上的视距是否能满足要求。如不能满足时,则应清除视距范围内的障碍物,若无法清除则采取设置反光镜等措施,以保证汽车的行驶安全。如图 2-13 所示。

图中阴影部分是阻碍司机视线的范围,应加以清除。Y 为内侧车道上保证汽车行驶安全的横净距。一般在确定清除范围时,有几个断面处的横净距就可以了,而其中最主要的是最大横净距 Y_m。这个值可以从视距包络图上直接量得,也可以根据平曲线的长度 L 和设计停车视距 S_T 的大小计算得到。

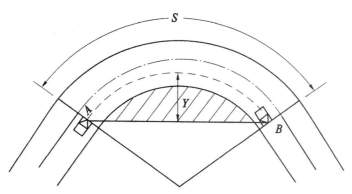

图 2-13 弯道平面视距障的清除

视距包络图的绘制方法如下：

①画出弯道平面图（包括路面边线、中线、行车轨迹线等）。

②在整个弯道范围内，沿弯道内侧画出行驶轨迹线，以设计视距 S 为长度，定出多组始终点，然后连接对应的各始终点，即得很多组交错的直线段，其视距包络线就是所求的"视距线"。

③在图上量取几个断面处的横净距 Y，然后转绘到横断面上，这样就可以在横断面上一目了然地看出清除的范围。很显然，平曲线中点处的横净距为最大值，离中点的位置越远则要求的横净距值越小。如图 2-14 所示。

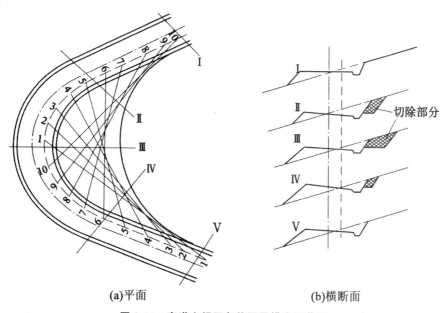

(a)平面　　　　　　　　　　　　(b)横断面

图 2-14 弯道上视距包络图及横净距范围

4. 平面线形的组合与衔接

在受地形、地物限制较多的地区，或一条较长的路线中间总有许多控制点，因此，整条线路常会发生连续的转折，致使线形错综复杂，对行车十分不利。如何处理好这些线形之间的相互衔接关系，是一个值得探讨的问题。

(1)平曲线的类型及其组合

圆曲线是道路曲线的主要类型，各级道路不论转角大小，均应设置圆曲线。它的组合有：

当一条道路上转向相同的两个圆曲线相邻时称为同向曲线。同向曲线之间有一定的直线段,当此直线段很短时,称为"断背曲线",这种曲线对行车十分不利,应加以避免,见图2-15。

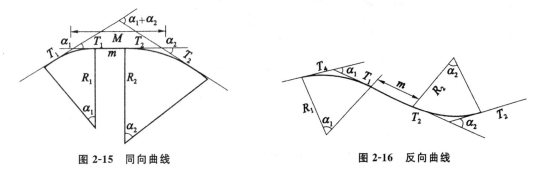

图 2-15 同向曲线

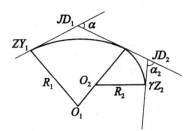

图 2-16 反向曲线

当一条道路上转向不同的两个圆曲线相邻时称为反向曲线。半径大而无超高的反向曲线可以直接相连,否则应在反向曲线中间设置足够长的直线缓和段,见图2-16。

直接相连的两个或两个以上同向曲线称为复曲线,见图2-17。

缓和曲线是设置在直线与圆曲线之间或大圆曲线与大圆曲线之间,由较大圆曲线向较小圆曲线的过渡段。我国道路设计中多用回旋线作为缓和曲线,图2-18为用回旋线作为缓和曲线的几种组合形式。

图 2-17 复曲线

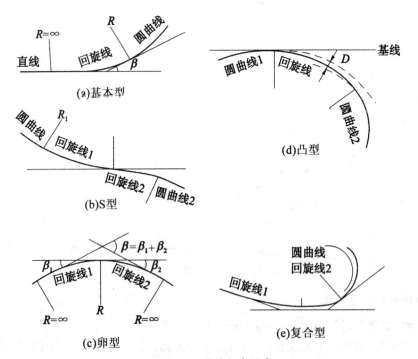

图 2-18 回旋线组合形式

回头曲线是由一个主曲线、两个辅助曲线和主、辅曲线间所夹的直线段而组成的复杂曲线,见图 2-19。回头曲线由于它的技术标准低,行车不便,施工养护也较困难,.因此,工程中只有在不得已时才采用。

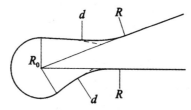

图 2-19　回头曲线

（2）平曲线之间的连接原则

平曲线之间的连接要遵循连接原则。

当地形、地物或其他条件受限时,对于相邻的同向曲线,两圆曲线间最短直线长度至少要保证有两个缓和曲线的长度,即 $2L_c$;对于两同向曲线间夹有直线时,应设置不小于最小直线长度的直线段(见表 2-17)。

断背曲线破坏了平曲线形线的连续性,设计中应设法调整曲线半径成单曲线或复曲线。

下面我们介绍下反向曲线相连。

若半径大而无超高时,两反向曲线可相衔接,两转点间的距离,以能布置下两圆曲线的切线即可;若无超高有加宽时,两反向曲线中间应有长度不小于 10 m 的加宽缓和段;对于两反向曲线间夹有直线时,应设置不小于最小直线长度的直线段(见表 2-17);工程特殊困难的山岭区,低等级公路设置超高时,中间直线长度不得小于 15 m。

简单介绍下复曲线相连。

设计车速大于或等于 40 km/h 时,半径不同的同向圆曲线连接处应设置缓和曲线。受地形限制并符合下述条件之一时,可采用复曲线。

①小圆半径大于或等于不设缓和曲线的最小圆曲线半径。

②小圆半径小于不设缓和曲线的最小圆曲线半径,但大圆与小圆的内移值之差小于或等于 0.1 m。

③大圆半径与小圆半径之比值小于或等于 1.5。

④设计车速小于 40 km/h,且两圆半径都大于不设超高最小半径,可不设缓和曲线而构成复曲线。

（3）平曲线与直线的连接

平面线形应当是连续、平顺的,线形应力求与自然地形一致。当路线不受地形、地物的限制时,一般均应采用直线形线。其最小直线长度可参考表 2-17。

表 2-17　直线长度参考值

设计车速/(km/h⁻¹)			100	80	60	40	30	20
最小直线长度/m	同向曲线间(6V)	一般值	600	480	360	240	180	120
		特殊值				100	75	50
	反向曲线间(2V)		200	160	120	80	60	40

对于直线的最大长度,前面已经叙述过。并不是直线段的长度愈长愈好,不论是从地形、地物的要求,还是从司机、乘客的心理来说,直线段的长度总有一个限制。设计中虽未明确规定具体数值,一般取值是当设计车速 V >40 km/h 时,直线段的最大长度应不超过 20 V(单位:m),约 72 s 的行程,且长直线下坡尽头的平曲线半径应大于或等于不设超高的最小半径,在难以实施地段,应采取防护措施。

避免使用连续急弯的线形。在一些受地形条件限制的地区,为了使连续的反向曲线设计得更为合理,可在曲线之间插入足够长的直线,或者设置较长的回旋曲线以改善线形。

在转弯很急的路段不设置复曲线,应尽量将复曲线合成同半径的单曲线,以避免两个小半径的反向曲线直接衔接,并注意曲线线形的连续性。

紧接大、中桥和长度为 50 m 以上隧道两端的平面线形应与桥隧协调。其两端的最小直线长度应满足要求。

5.城市道路平面设计图

在完成了平面的具体设计后,即可绘制平面设计图,见图 2-20。绘制内容包括:

①规划道路中线与设计道路中线及控制点坐标。

②红线宽度,机动车道,辅路(非机动车道),人行遭(路肩)及道路各部分尺寸。

③平曲线要素,路口路缘石曲线半径。

④桥隧、立交的平面布置与尺寸,港湾停靠站,人行通道或人行天桥位置与尺寸。

⑤各种管线和附属构筑物的位置与尺寸,拆迁房屋,迁移线杆,征地范围等。

⑥相交的主要道路规划中线、红线宽度,道路宽度等。

2.1.7 道路平面设计的主要内容

城市道路的平面设计,一般是在城市道路网规划的基础上进行的,而公路则需依据勘测选线的结果进行设计。进行道路的平面设计,就是要把道路的走向及其位置明确地肯定下来。城市道路由于地处城市,在设计中需考虑各种因素的影响,合理设计平面线形,是保证汽车能否达到安全、迅速、经济以及舒适的最关键的一步。平面设计的主要内容包括以下几个方面。

①定线和实地放线。即确定所设计路线的起、终点及中间各控制点在地形图上和实地上的具体位置。

②平曲线半径的选定以及曲线与直线的衔接,依情况设置超高、加宽和缓和曲线等。

③验算弯道内侧的安全行车视距及障碍物的清除范围。

④进行沿线桥梁、道口、交叉口和广场的平面布置,道路绿化和照明布置,以及加油站和汽车停车场等公用设施的布置。

⑤绘制道路平面设计图。道路平面设计图的比例可根据具体需要而定,一般为 1:500 或 1:1000。

2.1.8 道路平面设计的基本要求

道路平面设计的基本要求如下:

①道路平面设计必须遵循保证行车安全、迅速、经济以及舒适的线形设计的总原则,并符合设计任务书和设计规范、技术标准等有关文件的各项有关规定和要求。

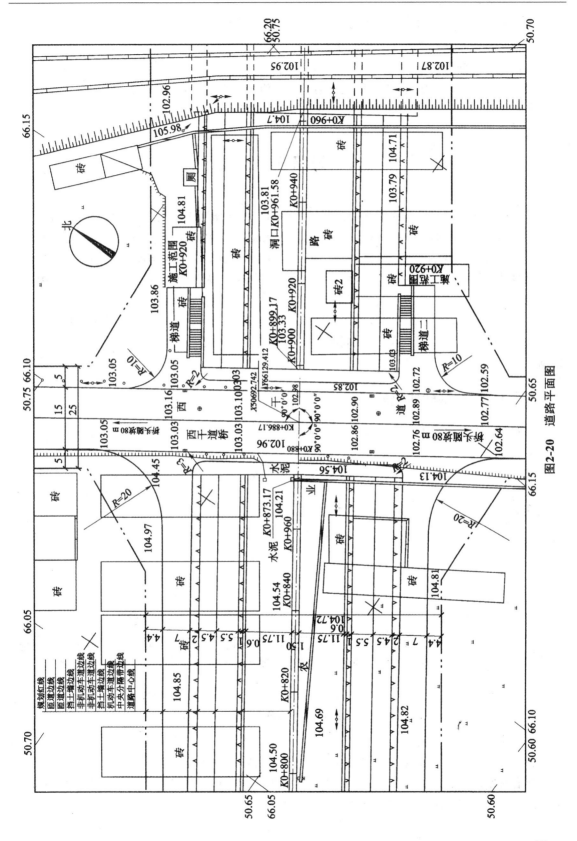

图 2-20 道路平面图

②道路平面线形应适应相应等级的设计行车速度。

③综合考虑平、纵、横 3 个断面的相互关系。在平面线形设计中,应兼顾其他两个断面在线形上可能出现的问题。

④道路平面线形确定后,将会影响交通组织和沿街建筑物、地上地下管线网以及绿化、照明等设施的布置,所以平面定线时须综合分析有关因素的影响,作出适当的处理。

2.2 道路横断面设计

公路中线的法线方向剖面图称为公路横断面图。公路横断面图是由横断面设计线和地面线所构成的。其中横断面设计线包括行车道、路肩、分隔带、边沟边坡、截水沟、护坡道以及取土坑、弃土堆、环境保护等设施。高速公路和一级公路上还有变速车道、爬坡车道等。而横断面中的地面线是表征地面起伏变化的那条线,它是通过现场实测或由大比例尺地形图、航测像片、数字地面模型等途径获得的。公路横断面设计是根据行车对公路的要求,结合当地的地形、地质、气候、水文等自然因素,确定横断面的形式、各组成部分的位置和尺寸。设计的目的是保证足够的断面尺寸、强度和稳定性,使之经济合理,同时为路基土石方工程数量计算、公路的施工和养护提供依据。

2.2.1 道路横断面组成

道路是具有一定宽度的带状构筑物。在垂直道路中心线的方向上所作的竖向剖面称为道路横断面。

城市道路横断面由车行道、路侧带、分隔带、路缘带等部分组成。近期横断面宽度,通常称为路幅宽度;远期规划道路用地总宽度则称为红线宽度。红线是指城市中的道路用地和其他用地的分界线。道路两侧建筑房屋的台阶、门厅、风雨棚、阳台等均属红线之外范围,如图 2-21 所示。

图 2-21 城市道路标准横断面图(三块板)

公路路基横断面与城市道路有所不同,二、三、四级公路路基横断面由车道、路肩、边沟、边坡、错车道、护坡道等组成,如图 2-22(a)所示。高速公路和一级公路的横断面设置有中间带,根据需要有时还设置有紧急停车带、加(减速)车道、爬坡车道和其他安全设施,如图 2-22(b)所示。两端路肩边缘之间的距离称为路基宽度。

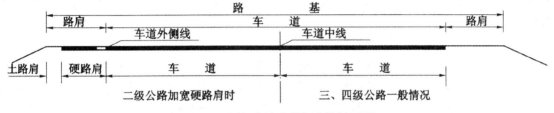

(a)二、三、四级公路路基标准横断面图

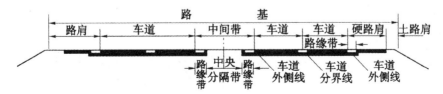

(b)高速公路和一级公路路基标准横断面图

图 2-22　公路路基横断面图

　　横断面规划与设计的主要任务是在满足交通、环境、公用设施管线敷设以及排水要求的前提下,经济合理地确定各组成部分的宽度及相互之间的位置与高差。

　　下面我们详细介绍下公路横断面的组成。

　　公路横断面的组成和各部分的尺寸要根据设计交通量、交通组成、设计车速、地形条件等因素确定,在保证必要的通行能力和交通安全畅通的前提下,尽量做到用地省、投资少,使道路发挥其最大的经济效益与社会效益。

　　1.公路横断面的组成

　　公路横断面的组成为:

　　(1)路幅的构成

　　路幅是指公路路基顶面两路肩外侧边缘之间的部分。

　　路幅有两种布置方式,一种是有分隔带,一种是无分隔带。等级高、交通量大的公路(如高速公路、一级公路)适用于第一种方式,通常是将上、下行车辆分开。分隔的方式有两种:一种是用分隔带分隔,称为整体式断面;另一种是将上、下行车道放在不同的平面上加以分隔,称为分离式断面。整体式断面包括行车道、中间带、路肩以及紧急停车带、爬坡车道等组成部分。不设分隔带的整体式断面(如二、三、四级公路)包括行车道、路肩以及错车道等,应根据道路的实际情况选用。路幅布置形式如下:

　　①单幅双车道。

　　单幅双车道公路指的是整体式的供双向行车的双车道公路。这类公路在我国公路总里程中占的比重最大,二、三级公路和一部分四级公路都属于这一种。这类公路在交通量不大时,车速一般都不会受到影响。此类公路的最大缺点是混合交通造成的交通干扰。

　　②双幅多车道。

　　4 车道、6 车道以及更多车道的公路,中间一般都设置分隔带或做成分离式路基而构成"双幅路",有些分离式路基为了利用地形或处于风景区等原因甚至做成两条独立的单向行车的道路。这种类型的公路的设计车速高、通行能力大,每条车道能负担的交通量比一条双车道公路的还多,而且行车顺适、事故率低。《标准》中的高速公路和一级公路即属此种类型。高速公路和一级公路占地多、造价高,只有在公路网中具有非常重要的政治、经济意义,远景交通量很大时才修建。

③单车道。

对交通量小、地形复杂、工程艰巨的山区公路或地方性道路,可采用单车道,《标准》中的山区四级公路路基宽度为 4.50 m,路面宽度为 3.50 m 的就属此类。此类公路虽然交通量很小,但仍然会出现错车和超车,为此,应在不大于 300 m 的距离内选择有利地点设置错车道,使驾驶员能够看到相邻两错车道驶来的车辆。

(2)公路横断面的组成

公路横断面的组成,包括:

①行车道。公路上供各种车辆行驶部分的总称,包括快车行车道和慢车行车道。

②路肩。位于行车道边缘至路基边缘,具有一定宽度的带状结构。

③边坡。为保证路基稳定,在路基两侧做成的具有一定坡度的坡面。

④边沟。为汇集和排除路面、路肩及边坡的流水,在路基两侧设置的纵向水沟。

⑤中间带。高速公路及一级公路用于分隔对向车辆的路幅组成部分,通常设于车道中间。

⑥护坡道。当路堤较高时,为保证边坡稳定,在取土坑和坡脚之间,沿原地面纵向保留的有一定宽度的平台。

⑦碎落台。设在路堑边坡坡脚与边沟外侧边缘之间或边坡上,为防止碎落物落入边沟而设置的有一定宽度的纵向平台。

⑧截水沟。为拦截山坡上流向路基的水,在路堑坡顶以外设置的水沟。

⑨爬坡车道。高速公路、一级公路以及二级公路的连续上坡路段,当通行能力、运行安全受到影响时,应设置爬坡车道,供慢速上坡车辆行驶用。

⑩加(减)速车道(变速车道)。供车辆驶入(离)高速车流之前(后)加速(减速)用的车道,设置在高速公路、一级公路的互通式立体交叉服务区、停车区、公共汽车停靠站、管理与养护设施等的出入口处。

⑪错车道、四级公路采用 4.5 m 单车道路基时,在可通视一定距离内,供车辆交错避让用的一段加宽车道。设置错车道路段的路基宽度应不小于 6.50 m,有效长度应不小于 20 m。

⑫紧急停车带。供车辆临时发生故障或其他紧急原因停车使用的临时停车地带。高速公路、一级公路的右侧硬路肩宽度小于 2.50 m 时,应设置紧急停车带。

⑬避险车道。连续长、陡下坡路段危及运行安全处设置的用于避险的车道。

2. 城市道路横断面的组成

道路横断面设计应在城市规划的红线宽度范围内进行。横断面形式、布置、各组成部分尺寸及比例应按道路类别、级别、设计速度、交通量和人流量、交通特性、交通组织、交通设施、地上杆线、地下管线、绿化、地形等因素统一安排,以保障车辆和人行交通的安全通畅。

城市道路的交通性质和组成比较复杂,尤其表现在行人和各种非机动车较多,各种交通工具和行人的交通问题都需要在横断面设计中综合予以解决,所以城市道路路线设计中的横断面设计是矛盾的主要方面,一般都放在平面和纵断面设计之前进行。

(1)布置类型及断面形式选用

城市道路常见的几种断面形式见图 2-23～图 2-25。

①单幅路。

俗称"一块板"断面,各种车辆在车道上混合行驶。在交通组织上可以有以下两种方式:一是划出快、慢车行驶分车线,快车和机动车车辆在中间行驶,慢车和非机动车靠两侧行驶;二是不划分车线,车道的使用在不影响安全的条件下予以调整。单幅路占地少、投资省,但各种车辆混合行驶,于交通安全不利,仅适用于机动车交通量不大、非机动车较少的次干路、支路,以及用地不足、拆迁困难的旧城改建的城市道路。

图 2-23　单幅路横断面组成

②双幅路。

俗称"两块板"断面,在车道中心用分隔带或分隔墩将车行道分为两半,上、下行车辆分向行驶,各自再根据需要决定是否划分快、慢车道。双幅路断面将对向行驶的车辆分开,减少了行车干扰,提高了车速,分隔带上还可以用做绿化、布置照明和敷设管线等。它主要用于各向两条以上机动车道,非机动车较少、地形地物特殊,或有平行道路可供非机动车通行的快速路和郊区道路。

图 2-24　双幅路横断面组成

③三幅路。

俗称"三块板"断面,中间为双向行驶的机动车道,两侧为靠右侧行驶的非机动车道。三幅路将机动车与非机动车分开,对交通安全有利;在分隔带上布置绿带,有利于夏天遮阴防晒、减少噪音和布置照明等,对于机动车交通量大、非机动车多的城市道路上宜优先考虑采用。但三幅式断面占地较多,只有当红线宽度不小于 40 m 时才能满足车道布置的要求。

图 2-25　三幅路横断面组成

④四幅路。

俗称"四块板"断面,在三幅路的基础上,再将中间机动车车道分隔为二,分向行驶。四幅路不但将机动车和非机动车分开,还将对向行驶的机动车分开,其安全性和车速较三幅路更为有利。它适用于机动车辆车速较高,各向两条机动车道以上,非机动车多的快速路与主干路。

一条道路宜采用相同形式的横断面。当道路横断面形式或横断面各组成部分的宽度变化时,应设过渡段,过渡段的起、止点宜选择在交叉口或结构物处。

图 2-26　四幅路横断面组成

（2）城市道路横断面的组成

城市道路横断面由机动车道、非机动车道、人行道和分隔各种车道（或人行道）的分隔带及绿化带组成。

①行车道。

城市道路上供各种车辆行驶的部分统称为行车道。在行车道断面上,供汽车、无轨电车、摩托车等机动车行驶的部分称为机动车道;供自行车、三轮车等非机动车行驶的部分称为非机动车道。

②人行道。

在城市道路上用路缘石或护栏加以分隔的、专供行人步行使用的部分。

③绿化带。

在道路用地范围内供绿化使用的条形地带。

④分隔带。

又称分车带,沿道路纵向设置的分隔行车道用的带状设施。位于路中线位置的称为中央分隔带（中间带）,位于路中线两侧的称为外侧分隔带（两侧带）。

⑤其他组成部分。

除了以上部分,城市道路横断面还包括路缘石、街沟、路拱、照明设施等。

3.行车道宽度与路基宽度

高速公路、一级公路各路段的车道数应根据设计交通量以及采用的服务水平确定,当车道数为四车道以上时,应按双数增加。

（1）机动车道路面宽度

行车道是道路上供各种车辆行驶部分的总称,包括快车道和慢车道,在一般公路和城市道路上还有非机动车道。行车道的宽度要根据车辆宽度、设计交通量、交通组成和汽车行驶速度来确定。行车道宽度应该满足车辆行驶的需要,双车道公路应满足错车、超车行驶所必须的余宽,4车道公路应满足车辆并列行驶所需的宽度。

《标准》规定的各级公路车道宽度列于表 2-18。

城市道路机动车道宽度,应根据车型及计算行车速度确定,推荐按表 2-19 采用。机动车车道宽度包括几条车道宽度。机动车道路面宽度包括车道宽度及两侧路缘带宽度。机动车道路缘带宽度一般为 0.5 m。

表 2-18　各级公路车道宽度

设计速度（km/h）	120	100	80	60	40	30	20
车道宽度（m）	3.75	3.75	3.75	3.50	3.50	3.25	3.00（单车道时为 3.50）

注:高速公路为 8 车道,当设置左侧硬路肩时,内侧车道宽度可采用 3.50 m。

根据我国城市道路的实际经验,一般可采用设计参考值:双车道 7.50～8.0 m,4 车道

13.0～15.0 m,6 车道 19.0～22.0 m。

表 2-19　城市道路机动车车道宽度要求

车型	设计速度 (km/h)	车道宽度 (m)	车型	设计速度 (km/h)	车道宽度 (m)
大型汽车或 大小型汽车混行	≥40	3.75	小客车专用线		3.50
	<40	3.50	公共汽车停靠站		3.00

注：小型汽车包括 2 t 以下载货汽车、小型旅行车、吉普车、小客车及摩托车等。

(2)非机动车车道宽度

非机动车车道主要供自行车行驶,应根据自行车设计交通量与每条自行车车道设计通行能力计算自行车车道条数。非机动车道路面宽度包括几条自行车车道宽度及两侧各 25 cm 路缘带宽度,按表 2-20 采用。三幅路或四幅路的非机动车车行道上如有三轮车、板车行驶时,两侧非机动车道路面宽度除按设计通行能力计算确定外,还应适当加宽。为减少分隔带断口,保证机动车交通顺畅,允许少量机动车在非机动车道上顺向行驶一段距离时,应适当加宽非机动车车道路面宽度。

表 2-20　城市道路非机动车车道宽度要求

车辆种类	自行车	三轮车	兽力车	板车
非机动车车道宽度(m),	1.0	2.0	2.5	1.5～2.0

(3)路基宽度的确定

路基宽度指行车道宽度与路肩宽度之和,但当设有紧急停车带、爬坡车道、变速车道、错车道等时,还应包含这些部分的宽度,即路基宽度指路基顶面的总宽度。路基宽度应满足表 2-21 要求。确定路基宽度时,中央分隔带宽度、左侧路缘带宽度、右侧硬路肩宽度、土路肩宽度等的"一般值"和"最小值"应同类项相加。此外,二级公路因交通量、交通组成等需设置慢车道的路段,设计速度为 80 km/h 时,其路基宽度可采用 15.0 m;设计速度为 60 km/h 时,可采用 120 m。四级公路宜采用双车道路基宽,交通量小的路段,可采用单车道 4.50 m 路基宽。

表 2-21　各级公路路基宽度

公路等级		高速公路、一级公路								
设计速度(km/h)		120			100			80		60
车道数		8	6	4	8	6	4	6	4	4
路基宽度 (m)	一般值	45.00	34.50	28.00	44.00	33.50	26.00	32.00	24.50	23.00
	最小值	42.00		26.00	41.00		24.50		21.50	20.00
公路等级		二级公路、三级公路、四级公路								
设计速度(km/h)		80	60	40	30	20				
车道数		2	2	2	2	2 或 1				
路基宽度 (m)	一般值	12.00	10.00	8.50	7.50	6.50(双车道)4.50(单车道)				
	最小值	10.00	8.50							

4.路肩、分隔带、路侧带与路缘石

下面我们对路肩、分隔带、路侧带与路缘石分别进行介绍。

(1)路肩

路肩从构造上又可分为硬路肩、土路肩。硬路肩是指进行了铺装的路肩,它可以承受汽车荷载的作用力,在混合交通的公路上便于非机动车、行人通行。土路肩是指不加铺装的土质路肩,它起保护路面和路基的作用,并提供侧向余宽。

①公路路肩。

各级公路都要设置路肩。路肩的作用是保护及支撑路面结构、增加路面的富余宽度以及供临时停车、错车或堆放养路材料使用,同时对提高车道通行能力也有辅助作用。高速公路、一级公路应在右侧硬路肩宽度内设右侧路缘带,其宽度为 0.5 m。

现行《公路工程技术标准》规定的路肩宽度如表 2-22 所示。

表 2-22　各级公路路肩宽度

设计速度 (km/h)		高速公路、一级公路				二级公路、三级公路、四级公路				
		120	100	80	60	80	60	40	30	20
右侧硬路肩宽度(m)	一般值	3.0 或 3.50	3.00	2.50	2.50	1.50	0.75			
	最小值	3.00	2.50	1.50	1.50	0.75	0.25			
土路肩宽度(m)	一般值	0.75	0.75	0.75	0.50	0.75	0.75	0.75	0.50	0.25(双车道)
	最小值	0.75	0.75	0.75	0.50	0.50	0.50			0.50(单车道)

高速公路、一级公路采用分离式断面时,应设置左侧硬路肩,其宽度要求见表 2-23,左侧硬路肩宽度包含左侧路缘带宽度。

表 2-23　分离式断面高速公路、一级公路左侧路肩宽度

设计速度(km/h)	120	100	80	60
左侧硬路肩宽度(m)	1.25	1.00	0.75	0.75
左侧土路肩宽度(m)	0.75	0.75	0.75	0.50

8 车道高速公路宜设置左侧硬路肩,其宽度应为 2.50 m,左侧硬路肩宽度包含左侧路缘带宽度。

各级公路均应设置土路肩,其最小宽度要求见表 2-22、表 2-23。

②城市道路路肩。

采取边沟排水的城市道路应在路面外侧设路肩。路肩分为硬路肩及保护性路肩,计算行车速度大于或等于 40 km/h 时,应设硬路肩,见表 2-24。接近城市、村镇有行人的路段,右侧硬路肩宽度应根据人流确定,但不得小于表 2-24 的规定值。双幅路或四幅路中间具有排水沟的断面,应设置左侧路肩。不设硬路肩时,路肩宽度不得小于 1.25 m。

表 2-24　城市道路硬路肩宽度

计算行车速度（km/h）	80	60、50	40
硬路肩最小宽度（m）	1.00	0.75	0.50
有少量行人时最小宽度（m）	1.75	1.50	1.25

保护性路肩一般为土质或简易铺装，宽度应满足安设护栏、杆柱、交通标志牌的要求，最小宽度为 0.5 m。

（2）中间带及分隔带

①公路中间带。

中间带设在两个不同行驶方向车道之间，由两条左侧路缘带和中央分隔带组成，如图 2-27 所示。中间带用于分隔对向车流，提高通行能力；可设置公路标志牌及其他交通管理设施、种植花草灌木或设置防眩网；可引导驾驶员视线，增加行车所必须的侧向余宽，从而提高行车的安全性和舒适性。

《标准》规定，高速公路、一级公路整体式断面必须设置中间带。中间带的宽度是根据行车带以外的侧向余宽，防止驶入对向行车带的护栏、种植、防眩网、交叉公路的桥墩等所需的设置带宽度而定的，各部分宽度应符合表 2-25 的规定。

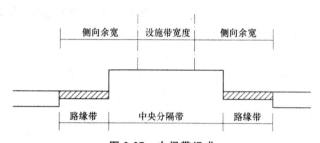

图 2-27　中间带组成

表 2-25　高速公路、一级公路整体式断面中间带宽度

计算速度（km/h）		120	00	80	60
中央分隔带宽度（m）	一般值	3.00	2.00	2.00	2.00
	最小值	2.00	2.00	1.00	1.00
左侧路缘带宽度（m）	一般值	0.75	0.75	0.50	0.50
	最小值	0.75	0.50	0.50	0.50
中间带宽度（m）	一般值	4.50	3.50	3.00	3.00
	最小值	3.50	3.00	2.00	2.00

注："一般值"为正常情况下的采用值，"最小值"为条件受限制时可采用的值。

为了便于养护作业和某些车辆在必要时驶向反向车道，中央分隔带应按一定距离设置开口部。

②城市道路分车带。

城市道路机动车和非机动车混合行驶，因此在设置非机动车道时，除应设置分隔对向车流的中间带外,还应在道路的两侧同向行驶的机动车道和非机动车道之间设置分隔带(即两侧带)。设置这类分隔带的作用是分隔同向行驶的机动车和非机动车,防止其相互干扰,以减少事故,保证车速,并可作为设置沿线设施之用。城市道路分车带最小宽度要求见表2-26。

表 2-26　城市道路分车带最小宽度要求

分车带类别		中间带			两侧带		
设计速度(km/h)		80	60、50	40	80	60、50	40
分隔带最小宽度(m)		2.00	1.50	1.50	1.50	1.50	1.50
路缘带宽度(m)	机动车道 非机动车道	0.50	0.50	0.25	0.50 0.25	0.50 0.25	0.25 0.25
倾向净宽(m)	机动车道 非机动车道	1.00	0.75	0.50	0.75 0.50	0.75 0.50	0.50 0.50
安全带宽度(m)	机动车道 非机动车道	0.50	0.25	0.25	0.25 0.25	0.25 0.25	0.25 0.25
分车带最小宽度(m)		3.00	2.50	2.00	2.25	2.25	2.00

两侧带的最小宽度规定为2.0 m至2.25 m。在北方寒冷积雪地区,在满足最小宽度的前提下,还应考虑能否满足临时堆放积雪的要求。

③城市道路路侧带。

位于城市道路行车道两侧的人行道、绿化带、公用设施带等统称为路侧带,其宽度应根据道路类别、功能、行人流量、绿化、沿街建筑性质及布设公用设施要求等确定。

人行道主要是供行人步行之用,同时也是植树、立杆的场地,人行道的地下空间还可埋设管线等。人行道宽度必须满足行人通行的安全和顺畅,保证高峰时的行人流量,并用来设置绿化、照明、地下管线等。人行道横坡为单向坡,一般为1.5‰~2.0‰,向路缘石一侧倾斜,高出车行道0.10~0.20 m。车站、码头的人行天桥、人行地道的一条人行带宽度取0.90 m,其余情况取0.75 m。

人行道上靠行车道一侧种植行道树。行道树的株距一般为4~6 m,树池采用1.5 m的正方形或1.2 m×1.8 m的矩形,也可植草皮与花丛。

设施带宽度包括设置行人护栏、照明灯柱、标志牌、信号灯等的宽度。红线宽度较窄及条件困难时,设施带可与种植带合并,但应避免各种设施与树木间的干扰。常用宽度为护栏0.25~0.50 m,杆柱1.0~1.5 m。按上述所求得的步行带宽、绿化带宽与设施带宽之和为人行道宽。此外,还要考虑人行道下面埋设管线所需的宽度。

④路缘石。

路缘石是设置在路面与其他构造物之间的标石。在分隔带与路面之间、人行道与路面之间一般都需要设置路缘石。路缘石的形状有立式、斜式和曲线式等几种。路缘石宜高出路面10~20 cm,隧道内线形弯曲线段或陡峻路段等处,可高出25~40 cm,并应有足够的埋置深度,以保证稳定。缘石宽度宜为10~15 cm。

5.路拱

(1)路拱横坡度

为保证路面横向迅速排水,将路面做成由中央向两侧倾斜的拱形,称为路拱。路拱横坡度的选用,应有利于路面排水通畅和行车平稳。对不同类型的路面,由于其表面的平整度和透水性不同,应再考虑当地的自然条件选用不同的路拱坡度,见表 2-27 的数值。

表 2-27　路拱横坡度

路面类型	路拱横坡度(%)	路面类型	路拱横坡度(%)
水泥混凝土路面	1.0～2.0	其他黑色路面、整齐石块	1.5～2.5
沥青混凝土路面	1.0～2.0	碎、砾石等粒料路面	2.5～3.5
半整齐、不整齐石块	2.0～3.0	低级路面	3.0～4.0

土路肩的排水性远低于路面,其横坡度较路面宜增大 10%～2.0%;硬路肩视具体情况(材料、宽度)可与路面同一横坡,也可稍大于路面;路缘带横坡与路面相同。

(2)路拱形式

路拱形式依路面宽度、路拱坡度及施工便利等决定,有直线形、折线形和抛物线形等。

直线形路拱的特点是中间有屋脊形,且两侧横坡一致,适用于路拱横坡小的水泥路面、有中央分隔带的路面以及宽度较小的低等级公路。折线形路拱的特点是坡度从中到边逐步增大利于排水,横坡变化缓,对行车有利,适用于多车道水泥混凝土路面。抛物线形路拱的特点是造型美观、横坡圆顺,没有路中尖顶,路面中间部分坡度较小,两旁坡度较大,利于排除雨水,适用于机动车、非机动车混合行驶的城市道路单幅路断面。

2.2.2　道路建筑限界与道路用地

1.道路建筑限界

道路建筑限界(又称净空)是为保证道路上各种车辆、人群的正常通行与安全,在一定的高度和宽度范围内不允许有任何障碍物侵入的空间界线。道路建筑限界分为净高和净宽两部分。在进行道路横断面设计时,应充分研究组成路幅要素的相互关系及道路的各种设施的设置规划,在有限空间内做出合理的安排,绝对不允许有任何障碍物侵入。

净宽是指在规定的净高范围内应保证的宽度,对高速公路、一级公路,包括行车带、路缘带、硬路肩、部分中央分隔带的宽度;二、三、四级公路,包括行车带及部分路肩的宽度。设人行道、自行车道时,还应包括它们的宽度。上述规定的路肩宽度是在净空范围以内的,所以道路上的各种设施(护栏、标志牌等)应该设置在右路肩以外的保护性路肩上,而且必须保证其伸入部分在净高以上。

(1)公路建筑限界

《标准》规定:

①当设置有加减速车道、紧急停车带、爬坡车道、慢车道、错车道时,建筑限界应包括相应部分的宽度。

②8 车道及其以上的高速公路(整体式),建筑限界应包括左路肩的宽度。

③桥梁、隧道设置检修道、人行道时,建筑限界应包括相应部分的宽度。

④一条公路应采用同一净高，高速公路、一级公路、二级公路的净高应为 5.00 m，三级公路、四级公路的净高应为 4.50 m。

⑤检修道、人行道与行车道分开设置时，其净高应为 2.50 m。

公路建筑限界如图 2-28 所示。

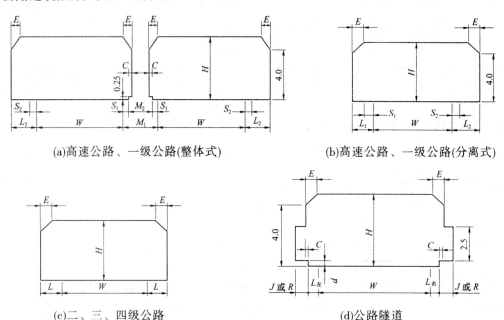

(a)高速公路、一级公路(整体式)　　　　(b)高速公路、一级公路(分离式)

(c)二、三、四级公路　　　　(d)公路隧道

图 2-28　公路建筑限界(单位：m)

W—行车道宽度；L_1—左侧硬路肩宽度；L_2—右侧硬路肩宽度；S_1—左侧路缘带宽度；S_2—右侧路缘带宽度；L—侧向宽度，高速公路一级公路的侧向宽度为硬路肩宽度(L_1 或 L_2)，二、三、四级公路的侧向宽度为路肩宽度减去 0.25 m，隧道内侧向宽度三左或三右应符合隧道最小侧向宽度的规定，C—当设计速度大于 100 km/h 时为 0.5 m，等于或小于 100 km/h 时为 0.25 m；M_1—中间带宽度；M_2—中券分隔带宽度；J—隧道内检修道宽度；R—隧道内人行道宽；d—隧道内检修道或人行道高度；E—建筑限界顶角宽度，当 $L \leqslant 1$ m 时 $E = L$，当 $L > 1$ m 时 $E = 1$ m；H—净空高度。

(2)城市道路建筑限界

城市道路建筑限界划定原理与公路相同。最小净高见表 2-28。

表 2-28　城市道路最小净高

行车道种类	机动车			非机动车	
行驶车辆种类	各种汽车	无轨汽车	有轨汽车	自行车、行人	其他非机动车
最小净高(m)	4.5	5.0	5.5	2.5	3.5

2.道路用地

道路用地范围：

(1)公路用地范围

公路建设应贯彻切实保护耕地、节约用地的原则，在确定公路用地范围时应符合以下规定：

①公路用地范围为公路路堤两侧排水沟外边缘(无排水沟时为路堤或护坡道坡脚)以外,或路堑坡顶截水沟外边缘(无截水沟为坡顶)以外不小于 1 m 范围内的土地;在有条件的地段,高速公路一级公路不小于 3 m,二级公路不小于 2 m 范围内的土地为公路用地范围。

②在风沙、雪害等特殊地带设置防护设施时,应根据实际需要确定用地范围。

③桥梁、隧道、互通式立体交叉、分离式立体交叉、平面交叉、交通安全设施、服务设施、管理设施、绿化以及料场苗圃等用地,应根据实际需要确定用地范围。

(2)城市道路用地范围

城市道路的用地范围是指建筑红线以内的范围。道路红线指城市道路用地分界控制线,红线之间的宽度即道路用地范围,亦可称为道路的总宽度或规划路幅。城市道路红线规划非常重要,通常由城市规划部门来确定。

在城市总平面图上,先定出道路中心线的位置,再按道路红线宽度画出道路红线。

2.2.3 横断面设计方法

1. 基本要求

路基是支承路面、形成连续行车道的带状结构物,它既要承受路面传来的车辆荷载,又要承受自然因素的作用。因此,路基横断面的设计应使道路横断面布置及其几何尺寸满足交通、环境、用地、城市面貌的要求,同时应满足以下几点:

①路基的设计应根据使用要求和当地自然条件(包括地质、水文和材料情况),并结合施工条件进行,既应有足够的强度和稳定性,又要经济合理。

②路基的断面形式和尺寸应根据道路的等级、设计标准和设计任务书的规定以及道路的使用要求,结合具体条件确定。一般路基可参照标准横断面进行设计;特殊路基则应进行单独计算设计。

③路基设计应兼顾当地农田基本建设的需要,在取土、弃土、取土坑设置、排水设计等方面应与农田水利、灌溉沟渠等配合,尽量减少废土占地,防止水土流失和淤塞河道。

2. 公路横断面设计

公路横断面设计包括:

(1)公路横断面布置

根据《标准》,路基横断面按照公路性质及等级不同可有整体式断面和分离式断面两大类,每一类按车道数不同有多种布置形式。在具体设计每个横断面之前,公路横断面的形式可结合当地地形、地质、水文、填挖等情况,参照标准横断面进行布置。公路标准横断面图一般包括路堤、路堑、半路堤半路堑、护肩路基、挡土墙路基、砌石路基等。对于高填、深挖、特殊地质或浸水路堤等应单独设计。

①一般路堤。

一般路堤是指填土高度小于 20 m 的路堤,如图 2-29(a)所示。当填土高度小于 0.5 m 时,为满足最小填土高度和排除路面、路肩和边坡地面水的需要,应设置边沟。当填土高度大于 2 m 时,可将边沟断面扩大成取土坑以满足填土需要,此时应在坡脚和取土坑间设宽度不小于 1 m 的护坡道;当填土高度较大时,为保证边坡稳定,应采用折线形边坡。

②挖方路基。

挖方路基是指挖方深度大于 20 m，一般地质条件下的路堑，如图 2-29(b)所示。挖方边坡的坡脚设置边沟，汇集和排除路基范围内地表径流，上方设置截水沟拦截和排除流向路基的地表径流，挖方弃土堆在路堑的下方。坡体因开挖而可能失去稳定性时必须采用支挡结构物。边坡坡面易风化或有碎落物时，可设置碎落台，也可坡面防护。

③半填半挖路基。

横断面上，部分为挖方、部分为填方的路基称为半填半挖路基，通常出现在地面横坡较陡的地方。在丘陵或山区公路上，挖填结合是路基横断面的主要形式，如图 2-29(c)所示。

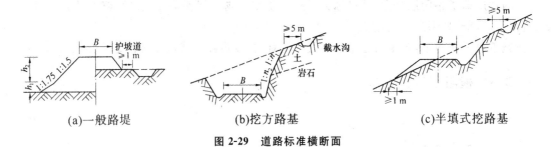

(a)一般路堤　　　　　　(b)挖方路基　　　　　　(c)半填式挖路基

图 2-29　道路标准横断面

(2)公路横断面设计内容

横断面设计，必须结合地形、地质、水文等条件，本着节约用地的原则，选用合理的断面形式，以满足行车顺适、工程经济、路基稳定且便于施工和养护的要求。

①确定路幅横断面尺寸，包括宽度及横坡度。

②确定路基高度，完成纵断面设计。

③参照标准横断面确定路基横断面形状。

④确定边坡坡度，包括路堤及路堑边坡，土质与岩石边坡。

⑤横断面面积计算及土石方数量计算与调配。

(3)路基横断面设计所需资料

①平曲线资料：半径、缓和曲线、偏角、曲线位置(交点桩号)等。

②每个中桩的填挖高度。

③路基宽度，路面宽度(分别确定左右侧宽度)。

④各中桩的超高值。

⑤路基标准横断面图式。

⑥路基边坡坡度值。

⑦边沟、截水沟的形式及尺寸。

⑧弯道上视距。

(4)横断面设计方法和步骤

道路横断面设计，应按如下方法进行。

①在计算纸上绘制横断面的地面线 。

地面线是在现场测绘的，若是纸上定线，可从大比例尺的地形图上内插获得。在计算机辅助设计中，可通过数字化仪或键盘向计算机输入横断面各变化点相对于中桩的坐标，由绘图机自动绘制。横断面图的比例尺一般是 1：200。

②绘出设计线(俗称"戴帽子")。

根据现场调查所得来的土壤、地质、水文资料,参照标准横断面图,画出路幅宽度、填或挖的边坡线,在需要设置各种支挡工程和防护工程的地方画出该工程结构的断面示意图。

第一步,从路基设计表中抄入路基中心填挖高度,由中桩地面点量出填挖高度,画一条水平线,即为设计高程。

第二步,确定左、右侧路基宽度,在设计高程线上截取左、右路基边缘位置。

第三步,按路中线、路基或路面边缘与设计高程的差值绘出路拱。

第四步,绘出路基边坡线。

第五步,绘出防护及加固设施的断面图。

(5)其他

根据综合排水设计,画出路基边沟、截水沟、排灌渠等的位置和断面形式,必要时须注明各部分尺寸。此外,对于取土坑、弃土堆、绿化等也尽可能画出。

对于分离式断面的公路和具有变速车道、爬坡车道、紧急停车车道的断面,可参照上述步骤绘制。

横断面设计示例见图2-30。

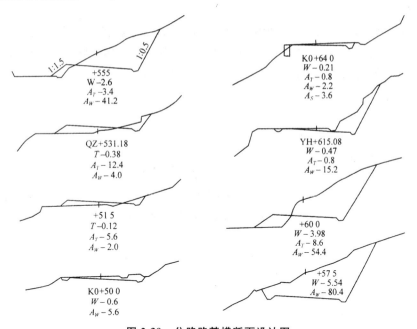

图2-30　公路路基横断面设计图

3.城市道路横断面设计

城市道路横断面设计包括:

(1)横断面设计图

当按城市道路的交通性质、地形条件以及近、远期相结合的原则确定了横断面组成和宽度以后,即可绘制横断面设计图,它是指导施工和计算土石方数量的依据。

城市道路横断面设计图一般要用的比例尺为1:100或1:200,在图上应绘出红线宽度、行车道、人行道、绿化带、照明、新建或改建的地下管道等各组成部分的位置和宽度,以及排水方向、路面横坡等,见图 2-31。

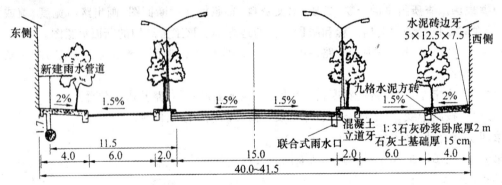

图 2-31 城市道路横断面设计图(单位:m)

(2)横断面现状图

沿道路中线每隔一定距离绘制横断面地面线就是横断面的现状图,图中包括地形、地物、原街道的各组成部分、边沟、路侧建筑等。比例尺为 1∶100 或 1∶200,有时为了更加明显地表现地形和地物高度的变化,也可采用纵、横不同的比例尺绘制。

(3)横断面施工图

在完成道路纵断面设计之后,各中线上的填挖高度为已知。将这一高度点绘在相应的横断面现状图上,然后将横断面设计图以相同的比例尺画于其上。此图反映了各断面上的填、挖和拆迁界线,是施工时的主要根据,见图 2-32。

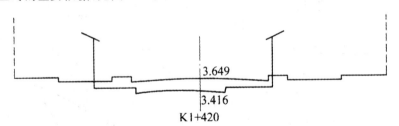

图 2-32 城市道路横断面施工图(单位:m)

2.2.4 路基土石方计算与调配

路基土石方数量的计算和调配在路基横断面设计完成,并在路基横断面图绘制完成后进行。

1.横断面面积计算

路基填挖的断面积,是指断面图中原地面线与路基设计线所包围的面积,高于地面线者为填,低于地面线者为挖,两者应分别计算,下面介绍几种常用的面积计算方法。

(1)积距法

积距法,也称条分法,是把横断面图划分成若干条等宽的小条,累加每一小条中心处的高度,再乘以条宽即为该图形的面积,适用于不规则图形面积计算。如图 2-33 所示,将断面按单位横宽划分为若干个梯形与三角形条块,每个小条块的近似面积为,则横断面面积:

$$A = b \sum_{i=1}^{n} h_i \tag{2-14}$$

要求得 $\sum\limits_{i=1}^{n} h_i$ 的值,可以用卡规逐一量取各条块高度的累积值(称为卡规法);当面积较大卡规张度不够用时,也可用厘米方格纸折成窄条代替卡规量取积距(称为纸条法)。若地面线较顺直,也可以增大 b 的数值,若要进一步提高精度,可增加测量次数最后取其平均值。

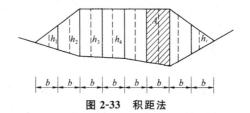

图 2-33　积距法

(2)坐标法

如图 2-34 所示,已知断面图上各转折点坐标 (x_i, y_i),则断面面积为:

$$A = \frac{1}{2} \sum_{i=1}^{n} h_i (x_i y_{i+1} - x_{i+1} y_i) \tag{2-15}$$

坐标法的精度较高,适宜于用计算机计算。

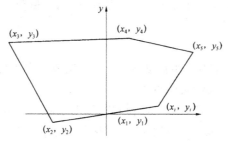

图 2-34　坐标法

2. 土石方数量计算

(1)平均断面法

若相邻两断面均为填方或均为挖方且面积大小相近,则可假定两断面之间为一棱柱体(见图2-35),其体积的计算公式为:

$$V = \frac{1}{2} (F_1 + F_2) L \tag{2-16}$$

式中,V 表示体积,即土石方数量,m^3;F_1、F_2 表示相邻两断面的面积,m^2;L 表示相邻断面之间的距离,m。

此法计算简易,较为常用;一般称之为"平均断面法"。

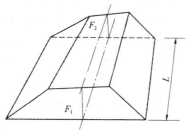

图 2-35　平均断面法

（2）棱台体积法

若 F_1、F_2 相差甚大，则两断面间形状与棱台更为接近。其计算公式为：

$$V = \frac{1}{3}(F_1 + F_2 + \sqrt{F_1 F_2})L \tag{2-17}$$

此方法的精度较高，应尽量采用，特别是用计算机计算时。

（3）土石方数量计算应注意的问题

①填挖方数量分别计算（填挖方面积分别计算）。

②土石方应分别计算（土石面积分别计算）。

③换土、挖淤泥或挖台阶等部分应计算挖方工程量，同时还应计算填方工程量。

④路基填、挖方数量中应考虑路面所占的体积（填方扣除、挖方增加）。

⑤路基土石方数量中应扣除大、中桥所占的体积，小桥及涵洞可不予考虑。

3. 路基土石方调配

土石方调配的目的是为确定填方用土的来源、挖方弃土的去向，以及计价土石方的数量和运量等。通过调配合理地解决各路段土石方平衡与利用问题，使从路堑挖出的土石方，在经济合理的调运条件下移挖作填，达到填方有所"取"，挖方有所"用"，避免不必要的路外借土和弃土，以减少占用耕地和降低公路造价。

（1）土石方调配原则

①就近利用，减少运量。在半填半挖断面中，应首先考虑在本路段内移挖作填进行横向平衡，然后再作纵向调配，以减少总的运输量。

②不跨沟调运。土石方调配应考虑桥涵位置对施工运输的影响，一般大沟不作跨越调运。

③自高向低调运。应注意施工的可能与方便，尽可能避免和减少上坡运土；位于山坡上的回头曲线段优先考虑上线向下线的土方竖向调运。

④经济合理性。应进行远运利用与附近借土的经济比较（移挖作填与借土费用的比较）。为使调配合理，必须根据地形情况和施工条件，选用适当的运输方式，确定合理的经济运距，用以分析工程用土是调运还是外借。

⑤不同的土方和石方应根据工程需要分别进行调配，以保证路基稳定和人工构造物的材料供应。

⑥土方调配对于借土和弃土应事先同地方商量，妥善处理。借土应结合地形、农田规划等选择借土地点，并综合考虑借土还田，整地造田等措施。弃土应不占或少占耕地，在可能条件下宜将弃土平整为可耕地，防止乱弃滥堆，或堵塞河流，毁坏农田。

（2）土石方调配方法

土石方调配方法有多种，如累积曲线法、调配图法及土石方计算表调配法等，通常多采用土石方计算表调配法，该法不需绘制累积曲线图与调配图，直接可在土石方表上进行调配，其优点是方法简捷，调配清晰，精度符合要求。该表也可由计算机自动完成。具体调配步骤是：

①土石方调配是在土石方数量计算与复核完毕的基础上进行的，调配前应将可能影响运输调配的桥涵位置、陡坡、大沟等注在表旁，供调配时参考。

②弄清各桩号间路基填挖方情况并作横向平衡，明确利用、填缺与挖余数量。

③在作纵向调配前，应根据施工方法及可能采取的运输方式定出合理的经济运距，供土石方调配时参考。

④根据填缺挖余分布情况，结合路线纵坡和自然条件，具体拟订调配方案。方法是逐桩逐段

地将毗邻路段的挖余就近纵向调运到填缺内加以利用,并把具体调运方向和数量用箭头标明在纵向利用调配栏中。

⑤经过纵向调配,如果仍有填缺或挖余,则应会同当地政府协商确定借土或弃土地点,然后将借土或弃土的数量和运距分别填注到借方或废方栏内。

⑥土石方调配后,应按下式进行复核检查:

$$横向调运＋纵向调运＋借方＝填方$$
$$横向调运＋纵向调运＋弃方＝挖方$$
$$挖方＋借方＝填方＋弃方$$

以上检查一般是逐页进行复核的,如有跨页调配,须将其数量考虑在内,通过复核可以发现调配与计算过程有无错误,经核实无误后,即可分别计算计价土石方数量、运量和运距等,为编制施工预算提供土石方工程数量。

(3)关于调配计算的几个问题

①经济运距。

填方用土来源,一是路上纵向调运,二是就近路外借土。一般情况调运路堑挖方来填筑距离较近的路堤还是比较经济的。但如调运的距离过长,以致运价超过了在填方附近借土所需的费用时,移挖作填就不如就地借土经济。因此,采取"调"还是"借"有个限度距离问题,这个限度距离即所谓"经济运距"。经济运距是确定借土或调运的限界,当调运距离小于经济运距时,采取纵向调运是经济的,反之则可考虑就近借土。

②平均运距。

土方调配的运距,是指从挖方体积的重心到填方体积的重心之间的距离。在路线工程中为简化计算起见,这个距离可简单地按挖方断面间距中心至填方断面间距中心的距离计算,称平均运距。

在纵向调配时,当其平均运距超过定额规定的免费运距,应按其超运运距计算土石方运量。

③运量。

土石方运量为平均运距与土石方调配数量的乘积。

在土石方调配中,所有挖方无论是"弃"或"调",都应予以计价。但对于填方则然,要根据用土来源来决定是否计价,如果是路外借土,那当然要计价,倘若是移挖作填调配利用,则不应再计价,否则形成双重计价。因此,计价土石方必须通过土石方调配表来确定其数量为:

$$计价土石方数量＝挖方数量＋借方数量$$

一般工程上所说的土石方总量,实际上是指计价土石方数量。一条公路的土石方总量,一般包括路基工程、排水工程、临时工程、小桥涵工程等项目的土石方数量。对于独立大、中桥梁、长隧道的土石方工程数量应另外计算。

2.2.5　道路横断面设计成果

道路横断面设计成果主要包括路基横断面设计图和路基土石方数量计算表,具体包括路基设计表、路基标准横断面图、路基横断面设计图、路基土石方计算表、每公里土石方数量表等。

1.路基横断面设计图

路基横断面设计图是路基每一个中桩的法向剖面图,它反映每个桩位处横断面的尺寸及结构,是路基施工及横断面面积计算的依据,图中应给出地面线和设计线,并标注桩号、施工高度与断面面积。相同的边坡坡度可只在一个断面上标注,挡墙等构造物可只绘出形状,不标注尺寸,边沟也只需绘出形状;横断面设计图应按从上到下、从左到右的方式进行布置,一般采用1∶200的比例。

2.路基标准横断面图

路基标准横断面图是路基横断面设计图中所出现的所有路基形式的汇总。它表示了所有设计线(包括边沟、边坡、挡墙、路肩)的形状、尺寸和比例,用以指导施工。这样路基设计横断面图就不必对每一个断面进行详细的标注,避免了工作的重复和烦琐,也使得设计图比较简洁。

3.路基设计表

路基设计表是路线设计和路基设计成果的综合体现,是平、纵、横断面等主要测设资料的综合,在道路设计文件中占有重要地位。其前半部分是平面与纵面设计成果,横断面设计完成后,再将边坡、边沟等栏填上,其中边沟一栏的坡度如不填写,表明沟底纵坡与道路纵坡一致,如果不一致,则需另外填写。

4.路基土石方计算表

路基土石方是公路工程的一项主要工程量,在公路设计和路线方案比较中,路基土石方数量的多少是评价公路建设质量的主要技术经济指标之一。在编制公路施工组织计划和工程概预算时,还需要确定分段和全线的路基土石方数量。

2.3 道路纵断面设计

通过道路中线的竖向剖面即为道路纵断面。纵断面图是道路纵断面设计的主要成果,也是道路设计的技术文件之一。把道路的纵断面图与平面图、横断面图结合起来,就能完整地表达出道路的空间位置和立体线形。纵断面设计的主要任务就是根据汽车的动力特性、道路等级、地形、地物、水文地质等因素,综合考虑路基稳定、排水以及工程经济性等要求,研究纵坡的大小、长短、竖曲线半径以及线形的组合关系等,以达到行车安全迅速、运输经济合理及乘客感觉舒适的目的。

如图 2-36 所示。在道路纵断面图上表示原地面的标高线称为地面线,地面线上各点的标高

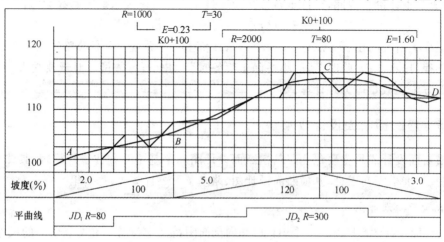

图 2-36 路线纵断面图

称为地面标高。沿道路中心线所作的纵坡设计线称为纵断面设计线,在纵断面设计线上的各点标高称为设计标高。设计标高与原地面标高之差,称为填挖高度。设计线高出地面线须填土,低于地面线须挖土。道路纵断面图是道路设计的重要技术文件之一,它与平面图、横断面图结合起来,能够完整地表达道路的空间位置和立体线形。道路纵断面设计就是在路线纵断面图上决定坡度、坡长、竖曲线半径,最后计算直线段与曲线段上各整桩与特殊桩的高程。

2.3.1　纵坡与坡长

1. 最大纵坡

最大纵坡是指在纵断面设计时各级道路允许采用的最大坡度值,它是纵面线形设计的一项重要指标。它将直接影响道路的使用质量、行车安全以及运营成本和工程的经济性。制定最大纵坡主要是依据汽车的动力特性、道路等级、自然条件、车辆行驶安全以及工程、运营经济等因素进行确定。

汽车在陡坡上行驶时,由于用来克服上坡阻力的牵引力消耗增加,导致车速降低,耗油量加大。若陡坡过长,水箱中的水会沸腾、气阻,致使行车缓慢,严重时导致发动机熄火,机件过快磨损,驾驶条件恶化;沿陡坡下行时,由于需频频使用制动器减速而造成刹车部件过热后失灵,引起交通事故。综上所述,对各级道路的最大纵坡应加以限制。表 2-29 和表 2-30 列出了公路和城市道路最大纵坡。

表 2-29　公路最大纵坡

设计速度(km/h)	120	100	80	60	40	30	20
最大纵坡(%)	3	4	5	6	7	8	9

注:①设计速度为 120 km/h、100 km/h、80 km/h 的高速公路,受地形条件或其他特殊情况限制时,经技术经济论证最大纵坡值可增加 1%。

②设计速度为 40 km/h、30 km/h、20 km/h 的公路,改建工程利用原有公路的路段,经技术经济论证,最大纵坡值可增加 1%。

③四级公路位于海拔 2000 m 以上或积雪冰冻地区的路段,最大纵坡不应大于 8%。

表 2-30　城市道路机动车道最大纵坡

设计速度/(km/h)	80	60	50	40	30	20
最大纵坡推荐值/%	4	5	5.5	6	7	8
最大纵坡限制值/%	6	7		8	9	

城市道路车行道线、人行道线均与路中心线纵坡相同,如道路纵坡过大,会使临街建筑物地坪标高难与人行道纵坡协调而影响街景。道路纵坡过大还不利于地下管线的敷设,如雨污水管是重力管,为减小管道纵坡需要增加跌水井的设备。

在机动车和非机动车混合行驶的道路上,确定设计容许最大纵坡时,还要注意考虑非机动车上、下坡的安全和升坡能力。根据国内有关城市的调查资料分析,适于自行车行驶的纵坡宜在 2.5% 以下。

2.高原地区纵坡折减

高原地区公路,随着海拔高度的增加,大气压力、空气温度和密度都逐渐减小。空气密度的减小,使汽车发动机的正常操作状态受到影响,从而使汽车的动力性能受到影响。另外,空气密度变小,散热能力也较低,发动机易过热。经常持久使用低挡,特别容易使发动机过热,并使启动后汽车水箱中的水易沸腾而破坏冷却系统。因此,设计速度小于或等于 80 km/h,位于海拔 3000 m 以上高原地区的公路,最大纵坡应按表 2-31 的规定予以折减。最大纵坡折减后若小于 4%,则仍采用 4%。

表 2-31　高原纵坡折减值

海拔高度（m）	3000~4000	4000~5000	5000 以上
折减值（%）	1	2	3

3.最小纵坡

一般来说,为使道路上汽车行驶快速和安全,纵坡值应取小一些。但在挖方路段、设置边沟的低填方路段和横向排水不畅的路段,特别是多雨地区,为了保证满足排水的要求,减少路面积水形成水雾、水漂等对行车安全不利的情况,规定了道路的最小纵坡应大于或等于 0.3%。如遇特殊困难,其纵坡度必须小于 0.3%时,公路边沟纵坡应另行设计,城市道路应设置锯齿形街沟。

4.坡长设计

坡长是指变坡点间的水平直线距离,坡长限制主要是指对陡坡的最大长度和一般纵坡的最小长度加以限制。

(1)最小坡长

若坡长太短,从几何构成来看不能设置两端的竖曲线;从行车来看变坡频繁,纵面起伏大,行车顺适性差。因此考虑上述因素,为使纵断面线形不因起伏频繁而呈锯齿形的状态,并便于平面线形的合理布设,还应对最小坡长加以限制。最小坡长通常以计算行车速度行驶 9~15 s 的行程作为规定值,所取的行程时间,应能使坡长满足相邻竖曲线的设置、纵面视距良好、道路平顺和有利于行车的要求。各级公路最小坡长规定见表 2-32,城市道路最小坡长规定见表 2-33。

表 2-32　公路最小坡长

设计速度（km/h）	120	100	80	60	40	30	20
最小坡长（m）	300	250	200	150	120	100	60

表 2-33　城市道路最小坡长

设计速度（km/h）	120	100	80	60	40	30	20
最小坡长（m）	300	250	200	150	120	100	60

(2)最大坡长

坡道长度限制,系根据机动车辆上坡能力来决定。上陡坡时,若坡道较短,车辆因动能的辅助,仍可用高排档行驶;如坡道太长,就必须改用低档,长时间使用低档,会使发动机发热,热量大大增加而使水箱开锅,产生气阻,致使汽车爬坡无力,甚至熄火;下坡时制动次数太多使制动器发热失效,而出事故;同时长时间在陡坡上行驶,驾驶员心理紧张,工作条件恶劣。因此,当道路纵坡较大时,为了行车安全,其坡段长度需要限制,各级公路纵坡长度限制见表2-34,城市道路坡长限制见表2-35。

表 2-34　公路不同纵坡最大坡长

设计速度（km/h）		120	100	80	60	40	30	20
纵坡坡度（%）	3	900	1000	1100	1200	1100	1100	1200
	4	700	800	900	1000	900	900	1000
	5		600	700	800	700	700	800
	6			500	600	500	500	600
	7					300	300	400
	8						200	300
	9							200
	10							

表 2-35　城市道路最大坡长

设计速度（km/h）	80			60			50			40		
纵坡坡度（%）	5	5.5	6	6	6.5	7	6	6.5	7	6.5	7	8
坡长限制（m）	600	500	400	400	350	300	350	300	250	300	250	200

5.合成坡度

合成坡度是指在设有超高的平曲线上,路线纵坡与超高横坡或不设超高的路面横坡所组成的坡度。计算公式为:

$$I = \sqrt{i^2 + i_h^2}$$

式中,I 表示合成坡度;i 表示路线纵坡度;i_h 表示超高横坡度。

在小半径弯道上,纵坡也较大,汽车受坡度阻力与离心力作用会造成行驶危险,为防止汽车沿合成坡度方向滑移,应限制合成坡度的最大值,即将超高横坡与纵坡的组合控制在适当的范围内,以保证安全。其规定值见表2-36与表2-37限定合成坡度,即规定了小半径曲线段折减后的最大纵坡。设计时应尽可能避免陡坡与急弯组合。

表 2-36　公路最大合成坡度

公路等级	高速公路			一级公路			二级公路		三级公路		四级公路
设计速度（km/h）	120	100	80	100	80	60	80	60	40	30	20
合成坡度（%）	10.0	10.0	10.5	10.0	10.5	10.5	9.0	9.5	10.0	10.0	10.0

表 2-37　城市道路最大合成坡度

计算车速(km/h)	80	60	50	40	30	20
合成坡度(%)	7	6.5	6.5	7	7	8

2.3.2　竖曲线设计

在纵断面设计线的变坡点处,为保证行车安全,缓和纵坡折线而设的曲线称为竖曲线。变坡点处的转角称为变坡角,以 ω 表示。ω 值近似等于相邻两纵坡度的代数差,即

$$\omega = i_1 - i_2$$

式中,i_1,i_2 分别为相邻纵坡线的坡度值,上坡为正,下坡为负。如图 2-37 所示,

$$\omega_1 = i_1 - (-i_2) = i_1 + i_2$$

ω_1 为正,变坡点在曲线上方,为凸形竖曲线;

$$\omega_2 = -i_2 - i_3 = -(i_2 + i_3)$$

ω_2 为负,变坡点在曲线下方,为凹形竖曲线。

我国规定:各级公路及城市道路在变坡点处均应设置竖曲线。竖曲线的形式通常采用二次抛物线。由于在其应用范围内,圆曲线与抛物线几乎没有差别,在表示上用圆曲线半径表示更为方便,所以通常均以竖曲线半径表示。

图 2-37　竖曲线与变坡角

1.凸形竖曲线

凸形竖曲线设置的主要目的在于缓和纵坡转折线,以保证汽车的行车视距,如图 2-38 所示,如变坡角较大时,设竖曲线就可能影响视距。凸形竖曲线的竖曲线最小半径见表 2-38 和表 2-39。

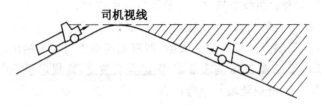

图 2-38　凸曲线设置的目的

2.凹形竖曲线

凹形竖曲线主要为缓和行车时汽车的颠簸与震动而设置。汽车沿凹形竖曲线路段行驶时,在重力方向受到离心力作用而发生颠簸和引起弹簧负荷增加,因此在确定凹形竖曲线半径时,要对离心加速度予以限制。凹形竖曲线最小半径见表 2-38 和表 2-39。

表 2-38　城市道路竖曲线半径

竖曲线半径(km·h⁻¹) 竖曲线半径/m		80	60	50	40	10	20	15
凸形	极限最小半径	3000	1200	900	400	250	100	60
	一般最小半径	4500	1800	1350	600	375	150	90
凹形	极限最小半径	1800	1000	700	450	250	100	60
	一般最小半径	2700	1500	1050	675	375	150	90

注:非机动车道,凸、凹形竖曲线最小半径为 500 m。

表 2-39　公路竖曲线最小半径

竖曲线半径(km·h⁻¹) 竖曲线半径/m		120	100	80	60	40	30	20
凸形	一般值	17000	10000	4500	2000	700	400	200
	极限值	11000	6500	3000	1400	450	250	100
凹形	一般值	6000	4500	3000	1500	700	400	200
	极限值	4000	3000	2000	1000	450	250	100

当纵坡代数差较小时,竖曲线更应采用较大半径。如采用大半径竖曲线后,曲线上纵坡小于 0.3%,且又有一段长度的路段不利排水时(通常发生在两纵坡代数差很小的变坡处),应重新选定坡值,以利排水。

3.竖曲线的连接

竖曲线之间连接时,可以在其间保留一段直坡段,也可以不留直坡段而布置成同向或反向复曲线形式,只要不使两竖曲线相交或搭接即可。若两相邻的竖曲线相距很近,而中间直坡段太短,则应将两者合并成复曲线形式。在一般情况下,应力求两竖曲线之间留一段直坡段 L,坡长建议以不小于汽车行驶 3 s 的距离为宜。

$$L \geqslant (V/3.6) \times 3 = 0.83V \text{(单位:m)} \tag{2-18}$$

式中,V 表示设计速度,km/h。

4.竖曲线最小长度

为满足汽车司机在竖曲线上操作的需要,竖曲线最小长度按设计速度 3 s 的运行距离计算,计算公式同式(2-18)。

竖曲线最小长度规定见表 2-40。

表 2-40　公路竖曲线最小长度

设计速度/(km·h⁻¹)		120	100	80	60	40	30	20
竖曲线最 小长度/m	一般值	250	210	170	120	90	60	50
	取小值	100	85	70	50	35	25	20

5.竖曲线设计的要求

竖曲线设计,首先要合理地确定竖曲线半径和长度。如表 2-38 所示,表中规定的一般最小半径约为极限最小半径的 1.5～2.5 倍。因此,当条件许可时应尽量采用大于一般最小半径,只有当地形受到限制或其他特殊困难时,方可采用极限最小半径。对设计速度较高的道路,为了使道路的线形获得理想的视觉效果,还宜从视觉观点确定最小半径值,如表 2-41 所示。

表 2-41　视觉所需要的最小竖曲线半径值

设计速度/(km·h⁻¹)	竖曲线半径/m		设计速度/(km·h⁻¹)	竖曲线半径/m	
	凸形	凹形		凸形	凹形
120	20000	12000	60	9000	6000
100	16000	10000	40	3000	2000
80	12000	8000			

竖曲线半径选择主要考虑以下因素:

①同向竖曲线间,特别是同向凹形竖曲线之间,当竖曲线半径小于 10000 m,如果直线坡段不长,应合并为单曲线或复曲线,以避免出现断背曲线。

②反向竖曲线之间,为使汽车的增重与减重之间有一过渡段,应尽量在中间设置一段直线坡段,以利汽车行驶的过渡。直线坡段的长度一般以不小于 3.0 s 的行程时间为宜。当插入直线段有困难时,也可直接连接。

③在不过分增加土石方数量的情况下,为使行车舒适,应尽量采用较大半径。

④根据竖曲线范围内的纵断面地面线起伏情况和标高控制要求,尽量考虑土石方填挖平衡,确定合适的外距值,按外距控制选择半径。

⑤夜间行车交通量较大的路段,选择半径时应适当加大,以使汽车前照灯有较长的照射距离。

6.竖曲线计算

竖曲线计算的目的是确定设计纵坡上指定桩号的设计标高。当设计线确定后,根据确定的设计线坡度各转折角的大小,考虑选用竖曲线半径,并进行各项要素计算。竖曲线的各基本要素如图 2-39 所示,可按下列近似公式计算:

$$\omega_2 = i_1 - i_2$$

$$T = \frac{1}{2}R \cdot \omega$$

$$L = 2T$$

$$y = x^2/2R$$

$$E = \frac{T^2}{2R} = \frac{L^2}{8R} = \frac{R \cdot \omega}{8}$$

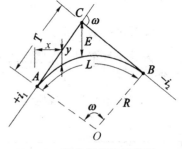

图 2-39　竖曲线要素计算图

式中:R 表示竖曲线半径,m;i_1,i_2 表示相邻纵坡度,上坡为正,下坡为负;ω 表示相邻纵坡的代数差,$\omega > 0$ 时为凸形竖曲线,$\omega < 0$ 时为凹形竖曲线;T 表示竖曲线切线长度,m;L 竖曲线长度,m;E 表示竖曲线外距,m;x 表

示竖曲线上任一点距起点或终点的水平距离,m;y 表示竖曲线上任一点距切线的纵距,m。

在凸形竖曲线内:

$$未设竖曲线的设计标高＝转折点高程－计算桩与转折点的高差$$
$$设计标高＝未设竖曲线的设计标高－y$$

在凹形竖曲线内:

$$未设竖曲线的设计标高＝转折点高程＋计算桩与转折点的高差$$
$$设计标高＝未设竖曲线的设计标高＋y$$

2.3.3　平面和纵面线形组合设计

道路平面和纵面线形组合设计是指在满足汽车运动学和力学要求的前提下,结合地形、地物、景观、视觉和经济性等,研究如何满足驾驶员在视觉和心理方面的连续性、舒适性以及与周围环境相协调,以保证汽车行驶的安全、舒适与经济。

1.平面和纵面线形组合原则

道路平面和纵面线形组合应遵循以下设计原则:

①应在视觉上能自然地诱导驾驶员的视线,并保持视觉的连续性。

②平面、纵断面线形的技术指标应大小均衡,避免出现平面高标准、纵断面低标准,或与此相反的情况,使线形在视觉上、心理上保持协调。

③选择组合得当的合成坡度,以利于路面排水和行车安全。

④平、纵面线形组合应注意与周围环境相配合,充分利用公路周围的地貌、地形、天然树林、建筑物等,尽量保持自然景观的连续,以消除景观单调感,使公路与大自然融为一体。

2.平曲线与竖曲线组合

下面我们介绍下平曲线和竖曲线组合。

(1)平曲线应与竖曲线相互重合

平曲线与竖曲线相互重合,使平曲线稍长于竖曲线,并将竖曲线的起、终点分别放在平曲线的两个缓和曲线的中间,这是平、纵面最好的组合,如图 2-40 所示。如果做不到平曲线与竖曲线较好的组合,而两者的半径均较小时(一般指平曲线半径小于一般最小半径值),可把平曲线、竖曲线错开相当距离,使竖曲线位于平面的直线上,但如果平曲线与竖曲线半径都很大,则平、竖线的位置可不受上述限制。

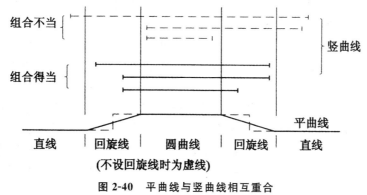

图 2-40　平曲线与竖曲线相互重合

（2）平面曲线与竖曲线的大小应保持均衡

如果其中一方大而平缓时,则另一方也要与之相适应,不能变化过多。一个平曲线内含有两个以上的竖曲线或与此相反的情况,会给人一种不舒服的感觉。

平曲线与竖曲线重合时,如果平曲线不大于 1000 m,当竖曲线半径为平曲线半径的 10～20 倍时,可在视觉上获得满意的效果。

（3）下列情况下应避免平曲线与竖曲线组合

①凸形竖曲线的顶部和凹形竖曲线的底部,应避免插入小半径平曲线;凸形竖曲线的顶部,不得与反向平曲线的拐点重合。

如果在凸形竖曲线的顶部设有小半径的平曲线,驾驶员需驶近坡顶才能发现平曲线,会导致紧急制动并急转转向盘而易发生行车危险;如果在凹形竖曲线的底部设有小半径平曲线,会因汽车高速下坡时急转弯,同样可能发生行车危险。

凸形竖曲线的顶部,不得与反向平曲线的拐点重合。主要是因为这样的组合除存在上述所列情况外,还因组合后的扭曲使线形很不美观。

②小半径竖曲线不宜与缓和曲线相互重叠。

2.3.4　道路纵断面设计成果

1.纵断面线形设计的一般规定

①纵断面线形应平顺二圆滑、视觉连续,并与地形相适应,与周围环境相协调。

②纵坡设计应考虑填挖平衡,并利用挖方就近作为填方,以减轻对自然地面横坡与环境的影响。

③相邻纵坡之代数差小时,应采用大的竖曲线半径。

④连续上坡路段的纵坡设计,除上坡方向应符合平均纵坡、不同纵坡最大坡长规定的技术指标外,还应考虑下坡方向的行驶安全。凡个别技术指标接近或达到最大值的路段,应结合前后路段各技术指标设置情况,采用运行速度对连续上坡方向的通行能力与下坡方向的行车安全进行检验。

⑤路线交叉处前后的纵坡应平缓。

⑥位于积雪或冰冻地区的公路,应避免采用陡坡。

2.公路纵断面设计图

纵断面图是纵断面设计的最终成果,是道路设计文件的重要组成部分,如图 2-41、图 2-42 所示。纵断面图采用直角坐标,以横坐标表示里程及桩号,纵坐标表示高程。为了突出地形起伏,纵横坐标通常采用不同的比例尺。横坐标比例尺一般采用 1:2000,纵坐标采用 1:2000 一纵断面图是由上、下两部分内容组成的。上部主要绘制的内容有:地面线、设计线、竖曲线及其要素;桥涵(桥梁按桥型、孔数及孔径标绘,注明桥名、结构类型、中心桩号、设计水位;路线桥示出交叉方式;涵洞与通道按桩号及底高绘出,注明结构类型、中心桩号、孔数及孔径);隧道(按长度、高度标绘,注明名称和起始点桩号);与道路、铁路交叉时的桩号及路名;水准点的位置、编号及高程;断链桩位置及长短链关系;沿线跨越河流的现有水位和设计洪水位,影响路基稳定的地下水位等。下部各栏应示出土壤地质情况、填挖高、设计高程、地面高程、坡长及坡度、里程及桩号、直线及平曲线等。

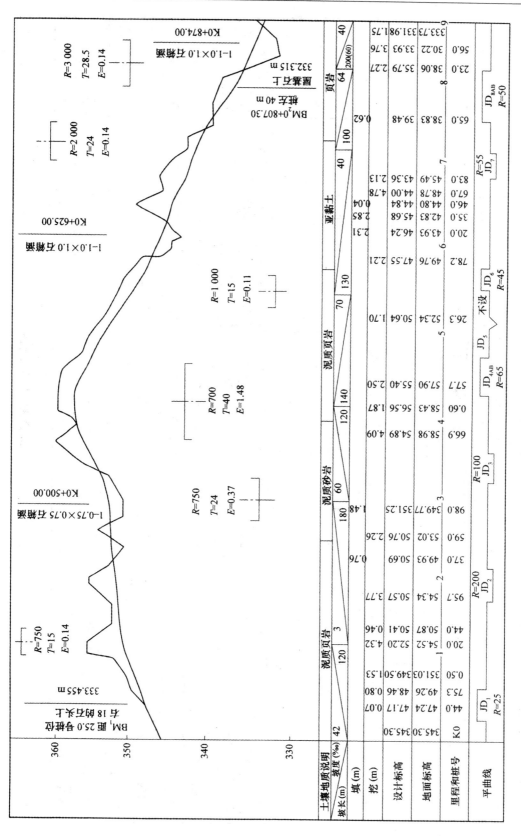

图2-41 公路纵断面图

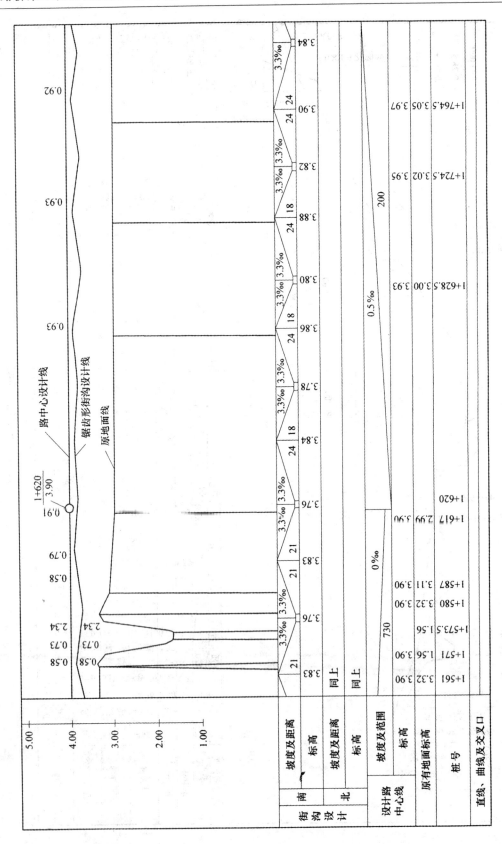

图2-42 城市道路纵断面设计图

3.城市道路纵断面设计图

城市道路的纵断面图一般包括以下内容:道路中线的地面线,纵坡设计线,施工高度(填挖值),土壤地质剖面图,沿线桥涵位置、街沟类型和孔径,沿线交叉口位置和标高,沿线水准点位置、桩号和标高等,以及在图的下方附以简要的说明表格。在市区主干道的纵断面图上,尚应标注出相交道路的路名与交叉口的交点标高以及街坊与主要建筑物的出入口标高等,如图 2-42所示。

当设计纵坡小于 0.3% 时,道路两侧街沟应催锯齿形街沟设计,以满足排水要求,并分别算出雨水进水口和分水点的设计标高,注在相应的图栏内。

城市道路纵断面图的比例尺一般采用水平方向 1:500-1:1000,垂直方向 1:50~1:100。

第3章 道路交叉设计

3.1 概述

道路与道路(或铁路)相交的地方称为交叉口。在道路网中,各种道路纵横交错,必然会形成很多交叉口。交叉口是道路系统的重要组成部分,是道路交通的咽喉。相交道路的各种车辆和行人都要在交叉口汇集、通过和转换方向。由于交叉口车多、人多以及车辆和车辆之间、车辆和过街行人间、特别是机动车和非机动车之间的抢道\相互干扰,不但会降低车速,阻碍交通,而且也容易发生交通事故。据国内外交通事故统计资料表明,约有35%～59%的交通事故是发生在交叉口上。因此,如何正确设计交叉口,合理组织交通,对于提高交叉口的通行能力,避免交通堵塞,减少交通事故,都具有重要的意义。

根据道路与道路(或铁路)相交的竖向标高安排不同,可分为平面交叉和立体交叉两种类型。当道路与道路(或铁路)在同一平面上相交就是平面交叉,在不同平面上相交称为立体交叉。高速公路和快速路的交叉口要求全部采用立体交叉,其他道路根据需要进行设计。

3.2 平面交叉设计

3.2.1 交叉口设计的基本要求和内容

道路与道路在同一平面内交叉称为平面交叉。平面交叉设计的基本要求有两方面:

一是保证相交道路上所有车辆与行人的交通畅通和安全;

二是保证交叉口范围内的地面水迅速排除。

在设计平面交叉口时,需要收集和了解以下有关资料:相交道路的条数和等级、车辆和行人的估算交通量、车辆的计算行车速度、相交道路的设计纵坡及横断面、交叉口的地形、交叉口周围的房屋建筑、排水管道等。

平面交叉主要设计内容如下:

①正确选择交叉口的形式,确定各组成部分的几何尺寸(包括车行道宽度、缘石转弯半径、绿带、交通岛等)。

②合理布置各种交通设施(包括交通信号标志、行人横道线、照明、公共交通停靠站等)。

③交叉口的竖向设计(包括雨水口和排水管道的布置)。

3.2.2 交叉口的交通分析

进出交叉口的车辆,由于行驶方向的不同,车辆与车辆之间的交错方式也不相同,可能产生的交错点的性质也不一样。

　　同一行驶方向的车辆向不同方向分离行驶的地点称为分流点;来自不同行驶方向的车辆以较小的角度,向同一方向汇合行驶的地点称为交织点(或合流点);来自不同行驶方向的车辆以较大的角度相互交叉的地点称为冲突点,见图3-1。此三类交错点都存在相互尾撞、挤撞或碰撞的可能性,是影响交叉口行车速度、通行能力和发生交通事故的主要原因,统称为危险点。其中,以直行与直行、左转与左转以及直行与左转车辆之间所产生的冲突点对交通的干扰和行车安全影响最大;其次是合流点,再次是分流点。因此,在交叉口设计时,应尽量采取措施减少冲突点和合流点,尤其要减少或消灭冲突点。无交通管制时,三路、四路和五路相交平面交叉口的危险点的数量见表3-1。

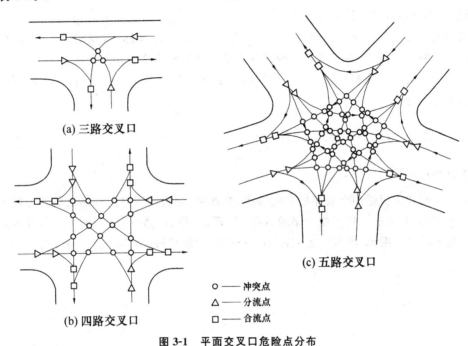

(a) 三路交叉口

(b) 四路交叉口

(c) 五路交叉口

○ —— 冲突点
△ —— 分流点
□ —— 合流点

图 3-1　平面交叉口危险点分布

表 3-1　平面交叉口危险点数量

交叉口类型	危险点数量(个)			
	冲突点	交织点	分流点	合计
三路交叉	3	3	3	9
四路交叉	16	8	8	32
五路交叉	50	15	15	80

　　分析上述图表可得出以下两点结论:

　　① 在无交通管制的交叉口,都存在各种交错点,其数量是随相交道路条数的增加而显著增加,其中增加最快的是冲突点,当相交道路均为双车道时,各交错点的数量可用下式计算:

$$交织点 = 分流点 = n(n-2)$$

$$冲突点 = \frac{1}{6}n^2(n-1)(n-2)$$

式中，n 为交叉口相交道路的条数。

因此，在设计交叉口时，应力求减少相交道路的条数，尽量避免五条或五条以上道路相交，使交通简化。

②产生冲突点最多的是左转弯车辆，例如四路交叉口若没有左转车流，则冲突点可由 16 个减至 4 个，而五路交叉口则从 50 个减到 5 个；因此，在交叉口设计中如何正确地处理和组织左转弯车辆，是保证交叉口交通通畅和安全的关键所在。

减少或消灭冲突点的方法主要有以下三点：

①实行交通管制，在交叉口设置交通信号灯或由交通警察指挥，使发生冲突的车流从通行时间上错开。如四路交叉口实行交通管制后，冲突点由 16 个减至 2 个，分、合流点由 8 个减至 4 个，若禁止车流左转可完全消灭冲突点。

②采用渠化交通。在交叉口内合理布置交通岛、交通标志和标线，或增设车道等，引导各方向车流沿一定路径行驶，减少车辆之间的相互干扰。如环形平面交叉可消灭冲突点。

③修建立体交叉。将相互冲突的车流从通行空间上分开，使其互不干扰。这是解决交叉口交通问题最彻底的办法。

3.2.3　交叉口的类型及其选择

1. 平面交叉口的形状

平面交叉形式应根据相交公路的功能等级、交通量、交通管理方式和用地条件等确定。常见的形式有十字形、T 字形及其演变而来的 X 形、Y 形、错位、环路交叉等，如图 3-2 所示。这些交叉口在平面上的几何图形，由规划道路网和街坊建筑的形状所决定，一般不易改变。

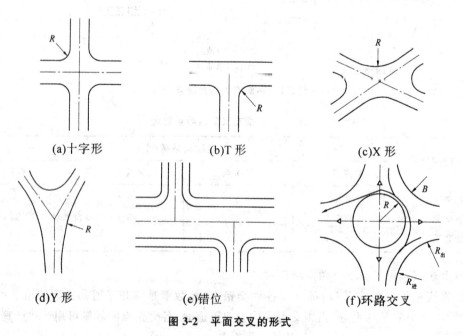

(a)十字形　　　　(b)T 形　　　　(c)X 形

(d)Y 形　　　　(e)错位　　　　(f)环路交叉

图 3-2　平面交叉的形式

2. 交叉口类型及其选择

在具体设计中，常因交通量、交通性质以及交通组织方式的不同，把交叉口设计成各具交通特点的形式,可归纳为加铺转角式、拓宽路口式、分道转弯式和环形交叉四类。

(1)加铺转角式(简单交叉)

加铺转角式是用适当半径的圆曲线平顺连接相交道路的交叉口,如图 3-2(a)、(b)、(c)、(d)所示。

此类交叉口形式简单,占地少;造价低,设计方便,但行车速度低、通行能力小,适用于交通量小、车速低、转弯车辆少的三、四级公路或地方道路;若斜交不大时,也可用于转弯交通量较小的主要道路与次要道路交叉。简单交叉设计时主要解决合适的转角曲线半径和足够视距问题。

(2)拓宽路口式(拓宽交叉)

拓宽路口式是指为使转弯车辆不影响其他车辆的正常行驶,在交叉口连接部增设变速车道和转弯车道的平面交叉。这种交叉可以单增右转或左转车道,也可以同时增设左、右转弯车道。如图 3-3 所示,此类交叉口可减少转弯交通对直行交通的干扰,车速较高、事故率低、通行能力大,但占地多、投资较大,适用于交通量较大、转弯车辆较多的二级公路和城市主干路。

拓宽交叉设计时主要解决拓宽车道数,同时也要满足视距和转角曲线半径的要求。

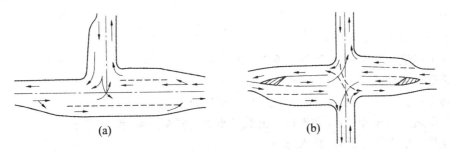

(a)　　　　　　　　　　　　(b)

图 3-3　拓宽路口式交叉口

(3)分道转弯式(渠化交叉)

分道转弯式是指通过设置交通岛、划分车道等措施疏导车流,使单向右转或双向左、右转车流以较大半径分道行驶的平面交叉,又称渠化交叉,如图 3-4 所示。此类交叉口转弯车辆,尤其是右转弯车辆行驶速度和通行能力都较高,适用于车速较高、转弯车辆较多的一般道路,或斜交、畸形交叉口。

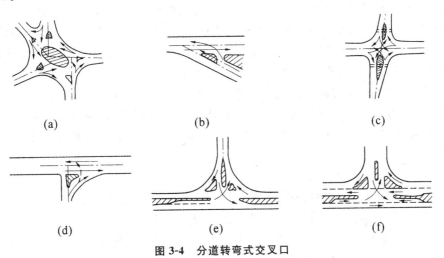

(a)　　　　　　　　(b)　　　　　　　　(c)

(d)　　　　　　　　(e)　　　　　　　　(f)

图 3-4　分道转弯式交叉口

《标准》规定,4 车道以上的多车道公路的平面交叉、二级公路的平面交叉、三级公路的平面交叉当转弯交通量较大时应进行渠化设计。

渠化交叉设计主要解决分道转弯半径、保证足够视距和满足导流岛端部半径的要求。

(4)环形交叉

环形交叉是指在交叉口中央设置中心岛,用环道组织渠化交通,使进入环道的所有车辆一律按逆时针方向绕岛单向行驶,直至所要去的路口离岛驶出的平面交叉,俗称转盘,如图 3-4(f)所示。环形交叉口的优点是驶入交叉口的各种车辆可连续不断地单向运行,没有停滞,减少了车辆在交叉口的延误时间;环道上行车只有分流与合流,消灭了冲突点,提高了行车的安全性;交通组织简便,不需信号管制;中心岛绿化可美化环境。缺点是占地面积大,城区改建困难;增加了车辆绕行距离,特别是左转弯车辆;一般造价高于其他平面交叉。

环形交叉适应于多路交叉和畸形交叉。

环形交叉设计时主要解决中心岛的形状和半径、环道的布置和宽度、交织段长度、交织角、进出口曲线半径和视距要求等问题。

3.平面交叉口设计原则

片面交叉口设计原则如下:

①相交道路应尽可能正交,无法正交时,斜交角度不小于 45°,避免畸形交叉。

②正确选定设计速度。

③正确选定交叉形状、类型,选择合适尺寸,保证视距。

④做好交通组织设计,要求交叉口车道数不小于路段车道数,保证通行能力。

⑤立面设计应使行车通顺、排水迅速。

3.2.4 交叉口的车道数和通行能力

1.交叉口的车道数

交叉口各相交道路的车道数,应根据交通控制方法、交通量、车道的通行能力及交叉处用地条件等确定。在城市道路上还应考虑大量非机动车交通存在的需要。

交叉口的车道数可按以下方法确定:首先选定交叉口的形式,然后根据设计年限的高峰小时交通量和不同行驶方向的交通组成进行交通组织设计,由此初定出车道数。按照所确定的交通组织设计方案,对初定的车道数进行通行能力验算,如车道通行能力总和小于高峰小时交通量的要求,则必须增加车道重新验算,直到满足交通量的要求为止。由于受信号控制的影响,在相同车道数下交叉口车道的通行能力总是比路段上要小,所以交叉口的车道数不应少于路段上的车道数。为了充分发挥整条道路的通行能力,交叉口的设计通行能力应与路段通行能力相适应,一般情况,交叉口的车道数宜比路段上多设一条。交叉口车道数确定应遵循以下原则:

①左、直、右方向车辆组成均匀,各设一专用车道。

②直行车辆很多且左、右转也有一定数量时,设两条直行车道和左、右转各一条车道。

③左转车多而右转车少时,设一条左转车道,直行和右转车共用一条车道。

④左转车少而右转车多时,设一条右转车道,直行和左转共用一条车道。

⑤左、右转车辆都较少时,分别与直行车合用车道。

⑥行车道宽度较窄,不设专用车道,只划快、慢车分道线。

⑦行车道宽度很窄时,快、慢车道也不划分。

2.交叉口的通行能力

有信号控制交叉口的通行能力常用"停车线断面法",即已知交叉口处车道使用规定、信号显示周期时,以进口道停车线为基准断面,凡通过该断面的车辆即认为已通过交叉口。据此来计算通过停车线断面上不同行驶方向车道上的小时最大通过量(即该车道通过能力),各进口车道通行能力之和即为交叉口的可能通行能力。

无信号控制交叉口一般是指主要道路与次要道路相交时,因次要道路交通量不大,可不设交通信号控制。根据主要道路优先通行的交通规则,次要道路上的车辆必须等待主要道路上的车辆之间出现足够长的间隔时间而通过交叉口。

3.2.5　交叉口的视距与圆曲线半径

1.交叉口的视距

为了保证交叉口上行车安全,驾驶员在进入交叉口前的一段距离内,应能看到相交道路上的行车情况,以便能及时采取措施顺利驶过或安全停车。这段必要的距离应该大于或等于停车视距。由相交道路上的停车视距所构成的三角形称为视距三角形,在其范围内不能有任何阻挡驾驶员视线的障碍物,如图 3-5 所示。

视距三角形应以最不利的情况来绘制,绘制的方法和步骤为:

①确定停车视距 $S_{停}$。

②找出行车最危险冲突点:不同形式交叉口的最危险冲突点的找法不尽相同。对常见十字形和 T 形(或 Y 形)交叉口的最危险冲突点可按下述方法寻找。

对十字形交叉口(见图 3-5(a)),最靠右侧第一条直行机动车道的轴线与相交道路最靠中心线的第一条直行车道的轴线所构成的交叉点为最危险的冲突点。

对 T 形(或 Y 形)交叉口(见图 3-5(b)),直行道路最靠右侧第一条直行车道的轴线与相,交道路最靠中心线的一条左转车道的轴线所构成的交叉点为最危险的冲突点。

③从最危险的冲突点向后沿行车轨迹线各量取停车视距。

④连接未端构成视距三角形。

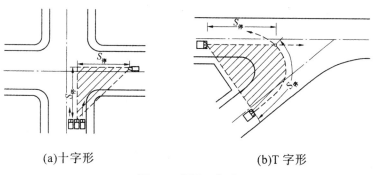

(a)十字形　　　　　　　　　　　　(b)T 字形

图 3-5　视距三角形

2.交叉口的圆曲线半径

交叉口的圆曲线半径包括交叉范围相交道路的圆曲线半径、分道转弯式圆曲线半径以及加铺转角式圆曲线半径三类。

①相交道路的最小圆曲线半径。

②分道转弯式交叉口最小圆曲线半径。

③加铺转角式交叉口转角半径。

3.2.6 交叉口的立面设计

交叉口立面设计(也称竖向设计)的目的是通过调整交叉口范围的行车道、人行道及附近地面等有关各点的设计标高,合理确定各相交道路之间及交叉口和周围建筑物之间共同面的形状,以符合行车舒适、排水迅速和建筑艺术三方面要求。

1.交叉口立面设计的要求和原则

立面设计主要取决于相交道路的等级、交通量、横断面形状、纵坡的大小和方向以及周围地形等。交叉口立面设计的基本要求是首先应满足主要道路的行车方便,在不影响主要道路行车平顺的前提下,适当变动主要道路的纵坡和横坡,以照顾次要道路的行车需要。交叉口立面设计的一般原则为:

①相同等级道路相交时,一般维持各自的纵坡不变,而改变它们的横坡度。通常是改变纵坡较小道路的横断面形状,将路脊线(路拱顶点的连线)逐渐向纵坡较大道路的车行道边线移动,使其横断面的横坡度与纵坡较大道路的纵坡一致。

②主要道路与次要道路相交时,主要道路的纵、横断面均维持不变,而将次要道路双坡横断面,逐渐过渡到与主要道路纵坡相一致的单坡横断面,以保证主要道路的交通。

③设计时至少应有一条道路的纵坡方向背离交叉口,以利于排水。如遇特殊地形,所有道路纵坡方向都向着交叉口时,必须在交叉口内设置雨水口和排水管道,以保证排水要求。

④交叉口范围布置雨水口时,一条道路的雨水不应流过交叉口的人行横道,或流入另一条道路,也不能使交叉口内产生积水。所以,雨水口应设在人行横道之前或低洼处。

⑤交叉口范围内横坡要平缓些,一般不大于路段横坡,以利于行车。纵坡坡度宜不大于2%,困难情况下应不大于3%。

⑥交叉口立面设计标高应与周围建筑物的地坪标高协调一致。

2.交叉口立面设计的基本类型

交叉口立面设计的形式,主要取决于交叉范围相交道路的纵坡、横坡及地形。以十字形交叉口为例,按其所处地形及相交道路纵坡方向,可划分为六种基本类型,如图3-6所示。

(1)处于凸形地形上,相交道路的纵坡方向均背离交叉口[见图3-6(a)]

设计时使交叉口的纵坡与相交道路的纵坡一致,适当调整一下接近交叉口的路段横坡,让雨水流向交叉口四个转角的街沟或路基外排除,交叉口内不需设置雨水口。

(2)处于凹形地形上,相交道路的纵坡方向都指向交叉口[见图3-6(b)]

这种形式地面水都向交叉口集中,排水比较困难,应尽量避免。若因地形限制,必须采用时应设置地下排水管道排水,为防止雨水汇集到交叉口中心,应适当改变相交道路的纵坡,以抬高交叉口中心标高,并在转角设置雨水口。最好在相交道路纵坡设计时,将一条主要道路的变坡点设在远离交叉口的地方,保证有一条道路的纵坡方向能背离交叉口。

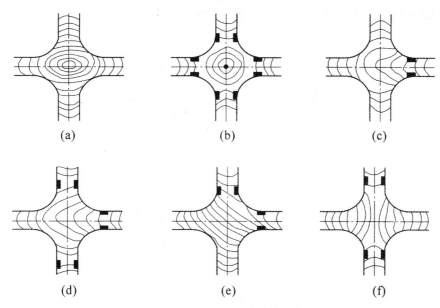

(a)　　　　　　　　　(b)　　　　　　　　　(c)

(d)　　　　　　　　　(e)　　　　　　　　　(f)

图 3-6　交叉口立面设计的基本类型

(3)处于分水线地形上,有三条道路纵坡方向背离而一条指向交叉口[见图 3-6(c)]

设计时应将纵坡指向交叉口的道路路脊线在交叉口处分为三个方向,相交道路的横断面不变,并在纵坡指向交叉口道路的人行横道线外设雨水口,防止雨水流入交叉口内。

(4)处于谷线地形上,有三条道路纵坡方向指向交叉口而一条背离[见图 3-6(d)]

设计时,与谷线相交的道路进入交叉口之前,在纵断面上产生转折而形成过街横沟,不利于行车,应尽量使纵坡转折点离交叉口远一些,并在该处插入竖曲线。纵坡指向交叉口的人行横道线外应设置雨水口。

(5)处于斜坡地形上,相邻两条道路纵坡指向交叉口而另两条背离[见图 3-6(e)]

设计时,相交道路的纵坡均不变,而将两条道路的横坡在进入交叉口前逐渐向相交道路的纵坡方向变化,使交叉口上形成一个单向倾斜面。并在纵坡指向交叉口道路的人行横道线外设雨水口。

(6)处于马鞍形地形上,相对两条道路纵坡指向交叉口而另两条背离[见图 3-6(f)]

设计时,相交道路纵坡、横坡都可按自然地形在交叉口内适当调整,并在纵坡指向交叉口的道路两侧设置雨水口。

以上为几个典型十字形交叉口立面设计形式,对于其他不同形式的交叉口,立面设计的要求和原则是一样的。另外,立面设计的使用效果与相交道路纵坡方向的组合有很大关系。因此,如要获得交叉口理想的立面设计,应在道路纵断面设计时,就考虑交叉口立面设计的要求,为其创造良好的条件。

3. 交叉口立面设计的方法与步骤

交叉口立面设计的方法有方格网法、设计等高线法以及方格网设计等高线法三种。

（1）方格网法

方格网法是在交叉口范围内以相交道路中心线为坐标基线打方格网,测出方格点上的地面标高,求出其设计标高,并标出相应的施工高度。如图3-7所示。

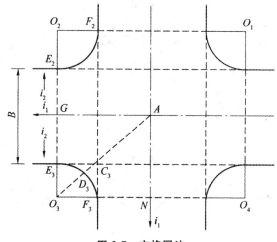

图3-7　方格网法

（2）设计等高线法

设计等高线法是在交叉口范围内选定路脊线和标高计算线网,并计算其上各点的设计标高,勾绘交叉口设计等高线,最后标出各点施工高度。设计等高线画法如图3-8所示。

（3）方格网设计等高线法

比较上述两种方法,其中设计等高线法比方格网法更能清晰地反映交叉口的立面设计形状,但等高线上的标高点在施工放样时不如方格网法方便。为此,通常把以上两种方法结合使用,称之为方格网设计等高线法,它可以取长补短,既能直观地看出交叉口的立面形状,又能满足施工放样方便的要求。

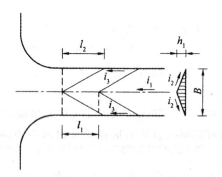

图3-8　设计等高线画法

对于普通交叉口,多采用方格网法或设计等高线法,其中混凝土路面宜采用方格网法,而沥青路面宜采用设计等高线法;对于大型、复杂的交叉口和广场的立面设计,通常采用方格网设计等高线法。实际工作中,若采用方格网法,则不需勾绘设计等高线,而采用设计等高线法时,可不打方格,只加注一些特征点的设计标高即可。下面以方格网设计等高线法为例来介绍交叉口立面设计的方法和步骤。

4.方格网设计等高线法设计步骤

(1)收集资料

测量资料:交叉口的控制标高和控制坐标;收集或实测 1:500 或 1:200 地形图,详细标注附近地坪及建筑物标高。

道路资料:相交道路的等级、宽度、半径、纵坡、横坡等平纵横设计或规划资料。

交通资料:交通量及交通组成。

排水资料:区域排水方式已建或拟建地下、地上排水管渠的位置和尺寸。

(2)绘制交叉凸平面图

按比例绘出道路中心线、车行道、人行道及分隔带的宽度,转角曲线和交通岛等。以相交道路中心线为坐标基线打方格网,斜交道路的方格网线应选在便于施工放线测量的方向,方格的大小一般采用 5 m×5 m～10 m×10 m,并量测方格点的地面标高。

(3)确定交叉口的设计范围

交叉口的设计范围一般为转角圆曲线的切点以外 5～10 m(相当于一个方格的距离),主要用于过渡处理,如横坡的过渡、标高的过渡等。

(4)确定立面设计图式和等高距

根据相交道路的等级、纵坡方向、地形情况以及排水要求等,确定所采用的立面设计图式。根据纵坡度的大小和精度要求选定等高线间距 h,一般 h 为 0.02～0.10 m,为便于计算取偶数为宜。

(5)计算设计标高和勾绘设计等高线

①路段设计等高线。当道路的纵坡、横断面形式及路拱横坡度确定以后,可按照所需要的等高距计算路段上设计等高线的水平距离。

②交叉口上设计等高线。交叉口立面设计的关键是正确选择路脊线和标高计算线网。在交叉口上,路脊线的交点就是控制标高的位置,选定路脊线时,要考虑行车平顺及整个交叉口均衡美观。为反映交叉口的立面形状,需正确选择标高计算线网,每条标高计算线上标高点的数目,可根据路面宽度、施工需要及等高距来确定。

③勾绘和调整等高线。根据所选立面设计图式和等高距,把各等高点连接起来,得到初步的设计等高线图。该设计等高线应满足行车平顺和路面排水通畅的要求。通过调整等高线的疏密(一般中间部分疏一些,而边沟处密一些),使纵、横坡度变化均匀,调整个别不合适的标高,并合理布置雨水口。

(6)计算施工高度

根据设计等高线图,用内插法求出方格点上的设计标高,则施工高度等于设计标高减去地面标高。

方格网设计等高线法示例如图 3-9 所示。

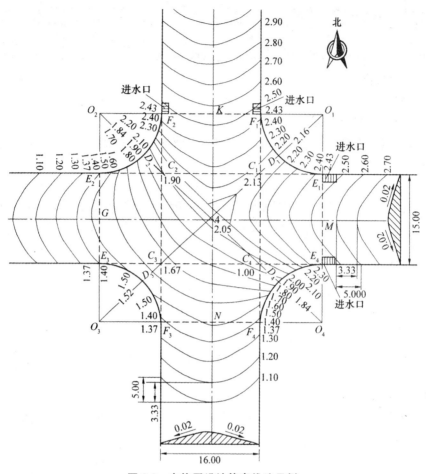

图 3-9　方格网设计等高线法示例

3.2.7　平面交叉口设计成果

1.平面布置图

平面布置图比例一般采用 1∶1000～1∶500,图中不仅应标明路中心线、路面边缘线、缘石边线,还应标明交叉点、各交叉点的起点和终点、交叉加桩与控制断面的位置和桩号,并且应列出各交叉道的曲线要素表、各交叉道路的纵坡值。同时,还应标出各控制断面的宽度、横坡坡度、两侧路面边缘标高和各坡段的纵坡。

2.纵横断面设计图

横断面设计图可采用 1∶200～1∶100 的比例,其余要求同一般路线设计。

3.交叉口地形图和立面设计图

除设计图外,还应包括交叉口设计资料一览表、交叉口工程数量计算表等资料。

3.3　立体交叉设计

道路与道路在不同高程上的交叉称为立体交叉。

立体交叉以空间分隔车流的方式,来避免车流在交叉口形成冲突点,既保证交通安全,又减少延误时间,使交叉口的通行能力比平交有很大地提高。但由于立体交叉占地面积大、施工复杂、投资额大等,所以采用立交方案时,应根据技术、经济及环境效益分析,合理确定。通常立体交叉的设置条件如下:

①立体交叉应按规划道路网设置。

②高速公路与城市各级道路交叉时,必须采用立体交叉。

③快速路与快速路交叉,必须采用立体交叉;快速路与主干路交叉,应采用立体交叉。

④进入交叉口的交通量超过 4000～6000 辆/h,相交道路为四条车道以上,可设置立体交叉。

⑤当地形适宜修建立体交叉,经技术、经济比较认为合理时,可设置立体交叉。

⑥道路与铁路相交时,应设置立体交叉。

城市道路立体交叉根据相交道路等级及其直行车流、转向车流(主要是左转车流)行驶特征和非机动车对机动车交通有无干扰等情况,划分为枢纽立交、一般互通式立交、简单立交及分离式立交四个等级,见表 3-2。

表 3-2　城市道路立交的等级划分及功能特征

立交等级	主线直行车流运行特征	转向(主要指左转)车流行驶特征	非机动车干扰情况
一	快速或设计车速连续行驶	一般经定向匝道或集散、变速车道行驶或部分左转车减速行驶	机非分行,无干扰
二	快速或设计车速连续行驶,但次要主线直行车可能有转向车流交织干扰	减速行驶或减速交织行驶	机非分行或混行,有干扰
三	快速或按设计车速连续行驶,相交次要主线车流受平面交叉口左转车冲突影响,为间断流	左转车流除实施匝道上跨外,通常受平面交叉口影响减速交织行驶,或为间断流	机非混行,有干扰
四	快速或按设计车速连续行驶	禁止转向,个别容许右转远引绕行	

立体交叉设计方案的拟定,应根据规划要求,相交道路(或铁路)的等级、交通量、性质,交叉口用地和地形,拆迁情况,排水条件,施工难度,工程造价等全面衡量,提出比较方案,最后择优选用。

立体交叉设计中应注意的问题:

①立交形式的选择,应满足主要道路对通行能力的要求,同时应远近期结合、全面考虑。

②立交形式的选择及设计要密切结合当地的地形、地物情况。

③立交设计时除满足机动车交通外,还应综合考虑行人和非机动车交通问题。

④设计时应合理选用立体交叉各组成部分的技术指标,并全面分析和衡量立交的经济效益。

3.3.1 立体交叉的组成和类型

1. 立体交叉的组成

立交的主要组成部分如图 3-10 所示。

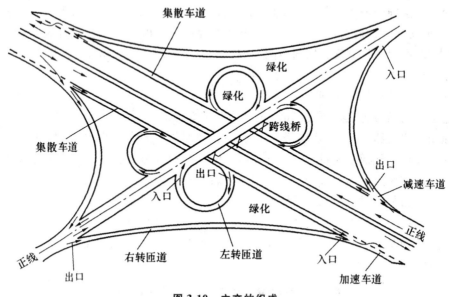

图 3-10 立交的组成

(1)跨线结构物

是实现车流空间分离的主体结构物,包括设于地面以上的跨线桥和设于地面以下的地道。

(2)正线

立交的主体,指相交道路的直行车行道。

(3)匝道

立交的重要组成部分,是指供上、下相交道路转弯车辆行驶的连接道,一般分为左转匝道和右转匝道。

(4)出口与入口

由正线驶出进入匝道的道口为出口;由匝道驶入正线的道口为入口。

(5)变速车道

为适应车辆变速行驶的需要,在正线右侧的出入口附近设置的附加车道称为变速车道。出口端为减速车道,入口端为加速车道。

(6)集散车道

为了减少车辆进出高等级道路的交织和出入口数量,可在立交范围内正线的一侧或者两侧设置与其平行且分离的专用道路称为集散车道。

(7)绿化带

在立交范围内,由匝道与正线或匝道与匝道之间所围成的封闭区域一般采用绿化栽植。

除以上主要组成部分之外,还包括立交范围内的排水、照明设备及交通工程设施等。若为城市立交,还包括人行道、非机动车道等部分。若为收费立交,还包括收费站、收费广场和服务设施等。立体交叉的范围一般是指各相交道路出入口变速车道渐变段顶点以内包含的正线与匝道的全部区域。

立体交叉口的交通组织方式不同,其立体交叉的组成部分也不相同,一般常用的立体交叉的主要组成部分包括:跨路桥、匝道、外环和内环、入口和出口、加速车道、减速车道、引道等。

2.立交的类型划分和适用条件

(1)按结构物形式分类

立交按相交道路结构物形式划分为上跨式和下穿式两类,如图 3-11 所示。

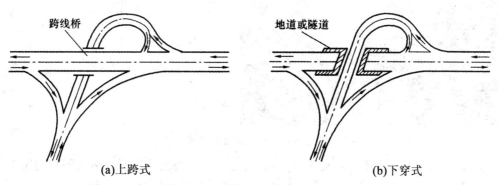

(a)上跨式　　　　　　　　　(b)下穿式

图 3-11　上跨式和下穿式立体交叉

①上跨式。

用跨线桥从相交道路上方跨过的交叉方式。这种立交的有优点在于:施工方便,造价较低,排水易处理。但也存在较多缺点:占地大,引道较长,高架桥影响视线和市容。该类型多用于郊区、农村或周围有高大建筑物处。

②下穿式。

用地道或隧道从相交道路下方穿过的交叉方式。这种立交优点是占地较少,立面易处理,对视线和市容影响小;缺点是施工期较长,造价较高,排水困难。适用于市区使用。

(2)按交通功能分类

按交通功能可划分为分离式立交和互通式立交两类。

①分离式立交。

分离式立交适用于高速公路或主要道路与铁路或次要道路之间的交叉。如图 3-12 所示,上、下通行方向道路无匝道连接的交叉方式。这种类型立交结构简单,占地少,造价低,但相交道路的车辆不能转弯行驶。

高速公路与其他非互通道路交叉必须设置分离式立交;一级公路在不考虑交通转换或者地形适宜时与交通量大公路相交时,可以采用分离式立交。城市快速路或主干路与其他低等级道路相交时亦可采用此形式。

②互通式立交。

互通式立交是不仅设置跨线结构物使相交道路在空间上分离,而且上、下道路有匝道连接,以供转弯车辆行驶的交叉方式。车辆可在这种立交上转弯行驶,全部或部分消灭了冲突点,各方向行车干扰较小,但立交结构复杂,占地多,造价高,如图 3-12 所示。

互通式立交根据交叉处车流轨迹线的汇合交错方式与几何形状的不同又分为三种类型,分别是完全互通式、部分互通式和环形立交。

完全互通式立交是一种相交道路的车流轨迹线全部在空间分离的交叉,是一种比较完善的高级形式,各转向都有专用匝道,适用于高速公路与高速公路之间以及高速公路与其他高等级道路相交的交叉。其代表形式有:喇叭形、苜蓿叶形、Y形、X形等。

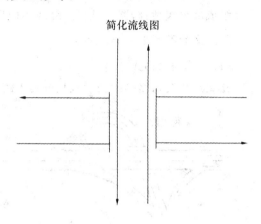

简化流线图

图 3-12　分离式立体交叉

喇叭形立交,尤其适合于三路交叉,按照次路左转匝道与主线的联系方式不同可分为 A 式和 B 式。经环圈式左转匝道驶入主线的为 A 式,环圈驶出主线的为 B 式,如图 3-13 所示。

这种立交只需一座结构物,投资较省;无冲突点,通行能力大,行车安全;造型美观,行车方向容易辨认。

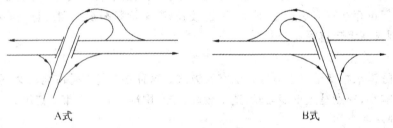

A式　　　　　　　　　　　　　　B式

图 3-13　喇叭式立体交叉

由于这种立交的环圈式匝道车速较低,布设时应将环圈式匝道设在交通量小的方向上,主线交通量大时宜采用 A 式,次线可上跨或下穿,上跨对转弯交通视野有利,下穿时宜斜交或弯穿。受地形、地物限制或左转进入主线交通量远大于左转驶离主线交通量时,宜采用 B 式。

苜蓿叶式立交,如图 3-14 所示,该立交平面形似苜蓿叶,交通运行连续而自然,无冲突点,仅需一座结构物。但这种立交占地面积大,左转绕行距离长,环圈式匝道适应车速较低,且桥上、下存在交织的情况;带集散车道的形式可以避免转弯车流的交织对直行车流的干扰;多用于高速公路之间的立交,而在市区内由于地形的限制很难采用。但因其形式美观,如果在城市外围的环路上采用,加之适当地绿化,也是较为合适的。

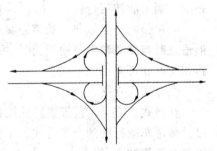

图 3-14　标准型苜蓿叶式立交

布设时为消除主线上的交织、提高立交的通行能力和行车安全,可加设集散车道,如图 3-15 所示。

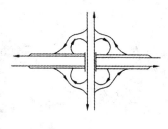

(a)带集散车道的苜蓿叶形立交　　　　　(b)车流线轨迹图

图 3-15　带集散车道的百蓿叶式立交

Y 形立交如图 3-16 所示,(a)为定向 Y 形,(b)为半定向 Y 形。

这种立交转弯车辆的运行速度较高,无交织,无冲突点,行车安全;行车方向明确,路径短捷,通行能力大;正线外侧占地宽度较小,但需要结构物较多,造价较高;适用于右转弯速度高,交通量大的枢纽互通式立交。

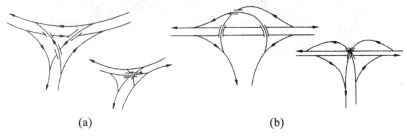

(a)　　　　　　　　　　　　　　(b)

图 3-16　Y 形立交

X 形交叉如图 3-17 所示,又称半定向式立交,各方向运行都有专用匝道,自由流畅,转向明确;无冲突点,无交织,通行能力大;适应车速高的立体交叉。但占地面积大,层多桥长,造价高,在城区受地形限制很难实现。适用于各方向进口道交通量都很大的互通式立交。

完全互通式立交除以上基本形式外还有涡轮式和组合式立交等,涡轮式立交是定向式立交中左转弯利用效率较低的一种,适用于转弯速度较低的枢纽互通式立体交叉,如图 3-17 所示。组合式立交是根据交通量结合地形等限制条件,在一座立交中采用两种或者两种以上不同形式的左转匝道组合而成的立体交叉,如图 3-18 即是一个苜蓿叶形与 X 形的绢合立交。

相交道路的车流轨迹线之间至少有一个平面冲突点的交叉。部分互通式立交的代表形式主要有:菱形立交和部分苜蓿叶式立交等。本类型适合于高等级道路与次要道路相交或者用地受限制时使用。

菱形立交如图 3-20 所示,(a)为三路立交;(b)为四路立交。

图 3-17　北京市某 X 形立交

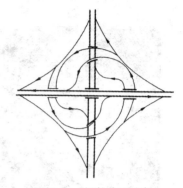

图 3-18　涡轮式立交桥

图 3-19　烟台红旗路组合式立交桥

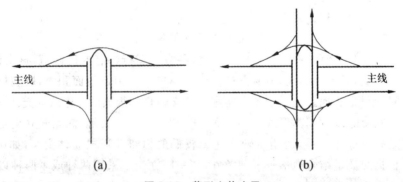

图 3-20　菱形立体交叉

　　这种形式立交能保证主线直行车辆快速畅通；转弯车辆绕行距离较短；主线上具有高标准的单一进出口，交通标志简单；主线下穿时匝道坡度便于驶出车辆的减速和驶入车辆的加速；菱形立交形式简单，仅需一座桥，用地和工程费用小。缺点为次线与匝道连接处为平面交叉，影响了通行能力和行车安全。适用于高速公路与次要道路相交且交通量不大时的一般互通式立交。

　　布设时应将平面交叉设置在次线上，主线的穿越方式应视地形和排水条件而定，一般采用下穿方式。次线应通过适当的交通渠化或设置信号灯来组织交通。

部分苜蓿叶式立交,如图 3-21 所示,可根据主要道路出口与跨线结构物的布置形式分为三种基本形式。可根据转弯交通量的大小或场地的限制,采用其中任何一种形式或几种的组合形式,如图 3-22 所示。

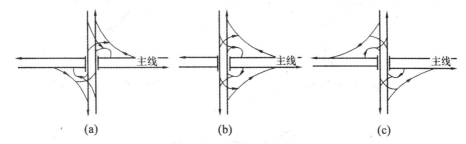

（a）　　　　　　　　　　（b）　　　　　　　　　　（c）

图 3-21　部分苜蓿叶式立交的基本形式

图 3-22　北京莱户营部分苜蓿叶式立交

这类立交的主线直行车快速通畅;仅需一座桥,用地和工程费用较小;远期可扩建为全苜蓿叶式立交。但次线上存在平面交叉,有停车等待和错路运行的可能。

上述部分互通式立交特别适用于高等级道路与次要道路相交出入交通量不大或用地或地形等受限制的情形。

（3）环形立交

其实质为交织型立交,相交道路的车流轨迹线因匝道数不足而共同使用,具有交织路段的交叉,如图 3-23 所示。

环形立交适用于主要道路与一般道路交叉,一般用于转弯交通量较小的多路相交,城市道路多采用这种形式。这种立交能保证主线直通,交通组织方便,无冲突点,占地较少。缺点是次要道路的通行能力受到环道交织能力的限制,车速受到中心岛直径的影响,结构物较多,左转车辆绕行距离长。

以上讨论的几类立交形式是立交设计中最基本的形式,在实际运用中,常常根据客观条件的差异,对这些基本形式进行改造或者组合变化出许多新的设计方案,但其设计的原则、机理并未发生改变,希望读者在学习和生活中多多观察和体会。

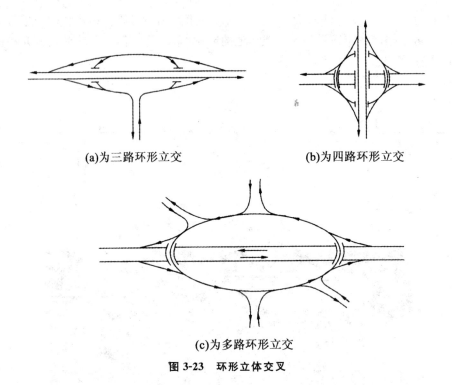

(a)为三路环形立交   (b)为四路环形立交

(c)为多路环形立交

图 3-23　环形立体交叉

3.3.2　立体交叉的一般规定

道路立体交叉的设置应综合考虑道路等级、交通性质、交通量、社会条件、自然条件及管理方式等因素。

1.互通式立体交叉

高速公路与各级公路交叉必须采用立体交叉，符合下列条件者应设置互通式立体交叉:高速公路与通往市县级及其以上城市或其他重要政治经济中心的主要公路相交时;高速公路与通往重要的工矿区、港口、机场、车站和游览胜地等的主要公路相交时;高、速公路与连接其他重要交通源的公路相交而使该公路成为其支线时。

一级公路与交通量大的公路交叉应采用立体交叉,符合下列条件者应设置互通式立体交叉:一级公路与通往市县级及其以上城市或其他重要政治经济中心的主要公路相交时;一级公路与通往重要的工矿区、港口、机场、车站和游览胜地等的主要公路相交时;采用平面交叉冲突交通量较大通过渠化或信号控制仍不能满足通行能力要求时;经对投资成本运营费用和安全性分析设置互通式立体交叉的效益投资比和社会效益等大于设置平面交叉时。

相邻互通式立体交叉的间距不应小于 4 km;受地形条件或其他特殊情况限制,经论证相邻互通式立体交叉间距可适当减小。

2.分离式立体交叉

高速公路与其他公路交叉,除已设置互通式立体交叉外均必须设置分离式立体交叉;一级公路与直行交通量较大的公路相交叉,在不考虑交通转换或地形条件适宜时宜采用分离式立体交叉;二、三、四级公路间的交叉直行交通量很大,在不考虑交通转换或地形条件适宜时宜采用分离式立体交叉。

主线上跨或下穿应根据相交公路的功能、等级、地形和地质条件、跨线桥对主线线形及相关工程的影响程度、工程造价等确定。

主线下穿时,跨线桥及其引道工程应采用被交叉公路现有公路等级的技术指标,当被交叉公路的规划已获批准时应采用规划公路等级的技术指标。

分离式立体交叉跨线桥桥下净空及布孔除应符合《标准》公路建筑限界规定外,还应满足桥下公路的视距和对前方信息识别的要求,其结构形式应与周围环境相协调。

3.3.3 立体交叉形式的选择

选择立体交叉形式,目的是提高行车效率,保证行车安全舒适,适应设计交通量、计算行车速度和车辆转弯需要,并与环境相协调。

1.立体交叉形式选择的基本原则

立体交叉形式的选择,应遵循下列基本原则:

①立体交叉的形式首先取决于相交道路的性质、任务和远景交通量等,确保行车安全畅通和车流的连续。相交道路等级高时应采用完全互通式立体交叉;交通量大、计算行车速度高的行车方向要求线形标准高、路线短捷、纵坡平缓;车辆组成复杂时要考虑个别交通特性的需要。在城市道路上,若使机动车、非机动车交通量都很大的车流分离行驶,可采用三层或四层式立体交叉。

②选定的立体交叉形式应与所在地的自然环境条件相适应;要充分考虑区域规划、地形地质条件、可能提供的用地范围、周围建筑物及设施分布现状等,在满足交通要求前提下综合分析研究,力求合理利用地形,工程营运经济,与环境相协调,造型美观,结构新颖合理。

③选型应全面考虑近远期结合。既要考虑近期交通要求,减少投资费用,又要考虑远期交通发展需要改建提高的可能。

④选型应从实际出发,有利施工、养护和排水;尽量采用新技术、新工艺、新结构,以提高质量、缩短工期和降低成本。

⑤选型和总体布置要全面安排、分清主次、满足线形指标和竖向标高的要求。

⑥选型应与定位相结合。立体交叉的形式随所在位置的地形地物及环境条件而异,通常先定位后选形,并使选形与定位结合考虑。

2.立体交叉形式选择的步骤和要点

立体交叉形式选择的步骤和要点:

(1)初定立体交叉的基本形式

首先选择立体交叉的总体布局,如上跨式或下穿式,枢纽互通式或一般互通式,二层式、三层式或四层式,机动车、非机动车分行或混行,是否考虑行人交通,是否收费等,在此基础上进一步选择立体交叉的基本形式,如菱形、Y 形等。

(2)立体交叉几何形状及结构的选择

立体交叉的几何形状及结构对行车速度、运行时间、行车视距、视野范围、服务水平及通行能力等影响较大。在基本形式的基础上,通过仔细研究,对立体交叉的总体结构进行安排和匝道布置,如跨线构造物的布置,出入口的位置,匝道布置象限,内外匝道采用整体式或分离式,匝道的平、纵、横几何形状及尺寸等。

(3)立体交叉方案比较

有时产生几个立体交叉方案,经过多方案的技术、经济比较,选择合理的立体交叉形式和适当的规模,以做出满足交通功能要求、适合现场条件、工程量小、投资省的立体交叉方案。

3.3.4 立体交叉的设计资料、设计步骤和设计成果

1.设计资料

在立体交叉设计之前,应通过实地勘测、调查收集下列所需设计资料。

①自然资料。测绘立体交叉范围的1∶500—1∶2000地形图,详细标注建筑物的建筑线、种类、层高、地上及地下各种杆柱和管线;调查并收集用地发展规划、水文、地质、土壤、气候资料;收集附近的国家控制点和水准点等。

②交通资料。收集各转弯及直行交通量,交通组成;推算远景交通量;绘制交通量流量流向图;调查非机动车和行人流量等。

③道路资料。调查相交道路的等级、平纵面线形、横断面形式和尺寸、相交角度控制坐标和标高、路面类型及厚度;确定净空高度、设计荷载、计算行车速度及平纵横指标等。

④排水资料。收集立体交叉所在区域的排水制度、现状和规划,各管渠位置、埋深和尺寸。

⑤文书资料。收集设计任务书,上级主管部门的具体要求、意见及有关文件等。

⑥其他资料。调查取土、弃土和材料来源、施工单位、季节、工期和交通组织与安全。

2.设计步骤

设计步骤如下:

①初拟方案。根据交通量和地形条件,在地形图或其上覆盖的透明纸上勾绘出各种可能的立体交叉方案。

②确定比较方案。对初拟方案进行分析,应考虑线形是否顺适、半径能否满足、各层间可否跨越,拆迁是否合理,选2~4个比较方案。

③确定推荐方案。在地形图上按比例绘出各比较方案,完成初步平纵设计、桥跨方案和概略工程量计算,做出各方案比较表,全面比较后确定推荐方案(一般1—2个)。应考虑交通是否流畅安全,各匝道的平纵横及相互配合是否合适,结构、布置是否合理,设计和施工难易程度,整体工程的估价,养护营运条件以及立交的造型和绿化等。

④确定采用方案。对推荐方案视需要做出模型或透视图,征询有关方面意见,最后定出采用方案,应权衡造价与方案、近期与远期、局部与全局的关系,也可采用分期修建方案。

⑤详细测量。对采用方案实地放线并详细测量,进一步收集技术设计所需资料。

⑥技术设计。完成全部施工图和工程预算。

以上①~④步为初步设计阶段,当可选方案较少或简单明了时可酌减步骤,步骤⑤~⑥为施工图设计阶段。

3.设计成果

立体交叉一般需提供以下几方面的成果:

①远景交通量计算表及交通量分布图。

②立体交叉线位图,包括立体交叉主线及匝道分布、各线路里程桩号及曲线要素、各匝道线

位坐标表和直线、曲线及转角表。

③立体交叉的纵横断面设计图。

④跨线桥设计图。

⑤挡土墙、窨井、排水泵站等其他构造物设计图。

⑥有比较方案时,应绘制图样并提供经济技术比较表等资料。

⑦交叉口的工程量。

⑧立体交叉透视图及景观设计图。

3.3.5　匝道设计

匝道是互通式立体交叉必不可少的组成部分。匝道设计的合理与否直接关系到立体交叉枢纽的功能、营运及安全等。因此,匝道的合理布置及使用合适的线形非常重要。

1. 匝道的基本形式

匝道的形式多种多样,按匝道的功能及其与相交道路的关系,分为右转匝道和左转匝道两大类。

(1)右转匝道

如图 3-24 所示,从右侧驶出后直接右转约 90°,到相交道路的右侧驶入,一般不需跨线构造物,形式简单,车辆运行方便,直捷顺当,行车安全。

(2)左转匝道

车辆须转 90°~270°,越过对向车道,至少需要一座跨线构造物。按匝道与相交道路的关系,左转匝道又可分为以下几种基本形式。

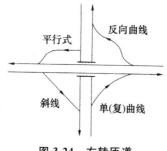

图 3-24　右转匝道

直接式又称定向式或左出左进式,如图 3-25(a)所示,左转车辆直接从左侧驶出,左转弯,到相交道路的左侧驶入,优点是匝道长度最短,可降低营运费用;没有反向迂回运行,自然顺畅;可适应较高车速。缺点是跨线构造物较多,单行跨线桥二层式二座或三层式一座;相交道路的双向行车之间需有足够间距;由于要求车辆左侧高速驶出,对重型车行驶不利,而在车辆左侧高速驶入交织合流时有一定的困难。

因定向式左转匝道存在左出和左进的问题,且与我国右侧行驶规则不相适应,所以除左转交通量很大外,一般不采用。

半直接式又称半定向式匝道,按车辆由相交道路的进出方式可分为三种基本形式。

左出右进式如图 3-25(b)所示,左转车辆从左侧直接驶出后左转弯,到相交道路时由右侧驶入。与定向式匝道相比,右进改变了左进的缺点,但仍然存在左出的问题,匝道略绕行;驶出道路双向车道间需有足够间距,对应图示三种情况,需设二层式单行和双向跨线桥各一座,或三层式双向一座,或二层式单行一座。

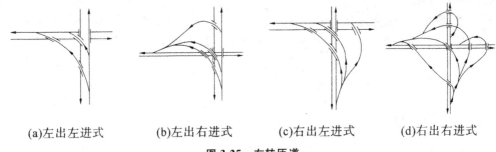

(a)左出左进式　　(b)左出右进式　　(c)右出左进式　　(d)右出右进式

图 3-25　左转匝道

右出左进式如图 3-25(c)所示,左转车辆从右侧右转驶出,在匝道上左转,到相交道路后直接由左侧驶入。改善了左出的缺点,但左进仍然存在;驶入道路双向车道之间需有足够间距,其余同上。

右出右进式如图 3-25(d)所示,左转车辆都是右转弯驶出和驶入,在匝道上左转改变方向。完全消除了左出、左进的缺点,行车安全,但匝道绕行最长,构造物最多,图中五种形式应视地形、地物及线形等条件而定。

间接式又称环圈式,左转车辆先驶过正线跨线构造物,然后向右回转约 2700 达到左转的目的,如图 3-26 所示。特点是右出右进,行车安全;不需设构造物,造价最低;匝道线形指标差,占地较多;车速和通行能力低,左转绕行较长。环圈式匝道为苜蓿叶和喇叭式立体交叉的标准组成部分。

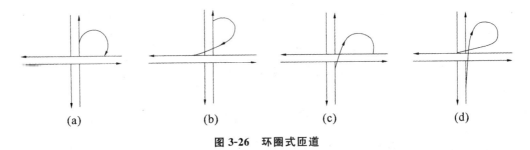

(a)　　　　　　(b)　　　　　　(c)　　　　　　(d)

图 3-26　环圈式匝道

2.匝道的线形设计标准

匝道的线形设计标准

(1)匝道平面

匝道平面线形要素仍然是直线、圆曲线及缓和曲线,但由于匝道通常较短,难以争取到较长直线,故多以曲线为主。匝道的平面线形要素,主要包括匝道平曲线半径和回旋线参数的取用,它与匝道的形式、用地情况、规模、造价及行车的安全和舒适性有关。

下面我们对匝道平曲线半径进行简单介绍。

设计时主要考虑匝道的设计速度,同时应考虑其经济性、安全性和舒适性。互通式立体交叉匝道设计速度应符合表 3-3 的规定。表 3-4 所示为公路立体交叉匝道的圆曲线最小半径,通常应选用大于一般最小半径值,当地形条件受限制时,方可采用最小值。

环式匝道的圆曲线除应满足上述要求外,还应保证曲率的缓和过渡和上下线的展线长度要求。

表 3-3　互通式立体交叉匝道设计速度

匝道形式		直连式	半直连式	环形匝道
匝道设计速度 (km/h)	枢纽互通式立体交叉	80,70,60,50	80,70,60,50,40	40
	一般互通式立体交叉	60,50,40	60,50,40	40,35,30

表 3-4　公路立体交叉匝道的圆曲线最小半径

匝道设计速度(km/h)		80	70	60	50	40	35	30
圆曲线最小半径 (m)	一般值	280	210	150	100	60	40	30
	最小值	230	175	120	80	50	35	25

(2)匝道回旋线参数及长度

设计时匝道及其端部曲率变化较大处均应设置缓和曲线,缓和曲线应采用回旋线,其参数及长度宜不小于表 3-5 所示数值。当反向曲线两个回旋曲线的参数不相等时,其比值应小于 1.5。回旋线长度应不小于超高过渡所需的长度。

表 3-5　匝道回旋线参数

匝道设计速度(km/h)	80	70	60	50	40	35	30
回旋线参数 A(m)	140	100	70	50	35	30	20
回旋线长度(m)	70	60	50	40	35	30	25

(3)匝道纵断面

我们介绍下匝道最大纵坡坡度。

匝道因受上下线标高及用地条件的限制,其纵坡坡度相对于公路一般路段要大,具体可按表 3-6 取用。

表 3-6　匝道最大纵坡坡度

匝道设计速度(km/h)			80,70	60,50	40,35,30
最大坡度(%)	出口匝道	上坡	3	4	5
		下坡	3	3	4
	入口匝道	上坡	3	3	4
		下坡	3	4	5

下面介绍匝道竖曲线半径。

不同设计速度所对应的竖曲线最小半径及长度要求见表 3-7。

表 3-7　匝道竖曲线最小半径及长度要求

匝道设计速度（km/h）			80	70	60	50	40	35	30
竖曲线最小半径（m）	凸形	一般值	4500	3500	2000	1600	900	700	500
		最小值	3000	2000	1400	800	450	350	250
	凹形	一般值	3000	2000	1500	1400	900	700	400
		最小值	2000	1500	1000	700	450	350	300
竖曲线最小长度（m）		一般值	100	90	70	60	40	35	30
		最小值	75	60	50	40	35	30	25

（4）匝道横断面

匝道横断面由车行道、路缘带、硬路肩和土路肩组成，对向分离双车道匝道横断面还包括中央分隔带。

匝道车道数应根据匝道交通量和匝道长度确定，主线与匝道或匝道与匝道的分合流连接部应保持车道数的平衡。

（5）匝道平、纵线形组合设计

匝道平、纵线形组合设计的基本要求是使匝道立体线形平顺无扭曲，视野开阔，行车安全舒适，视觉美观，并与周围环境协调。设计的原则和要点与正线基本相同，但应注意进、出口处平、纵组合的处理。

3.3.6　端部设计

端部是指匝道两端分别与正线相连接的道口，它包括出入口、变速车道及辅助车道等。两端的道口和中间部分匝道共同组成一条完整的匝道，从主要道路（简称主线）出入的道口都应是自由流畅式，而次要道路（次线）上的道口有时则是信号控制的。端部设计的一般原则是：出入顺适、安全，线形与正线协调一致；出入口应便于识别；正线与匝道间应能相互通视。

1. 出口与入口设计

出入口设计如下：

（1）主线出、入口

一般情况下主线出、入口应在主线行车道的右侧，出口位置应易于识别，一般设在跨线构造物之前。若在其后时，应与构造物保持 150 m 以上的距离。为便于车辆减速，出口最好位于上坡路段。入口应设在主线的下坡路段，以利于重型车辆加速，并在匝道汇入主线之前保持主线 100 m 和匝道 60 m 的三角形区域内通视无阻。

主线与匝道分流处，为给误行车辆提供返回的余地，行车道边缘应加宽一定偏置值，加宽后主线和匝道的路面边缘用圆弧连接，并用路面标线引导行驶方向。

（2）互通式立体交叉的平面交叉口

互通式立体交叉在次线或匝道上可设置平面交叉口。这种平交口往往决定整个立体交叉的通行能力、服务水平和交通安全，设计时应予以充分重视。

在选定互通式立体交叉形式时，设计中应将匝道布置在合适的象限内，使冲突点减至尽可能少的程度。对平面交叉应根据交通量、交通组成和行驶速度等做出合理布置,并设置必要的标志、标线、分隔带、交通岛、变速车道、转弯车道等。行人与非机动车交通对平面交叉影响很大,必要时应采取专辟车道、渠化或立体交叉等措施,与机动车分离行驶,互通式立体交叉中的平面交叉设计应符合前面章节有关要求及规定。

2. 变速车道设计

在匝道与正线连接的路段,为适应车辆变速行驶的需要,而不致影响正线交通所设置的附加车道称为变速车道。变速车道包括减速车道和加速车道。车辆由正线驶入匝道时减速所需的附加车道称为减速车道;车辆从匝道驶入正线时加速所需的附加车道称为加速车道。

(1)变速车道的形式

变速车道一般分为直接式与平行式两种,如图 3-27 所示。

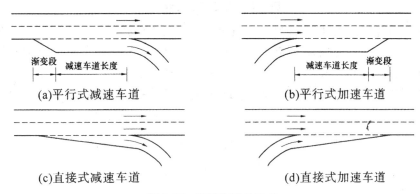

(a)平行式减速车道　　　　　　　(b)平行式加速车道

(c)直接式减速车道　　　　　　　(d)直接式加速车道

图 3-27　变速车道的形式

平行式是在正线外侧平行增设的一条附加车道。其特点是车道划分明确,行车容易辨认,但车辆行驶轨迹呈反向曲线对行车不利。原则上加速车道采用平行式,因加速车道较长,平行式容易布置。平行式变速车道端部应设渐变段与正线连接。

不设平行路段,由正线斜向渐变加宽,形成一条与匝道连接的附加车道,其特点是线形平顺并与行车轨迹吻合,对行车有利,但起点不易识别。原则上减速车道采用直接式,另外加速车道较短或双车道的变速车道应采用直接式。

(2)变速车道的横断面

变速车道横断面的组成与单车道匝道基本相同,是由行车道、路肩和路缘带组成。城市道路可不设右路肩,但应保留路缘带。

(3)变速车道的长度

变速车道长度为加速或减速车道长度与渐变段长度之和,如图 3-28 所示。

①加减速车道长度。加、减速车道长度是指渐变段车道宽达一个车道宽的位置与分流或合流端之间的距离。

②渐变段。平行式变速车道渐变段的长度应符合规定;直接式变速车道渐变段按外边缘渐变率控制。

3. 辅助车道

在分、合流处,既要保持车道数平衡,又要保持基本车道数,如果二者发生矛盾,可通过在分流点前与合流点后的正线上增设辅助车道的办法来解决。

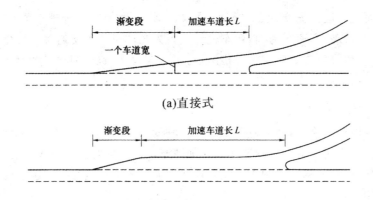

(a)直接式

(b)平行式

图 3-28　变速车道的长度

在基本车道数连续的条件下,通常单车道匝道也能满足车道数平衡的要求;而设置双车道匝道时车道数不平衡,应增设辅助车道。一般规定辅助车道长度在分流端为 1000 m,最小为 600 m;在合流端为 600 m。另外,当前一个立体交叉加速车道的末端至下一个立体交叉减速车道起点之间的距离小于 500 m 时,必须设辅助车道将二者连接起来。

第4章 路基工程与施工

4.1 路基工程概述

4.1.1 路基的特点和要求

1.路基的特点

路基是一种设置在地表面,暴露于大自然,由筑路材料构成的线型工程结构物。作为路面的基础,它承受着路面静荷载和车辆的动荷载,并将荷载向地基深处传递或扩散。因此,路基应具有足够的强度和稳定性,应能抵抗自然因素的侵蚀而不致破坏变形。在路线纵断面上,路基必须保证路线需要的高程;在平面上,路基与桥梁、隧道连接组成完整贯通的线路。路基工程除路基本体外,还有道路排水、防护加固设施,并同桥涵和地下管线相关联,应该相互配合和综合考虑。建造道路时,会涉及生态环境、水土保持和其他地物(如农田、水利、房屋等)等方面,必须妥善处理各方面的关系。

路基工程是道路的主要组成部分,工程数量十分可观。例如微丘区的三级公路,土石方数量约 8000～16000 m³/km,山岭、重丘区的三级公路可达 20000～60000 m³/km,对于高速公路其数量更为可观。因此精心设计,精心施工,使路基能长时间具备良好的使用性能,对节约投资,提高运输效益,具有十分重要的意义。

路基工程的项目和数量,特别是路基土石方,沿线分布常不一致,需要采用施工方法、需要具备的劳力、需要配备的机具都不相同,而且工作面狭窄,又受天气的影响,给施工组织和管理带来不少困难;在土石方量集中,水文和地质条件复杂的地段,遇到的技术问题多而难,常成为道路建设的关键。因此,采用先进的施工技术、合理的施工组织、科学的施工管理,对于确保工程质量、提高劳动生产率、缩短工期、降低造价、节省土地、安全生产等,都有重要意义。

路基稳定与否对路面工程质量影响甚大,关系到公路的正常使用。实践证明,没有稳定的路基,就没有稳固的路面。

2.路基的要求

为了保证公路最大限度地满足车辆运行的要求,提高车速,增强安全性和舒适性,降低运输成本和延长道路使用年限,路基的断面尺寸和高程都应符合路线设计的要求。此外,作为承受行车荷载的构造物,还应要求路基具有下述一系列的基本性能:

(1)具有足够的强度(承载能力)

路基既要承受由路面传递下来的行车荷载,又要承受路面和路基的自重,势必对路基、路面结构内部产生应力、应变及位移。如果路基结构整体或某一组成部分的强度或抗变形能力不足以抵抗这些应力、应变及位移,路面会出现断裂,路基结构会出现波浪或车辙等情况,使路况恶化、服务水平下降。因此,只有路基具有足够的强度,才能抵抗应力的作用而不致产生超过允许范围的变形或破损。

（2）具有足够的水温稳定性

路基的水温稳定性是指路基在水和温度的作用下保持其强度的能力。根据土力学的理论，土质路基的强度受其含水量的影响十分显著，在大气负温度作用下，土在冻结过程中水分发生迁移和积聚，这就是土的水温状况。

路基在地面水和地下水的作用下，其强度将会显著降低。特别是在季节性冰冻地区，由于水温状况的变化，路基将发生冻融循环，而在春融期间其强度急剧下降。因此，对于路基不仅要求有足够的强度，而且要保证在最不利的水温状况下，强度不致显著降低。这要求路基具有一定的水温稳定性。

（3）具有足够的整体稳定性

路基是直接在地面上填筑或挖去一部分地面建成的，改变了原地面的自然平衡状态。在某些地形、地质条件下，挖方路堑边坡可能坍塌，陡坡路堤可能沿地表整体下滑，软土路基可能整体滑塌，路堤可能横向滑移等。为使路基具有抵抗自然因素侵蚀的能力，路基设计时必须采取技术措施，设置防护或加固，以确保路基的整体稳定性。

（4）具有足够的耐久性

路基工程投资大，从规划、设计、施工到建成通车需要较长的时间，因为这样的大型工程都具有较长的使用年限，一般道路的使用年限至少数十年，承受并经受车辆直接碾压的路面部分要求使用年限在 20 年以上，因此路基工程应具有足够的耐久性。

4.1.2　路基土的分类

路基是路面的基础，它必须具有足够的强度和稳定性，以保证道路在行车荷载和自然因素的综合作用下，具有良好的使用品质。不同的土类、不同的地区条件、不同的湿度状况，都影响到路基土的强度和稳定性。

我国道路用土依据土的颗粒组成特征、土的塑性指标和土中有机质存在情况，将土分为巨粒土、粗粒土、细粒土和特殊土四大类，分类总体系如图 4-1 所示。各类土组具有不同的工程性质，在选择其作为路基填筑材料，以及修筑稳定土路面结构层时，应分别采取不同的工程技术措施。

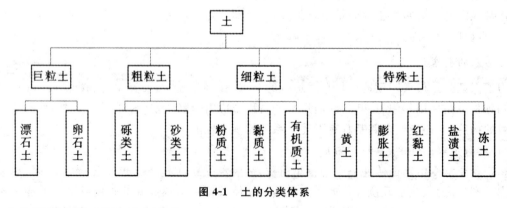

图 4-1　土的分类体系

各土组的主要工程性质如下。

1. 巨粒土

巨粒土(>60 mm 的颗粒)质量多于总质量 50% 的土称为巨粒土,包括漂石和卵石。巨粒土有很高的强度和稳定性,是很好的路基填筑材料。漂石还可用于砌筑边坡,砌筑边坡时,应正确选用坡度,以保证路基的稳定性。

2. 粗粒土

粗粒(0.075~60 mm)含量大于 50% 的土称粗粒土,其中砾粒组含量大于砂粒组含量的土称砾类土,砾粒组含量不大于砂粒组含量的土称砂类土。

砾类土又分为砾、含细粒土砾、细粒土质砾。由于砾类土的粒径较大,内摩擦力亦大,因而强度和稳定性均能满足工程要求,是良好的路基填筑材料。级配良好时,或人工处理后,可用于高级路面的基(垫)层。

砂类土又可分为砂、含细粒土砂(或称砂土)和细粒土质砂(或称砂性土)三种。砂和含细粒土砂无塑性,透水性强,毛细上升高度很小,具有较大的内摩擦系数,强度和水稳定性均较好。但沙土由于黏结性小,易松散,压实困难,需要振动法才能压实。经充分压实的沙土路基,其压缩变形很小。在有条件时,可掺加一些黏性土,以提高其稳定性,改善路基的使用质量。

细粒土质砂既含有一定数量的粗颗粒,使路基具有足够的强度和水稳性,又含有一定数量的细颗粒,使其具有一定的黏性,不致过分松散。一般遇水干得快,不膨胀,干时有足够的黏结性,扬尘少,容易被压实。例如,亚沙土,其粒径组成最佳级配,遇水干燥快,不膨胀,潮湿时不黏着,晴天不扬尘,在行车作用下,容易被压实,形成平整坚实的表面。细粒土质砂是修筑路基的良好材料。

3. 细粒土

细粒组颗粒(粒径不大于 0.075 mm)质量不小于总质量 50% 的土为细粒土。根据其塑性指标和土中有机质含量多少可分为粉质土、黏质土、有机质土。

粉质土为最差的筑路材料,含有较多的粉土颗粒,干时稍有黏性,但易被压碎,破碎后飞尘大,浸水后很快被湿透,易成流动状态。粉性土的毛细作用强烈,毛细上升高度大(可达 1.5 m)。在季节性冰冻地区,水分积聚现象严重,造成严重的冬季冻胀,春融期极易翻浆,故又称翻浆土。如遇粉质土,特别是在水文条件不良时,应采取一定的措施,改善其工程性质。

黏质土细颗粒含量多,透水性小而吸水能力强,毛细现象显著,有较大可塑性。黏性土干燥时较坚硬,施工时不易破碎,浸湿后能长时间保持水分,难以干燥,浸湿后强度大大降低。在季节性冰冻地区,当水文条件不良时,黏土路基也容易产生冻胀和翻浆。对于黏质土如在适当的含水量时加以充分压实和有良好的排水设施,筑成的路基也能获得稳定。

有机质土(如泥炭、腐殖土等)不宜作路基填料,如遇有机质土均应在设计和施工上采取适当措施。

4. 特殊土

特殊土主要包括黄土、膨胀土、红黏土和盐渍土等。黄土属大孔和多孔结构,具有湿陷性;膨胀土受水浸湿发生膨胀,失水则收缩;红黏土失水后体积收缩量较大;盐渍土潮湿时承载力很低。因此,特殊土也不宜作路基填料。

4.1.3 道路自然区划及干湿类型

1. 公路自然区划

我国地域辽阔,各地气候、地形、地貌、水文、地质等自然条件差异较大,不同地区不同地带的路基水温状况各有特点。为区分不同地理区域自然条件对公路工程影响的差异性,并在路基路面的设计、施工和养护中采取适当的技术措施及采用合适的设计参数,以保证路基路面的强度和稳定性,特制定《公路自然区划标准》(JTJ 0031986),如图 4-2 所示。为使自然区划便于在实践中应用,结合我国地理、气候特点,将全国的公路自然区划分为 3 个等级。

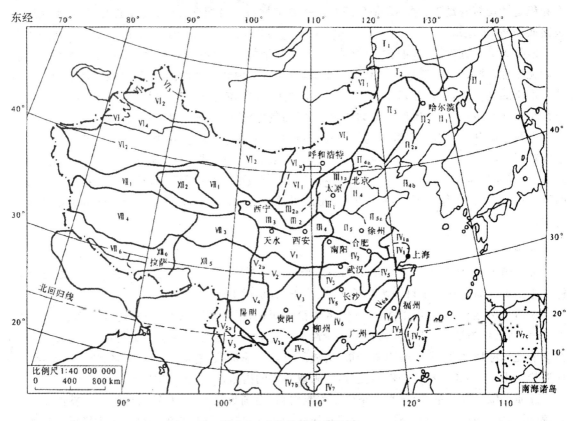

图 4-2 全国公路自然区划

(1)一级区划

一级区划首先将全国划分为多年冻土、季节冻土和全年不冻土三大地带,再根据水热平衡和地理位置,划分为冻土、湿润、干湿过渡、湿热、潮湿、干旱和高寒七大区。即Ⅰ——北部多年冻土区;Ⅱ——东部温润季冻区;Ⅲ——黄土高原干湿过渡区;Ⅳ——东南湿热区;Ⅴ——西南潮湿区;Ⅵ——西北干旱区;Ⅶ——青藏高寒区。

(2)二级区划

二级区划仍以气候和地形为主导因素,但具体标志与一级区划有显著差别。二级区划是以潮湿系数 K(即年降水量与年蒸发量之比)为主要分区依据,一级区划则是以地形为其主要分区依据。

潮湿系数 K 值按全年的大小分为以下 6 个等级。

①过湿区：$K > 2.00$。

②中湿区：$2.00 \geqslant K > 1.50$。

③湿润区：$1.50 \geqslant K > 1.00$。

④润干区：$1.00 \geqslant K > 0.50$。

⑤中干区：$0.50 \geqslant K > 0.25$。

⑥过干区：$K < 0.25$。

(3)三级区划

三级区划是对二级区划的进一步划分。三级区划的方法有两种,一种是按照地貌、水文和土质类型将二级自然区进一步划分为若干类型单元;另一种是继续以水热、地理和地貌等为标志将二级区划细分为若干区域。各地可根据当地的具体情况选用。

2.路基的干湿类型

(1)路基的湿度来源

路基的强度与稳定性和路基的干湿状况有密切关系,并在很大程度上影响路面结构设计。为此,在进行路基设计时应严格区分其干湿类型。

导致路基湿度变化的水源来源如图 4-3 所示。

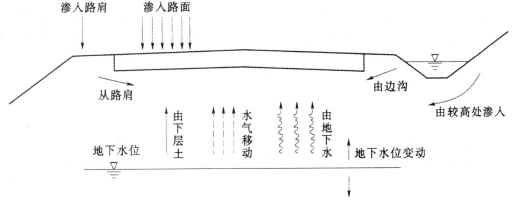

图 4-3　路基湿度的来源

①大气降水:大气降水通过路面、路肩和边坡渗入路基。

②地面水:地面积水没有及时排除渗入路基。

③地下水:靠近地面的地下水,借助毛细作用或温差作用上升到路基内部。

④凝结水:在土颗粒空隙中流动的水蒸气,遇冷凝结为水。

⑤薄膜移动水:在土的结构中水以薄膜的形式,从含水量较高处向较低处流动,或由温度较高处向冻结中心周围流动。

(2)路基干湿类型划分

1)根据平均稠度划分

我国现行《公路沥青路面设计规范》(JTG D50—2006)中规定,路基干湿类型可以实测不利季节路床顶面以下 800 mm 深度内土的平均稠度 ω_c,再按如表 4-1 所示的路基干湿状态的稠度建议值确定。干燥、中湿、潮湿和过湿 4 类干湿类型以分界稠度 ω_{c1}、ω_{c2}、ω_{c3} 来划分。土的平均

稠度 ω_c 定义为土的液限 ω_L 和土的平均含水量 $\bar{\omega}$ 之差与土的液限 ω_L 和塑限 ω_P 之差的比值。即：

$$\omega_c = \frac{\omega_L - \bar{\omega}}{\omega_L - \omega_P} \tag{4-1}$$

式中，ω_c 为土的平均稠度；ω_L 为土的液限，%；$\bar{\omega}$ 为土的平均含水量，ω_P 为土的塑限，%。

表 4-1　路基干湿状态的分界稠度建议值

土质类别	干燥状态	中湿状态	潮湿状态	过湿状态
	$\omega_c \geq \omega_{c1}$	$\omega_{c1} > \omega_c \geq \omega_{c2}$	$\omega_{c2} > \omega_c \geq \omega_{c3}$	$\omega_c \leq \omega_{c3}$
土质砂	$\omega_c \geq 1.20$	$1.20 > \omega_c \geq 1.00$	$1.00 > \omega_c \geq 0.85$	$\omega_c < 0.85$
黏质土	$\omega_c \geq 1.10$	$1.10 > \omega_c \geq 0.95$	$0.95 > \omega_c \geq 0.80$	$\omega_c < 0.80$
粉质土	$\omega_c \geq 1.05$	$1.05 > \omega_c \geq 0.90$	$0.90 > \omega_c \geq 0.75$	$\omega_c < 0.75$

注：ω_{c1}、ω_{c2}、ω_{c3} 分别为干燥和中湿、中湿和潮湿、潮湿和过湿状态路基的分界制度。

土的稠度较准确地表示了土的各种形态与湿度的关系，稠度指标综合了土的塑性特性，包含了液限与塑限，全面直观地反映了土的硬软程度，物理概念明确。

2）根据临界高度划分

对于新建道路，路基尚未建成，无法按上述方法现场勘察路基的湿度状况，可以用路基临界高度作为判别标准。路基临界高度是指在不利季节，当路基分别处于干燥、中湿或潮湿状态时，路槽底距地下水位或长期地表积水水位的最小高度。路基处于干燥、中湿或潮湿状态时的临界高度分别用 H_1、H_2、H_3 表示，则

① H_1 相对应于 ω_{c1} 为干燥与中湿状态的临界高度。

② H_2 相对应于 ω_{c2} 为中湿与潮湿状态的临界高度。

③ H_3 相对应于 ω_{c3} 为潮湿与过湿状态的临界高度。

若以 H 表示路槽底距地下水位的高度，当 H 变化时（如 H_1、H_2、H_3 位置），在路基的地下水位或地表积水水位一定的情况下，路基的湿度由下而上逐渐减小，如图 4-4 所示。

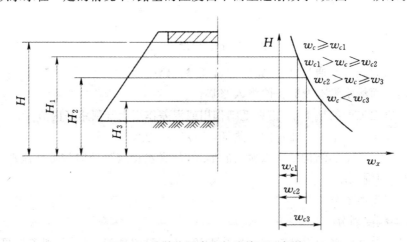

图 4-4　路基临界高度与路基干湿类型

在设计新建道路时，如能确定路基临界高度值，则可以此作为判别标准，与路基设计高度作

比较,由此确定路基的干湿类型,如表 4-2 所示。

表 4-2　路基干湿类型

路基干湿类型	路基平均稠度 ω_c 与分界相对稠度的关系	一般特性
干燥	$\omega_c \geqslant \omega_{c1}$	路基干燥稳定,路面强度和稳定性不受地下水和地表积水影响。路基高度应满足 $H > H_1$
中湿	$\omega_{c1} > \omega_c \geqslant \omega_{c2}$	路基上部土层处于地下水或地表积水影响的过渡带区内,路基高度应满足 $H_1 \geqslant H > H_2$
潮湿	$\omega_{c2} > \omega_c \geqslant \omega_c$	路基上部土层处于地下水或地表积水毛细影响区内,路基高度应满足 $H_2 \geqslant H > H_3$
过湿	$\omega_c \leqslant \omega_{c3}$	路基极不稳定、冰冻区春融翻浆,非冰冻区弹簧,路基经处理后方可铺筑路面,路基高度 $H < H_3$

为了保证路基的强度和稳定性不受地下水或地表积水的影响,在设计路基时,要求路基保持干燥或中湿状态,路槽底距地下水或地表积水的距离,不小于干燥、中湿状态所对应的临界高度。不同土组、不同干湿状态下的临界高度值可按各地区积累的资料确定。

4.2　路基的基本构造

路基的几何尺寸由路基高度、路基宽度和路基边坡所组成。路基宽度取决于公路技术等级;路基高度取决于路线的纵坡设计及地形;路基边坡坡度取决于土质、地质构造、水文条件及边坡高度,并由边坡稳定性和横断面经济性等因素确定。路基基本构造如图 4-5 所示。

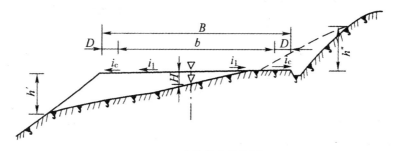

图 4-5　路基基本构造图

H—厚路基填挖高度;b—路面宽度;B—路基宽度;D—路肩宽度;
i_1—路面横坡;i_c—路肩横坡;h'—坡脚填高;h''—坡顶挖深

1.路基高度

路基高度与路基强度和稳定性有关,也与工程量的大小密切相关,它既是路线纵断面设计的重点,也是路基设计的重点。路基高度的确定,是在路线纵断面设计时,综合考虑路线纵坡要求、路基稳定性和工程经济等因素后确定的。

从路基的强度和稳定性要求出发,路基上部土层应处于干燥或中湿状态,并满足最小填土高度的要求。在满足上述条件的情况下,尽量满足"浅挖、低填、缓边坡"的要求。对于高路堤和深路堑,由于土石方数量大,占地多,施工困难,边坡稳定性差,行车不利,应尽量避免使用。矮路堤和浸水路堤,还要考虑排水和设计洪水频率要求。

路基设计时要保证路基上部土层终年处于干燥或中湿状态,必须使路堤高度大于规定的最小填土高度。

高路堤和深路堑的土石方数量大,难于施工,边坡稳定性差,应尽量避免使用。必要时应作边坡稳定性的特殊设计,并作出技术经济比较。

2.路基宽度

路基宽度是在一个横断面上两路肩外缘之间的宽度,应根据交通量和公路等级而定。各级公路路基宽度为车道宽度与路肩宽度之和,当设有中间带、加(减)速车道、爬坡车道、紧急停车带、错车道等时,应计入这些部分的宽度。一般每个车道宽度为 3.5~3.75 m,路肩每边为 0.5~1.0 m,城镇近郊与非机动车比较集中处,路肩宽度可取为 1~3 m,并铺筑硬路肩。

3.路基边坡

确定路基边坡坡率,是路基设计的基本任务。为保证路基稳定,路基两侧应做成具有一定坡度的坡面。路基边坡影响路基的整体稳定性,必须正确设计。路基边坡坡度可用边坡高度 h 与边坡宽度 b 之比值表示,若取 $h=1$,边坡坡率一般写成 $1:m$(路堤)或 $1:n$(路堑),如图 4-6 所示,路堤和路堑的边坡坡率分别为 $1:1.5$ 及 $1:05$。在确定边坡坡率时,要根据实际情况,综合考虑路基边坡稳定、国家及地方环保政策、工程造价等因素后合理确定。

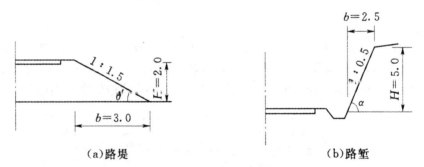

（a）路堤　　　　　　　　　　（b）路堑

图 4-6　路基边坡坡度示意图

（1）路堤边坡

路堤边坡形式和坡度视土质、土的密实程度和边坡高度及水文条件而定。当地质条件良好,边坡高度不大于 20 m 时,边坡坡度不宜大于表 4-3 所列数值。

表 4-3　路堤边坡坡度

填料类别	边坡坡度	
	上部高度（$h \leqslant 8$ m）	下部高度（$h \leqslant 12$ m）
细粒土	$1:1.5$	$1:1.75$
粗粒土	$1:1.5$	$1:1.75$
巨粒土	$1:1.3$	$1:1.5$

（2）路堑边坡

路堑边坡视边坡高度、工程地质与水文地质条件、排水措施、施工方法，并结合自然稳定山坡与人工边坡调查与力学分析综合确定。一般土质挖方边坡坡度不宜大于表 4-4 所列数值。

表 4-4　土质路堑边坡坡度

土的类别		边坡坡度
黏土、粉质黏土		1∶1
中密以上的中砂、粗砂、砾砂		1∶1.5
卵石土、碎石土、圆砾土、角砾土	胶结和密实	1∶0.75
	中密	1∶1

4.3　路基设计

4.3.1　路基的断面设计

为了满足行车要求，路线设计确定的路基标高有些部分高出原地面，需要进行填筑，有些部分低于原地面，需要进行开挖。因此，路基横断面的形式应结合当地地形、地质、水文、填挖高度等情况进行布置。常用的路基典型横断面有路堤、路堑、半路堤半路堑等类型，如图 4-7 所示，各种路基横断面要结合实际地形选用，且应以路基稳定、行车安全、经济适用为前提。

1. 路堤

路堤是指高于原地面的填方路基。路堤在结构上分为上路堤和下路堤，上路堤是指路面底面以下 0.80～1.50 m 范围内的填方部分；下路堤是指上路堤以下的填方部分。而路面底面以下 80 cm 范围内的路基部分，称作路床，路床是路面的基础，直接承受由路面传来的荷载，在结构上分为上路床（0～30 cm）及下路床（30～80 cm）两层。

路堤的形式很多，包括一般路堤、矮路堤、高路堤、挖沟填筑路堤、浸水路堤（沿河路堤）、护脚路堤、吹（填）砂（粉煤灰）路堤等。

填土高度小于 1.0 m 的路堤称为矮路堤，在填土高度小于 0.5 m 时，为保证路基最小填土高度及顺利排水，应设置边沟。矮路堤常在平坦地区取土困难时选用。平坦地区地势低，水文条件较差，易受地面水和地下水的影响。设计时应注意满足最小填土高度的要求。力求不低于规定的临界高度，使路基处于干燥或中湿状态。除填方路堤本身要求满足规定的施工要求外，天然地面也应按规定进行压实，达到规定的压实度，必要时进行换土或加固处理，以保证路基路面的强度和稳定性。

填土高度大于 18 m（土质）或 20 m（石质）的路堤称为高路堤。高路堤的填方数量大，占地多，为使路基稳定和横断面经济合理，需进行个别设计，高路堤和浸水路堤的边坡可采用上陡下缓的折线形式或台阶形式，如在边坡中部设置护坡道。为防止水流侵蚀和冲刷坡面，高路堤和浸水路堤的边坡，须采取适当的坡面防护和加固措施，如铺草皮、砌石等。

填土高度小于 18 m(土质)或 20 m(石质)的路堤为一般路堤,如图 4-7(a)所示。

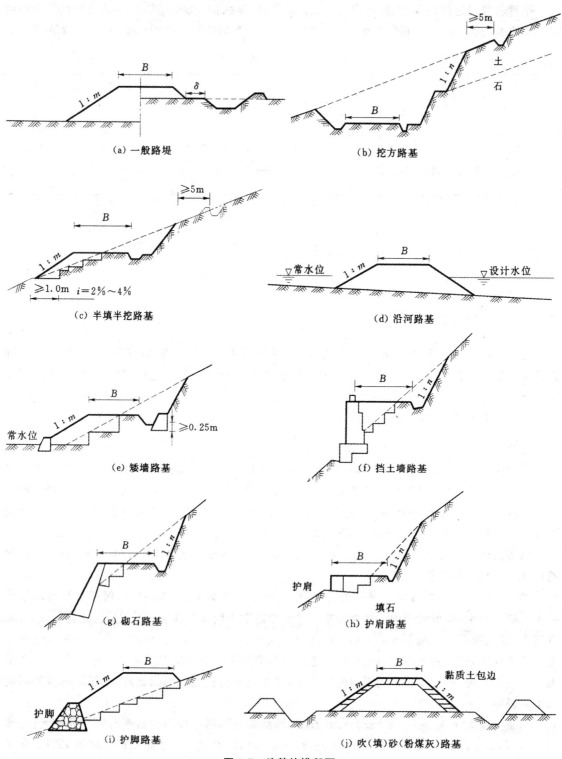

图 4-7　路基的横断面

为满足平原区公路填土的需要,将路基两侧或一侧的边沟断面扩大成取土坑的路基称为挖沟填筑路堤。

沿河路堤指桥头引道和河滩路堤,路基的高度要考虑设计洪水位,如图 4-7(d)所示。路堤浸水部分边坡,除采用较缓和的坡度外,还可视水流情况采取加固防护措施。

在山区横坡较陡的路段上填筑的路基称为陡坡路堤。当填方坡脚过远,为避免多占耕地或减少拆迁,可采用如图 4-7(i)所示的护脚路堤。

吹(填)砂及粉煤灰路堤是指用砂或粉煤灰做填料的路堤。为了保护边坡稳定和植物生长,在填砂(或粉煤灰)路堤边坡表层 1～2 m 用黏质土填筑,路床顶面也可采用 0.3～0.5 m 粗粒土封闭,如图 4-7(j)所示。

2. 路堑

路堑是开挖地面而成的路基,两旁设排水边沟,边沟断面可根据土质情况采用梯形、矩形或三角形等。为拦截和排除上侧地表水,以保证边坡稳定,应在路堑坡顶 5 m 以外设置截水沟。

基本的路堑形式有全挖式(见图 4-7(b))、台口式和半山洞。

挖方边坡可视高度和岩土层情况设置成直线或折线。挖方边坡的坡脚处设置边沟,以汇集和排除路基范围内的地表径流。路堑的上方应设置截水沟,以拦截和排除流向路基的地表径流。挖方弃土可堆放在路堑的下方。边坡坡面易风化时,在坡脚处设置 0.5～1.0 m 的碎落台,坡面可采用防护措施。

挖路堑所废弃的土石方,应弃置于下侧坡顶外至少 3 m 处,并作成规则形状的弃土堆。在挖方高度较大或土质变化处,边坡应随之做成折线形或台阶式,以保证稳定。

3. 半填半挖路基

半填半挖路基是路堤和路堑的结合形式。在山坡路段常采用半填半挖断面,以降低工程造价,填方部分应按路堤的要求填筑,挖方部分应按路堑的要求设计。

半填半挖路基兼有路堤和路堑两者的特点,上述对路堤和路堑的要求均应满足。填方部分的局部路段,如遇原地面的短缺口,填土高度不大但坡脚太远不宜填筑时,可采用砌石护肩,如图 4-7(h)所示。当地面横坡太陡,或填土高度较大,也可就近利用废石方,采用砌石路基或挡土墙路基,如图 4-7(f)、(g)所示,砌石路基相当于简易式挡土墙,承受一定的侧向压力,它与挡土墙不同的是,砌体与路基几乎成为一个整体,而挡土墙不依靠路基也能独立稳定。砌石护肩、护坡与护墙,以及挡土墙等路基,如果填方部分悬空,而纵向又有适当的基岩时,则可以沿路基纵向建成半山桥路基。当原地面横坡大,且路基较宽,在一个断面内,需一侧开挖、另一侧填筑时,为半填半挖路基,也称半路堤半路堑,如图 4-7(c)所示。

4.3.2　路基排水设计

路基的危害来源有很多种,水的作用是其中重要的影响因素之一,路基的变形和破坏主要是受到水的影响。因此,必须十分重视路基的排水设计。

路基水的来源有地面水和地下水。地面水有雨、雪和江河湖水。地下水有泉水、毛细水和间隙水等。它们都会使路基湿软,降低承载力,造成滑坡坍方或冻害翻浆等破坏。

路基排水的目的是减少路基的湿度,保证路基常年处于干燥或中湿状态,确保路基路面的结构稳定。因此,在设计时首先要查清水源,结合农田水利进行全面规划,排除隐患。沟渠宜短不宜长,及时疏散,就近分流。要充分利用地形,避免挖深沟,减少水土流失。设计要注意就地取材,结构应经济实用,并作出优化选择。

路基排水设计,必须先进行总体规划和综合设计,将针对某一水源和满足某项要求而设置的各种排水设施(沟渠、管道、桥涵等)组成统一完整的排水系统,做到有的放矢、相互协调、布置恰当、水流顺畅,使各处的流水都有归宿和去向,以提高效果和降低造价,全面完成排水任务。如图4-8所示为一段山区公路路基的排水系统布置。

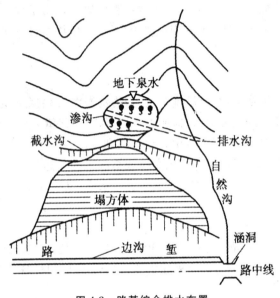

图4-8 路基综合排水布置

1.地面排水设施

路基地面排水可采用边沟、截水沟、排水沟、跌水与急流槽、拦水带、蒸发池等设施。

(1)边沟

边沟是在路基两侧设置的纵向水沟,用以汇集和排除路基范围内和流向路基的少量地面水。在所有挖方地段和填土高度小于边沟深度的填方地段均应设置边沟。挖方路段及高度小于边沟深度的路堤应设置边沟。边沟一般为梯形断面,内侧边坡为1:1.0~1:1.5,外侧边坡与挖方边坡相同。边沟的宽度和深度一般为0.4 m,高速公路和一级公路不小于0.6 m。边沟纵坡宜与路线纵坡一致,并不宜小于0.5%,在特别情况下可容许采用0.3%,但边沟出水口的间距缩短。当边沟纵坡不能满足排水需要时,应调整边沟纵坡。平曲线处边沟施工时,沟底纵坡应与曲线前后沟底纵坡平顺衔接,不允许曲线内侧有积水或外溢现象发生。

边沟横断面一般采用梯形,石方地段的边沟宜采用矩形横断面,少雨浅挖地段的土质边沟可采用三角形横断面。为了少占农田和保证矮路堤的稳定,对土质地段也可采用砌石矩形边沟。边沟主要横断面形式如图4-9所示。

为了防止边沟漫溢或冲刷,除特殊情况外,边沟长度不宜超过500 m,多雨地区不宜超过300 m,三角形边沟长度不宜超过200 m。若超过此值,则添设排水沟或涵洞,将水引出路基范围以外。

(2)截水沟

截水沟用以汇集并排除路基边坡上侧的地表径流。挖方路基截水沟应设在坡顶5 m以外,填方路堤上侧的截水沟距填方坡脚的距离不应小于 2 m。截水沟的宽度和深度不宜小于 0.5 m。截水沟是用来拦截路基上方流向路基的地面水,减轻边沟的水流负担,保护挖方边坡和填方坡脚不受水流冲刷和损害。因此,在干旱地区、少雨地区、坡面坚硬和边坡较低的地段,可以不设截水沟;在降水量较多、且暴雨频率较高、山坡覆盖层比较松软、坡面较高、水土流失比较严重的地段,必要时可设置两道或多道截水沟。

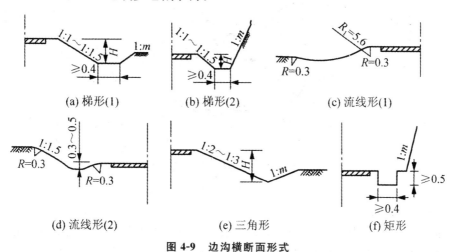

(a) 梯形(1)   (b) 梯形(2)   (c) 流线形(1)

(d) 流线形(2)   (e) 三角形   (f) 矩形

图 4-9 边沟横断面形式

截水沟一般采用梯形横断面,边坡坡度为 1∶1.0～1∶1.5,沟底应具有 3% 的纵坡,长度以 200～500 m 为宜。

如图 4-10 所示为路堑段挖方边坡上方设置的截水沟示例之一,图中距离 d 一般为 5 m,土质不良地段可取 10 m 或更大。截水沟下方一侧可堆置挖沟的土方,要求做成顶部向沟倾斜 2% 的土台。路堑上方设置弃土堆时,截水沟的位置及断面尺寸如图 4-11 所示。

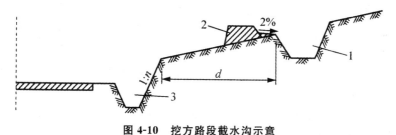

图 4-10 挖方路段截水沟示意

1—截水沟;2—土台;3—边沟

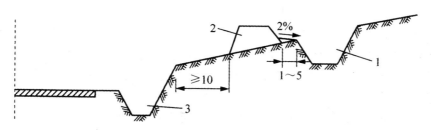

图 4-11 挖方路段弃土堆与截水沟关系(单位:m)

1—截水沟;2—土台;3—边沟

山坡填方路段可能遭遇上方水流作用，此时必须设截水沟，以拦截山坡水流保护路堤，如图4-12所示。截水沟应结合地形和地质条件沿等高线布置，将拦截的水顺畅地排向自然沟谷或水道。

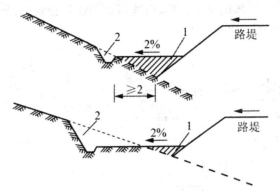

图4-12 填方路段上的截水沟示意（单位：m）

1—土台；2—截水沟

（3）排水沟

排水沟的作用是将边沟、截水沟、取土坑、边坡和路基附近的积水引排至桥涵或路基范围以外的天然河流或低洼地，其沟渠构造与截水沟相同。

排水沟的布置必须结合地形条件，因势利导，离路基尽可能远些，排水沟应以直线为宜，当必须转向时，尽可能采用大半径（10～20 m以上），徐缓改变方向。排水沟宜短不宜长，一般不超过500 m。

排水沟横断面一般采用梯形，其断面尺寸根据设计流量确定，边坡坡度可采用1∶1.0～1∶1.5，底宽与沟深均不得小于0.5 m，沟底纵坡以1‰～3‰为宜。当纵坡大于3‰时，应采取加固措施，大于7‰时，则应改用跌水或急流槽。排水沟沿线布设时，应尽可能远一些，距离坡脚不宜小于3～4 m，与其他沟渠连接应顺畅。

（4）跌水与急流槽

跌水和急流槽均为路基排水沟渠的特殊形式，可用于陡坡大于10%，水头高差大于1.0 m的地段。此地段水流湍急，冲刷力强，为接引水流，降低流速，消减能量，防止对路基与桥涵结构物构成危害，要求跌水与急流槽的结构必须稳固耐久，通常采用浆砌块石或水泥混凝土预制块砌筑，并具有相应的防护加固措施。

跌水指在陡坡或深沟地段设置的沟底为阶梯形、水流呈瀑布跌落式通过的沟槽。跌水有单级和多级之分，沟底有等宽和变宽之别。单级跌水适用于排水沟渠连接处由于水位落差较大，需要消能或改变水流方向的情况，如图4-13所示是路基边沟水流通过涵洞排泄时，采用单级跌水（相当于雨水井）的示例。较长陡坡地段的沟渠，为减缓水流速度，并予以消能，可采用多级跌水，如图4-14所示。多级跌水底宽和每级长度可以采用各自相等的对称形，亦可根据实地需要，做成变宽或不等的长度与高度。

跌水的构造可分为进水、消力池和出水3个组成部分，如图4-15所示。其断面尺寸必须通过水文、水力计算确定，台阶高度以0.3～0.5 m为宜，槽底应具有1‰～2‰的纵坡。跌水能在较短的距离内降低水流速度，减少水流能量。跌水两端的土质沟渠应注意加固，保持水流畅通，不致产生水流冲刷或淤积，以充分发挥跌水的排水效能。

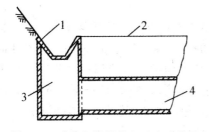

图 4-13　边沟与涵洞单级跌水连接图

1—边沟；2—路基；3—跌水井；4—涵洞

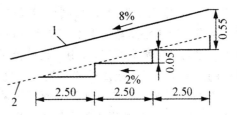

图 4-14　多级跌水纵剖面图（单位：m）

1—沟顶线；2—沟底线

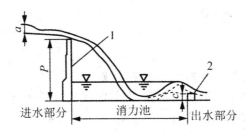

图 4-15　跌水构造示意图

1—护墙；2—消力栏

急流槽指在陡坡或深沟地段设置的坡度较陡、水流不离开槽底的沟槽。急流槽的纵坡比跌水的平均纵坡更陡，结构的坚固、稳定性要求更高，是山区公路回头曲线、沟通上下线路基排水及沟渠出水口的一种常见排水设施。急流槽主体部分的纵坡依地形而定，一般可达 1 ∶ 1.5。当急流槽纵坡陡于 1 ∶ 1.5 时，宜采用金属管，管径至少为 20 cm。各节急流管用管桩锚固在坡体上，其接口应采用防水连接，以免管内水流渗漏而冲刷坡面。

急流槽可采用由浆砌片石铺砌的矩形横断面或者由水泥混凝土预制件铺筑的矩形横断面，如图 4-16 所示。槽顶应与两侧斜坡表面齐平，槽深最小 0.2 m，槽底宽最小 0.25 m，槽底每隔 2.5～5 m 应设置一个凸榫，嵌入坡体内 0.3～0.5 m 以避免槽体顺坡下滑。槽身较长时宜分段砌筑，每段长约 5～10 m，预留伸缩缝，并用防水材料填缝。

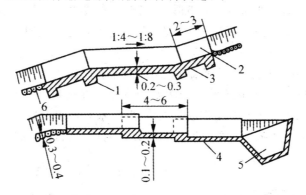

图 4-16　急流槽构造示意图（单位：m）

1—耳墙；2—消力池；3—混凝土槽底；

4—钢筋混凝土槽底；5—横向沟渠；6—砌石护底

(5)蒸发池

气候干旱、排水困难地段,可利用沿线的集中取土坑或专门开挖的凹坑修筑蒸发池以排除地表水。蒸发池边缘距路基边沟不应小于 5 m,面积较大的蒸发池不得小于 20 m。蒸发池同边沟或排水沟之间设排水沟相连,池中水位应低于排水沟沟底。池的容量应以一个月内的地表水汇入池中的水量能及时完成渗透和蒸发为依据,但每个池的容量不超过 200～300 m³。蓄水深度不应大于 1.5～2.0 m。蒸发池的平面形状采用矩形或其他的形状,其设置不应使附近地面形成盐渍化或沼泽化,蒸发池周围可围筑土埂以防止其他水流入池中。

2.地下排水设施

路基地下排水设施包括暗沟(管)、渗沟、渗井等,其特点是排水量不大,主要以渗流的方式汇集水源,并就近排出路基范围以外。

(1)暗沟

暗沟是用于排除泉水或地下集中水流的沟渠,如图 4-17 所示。它本身没有渗水或汇水作用,主要用于把路基范围内的泉水或渗沟拦截、汇集的水流引到路基范围之外。城市道路、广场上的雨水,也可以通过雨水口将地面水引入地下暗沟,予以排除,使不致危害路基。

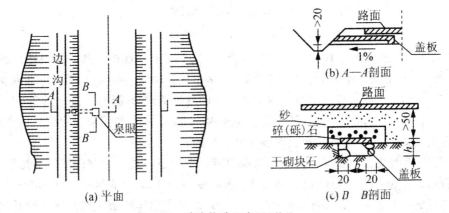

图 4-17 暗沟构造示意图(单位:cm)

暗沟的构造比较简单,横断面一般为矩形,用浆砌片石或水泥混凝土预制块砌筑,沟顶出水量由地形、地质条件确定。暗沟的纵坡不宜小于 1%。为了防止出现倒灌现象,暗沟的出水口应高出地表排水沟常水位 0.2 m。

如图 4-18 所示为在一侧边沟下设置暗沟,用以拦截流向路基的层间水,防止路基边坡滑坍和毛细水上升危及路基的强度与稳定性。如图 4-19 所示为在路基两侧边沟下均设暗沟,用以降低地下水位,防止毛细水上升到路基工作区范围内,形成水分积聚而造成冻胀和翻浆,或土基过湿而降低强度等。如图 4-20 所示为在挖填交界处设置的横向暗沟。寒冷地区的暗沟应做防冻保温处理或将暗沟设在冻结深度以下。

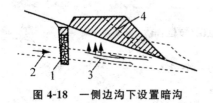

图 4-18 一侧边沟下设置暗沟

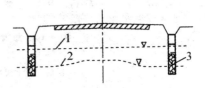

图 4-19 两侧边沟下设置暗沟

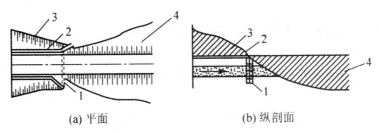

图 4-20　挖填交界处设置横向暗沟

1—渗沟；2—边沟；3—路堑；4—路堤

（2）渗沟

渗沟是一种采用渗透方式降低地下水位或拦截地下水的地下排水沟渠，并通过沟底通道将水排至指定地点，这种地下排水设施称为渗沟，其作用是降低地下水位或拦截并排除流向路基的地下水。

渗沟按排水层的构造有填石渗沟、管式渗沟和洞式渗沟，如图 4-21 所示。填石渗沟与暗沟相似，但构造更为完善。它们的构造基本相同，底部为排水层，顶部设封闭层，排水层与沟壁之间设置反滤层。封闭层是为了防止地面水下渗以及防止上面土粒落入排水层造成渗沟堵塞而设置的。反滤层是汇集水流时为防止砂、土挤入渗沟，堵塞排水层，影响汇水排水而设置的。当地下水流量较大，埋置更深、渗沟较长时，可在沟底设洞或管。

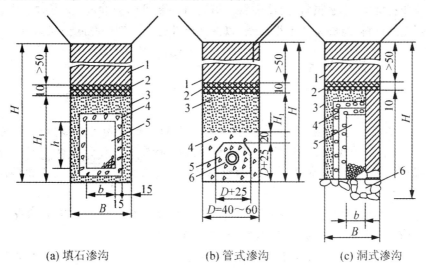

(a) 填石渗沟　　　(b) 管式渗沟　　　(c) 洞式渗沟

图 4-21　渗沟构造图（单位：cm）

1—夯实黏土；2—双层反铺草皮；3—粗砂；4—石屑；5—碎石；6—浆砌片石沟洞

渗沟的埋置深度由地下水的高度（为保证路基或坡体稳定）、地下水位需下降的深度并根据含水层介质的渗透系数等因素综合考虑确定。

渗沟各部位尺寸根据埋设位置及排水需要等情况确定。渗沟的平面布置，当用作降低地下水位时应尽量靠近路基；用作拦截地下水时，应尽量与地下水流垂直。沟宽不宜小于 0.6 m。填石渗沟的最小纵坡不宜小于 1%；管式及洞式渗沟最小纵坡不宜小于 0.5%。渗沟的设置长度视实际需要确定，一般间隔 100~300 m 设横向排水管。

（3）渗井

渗井属于竖直方向的地下排水设施。当对路基有影响的浅层地下水较难排水时，距地面不深处有良好的渗水层，且地下水流向背离路基或较深，可设置渗井，穿入透水层中，将路基范围内的上层地下水及少量地面水引入更深的透水层中去，以排除地面水或降低上层的地下水位，如图4-22所示。

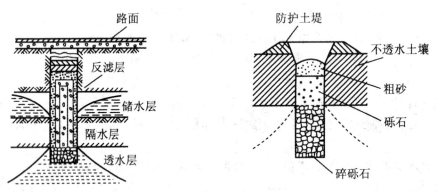

图4-22 渗井的结构

渗井的平面布置以及孔径与渗水量按水力计算而定，一般为直径1.0～1.5 m的圆柱形，也可为边长为1.0～1.5 m的方形。井深视地层构造情况而定。井内由中心向四周按层次分别填入由粗而细的砂石材料、渗水粗料、反滤细料。填充材料要求筛分冲洗，施工时需用铁皮套筒分隔填入不同粒径的材料，粗细材料不得混杂，以保证渗井达到预期的排水效果。

4.3.3 路基稳定性设计

1.概述

路基在自然环境条件下，如大气雨雪的作用下，土的黏聚力和内摩擦角减小，边坡可能出现滑坍失稳。因此，高填深挖路基、桥头引道和河滩路堤等都要作稳定性验算。路基稳定性分析包括路堤堤身的稳定性、路堤和地基的整体稳定性、路堤沿斜坡地基或软弱层滑动的稳定性。

边坡稳定性验算前，要充分收集路基土的容重 γ、黏聚力 C 和内摩擦角 ϕ 的资料，其数值由试验确定，一般 $C=5\sim20$ kPa，$\phi=20°\sim40°$，$\gamma=14\sim18$ kN/m³。

边坡验算时可假定松砂或砂性土边坡滑动面为平面，一般黏土的滑动面为圆曲面，滑裂面通过坡脚或变坡点。软土路基的滑裂面通过软土土基而交于坡脚点之外。几种边坡滑动面如图4-23所示。

边坡验算时，除路堤自重外，还要考虑车辆荷载。设计的标准车辆以相应的重车按最不利位置排列，将车重换算为等效土层重量，土层的等效高度按下式计算：

$$h_0 = \frac{NQ}{\gamma BL} \tag{4-2}$$

式中，h_0 为当量土层高度（m）；N 为横向分布车辆数，单车道 $N=1$，双车道 $N=2$；Q 为辆车重（kN）；L 为汽车前后轴距（m）；γ 为填土容重（kN/m³）；B 为横向车辆轮胎外缘总距（m）；$B=Nb+(N-1)d$；其中 b 为每一车辆轮胎外缘之间距（m），d 为相邻两车轮胎之间的净距（m）。

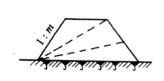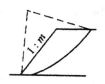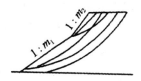

图 4-23　边坡的滑动

2.边坡稳定性验算

(1)直线滑动面法

对砂土和砂性土路堤边坡的稳定性采用直线滑动面法验算,并假定滑裂面通过坡脚,如图4-24 所示。

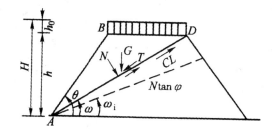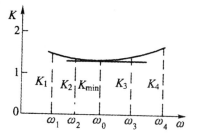

图 4-24　直线滑动面法验算图

取路基长度 1 延米计算,设滑裂土楔体 ABD 与等效土层之总重为 G(kN),滑裂体沿滑动面 AD 滑动,其稳定系数 K 按下计算:

$$K = \frac{F}{T} = \frac{G\cos\omega\tan\varphi + cL}{G\sin\omega} \tag{4-3}$$

式中,F 为沿滑动面的抗滑力(kN);T 为沿滑动面的下滑力(kN);ω 为滑动面对水平面的倾角;c 为路堤土的黏聚力(kPa);φ 为路堤土的内摩擦角;L 为滑动面 AD 的长度。

验算时可作不同倾角 ω_i 的破裂面,求出相应的 K_i,画出相应的 $K-\omega$ 曲线,与最小安全系数 K_{min} 相应的 ω_0,即为危险破裂角。

通常以最小稳定系数 $K_{min} > 1.25$ 来判定边坡稳定性,不满足则边坡不安全。此时可减缓边坡,降低路堤高度或修筑挡土墙,以增加边坡稳定性。

(2)圆弧滑裂面法

一般黏土路堤采用圆弧滑裂面法验算。

工程设计中确定圆心的方法是 4.5H 法。如图 4-25 所示,此法作图步骤首先由坡脚点 E 向下量路堤高 H 得 F 点,由 F 作水平线,令 $FM = 4.5H$ 得 M 点。由边坡斜度 $i_0 = \dfrac{1}{m}$ 查辅助线角值表得 β_1、β_2 的值。再由 E 点沿 ES 线反时针方向量 β_1 角画线;由 S 点沿水平线顺时针方向量 β_2 角画线,两线交于 I 点,连 IM 线。滑动圆弧的圆心均在此线上。

假定取圆心 O 点,通过坡脚画圆弧 AB。弧面内取等分土条,条宽 2 m。根据《公路路基设计规范》(JTG D30—2004),采用简化 Bishop 法分析计算,稳定安全系数 F_s 按式(4-4)计算,计算图示如图 4-26 所示。

$$F_s = \frac{\sum K_i}{\sum (W_i + Q_i)\sin\alpha_i} \tag{4-4}$$

式中，W_i 为第 i 土条重力；α_i 为第 i 土条底滑动面的倾角；Q_i 为第 i 土条垂直方向外力；K_i 为系数，按式(4-5)、(4-6)确定。

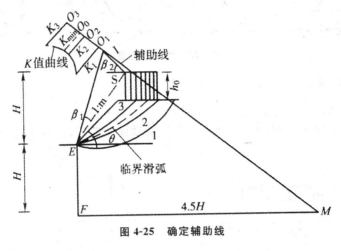

图 4-25　确定辅助线

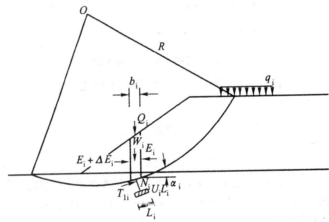

图 4-26　简化 Bishop 法计算图示

当第 i 土条底滑动面位于地基中时

$$K_i = \frac{c_{di}b_i + W_{di}\tan\varphi_{di} + U(W_{ti} + Q_i)\tan\varphi_{di}}{m_{ai}} \tag{4-5}$$

当第 i 土条底滑动面位于路堤中时

$$K_i = \frac{c_{ti}b_i + (W_{ti} + Q_i)\tan\varphi_{ti}}{m_{ai}} \tag{4-6}$$

上两式中，W_{di} 为第 i 土条地基部分的重力；W_{ti} 为第 i 土条路堤部分的重力；b_i 为第 i 土条宽度；U 为地基平均固结度；c_{di}、φ_{di}、c_{ti}、φ_{ti} 为第 i 土条所处地基、路堤土层的黏结力与内摩擦角；m_{ai} 为系数，$m_{ai} = \cos\alpha_i + \dfrac{\sin\alpha_i\tan\varphi_i}{F_s}$。

路堤稳定性计算分析得到的稳定安全系数规定为：对路堤的堤身稳定性 F_s 取 1.35；路堤和地基整体稳定性，当地基土渗透性较差、排水条件不好取 1.2～1.4；当地基土渗透性较好、排水条件良好取 1.35～1.45。

（3）路堤沿斜坡基础整体滑动稳定性验算

路堤沿斜坡地基或软弱层带滑动的稳定性可采用不平衡推力法进行分析计算，稳定安全系数 F_s 利用式（4-7）计算得到，计算图示如图 4-27 所示。

$$\begin{cases} E_i = W_{Qi}\sin\alpha_i - \dfrac{1}{F_s}\left[c_i l_i + W_{Qi}\cos\alpha_i\tan\phi_i\right] + E_{i-1}\psi_{i-1} \\ \psi_{i-1} = \cos(\alpha_{i-1}-\alpha_i) - \dfrac{\tan\phi_i}{F_s}\sin(\alpha_{i-1}-\alpha_i) \end{cases} \tag{4-7}$$

式中，W_{Qi} 为第 i 土条的重力与外加竖向荷载之和；α_{i-1}、α_i 为第 i 土条底滑面的倾角；c_i、ϕ_i 为第 i 土条底的黏结力和内摩擦角；l_i 为第 i 土条底滑面的长度；E_{i-1} 为第 $i-1$ 土条传递给第 i 土条的下滑力。

逐条计算直到第 n 土条的剩余下滑力为零，由此确定稳定安全系数 F_s。《公路路基设计规范》（JTG D30—2004）规定的稳定安全系数为 1.30。

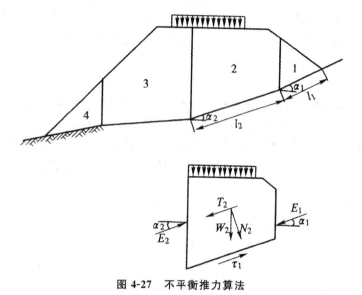

图 4-27　不平衡推力算法

4.4　路基的防护与加固

由岩、土填挖而成的路基改变了原地层的天然平衡状态，裸露于空间并直接承受填土及行车荷载的作用。道路结构暴露于自然界，长期受自然因素的作用，在不利水温条件作用下，其物理、力学性质将发生变化，可能产生各种变形和破坏。因此，为确保道路结构的强度与稳定性，保证路基的稳定和防治路基病害，路基的防护与加固是不可缺少的工程技术措施。作为路基工程的重要组成部分，除路基排水外，还必须根据道路等级、当地条件等因地制宜地采取有效的措施，对各类土、石边坡及软弱地基予以必要的防护与加固，特别是沿河路堤、不良水文地质地段的路基和容易受水冲刷的路基边坡。路基防护与加固工程为保证正常的汽车运输，减少道路灾害，确保行车安全，保持道路与自然环境协调，提高道路使用品质和投资效益都有重要意义。

在路基防护与加固工程中，一般把防止风化和冲刷，主要起隔离、封闭作用的结构物称为防护工程。路基防护与加固方法多种多样，设计、施工中应遵循"因地制宜、就地取材、经济适用、照顾景观"的原则。

4.4.1 坡面防护

坡面防护又称边坡防护，主要用以防护易受自然因素影响而破坏的土质和岩石边坡，其目的是保证路基边坡表面免受雨水冲刷，减缓温差及湿度变化的影响，从而提高边坡的稳固性，美化路容、增加行车舒适感。常用类型有植物防护、砌石防护和坡面处治。植物防护又称为"生命"防护，以土质边坡为主。砌石防护、坡面处治又称为"无机"防护，以石质路堑边坡为主。常用的坡面防护方式有植物防护和工程防护等。

1. 植物防护

植物防护适用于比较平缓的稳定土质边坡，可利用植被根系固结表土，调节坡体的温湿状况，确保边坡稳定，同时植物防护具有绿化道路和保护环境的作用。植物防护适用于适宜植物生长的土质边坡，如公路、铁路、河坝等工程的坡面防护。植物防护的方法主要有种草、铺草皮和植树。

(1) 种草

种草防护法是直接在坡面上播种草籽，经浇水、保湿使之成活，适用边坡坡度不陡于 1∶1，土质适宜种草，不浸水或短期浸水但地面径流速度不超过 0.96 m/s 的边坡。

采用种草防护时，应选择容易生长、根部发达、叶茎低矮或有匍匐茎的多年生草种，最好采用几种草籽混合播种，使之生成一个良好的覆盖层。种草应在温度、湿度较大的季节播种。

(2) 铺草皮

铺草皮适用于需要快速绿化，且坡率缓于 1∶1 的土质边坡和严重风化的软质岩石边坡。草皮应选用根系发达、茎矮叶茂的耐旱草种，不宜采用喜水草种，严禁采用生长在泥沼地的草皮。应根据具体条件(坡度与流速等)，分别采用平铺(平行于坡面)、水平叠置、垂直坡面或与坡面成一半坡角的倾斜叠植草皮，还可采用网格式(采用片石铺砌成方格或拱式边框，方格式框内铺草皮)等方式，如图 4-28 所示。

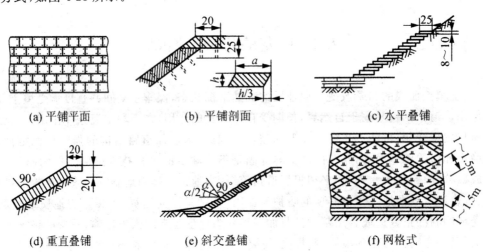

(a) 平铺平面   (b) 平铺剖面   (c) 水平叠铺

(d) 重直叠铺   (e) 斜交叠铺   (f) 网格式

图 4-28　草皮防护示意图(除已注明尺寸外，其余单位为 cm)

铺草皮需预先备料,草皮可就近培育,切成整齐块状,每块草皮的尺寸以 20 cm×40 cm 为宜,然后移铺在坡面上。铺时应正面向上,并用竹木小桩将草皮钉在坡面上,使之稳固。草皮应随挖随铺,注意相互贴紧。

(3)植树

适用于坡度不陡于 1:1.5 的土质和全风化的岩石边坡。植树可以降低水流速度,促进泥沙淤积,防止或减轻水流对路基或河岸的冲刷。植树可以加强路基的稳定性,还有防风、防沙、防雪、美化路容、调节气候等作用。

根据不同的防护要求,可按梅花形、方格形进行条带式或连续式栽植。树种应为根系发达、枝叶茂盛、适合当地迅速生长的低矮灌木。常用灌木树种有紫穗槐、蔷薇、山楂等。公路弯道内侧边坡严禁栽植高大树木。植树防护最好与种草结合使用,使坡面形成一个良好的覆盖层,才能更好地起到防护作用。

(4)其他方法

除上述三种方式之外,还可采用三维植被网防护、湿法喷播和客土喷播等方法。三维植被网防护适用于砂性土、土夹石及风化岩石的边坡防护;湿法喷播适用于土质边坡、土夹石边坡、严重风化岩石坡面的路堑和路堤边坡及中央分隔带、立交区、服务区及弃土堆的绿化防护;客土喷播适用于风化岩石、土壤较少的软质岩石、养分较少的土壤、硬质土壤、植物立地条件较差的高大陡坡面和受侵蚀显著的坡面。

2.工程防护

当不宜使用植物防护或考虑就地取材时,采用砂石、水泥、石灰等矿物材料进行坡面防护是常用的防护形式。它主要有抹面、勾缝、喷护、挂网喷护、砌石防护和护面墙等形式,可根据不同条件选用。

(1)抹面

抹面防护是将混合料均匀地涂抹在坡面,适用于表面易风化,但比较完整,尚未剥落的软质岩石挖方边坡,以预防风化成害。

常用的抹面材料有石灰浆、石灰炉渣灰浆、石灰炉渣三合土或水泥石灰砂浆。抹面厚度可视材料和坡面状况而定,一般为 2~10 cm。操作前应清理坡面风化层、浮土与松动碎块、填坑补洞,洒水润湿;抹面后,应拍浆、抹平和养护。抹面用料的配合比应经试验确定,保证能稳固地密贴于坡面。

(2)填缝和灌浆

填缝的目的是修复岩体内的裂隙以保持岩石边坡的整体性,避免水分渗入岩体缝隙造成病害,适用于质地较硬、不易风化岩石挖方边坡。按缝隙大小和深浅不同,可采用勾缝和灌缝两种形式。勾缝防护是防止雨水沿裂缝侵入岩层内部而造成病害的一种有效方法。它适用于较坚硬的、不易风化的、节理多而细的岩石挖方边坡。勾缝材料可用水泥砂浆或水泥石灰砂浆。砂浆应嵌入缝中,与岩体牢固结合。

灌浆防护是借砂浆的黏结力把裂开的岩石黏结为一体,以保证岩石边坡稳定的方法。它适用于较坚硬、裂缝较大且较深的岩石挖方边坡。灌浆材料可用水泥砂浆,裂缝很宽时可用混凝土灌注。灌浆要灌满到缝口并抹平。勾缝和灌浆施工前应将缝内冲洗干净,以利黏结。

（3）喷护和挂网喷护

喷护适用于易风化但尚未严重风化、坡面不平整的岩石边坡。对高而陡的边坡、上部岩层较破碎而下部岩层完整的边坡和需大面积防护的边坡适用于挂网喷护。

喷浆防护采用的砂浆强度不应低于MIO，厚度宜为5～10 cm，喷浆防护应设置伸缩缝，伸缩缝间距宜为15～20 cm；还应每隔2～3 m交错设置孔径为100 mm的泄水孔。

挂网喷护应在混凝土内设置菱形金属网或高强度聚合物土工格栅，并通过锚杆或锚固钉固定于边坡上。喷射砂浆宜采用骨料最大粒径不超过15 cm、强度不低于C15的水泥混凝土，厚度宜为10～15 cm。

施工前坡面如有较大裂缝、凹坑时，应先嵌补牢实，使坡面平顺整齐；岩体表面要冲洗干净，土体表面要平整、密实、湿润。喷层厚度要均匀，喷后应养护7～10 d，喷层周边与未防护坡面的衔接处应做好封闭处理。

（4）砌石护坡

砌石防护有干砌和浆砌两种，可用于土质或风化岩质路堑或土质路堤边坡的坡面防护，也可用于浸水路堤及排水沟渠作为冲刷防护。

干砌片石护坡适用于易遭受雨、雪、水流冲刷的较缓土质边坡，风化较重的软质岩石坡，受水流冲刷较轻的河岸和路基，边坡坡度不陡于1：1.25。干砌片石护坡一般分为单层铺砌和双层铺砌，如图4-29所示为浸水路堤单层或双层护坡示意图。

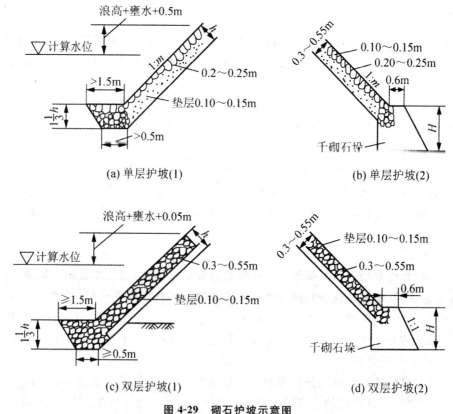

图 4-29　砌石护坡示意图

注：图中 H 为干砌石垛高度，约20～30 cm；h 为护面厚度，大于20 cm。

单层铺砌厚度为 0.25～0.35 m,双层的上层为 0.25～0.35 m,下层为 0.15～0.25 m。

铺砌层下应设置碎石或沙砾垫层,厚度为 10～15 cm,也可用反滤效果等于沙砾垫层的土工布代替。

当水流速度较大,波浪作用强,有漂浮物冲击时,可采用砌片石护坡。砌片石护坡适用于坡度缓于 1∶1 的易风化岩石和土质路堑边坡。浆砌片石护坡采用的砂浆强度不得低于 M5,护坡厚度宜为 25～50 cm,当用于冲刷防护时,应按流速及波浪大小等因素确定,最小厚度一般不小于 0.35 m。护坡底面应设厚度为 10～15 cm 的碎石或沙砾垫层,也可用反滤效果等效于沙砾垫层的土工布代替。

浆砌片石护坡较长时,要分段施工,一般每隔 10～15 m 设置 2 cm 宽的一道缝。内填沥青麻筋或沥青木板;护坡下部应设置泄水孔,其间距为 2～3 m,以便排泄护坡背面的积水及减小渗透压力。在地基土质变化处还应设置沉降缝。

(5)护面墙

护面墙简称护墙,是一种墙体形式的坡面防护,适用于坡度较陡又易风化或较破碎的岩石挖方边坡及坡面易受侵蚀的土质边坡。护面墙不仅要求墙面紧贴坡面,表面砌平,还要求紧贴边坡坡面修建。护面墙除自重外,不承受墙背的土压力,故要求挖方边坡必须符合极限稳定边坡的要求。护面墙常采用浆砌片石结构,在缺乏石料的地区,也可以采用混凝土结构,墙基要求设置在可靠地基上,在底面做成向内斜的反坡,见图 4-30。

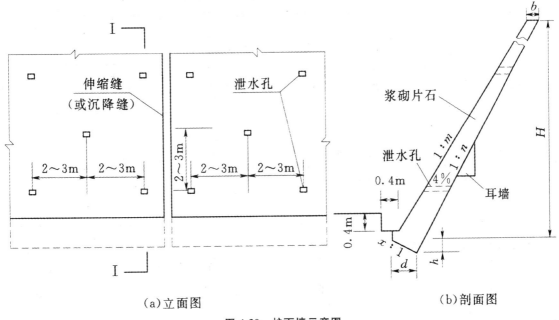

(a)立面图　　　　　　　　　　　　　(b)剖面图

图 4-30　护面墙示意图

护面墙分为实体式、窗孔式、拱式等类型,其构造与布置如图 4-31 所示。墙高与厚度及路堑边坡的关系见表 4-5。

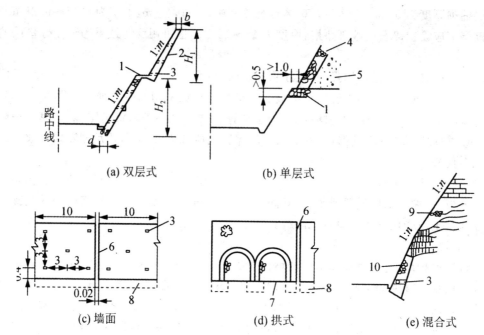

(a) 双层式   (b) 单层式

(c) 墙面   (d) 拱式   (e) 混合式

图 4-31　护面墙构造示意图（单位：m）

1—平台；2—耳墙；3—泄水孔；4—封顶；5—松散夹层；6—伸缩缝；

7—软地基；8—基础；9—支补墙；10—护面墙

表 4-5　护面墙的厚度

护面墙高度/m	路堑边坡	护面墙厚度/m	
		顶宽 b	底宽 d
$H \leqslant 2$	1：0.5	0.40	0.40
$H \leqslant 6$	陡于 1：0.5	0.40	$0.40 + 0.10H$
$6 < H \leqslant 10$	1：0.5～1：0.75	0.40	$0.40 + 0.05H$
$10 < H < 15$	1：0.75～1：1	0.60	$0.60 + 0.05H$

护面墙较高时，应分级修筑，每级 6～10 m，每一分级设不小于 1 m 的平台，墙背每 4～6 m 高设耳墙，耳墙一般宽 0.5～1.0 m。沿墙长每 10 m 设一条伸缩缝，宽 2 cm，填以沥青麻筋。墙身应预留 6 cm×6 cm 或 10 cm×10 cm 的泄水孔，并在其后作反滤层，若坡面开挖后形成凹陷，应以石砌圬工填寨平整。

护面墙基础应埋置在稳定的地基上，埋置深度应根据地质条件确定，冰冻地区应埋置在冰冻深度以下不小于 25 cm 处。护面墙墙前趾应低于边沟铺砌的底面。

4.4.2　冲刷防护

冲刷防护与加固主要对沿河滨海路堤、河滩路堤及水泽区路堤，亦包括桥头引道，以及路基边坡的防护堤岸等。目的是为了防止水流对路基的冲刷与淘刷而危及岸坡，保证路基稳固而设置的防护。冲刷防护措施有两种：一种是加固岸坡的直接防护，如坡面防护、抛石防护、石笼防护等；另一种是改变水流性质的间接防护，主要指导流结构物，如丁坝、顺坝、防洪堤、拦水坝等。应根据河流情况、水流性质及岸坡受冲刷情况单独使用一种，或同时使用两种，综合防护治理。

　　1. 直接防护

　　直接防护类型有植物防护、砌石防护或抛石与石笼防护，以及必要时设置的支挡（驳岸等），以减轻或避免水流的直接冲刷。此法直接加固稳定边坡，很少干扰或不干扰原来水流的性质。在盛产石料的地区，当水流速度达到 3.0 m/s 或更高时，植树与石砌防护失效，可采用抛石防护。当水流速度达到或超过 5.0 m/s 时，则改用石笼防护。

　　(1) 抛石防护

　　抛石防护类似在坡脚处设置护脚，如图 4-32 所示。路基经常浸水且水流方向平顺，河床承载力较好，无严重冲刷时，宜采用抛石防护。一般在枯水季节施工，附近盛产大块砾石、卵石以及废石方较多的路段，应优先考虑采用此种方法。

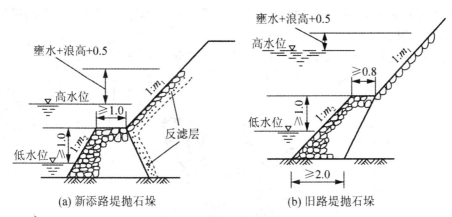

(a) 新添路堤抛石垛　　　　　　(b) 旧路堤抛石垛

图 4-32　抛石防护（单位：m）

　　抛石不受水位高低变动的影响，也不受施工季节的限制，并可在路堤沉实之前施工。抛石粒径应大于 0.3 m，并小于设计抛石厚度的 1/2。抛石厚度一般为粒径的 3～4 倍，或为最大粒径的 2 倍，坡度不应陡于所抛石料浸水后的天然休止角。

　　(2) 石笼防护

　　石笼防护是采用铁丝（或钢筋混凝土、竹料等）编织成框架，内填石料，设于防护处。一般适用于缺乏大石块或水流速度达到或超过 5.0 m/s 时，特别在含有大量泥沙及基底土质良好的急流河段，采用石笼防护尤为有利，因为石块间的空隙将很快被泥沙淤满而使石笼形成整体。

　　根据编笼所用材料的不同，石笼可分为竹石笼、铁丝石笼和钢筋混凝土框架石笼等形式。铁丝石笼一般可容许流速 4～5 m/s 的水流冲刷；钢筋混凝土框架石笼可用于急流滚石河段；在盛产竹料的地区可用竹石笼代替铁丝石笼。

　　根据需要，石笼的形状可做成箱形或圆柱形，如图 4-33(a)、(b) 所示。笼内填石最好为密度大，坚硬未风化的石块，粒径一般为 5～20 cm。外层应用大石块并使棱角突出网孔，内层用较小石块填充。石笼应平铺并与坡角线垂直，且堤岸按一端固定，必要时底层各角应用铁棒固定。

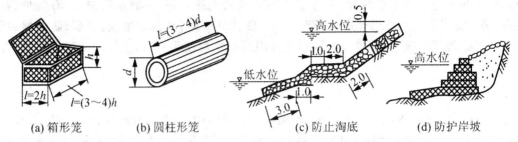

图 4-33　石笼防护示意图（单位：m）

(a) 箱形笼　　(b) 圆柱形笼　　(c) 防止淘底　　(d) 防护岸坡

石笼用于防止冲刷淘底时，一般在河底将石笼平铺并与坡脚线垂直，同时固定坡脚处的尾端，靠河中心一端不必固定，以便于淘底后向下沉落，如图 4-33(c) 所示；用于防止岸坡受冲刷时，则垒码平铺成梯形，如图 4-33(d) 所示。

2.间接防护

间接防护是采用导流构造物，进行疏浚河床、改变河道，以改变流水方向、调节水流速度，消除和减缓水流对堤岸直接破坏，同时可减轻堤岸近旁淤积，彻底解除水流对局部堤岸的损害作用，起安全保护作用。

间接防护措施主要有丁坝、顺坝、拦河坝及改河工程等，如图 4-34 所示。

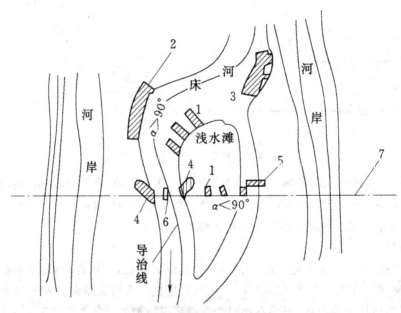

图 4-34　河流导治构造物布置

1—丁坝；2—顺坝；3—格坝；4—导流坝；5—拦水坝；6—桥墩；7—路中线

(1)丁坝

丁坝也称挑水坝，是指坝根与岸滩相接，坝头伸向河槽，坝身与水流方向成某一角度，能将水流挑离河岸的结构物。它适用于宽浅变迁性河段，用以挑流或减低流速，减轻水流对河岸或路基的冲刷。丁坝按其轴线和水流方向夹角的不同可分为上挑式、下挑式和正挑式，如图 4-35 所示。丁坝一般用来束水归槽，改善水流状态，保护河岸。丁坝的长度应根据防护长度、丁坝与水流方

向的交角、河段地形、水文条件及河床地质情况确定,垂直于水流方向上的投影长度不宜超过稳
定河床宽度的 1/4。

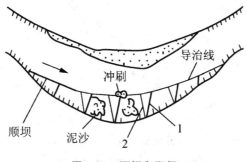

图 4-35 丁坝和顺坝

1—上挑式丁坝;2—下挑式丁坝

(2)顺坝

顺坝为坝根与岸滩相接,坝头大致与堤岸平行的结构物。主要用于导流、束水,调整河道,改
变流态,也可称作导流坝、顺水坝,如图 4-35 所示。它适用于河床断面较窄、基础地质条件较差
的河岸或沿河路基防护,可调整流水曲线和改善流态。顺坝一般采用石砌或混凝土结构,横断面
为梯形,坝顶宽度应根据稳定计算确定。

(3)格坝

格坝建于顺坝与河岸之间,其一端与河岸相连,另一端与顺坝坝身相连的横向导流结构物。
格坝的作用是将水流反射入主河床,同时防止洪水溢入顺坝冲刷坝后河床与河岸,并促进其间的
淤积。

4.5 挡土墙

为防止路基填土变形、支挡路基土体的位移或山坡土体坍塌,保证其稳定性而修筑的承受土
体侧压力的墙式构造物称为挡土墙。挡土墙在道路工程中的应用范围很广,可以用于路堤或路
堑边坡、隧道洞口、桥梁两端及河流堤岸等,其作用是承受支挡土体的侧压力,稳定边坡、防治滑
坡、防止路堤冲刷,并可收缩边坡以节省路基土方数量和减少占地、拆迁面积。

4.5.1 挡土墙的用途和分类

常用的类型有路基边坡支撑(挡土墙、土垛、石垛及其他具有承重作用的构造物)和堤岸支挡
(沿河驳岸、浸水挡土墙)。驳岸与浸水挡土墙的主要区别在于,驳岸主要起防水作用;浸水挡土
墙既防水,又兼起支挡路基的土体侧压力的作用。

按照挡土墙的设置位置,挡土墙分为路堑墙、路堤墙和路肩墙等类型,如图 4-36 所示。

路堑墙设置在路堑坡底,用以降低边坡高度,减少挖方数量,并能防止可能坍滑的山坡土体。
路堤墙或路肩墙设置在高填路堤或陡坡路堤的下方,用以防止路堤边坡或基底滑动,确保路
基稳定,同时可以收缩路堤坡脚,减少填方数量,减少拆迁和占地面积,防止沿河路堤受水流
侵害。

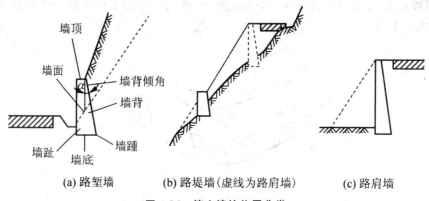

(a) 路堑墙　　(b) 路堤墙(虚线为路肩墙)　　(c) 路肩墙

图 4-36　挡土墙按位置分类

按挡土墙的结构特点和材料,挡土墙又分为重力式(及半重力式和衡重式)挡土墙和轻型(锚定式和加筋式)挡土墙等常见形式。

1.重力式挡土墙

如图 4-37 所示的墙均为重力式墙,它是靠自重平衡墙背土压力,墙身体积大,但施工方便。半重力式墙是在墙体中加筋,如悬臂式和扶壁式挡土墙;衡重式挡土墙靠衡重台把墙的重心后移,增加稳定力矩,减少断面尺寸,如图 4-37(a)所示。

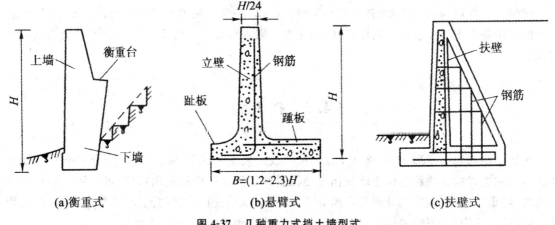

(a)衡重式　　　　(b)悬臂式　　　　(c)扶壁式

图 4-37　几种重力式挡土墙型式

重力式挡土墙一般多用片(块)石砌筑,其圬工数量较大,但其断面形式简单,施工方便,可就地取材,适应性较强,故在我国公路上使用最为广泛。下面对重力式挡土墙进行介绍。

重力式挡土墙墙身各部分的名称如图 4-36(a)所示,靠回填土(或山体)一侧为墙背;外露一侧为墙面,也称墙胸;墙底与墙面之交线为墙趾;墙底与墙背之交线为墙踵;墙背与垂线之交角 α 为墙背倾角(垂线落于墙内部为正;落于墙身外部为负;与墙背重合,α 为零)。重力式挡土墙一般由墙身、基础、排水设施、沉降伸缩缝等部分组成。

(1)墙身

墙身由墙背、墙面、墙顶与护柱等部分组成。

其墙背根据地形及经济比较,可做成仰斜(α 为负)、垂直(α 为零)、俯斜(α 为正)、衡重式和凸形折线式等形式,如图 4-38 所示。

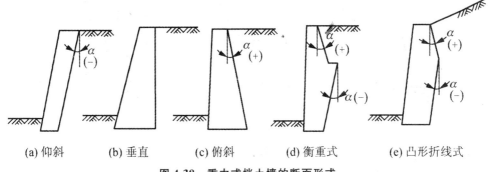

(a) 仰斜   (b) 垂直   (c) 俯斜   (d) 衡重式   (e) 凸形折线式

图 4-38 重力式挡土墙的断面形式

为了保证交通安全,在地形险峻地段或过高过长的路肩墙处,需在墙顶设置护柱、护栏或护墙。

(2)基础

挡土墙的破坏很多是由于基础处理不当而引起的。因此,设计时应对基底条件做充分的调查,再确定基础类型和埋置深度。

为减小基底压应力和增加挡土墙的抗倾覆稳定性,可将墙趾或墙踵部分加宽形成扩大基础,如图 4-39(a)所示;当基底压应力超过地基容许承载力过多时,需要加宽值较大,为避免加宽部分的台阶太大和过厚,可采用钢筋混凝土底板,如图 4-39(b)所示;当墙趾处地面横坡较陡而地基又为较完整坚硬的岩层时,为减少基坑开挖量和节省坼工材料,可采用切割台阶形基础,如图 4-39(c)所示;当局部地段地基软弱、挖方困难或挡土墙需跨越沟涧时,可采用拱形基础,如图 4-39(d)所示;当地基为软弱土层(如淤泥、软黏土等)时,可采用沙砾、碎石、矿渣或灰土等材料予以换填,以扩散基底压应力。

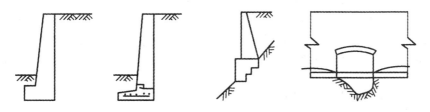

(a) 扩大基础   (b) 钢筋混凝土底板   (c) 切割台阶形基础   (d) 拱形基础(纵断面)

图 4-39 挡土墙的基础形式

(3)排水设施

挡土墙应设置排水设施,以疏干墙后土体和防止地表水下渗,防止墙后积水形成静水压力,减少冰冻地区回填土的冻胀压力,消除黏性土填料浸水后的膨胀压力。排水措施主要包括:设置地表排水沟、引排地表水;夯实回填土顶面和地面松土,防止边沟水渗入基础;设置墙身泄水孔,排除墙后土体积水。

浆砌挡土墙应根据渗水量在墙身的适当高度处布置泄水孔。泄水孔的设置如图 4-40 所示。干砌挡土墙因墙身透水可不设泄水孔。

(4)沉降伸缩缝

为了防止地基不均匀沉陷设置沉降缝;为防止坼工砌体硬化收缩或因温度应力引起开裂,应设置伸缩缝。这两种缝一般设在一起,称为沉降伸缩缝。

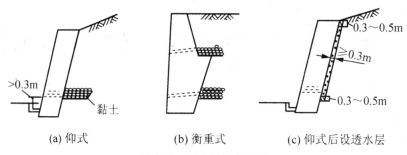

(a) 仰式　　　　　(b) 衡重式　　　　(c) 仰式后设透水层

图 4-40　泄水孔及排水层

2. 轻型挡土墙

常见的轻型挡土墙如图 4-41 所示。

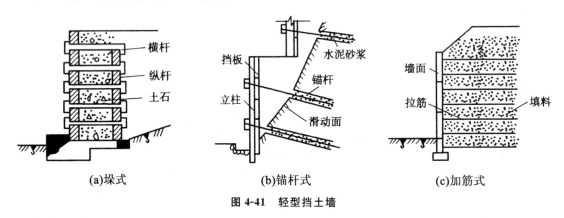

(a)垛式　　　　　(b)锚杆式　　　　　(c)加筋式

图 4-41　轻型挡土墙

垛式：预制杆件或废枕木纵、横交错叠成框架，内填土石。

锚杆式：水平或斜向钻孔，加浆锚固。

加筋土式：由竖向钢筋混凝土面板、水平拉筋和填土组成。拉筋一般用薄金属板（厚度 2~5 mm，宽度约 20 cm)或钢筋混凝土预制薄板，亦常用聚丙烯土工带。

4.5.2　挡土墙的施工图设计

挡土墙施工图设计通常包括以下几个步骤。

1. 收集资料

在进行挡土墙设计前，首先应收集和核对路基横断面图、墙趾处纵断面图、墙趾处地质和水文等资料。

2. 挡土墙位置的确定及墙型的选择

根据挡土墙的使用条件确定挡土墙设置位置和挡土墙型式。一般来说挡土墙的设置主要应从稳定边坡和减少填方及占地两方面综合考虑而决定。

路肩墙可充分收缩坡脚，大量减少填方及占地。因此当路肩墙与路堤墙墙高或圬工数量相近时，应优先采用路肩墙。此外，在地面横坡较陡的地段，可考虑采用俯斜式或衡重式挡墙，借以减小墙高，而平坦地形的路堤墙及路肩墙或路堑墙可考虑采用仰斜式挡墙，以降低土压力从而节约截面尺寸。

3.纵向布置

挡土墙纵向布置在墙趾纵断面上进行,布置完毕后形成挡土墙正面图,如图 4-42 所示。

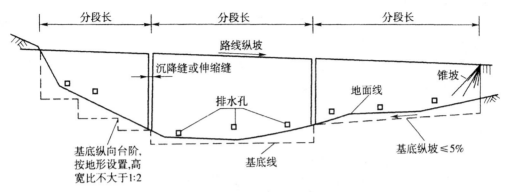

图 4-42　挡土墙的正面图

正面设计图包括以下内容:

①确定挡土墙起讫点桩号及墙长,选择墙与路基及其他结构物的衔接方式。一般如墙与路堑衔接,可采用墙端直接嵌入路堑中;与路堤常采用锥坡相衔接。

②按地基和地形情况分段,确定沉降缝及伸缩缝位置,一般 10～15 m 设置一道,缝宽 2～3 cm。

③分段布置挡土墙基础。墙趾处地面具有纵坡时,挡墙基底宜做成不大于 5% 的纵坡,对岩石地基,为减少基础开挖,也可做成台阶形,台阶高宽比不大于 1∶2。

④确定泄水孔位置,包括数量、间距和尺寸。

正面图上应注明路线纵坡、挡土墙起讫点和各特征点桩号、分段长、基底设计标高、泄水孔位置、尺寸等内容。

4.横向布置

横向布置是在路基横断面图上选定挡土墙位置和型式,确定墙身断面、基础形式和埋置深度,布设墙身及墙后排水设施,并绘制具有代表性的挡土墙断面图,图上应注明各部详细的尺寸。

5.平面布置

对地形、地质复杂,沿河或工程量大的挡土墙,应作平面布置并绘制平面图。

4.6　路基工程施工

4.6.1　路堤施工

1.基底处理

填方路段应将路基范围内的树根全部挖除并将坑穴填平夯实。填平范围内原地面表层的种植土、草皮等应予清除,清除深度一般不小于 15 cm。清除出来的含有许多种植根系的表土可以铺在路堤的边坡上,以利植物生长,起到边坡防护作用。

路堤基底清理后应予以压实。在深耕(30 cm)地段,必要时应将土翻松、打碎,再整平、压实。经过水田、池塘、洼地时,应根据具体情况采用排水疏干、换填水稳性好的土、抛石挤淤等处理措施,确保路堤的基底具有足够的稳定性。

地面横坡为 1：5～1：2.5 时,原地面应挖成台阶,台阶宽度不小于 1 m;地面横坡陡于 1：2.5 时,应作特殊处理,防止路堤沿基底滑动。常用的处理措施有以下几种:

①当下滑力不大时,先消除基底表面的薄层松散土,再挖宽 1～2 m 的台阶,但坡脚附近的台阶宜宽一些,通常为 2～3 m,如图 4-43 所示。

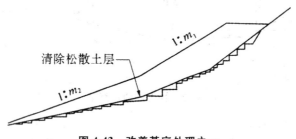

图 4-43　改善基底处理之一

②当下滑力较大或边坡下部填筑土层太薄时,先将基底分段挖成不陡于 1：2.5 的缓坡,再在缓坡上挖 1～2 m 的台阶,最下一级台阶亦宜宽些,如图 4-44 所示。

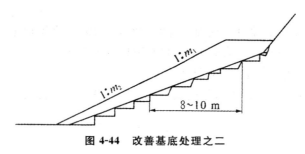

图 4-44　改善基底处理之二

③若坡脚附近地面横坡比较平缓,可在坡脚处做土质护坡或石垛护堤,用相同的土填筑亦可,如图 4-45 所示。

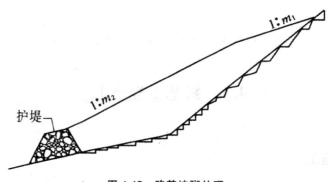

图 4-45　路基坡脚处理

2. 填料的选择

一般的土和石都可以用做路堤的填料。用卵石、碎石、砾石、粗沙等透水性良好的填料,只要分层填筑与压实,可以不控制含水量;用黏性土等透水性不良的填料,应在接近最佳含水量的情况下分层填筑与压实。

淤泥、沼泽土、含残余树根和易于腐烂物质的土,不能用做填筑路堤。液限大于 50% 及塑性指数大于 26 的土,透水性很差,且干燥时坚硬难挖,具有较大的可塑性、黏结性和膨胀性,毛细现象很严重,因而承载力低,故一般不作为路基填料。若非用不可,要妥善处理后方可使用。

当有多种料源可选用时,应优先选用那些挖取方便、压实容易、强度高、水稳定性好的土料。路堤受水浸淹部分应尽量选用水稳性好的填料。

3. 路堤填筑方式

路堤宜采用水平层填筑,即按照横断面全宽分成水平层次,逐层向上填筑,并分层压实,不允许任意混填,且每层填筑厚度一般不超过 30 cm。如原地面不平,可由最低处开始分层填筑。在同一路段上要用到不同性质填料时,应注意:

①不同性质的填料要分层填筑,不得混填,以免内部形成水囊或薄弱面,影响路堤的稳定性。

②路堤上部受车辆荷载的作用影响较大,故一般宜将水稳性、冻稳性较好的土填在路堤的上部;路堤的下部可能受水浸淹时,也宜用水稳性好的土填筑。

③透水性较大的土填在透水性较小的土之下,如果两者透水性相差较大,应在层间加铺过渡层;如果透水性较小的土填在透水性较大的土之下,其顶面应做成双向向外的横坡,以免积水。

④沿纵向同层次要改变填料种类时,应做成斜面衔接,且将透水性较好的填料置于斜面的上面为宜。

⑤填方相邻作业段交接处若非同时填筑,则先填地段应按 1∶1 坡度分层留好台阶;若同时填筑,则应分层相互交迭衔接,搭接长度不得小于 2 m。

4.6.2 路堑施工

1. 横挖法

这种方法适用于短而深的路堑,是以路堑整个横断面的宽度和深度,从一端或两端逐渐向前开挖的方式。为加快进度,可以在不同的高度分为几个台阶进行开挖,人工开挖时,台阶的高度一般为 1.5~2 m;机械开挖时,台阶高度一般为 3~4 m。无论是自两端一次横挖到路基标高还是分台阶横挖,都应有单独的运土通道及临时排水沟。

2. 纵挖法

这种方法适用于较长的路堑开挖。如果所挖路堑较浅,可以沿路堑全宽以深度不大的纵向分层挖掘前进;如果路堑较深,可先沿路堑纵向挖掘一通道,然后将通道向两侧拓宽,待上层通道拓宽至路堑边坡后,再挖下层通道,继而向两侧拓宽,如前所述,直至挖至路基标高。在路堑开挖过程中,也可选择一处或几处适宜的地方,将较薄的一侧横向挖穿使路堑分为两段或几段,各段再纵向开挖,这样可以充分发挥人工及机械效率。

3. 混合法

当路堑纵向长度和挖深都很大时,可采用混合式开挖法,即将横挖法和纵挖法混合使用。先沿路堑纵向挖通道,然后沿横向坡面挖掘,以增加开挖坡面,每个坡面要容纳一个施工作业组。

　　对于石方的开挖,可根据岩石的类别、风化程度和节理发育程度等确定开挖方式。对于软石或强风化石,均可直接开挖;不能直接开挖的石方,则要采用爆破开挖,在爆破开挖前,应先对爆破周围进行调查,然后根据实际情况制定爆破方案,任何爆破方案的制定,均要保证地上、地下管线及施工边界处建筑物的安全。

第5章 路面工程与施工

5.1 路面工程概述

5.1.1 路面的作用及基本要求

路面是在路基顶面的行车部分,是由各种坚硬材料铺筑在路基顶面的层状结构物。路基是路面结构的基础,而路面结构层的存在又保护了路基,使之避免了直接经受车辆荷载和大气的破坏作用,使之具有承受车辆重量、抵抗车轮磨耗和保持道路表面平整的作用。路基和路面相辅相成,实际上是不可分离的整体。

现代化公路运输,不仅要求道路能全天候通行车辆,而且要求车辆能以一定的速度,安全、舒适、经济地在道路上运行,这就要求路基坚强稳定,路面具有良好的使用性能,提供良好的行驶条件和服务。

路面是道路的主要组成部分,良好的路面能够保证车辆高速、安全、舒适地行驶,并能节约运输费用,充分发挥道路的功能。为了保证公路与城市道路最大限度地满足车辆运行的要求,提高行车速度,增强行车的安全性和舒适性,降低运输成本,延长道路的使用寿命,要求路面具有下述一系列基本要求。

1.具有足够的强度和刚度

路面强度是指路面结构整体及各结构层抵抗在各种荷载作用下产生的应力(压应力、拉应力、剪应力)及破坏(裂缝、变形、车辙、沉陷、波浪)的能力。刚度则是指其抵抗变形的能力。车辆的行驶,必然产生"行车荷载",这个荷载以多种作用力的方式持续不断地作用于路面,对路面造成损害,出现累积变形,产生磨损、开裂、坑槽、沉陷、车辙和波浪等破坏现象。因此,路面在设计年限内必须具有足够的强度和刚度,才能承受行车荷载的作用,不致产生影响汽车正常行驶的各种破坏和变形。

2.具有足够的稳定性

路面不但要承受行车的作用,而且还经常受到各种自然因素的作用。路面结构暴露在大气之中,受到气温、降水与湿度变化的影响,其物理、力学性质也将随之不断发生变化,使路面强度发生变化。在自然因素的长期作用下,路面结构经受这种不稳定状态,其结构设计所要求的几何形态及物理力学性质不发生较大的变化,路面的强度足以承受并保持行车荷载的作用,这就是路面的稳定性。显然,良好稳定的路面,其强度变化的幅度是很小的。

3.具有足够的平整度

不平整的路表面会使车辆产生附加振动作用,并增大行车阻力。这种振动作用会造成行车颠簸,致使汽车机件和路面迅速损坏。同时,振动作用还会对路面施加冲击力,从而加剧路面的破坏与车辆机件的损坏及轮胎的磨损,并增大油料的消耗。路面平整度差,还会积水,影响行车安全。低、中级路面平整度差,还会使路面积水下渗,加速路面破坏。为保证高速行车的速度和安全、驾驶的平稳和乘客的舒适,路面应保持足够的平整度。道路的等级越高、即设计车速越高,对平整度的要求也越高。

4.具有足够的抗滑性

路面表面要求既平整又粗糙,光滑的路面将使车轮与路面之间缺乏足够的摩阻力,车轮紧急制动或突然启动,或爬坡、转弯时非常容易发生打滑和空转现象,致使车速降低,油料消耗增多,不能保证高速行车;另一方面,路面抗滑性差将使汽车制动距离增加,行车安全不能保证,甚至引起严重的交通事故。抗滑性直接关系到道路运输的安全和经济效益。行车速度越高,对抗滑性的要求也越高,越是高级路面,越应重视抗滑性问题。

5.具有足够的抗水损坏能力

对于水稳定性差的基层和土基,应特别重视路面的不透水性。雨水渗入路面后,导致土基和路面的强度降低,会减少路面的使用年限。因此要从路面结构、适当的路拱横坡等方面进行综合考虑,一方面使雨水渗入路面的可能性减少,另一方面保证路面的抗水损坏能力达到要求。

6.具有低噪声及低扬尘性

噪声与扬尘会对环境造成污染,影响正常的行车秩序,对行车密度大的高等级道路,这是必须予以足够重视的问题。

行车噪音一方面因路面平整度差而引起,由路面面层材料的刚度大而产生;另一方面与不良的线形设计导致的车辆频繁的加速、减速、转向有关。行车噪音会对车辆造成损耗。

扬尘主要发生于砂石路面,因车轮后面产生真空吸力将面层细骨料吸出而引起。扬尘会使能见度降低,严重的扬尘现象还容易导致交通事故。因此,对于行车噪声和扬尘,应当从道路工程的设计、施工、养护和管理等方面统筹考虑,才能保证路面具有尽可能低的扬尘性和尽可能小的噪声。

5.1.2 路面结构

整个路面结构,通常会根据使用要求、受力状况、土基支承条件等,采用不同规格和要求的材料分层进行铺筑。一般至少应具有基层和面层,有时还需要铺设垫层。路拱铺筑于路基顶面的路槽之中,目的是使路面上的雨水能够及时排除。考虑到行车的平稳性,目前常用的路拱型式是二次抛物线形或直线形,如图 5-1 所示。

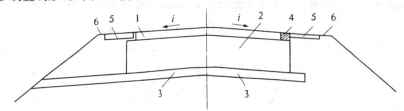

图 5-1 路面结构层次划分示意图

i—路拱横坡度;1—面层;2—基层(可能包括底基层);
3—垫层;4—路缘石;5—加固路肩;6—土路肩

1. 面层

面层是直接与行车和大气相接触的表面层次,是路面结构层最上面的一个层次,直接承受车辆荷载影响,将荷载传递到下面;同时又受到降水的侵蚀和湿度变化的影响。因此,要求面层强度和刚度很大,而且表面还必须平整、抗滑、耐磨。自然因素的影响要求面层还要有较好的水稳定性、温度稳定性和不透水性。

面层有时分成两层或三层进行铺筑。铺筑面层所用的路面材料主要有:水泥混凝土、沥青混合料、碎(砾)石混合料及块料等。

2. 基层

基层是路面结构中的承重层,位于面层以下,主要承受由面层传递来的车辆荷载垂直力,并将其分布到垫层或土基中去。因此,基层应具有足够的强度和刚度,并具有良好的扩散应力的能力。由于基层和车轮不直接接触,故对基层的耐磨性不予严格要求,但是基层应有相对平整的表面,以保证面层厚度均匀。基层受自然因素的影响虽然比面层小,但是仍应具有足够的水稳性,以防止基层湿软后变形增大,从而导致面层损坏。另外,基层还可能受到地面水或地下水的侵入,因此还应有足够的水稳性。基层也可以分为两层或三层,称为基层(或上基层、基层)、底基层。

铺筑基层的路面材料主要有:各种结合料(如石灰、水泥或沥青等)稳定土或碎(砾)石混合料;各种工业废渣(如粉煤灰、煤渣、矿渣、石灰渣等)和土、砂及碎(砾)石组成的混合料;混凝土;各种碎(砾)石混合料或天然沙砾;各种片石、块石等。

3. 垫层

垫层位于底基层与土基之间,通常在季节性冰冻地区和土基水温状况不良时设置,主要作用是加强土基,改善土基的湿度和温度状况,以保证面层和基层不受土基水温状况变化的不良影响。

在地下水位较高的地区铺设,还能起到隔水作用,故又称为隔离层;在冰冻较深地区铺设能起到防冻的作用,也称防冻层。此外,垫层还能扩散由基层传来的荷载,以减小土基的变形,而且也能阻止路基土挤入基层中,保证了基层的结构性能。

修筑垫层所用的材料,强度要求不一定高,但水稳定性或隔热性应该较好。通常采用松散的砂砾、碎石等水稳定性好或石灰土等保温性材料。

5.1.3 路面的等级与分类

1. 路面的等级

按路面面层的使用品质、材料组成类型及强度和稳定性等技术条件划分,路面通常可分为高级路面、次高级路面、中级路面和低级路面四个等级。

(1)高级路面

高级路面包括沥青混凝土路面、水泥混凝土路面、整齐块石或条石等面层所组成的路面,用于交通量大、行车速度高的公路。这类路面的特点是:结构强度高,使用寿命长,适应较大的交通量,平整无尘;能保证高速、安全、舒适的行车要求;养护费用少,运输成本低;但建设投资大,需要优质材料;施工工艺和材料质量要求高。

（2）次高级路面

次高级路面包括沥青贯入式、沥青碎（砾）石等面层所组成的路面。一般适用于交通量较大、行车速度较高的公路。与高级路面相比，各项指标低于高级路面，但要定期维修，养护费用和运输成本亦较高。

（3）中级路面

中级路面包括由水泥碎石、泥结碎石、级配碎（砾）石、半整齐块石或条石等作面层所组成的路面结构。它的结构强度低，使用年限短，平整度差，易扬尘，行车速度低，只能适应较小的交通量，造价低；但经常性的维修养护工作量大，行车噪声大，不能保证行车舒适，运输成本高。

（4）低级路面

低级路面是由包括各种粒料或当地材料改善土所筑成的路面，如炉渣土、沙砾土等。结构强度很低，水稳性、平整度和不透水性都差，晴天扬尘，雨天泥泞，只能适应低交通量下的低速行车，同时，雨季不能保证正常行车；养护工作量最大，运输成本最高，但造价最低。

路面等级与公路技术等级和交通量的关系见表 5-1。

表 5-1 路面等级与公路技术等级和交通量的关系

公路等级	路面等级	面层类型	设计年限内累计标准轴次（万次/车道）
高速公路、一级公路	高级路面	沥青混凝土、水泥混凝土	＞400
二级公路	高级路面	沥青混凝土、水泥混凝土	＞200
	次高级路面	热拌沥青碎石混合料、沥青贯入式	100～200
三级公路	次高级路面	乳化沥青碎石混合料、沥青表面处治	10～100
四级公路	中级路面	水结碎石、泥结碎石、级配碎（砾）石	＜10
	低级路面	粒料改善土	

路面等级同时应与道路的技术等级相适应，通常的考虑是，等级较高的道路一般都应采用较高级的路面。

2.路面分类

（1）按面层使用材料分类

根据面层使用材料的不同，可以将路面分为：沥青类路面、水泥混凝土路面、粒料路面、块料路面等。

（2）按强度构成原理分类

按照路面结构强度产生的原理的不同，可以将路面分为：嵌锁类、级配类、结合料稳定类和铺砌类路面。

（3）按荷载作用下的力学性能分类

一般把路面分为柔性路面、半刚性路面和刚性路面三类。

①柔性路面主要是指由各种粒料类基层和各类沥青面层组成的结构体系。其刚度较小，抗弯拉强度较低，主要靠抗压、抗剪强度来承受车辆荷载作用的路面。此类路面弹性好，路面无接缝，行车舒适。

②半刚性路面主要是以水泥、石灰等无机结合料处治的土或含有水硬性结合料的工业废渣修筑的基层,前期具有柔性路面的力学性质,随着时间的增长其强度与刚度不断增大,但仍远小于刚性路面。由于这种材料的刚性处于柔性路面与刚性路面之间,因此把这种基层和铺筑在其上面的沥青面层统称为半刚性路面,而把这种基层称为半刚性基层。

③刚性路面是指水泥混凝土作面层或基层的路面结构。它的强度高,特别是抗弯拉强度比其他路面高得多。因为刚性路面的刚度大,板体性强,具有较高的抗弯强度和模量,分布到土基顶面的荷载作用面积大而单位压力小。因此,在车轮荷载作用下的弯沉变形极小。

这种以力学特性为标准分类的方法主要是为了从结构层功能原理和设计方法等方面进行区分,并没有绝对的定量分界界限。近年来随着材料科学的发展,正在逐步改变这种路面属性。如水泥混凝土路面在保持其具有高强优势的前提下,降低其刚度,改善行车性能。沥青材料的改性研究也可使沥青路面材料的力学性质及气候稳定性得到改善与大幅度的提高。

5.2 路面基层和垫层

基层和垫层是路面的重要组成部分,类型很多。基层主要承受由面层传来的车辆荷载的垂直力,并将其扩散到下面的垫层和土基中。基层分为上基层和底基层,目前常用的有无机结合料稳定类基层与粒料类(碎石类)基层。

5.2.1 碎(砾)石类基层

碎(砾)石类基层主要是由纯碎石材料和土碎(砾)石混合料组成,二者形成基层强度产生的原因各不相同。

1.纯碎石材料强度产生的原理

(1)强度产生的嵌挤原则

纯碎石材料按嵌挤原则产生强度,其理论基础是填充理论。即大颗料填料间空隙如何填充才能使空隙率最小,同时大小颗粒间又不会产生干涉(挤开)现象。因此,它的抗剪强度主要取决于剪切面上的法向应力和材料内摩阻角。它由三项因素构成:粒料表面的相互滑动摩擦;剪切时体积膨胀而需克服的阻力;粒料重新排列受到的阻力。

(2)强度产生的级配原则

纯碎石材料按级配原则产生强度,其理论基础是 C. A. C 魏矛斯(Weymooth)提出的干涉理论,认为颗粒间的空隙应由次一级颗粒填充,但填隙的颗粒不得大于其间隙的距离,否则大小颗粒间势必发生干涉现象。为避免干涉,大小粒子间应按一定数量分配,常见的粒料级配有连续级配和间断级配两类。

连续级配的级配曲线平顺圆滑,相邻粒径间有一定的质量比例,混合料不易离析。在连续级配中剔除其中一个或几个分级形成一种不连续的级配称为间断级配。间断级配的粗料可以互相靠拢而不受干涉,从而提高混合料的摩阻角;细料部分仍按连续级配原则以保持其黏聚力,且粗料的空隙以更小的粒径而不是次级集料填充会得到更大的密实度。因此间断级配兼有嵌挤原则与级配原则的优点,是摩阻力、黏聚力、密实度最好的混合料。

2.土碎(砾)石混合料强度产生的原理

土碎(砾)石混合料的强度和稳定性取决于内摩阻力和黏结力的大小。当混合料中含土较少时,按嵌挤原则形成强度;反之,则按级配密实原则形成强度。其中,以集料大小分配,特别是主集料与细料(0.074 mm 以下颗粒)的比例最为重要。土碎(砾)石混合料的三种物理状态如图 5-2 所示。

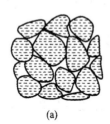 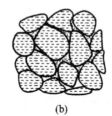 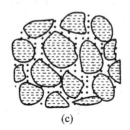

(a)   (b)   (c)

图 5-2 混合料的三种物理状态

第一种状态如图 5-2(a)所示,不含或很少含细料(指 0.074 mm 以下颗粒)的混合料,它的强度和稳定性依靠颗粒之间摩阻力获得。其密度较低,但透水性好,不易冰冻。由于这种材料没有黏结性,施工时压实困难。

第二种状态如图 5-2(b)所示,含有足够的细料来填充颗粒间空隙的混合料,仍能够从颗粒接触而获得强度,其抗剪强度、密实度有所提高,透水性低,施工时易压实。

第三种状态如图 5-2(c)所示,含有大量细料,粗颗粒间没有直接接触,集料是"浮"在细料之中。这种混合料施工时易压实,但其密实度较低,易冰冻,难透水,强度和稳定性受含水量影响很大。

5.2.2 碎(砾)石基层

碎(砾)石基层是一般是用加工轧制而成的碎石集料依据嵌挤的相互作用,再进行摊铺压制形成的路面基层。碎石基层依据不同的分类方法,种类各不相同,例如依据施工所使用的方法以及混合材料的不同,可以大致分为水结碎石、泥结碎石、级配碎石、干压碎石等数种。

不同的碎(砾)石基层的强度并不是相同的,主要取决于石料相互之间的嵌挤力的大小和填充在石料之间的材料的黏结力的大小。嵌挤作用的强弱是依靠石料之间摩擦角度,即内摩阻角的大小。填充结合料材料自身之间的内在凝聚力和石料相互之间黏结作用直接决定了黏结力的大小。碎石颗粒尺寸范围为 0～75 mm,依据大小的不同可以将其分为不同的种类,见表 5-2。

表 5-2 各种碎石尺寸与分类

编号	碎石名称	粒径范围(mm)	用途
1	粗碎石	75～50	
2	中碎石	50～35	骨料
3	细碎石	35～25	

编号	碎石名称	粒径范围（mm）	用途
4	石渣	25～15	嵌缝料
5	石屑	15～5	
6	米石	0～5	封面料

1. 水结碎石基层

水结碎石基层是用大小不同的轧制碎石从大到小分层铺筑，经洒水碾压后形成的一种结构层。其强度是由碎石之间的嵌挤作用以及碾压时所产生的石粉与水形成的石粉浆的黏结作用形成的。石灰岩和白云岩石粉的黏结力较强，是水结碎石的常选石料。

2. 泥结碎石基层

泥结碎石基层的主要结构是碎石和泥土，这两种物质相互之间发生嵌挤和黏结作用，再经过压实即可形成基层路面。其强度是由碎石之间的嵌挤作用以及压实时泥土之间的黏结作用而形成的，其稳定性也受这两种作用力的影响。泥结碎石基层在进行建造时都是采用的相同尺寸的石料，在使用的过程中会因为交通运输的压力，车辆行驶的负载压力，石料慢慢被压碎，逐渐向另一个方向即密实级配碎石基层转化。

3. 泥灰结碎石基层

泥灰结碎石基层与泥结碎石基层在结构上有所不同，除了都以碎石作为基本的集料之外，泥灰结碎石基层的黏结料是用一定数量的石灰和土构成的，而不是泥土。相应的，由于石灰的黏结作用大大高于泥土的黏结作用，所以泥灰结碎石基层的力学强度和稳定性都比泥结碎石基层要好的多。泥灰结碎石基层的粘结料中石灰和土的比重应不超过总重的五分之一，石灰和土的比重也需要控制在 2：25～3：25。泥灰结碎石亦可用于路面面层。

4. 填隙干压碎石基层

以碎石为主要结构的基层还可以采用干压方法形成填隙干压碎石基层。在形成的过程中土基层要求坚实，若达不到标准，可以先用石灰土或者砾石进行铺垫，防止土层往上挤出或石料下陷。在进行填缝之时，要注意缝隙之间的紧密程度，碾压一定要达到坚实的程度才符合要求。在选择石料和嵌缝料之时，要依据基层的厚度去选择相应尺寸的混合料。结构层的压实厚度在 8～10 cm 范围之内，需选择颗粒直径为 30～50 mm 粒径的石料和颗粒直径为 5～15 mm 的嵌缝料；当结构层压实厚度为 11～15 cm 时，所需要的最大碎石直径不能超过层厚的 70%，颗粒直径在 50 mm 往上的石料要占 80% 的份额，因层厚较大，需要进行两次填缝，第一次嵌缝料的粒径范围为 20～40 mm，第二次所需范围为 5～15 mm；当层厚度在 15～25 cm 时要选择粒径超过 80 mm 的碎石进行摊铺。

5. 级配碎（砾）石基层

级配碎（砾）石基层是由各种集料（碎石、砾石）和土按最佳级配原理修筑而成的路面基层，亦可将级配碎（砾）石用作路面面层。由于级配碎（砾）石是用大小不同的材料按一定比例配合、逐级填充空隙，并用黏土黏结，故经过压实后，能形成密实的结构。级配碎（砾）石路面的强度由摩阻力和黏结力构成,具有一定的水稳性和力学强度。

级配碎(砾)石基层应密实稳定,为防止冻胀和湿软,应注意控制小于 0.6 mm 细料的含量和塑性指数。在中湿和潮湿路段,用作沥青路面的基层时,应在级配砾石中掺石灰,细料含量可适当增加,掺入的石灰剂量为细料含量的 8%～12%。在级配砾石中掺石灰修筑基层,主要是为了提高基层的强度和稳定性。

轧制碎石的材料选择很广泛,既能是种类繁多的各类硬质岩石,也可以是剩余的矿渣,还可以是圆石。用作轧制碎石的圆石的大小是有要求的,须为最大碎石粒径的 3 倍以上;选用的矿渣的质量和干密度是非常平均的,不能忽大忽小,并且干密度要超过 960 kg/m³。成为碎石材料也要有一定的标准要求:碎石材料中不能有粘土块、植物等破坏稳定性的物质出现;针片状颗粒的物质含量不能超过材料总量的五分之一。

级配材料的选择也要按照一定的标准要求进行选择:构成石屑或其他细集料的主要成分是细筛余料,主要来源于轧制沥青表面处治和贯入式用石料时的细筛余料,也可以是专门轧制的细碎石集料。如果没有合适的石屑的话,用其他物质替代也是可行的,如用天然砂砾或粗砂代替,天然砂砾粒径比较适合,但需过滤掉里面超标准的大颗粒。

一般说来,为了级配碎石有着良好的强度和刚度,级配材料的选择要用不同尺寸的碎石和石屑进行合适搭配。级配碎石依据结构组成的比重可以分为两种,一种是骨架密实型,一种是连续级配型。级配碎(砾)石基层在进行设计时,基层压实度绝对不能低于 96%,CBR 值不能低过 80%,最好超过 100%。

5.2.3　石灰稳定土基层

1. 强度形成原理

石灰稳定土基层的主要构成为石灰和土,形成的过程是在已经粉碎或松散的土中,加入足够多的石灰和水,石灰、水和土发生黏结作用,再经过压实得到符合标准强度的基层即为石灰稳定土基层。在发生反应的过程中土自身的性质发生了一系列的物理化学变化,这些变化主要分为四个方面:离子交换作用、结晶硬化作用、火山灰作用和碳酸化作用。

①离子交换作用主要是由于熟石灰溶于水后易离解成 Ca^{2+} 和 $(OH)^-$ 离子,Ca^{2+} 吸附土粒表面的 Na^+、H^+、K^+,使土壤颗粒开始由分散逐渐聚集,由黏附逐渐失散,由膨胀逐渐收缩,形成初期的路面强度。

②结晶硬化作用是指在石灰土中 $Ca(OH)_2$ 与水发生相互作用,生成物为 $Ca(OH)_2$ 的结晶网格——$Ca(OH)_2 \cdot nH_2O$,这种晶体可以提高石灰土的水稳定性。

③火山灰作用主要是 $Ca(OH)_2$ 水解后的 Ca^{2+} 可以与土壤粒子中具有活性的 SiO_2 和 Al_2O_3 发生相互作用生成含水的硅酸钙和铝酸钙,这种化学作用即为火山灰作用。发生火山灰作用需要一直不间断地吸取水分,随着反应的生成石灰土中的水越来越硬化,石灰土早期强度也就逐渐形成了。

④碳酸化作用主要是土中的 $Ca(OH)_2$ 与空气中游离的 CO_2 发生作用,生成 $CaCO_3$。这种物质是一种比较坚硬的结晶体,它与土发生黏结作用,提高了土壤的强度,土壤的强度得到进一步的提升,是石灰石土后期强度形成的原因。

2.影响石灰土强度的因素

（1）土质

除有机质含量大的土和无塑性并缺少细料的粒料和砂性土外,凡是土中的最大颗粒的尺寸比规定的路面基层材料的最大粒径(40 mm)或底基层材料的最大粒径(50 mm)小的土都可以使用。

（2）灰质

石灰的质量对石灰土的强度具有较重要的影响,对于标准强度要求较高的高速公路和一级公路所使用的石灰是磨细的生石灰粉,对于符合Ⅲ级以上的技术标准的石灰应为消石灰粉或生石灰粉,强度符合公路等级和所用层位的要求即可使用。

为了保证石灰的质量,要尽量缩短石灰的存放时间,石灰在野外堆放时间较长时,应妥善保管,不能遭日晒雨淋。

（3）石灰剂量

石灰的使用剂量对石灰土强度有着巨大的作用。当加入的石灰剂量不断增大时,石灰土的强度和稳定性不断提高,但当剂量超过一定范围时,强度反而降低。因此在生产中石灰的剂量不是固定不变的,应根据压实层的厚度以及技术标准进行计算设计。

（4）拌和及压实

土的粉碎程度和拌和的均匀性对石灰稳定土的强度有很大影响。应尽可能采用粉碎与拌和效率高的机械,提高粉碎程度与拌和的均匀性。

压实对石灰土强度的影响也很大,分析资料表明:压实度每增加2%,抗压强度增加的最大值为29.7%,最小值为2.5%,平均增加14.1%。

（5）养护条件与龄期

高温和一定的湿度对石灰土强度的形成很重要。温度高可使反应过程加快,因此,要求石灰稳定土层施工期的最低温度应在5℃以上,并在第一次重冰冻(−5℃～−3℃)到来之前1～1.5个月完成,并且应该经历半月以上温暖和热的气候养护。

石灰稳定土强度随龄期而缓慢增长,到28 d龄期时,只能达到30%左右的强度。强度增长期很长,可达8～10年以上。

5.2.4　水泥稳定土基层

构成水泥稳定土基层的主要材料是水泥和土,形成的主要过程是在已经松散的各种类型的土壤中,加入一定剂量的水泥和水,经过反应后再经过压实得到符合标准强度的基层即为水泥稳定类基层。

1.强度形成原理

在水泥稳定类基层的形成过程中,主要是水泥、土和水发生了一系列物理化学反应,改变了土壤的特性,使强度性和稳定性都得到了巨大的飞跃。但由于水的用量很少,水泥的水化完全是在土中进行的,故作用速度比在水泥混凝土中进行得缓慢。水化作用的形式归纳起来有如下几种。

（1）水泥的水化作用

水泥水化作用的产物都具有强的胶结作用,其反应简式主要有如下几种:

硅酸三钙：　　$2C_3S + 6H_2O \rightarrow C_3S_2H_3 + 3CH$

硅酸二钙：　　$2C_2S + 4H_2O \rightarrow C_3S_2H_3 + CH$

铝酸三钙：　　$C_3A + 6H_2O \rightarrow C_3AH_6$

铁铝酸四钙：　$C_4AF + 7H_2O \rightarrow C_4AFH_7$

水化反应产生出具有胶结能力的水化产物，这种产物能够将土壤颗粒中的缝隙进行连接，逐渐进行交织包裹，土壤粒子的硬度逐渐提高，水泥稳定土的强度也就不断进行提升，是水泥稳定土强度的主要来源。

水泥的水化作用具有一些特性，因为在反应中水泥的含量比较少，而且水化产物对土的吸附性远远高于一般产物，随着反应的进行，反应环境会逐渐酸化，将溶液中的碱性中和，水化物析出 $Ca(OH)_2$ 的速率也会大大下降，使水化产物的稳定性下降，对基层的强度会产生不利影响。

（2）离子交换作用

黏土颗粒的表面往往都携带着一些负电荷，能够与正价离子如 Na^+、K^+ 发生电荷反应，进而会产生一种带有相反电位的反离子物质，这种物质相互之间会产生作用，会在粒子之间生成一种电层结构，促使物质颗粒产生一定的距离。而在硅酸盐水泥中，占主要含量的硅酸钙水化之后产生大量的 $Ca(OH)_2$，$Ca(OH)_2$ 在水环境下会产生大量的游离 Ca^{2+} 离子，土壤中也因 OH^- 离子溶液的碱性增强。此时，Ca^{2+} 代替 Na^+、K^+ 与负电荷进行反应，粒子之间的电层结构的厚度减少，相互作用力减少，土壤颗粒之间的距离缩小，凝聚性大大增强，土壤之间的强度和稳定性随之形成。

（3）化学激发作用

上述离子交换反应的进行，会造成 Ca^{2+} 离子的富余，多余的 Ca^{2+} 离子会激发 SiO_2 和 Al_2O_3 的活性，与这些物质进行化学反应后生成的产物大部分是硅酸钙和铝酸钙物质，如 $4CaO \cdot SiO_2 \cdot 5H_2O$、$4CaO、Al_2O_3 \cdot 19H_2O$、$3CaO \cdot 16H_2O$、$CaO \cdot Al_2O_3 \cdot 10H_2O$ 等。这些产物同石灰稳定土的火山灰作用下的产物具有同样的功能，都能够包围住土壤粒子的外表，使得土壤颗粒间的缝隙减少，透水性大大降低，密实度随之增强，进一步提高了水泥稳定土的强度和水稳定性。

（4）碳酸化作用

碳酸化作用同石灰稳定土基层的碳酸化作用一致，水泥土碳酸化作用后的产物也是 $CaCO_3$。其与土发生黏结作用，提高了土壤的强度。

2. 影响水泥稳定层强度的因素

（1）土质

不管什么类型的土质都可以被水泥所稳定，区别在于稳定性的高低不同，资料研究和工程实践都表明，用级配良好的碎（砾）石和砂砾进行稳定时，稳定性最高，砂性土次之，最后是粉性土和黏性土。适用于水泥稳定的土的塑性指数 < 17，因此土质对稳定层的强度影响较大。

（2）水泥的成分和剂量

实践证明，稳定土对于水泥的种类没有限制要求，但水泥所含有的矿物成分和分散度对稳定的效果有着非常明显的不同。例如在同一种土质和成分的情况下，加入了硅酸盐水泥的土的稳定性能要比加入了同量铝酸盐水泥的土稳定性能优越得多。在同样的土质和水泥矿物成分的条件下，水泥分散度的增加，稳定土的活性和水的硬化能力也被提升，间接促使了水泥土强度的提升。

水泥的剂量与水泥的硬度之间也是正比关系,但这并不意味着水泥的剂量越多越好,在使用的过程中,超剂量的水泥虽然能够大幅度提升水泥土的强度,但是经济成本消耗过大,而且水泥土的刚性也由于过硬而开裂。一般而言,水泥的剂量不要超过总量的 10%。

(3)含水率

水泥的水化作用需要连续不断的吸收水分子,所以含水率对水泥稳定土的强度也颇为重要。在含水量不足的情况下,水化作用不能反应完全,水化产物的产量减少,水泥对土的稳定直接受到影响,与此同时,此种条件下的水泥土进行压实时,由于水化产物对土壤黏结作用的降低,水泥土的严实度大为降低。含水率高时,水泥对土的稳定性无法发挥,影响强度。因此在进行水泥稳定土的过程中要保证足够量的水分用已支撑反应的顺利进行。

(4)施工条件

水泥土到水泥稳定土成型的过程不仅需要时间,而且所需的时间应尽量短暂,一般以 6 小时为最佳。所用时间长时进行压实时会破换水泥已经完成的胶凝,压实度也无法符合标准要求。若时间较短时,则要使用适当量的缓凝剂延长时间,以期达到要求。

水泥稳定土对水分和温度也有一定的要求,在施工过程中要充分供应水分,保持适当的温度条件。

5.2.5 工业废渣稳定土基层

1.概述

一定数量的石灰和粉煤灰(或煤渣),在适量的水分加入后,石灰、煤渣以及水相互作用,在经压实达到一定标准强度的稳定土基层即为石灰工业废渣稳定土(简称石灰工业废渣)。

随着工业的发展,工业废渣逐渐增多,其至到了污染环境的程度。利用工业废渣铺筑道路,不但提高道路的使用品质,降低了工程造价,且能够变废为宝,具有很大的意义。

常用的工业废渣包括:粉煤灰、煤渣、高炉矿渣、崩解过的达到稳定的钢渣,及其他冶金矿渣、煤矸石等。粉煤灰中含有较多的二氧化硅、氧化钙或氧化铝等活性物质,应用最为广泛。石灰稳定工业废稳定土基层的形成过程与石灰稳定土的形成类似,都是石灰 $Ca(OH)_2$ 水解后之后的 Ca^{2+} 离子可以与土壤粒子中具有活性的 SiO_2 和 Al_2O_3 发生相互作用生成含水的硅酸钙和铝酸钙,火山灰作用生成的胶凝物质($xCaO \cdot SiO_2 \cdot nH_2O \cdot xCaO \cdot Al_2O_3 \cdot nH_2O$)和 $Ca(OH)_2$ 晶体包围在土壤粒子的外表,使得土壤颗粒间的缝隙减少,透水性大大降低,密实度随之增强,在温度较高时,混合料强度不断增长。石灰工业废渣基层具有很多的特性,能够适应不同的环境,可适用于各级公路的基层和底基层。

2.材料要求

(1)石灰

工业废渣稳定土所需的石灰的质量应符合Ⅲ级以上的技术指标,并且要尽量缩短石灰的存放时间。

(2)废渣

主要以粉煤灰和煤渣为主,其他废渣的材料要求可参照执行。粉煤灰中 SiO_2、Al_2O_3 和 Fe_2O_3 的总含量应大于 70%,烧失量不超过 20%,比表面积宜大于 2500 cm^2/g。干、湿粉煤灰都可使用。干粉煤灰如堆在地上,应加水防止灰尘飞扬污染环境。湿粉煤灰含水量不宜超过35%,使用时,湿凝成团的粉煤灰应打碎或过筛,同时清除有害物质。煤渣的主要成分是 SiO_2 和 Al_2O_3,松干密度在 $700\sim1100\ kg/m^3$ 之间,最大粒径不应大于 30 mm,颗粒组成宜有一定级配,且不含有害物质。

(3)粒料

用做二灰混合料的粒料应少含或不含有塑性的土。一级公路和高速公路集料的压碎值应不大于 30%,二级和二级以下公路压碎值应不大于 35%。用于高速公路和一级公路的二灰级配集料,用做底基层时,其最大粒径不超过 40 mm,级配要符合表 5-3 中的 1 号级配;用做基层时,混合料中集料的质量应占 80%~85%,最大粒径不超过 30 mm,采用表 5-3 中 2、3 号级配,小于0.075 颗粒含量宜接近 0。对于二级及二级以下公路,二灰集料混合料用做底基层时,最大粒径不应超过 50 mm;用做基层时,集料质量要占 80% 以上,并符合表 5-3 中的级配要求。

表 5-3 二灰级配集料混合料中集料的颗粒组成范围

编号		1	2(砂砾)	3(碎石)
通过下列筛孔的/mm 质量百分率(%)	40	100		
	30	90~100	100	100
	20	60~85	90~100	85~100
	10	50~70	55~80	60~80
	5	40~60	40~65	30~50
	2	27~47	28~50	15~30
	1	20~40	20~40	
	0.5	10~30	10~20	10~20
	0.075	0~15	0~10	0~10

5.3 沥青路面

沥青路面是利用沥青材料作为结合料的一类面层和基层的统称。这种路面的稳定性高,利于行车,因而获得越来越广泛的应用。

5.3.1 沥青路面概述

1.沥青路面的特点

沥青路面是采用黏结力强的沥青材料做结合料,由于成型后的路面为黑色,故也称为黑色路面。

沥青路面已广泛的应用到各个城市的公路修筑,由于沥青材料的结构特性,沥青路面具备了很多优越于水泥混凝土路面的特性。

①路的表层平整光滑、少尘土,车辆行驶无颠簸。

②路面的耐磨性好,减振效果好,噪音低,行车十分舒适。

③施工方便,周期短暂,易于养护,交通管制时间短,维修和再次利用十分便捷。

其结构如图 5-3 所示。

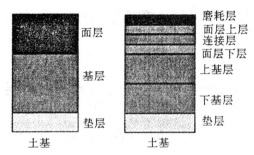

图 5-3　沥青路面结构示意图

沥青路面的缺点是:容易被履带车辆和坚硬物体所破坏;表面容易被磨光而影响安全;温度稳定性差,夏天易软,冬天易脆并产生裂缝。此外,铺筑沥青路面受气候和施工季节的限制。雨天不宜铺筑各种沥青面层,冰冻地区在气温较低时铺筑沥青面层难以保证质量。

2.沥青路面的基层要求

为了保证沥青路面的各项技术要求,沥青路面的基层具有非常严格的要求:

①基层的强度和稳定性要达到一定的标准,要能够承受住车载压力的负荷。基层的抗弯压能力较弱,车辆在路面进行反复运载时,会产生变形,变形程度不能超过允许的残余变形。在此基础之上,基层材料和基层结构都要达到强度要求才可以进行修筑。

②沥青路面,特别是表面处治和贯入式路面,在使用过程中,水分可以透过沥青面层积聚在基层中,导致材料中的水分大大增加,稳定性和强度减弱,因此必须注意基层的水稳定性,选择使用水稳定性较好的材料修筑。

③沥青路面的平整性好是因为路面的材料厚度的均匀一致,所以修筑基层时要保证路拱度与路面的平衡一致。

④沥青路面的面层和基层之间的黏结作用充分发挥,防止水平作用下路面底部会产生拉力和应力使路面发生滑动、推移等具有破坏性的现象。

⑤若是在旧的沥青路面上再次利用时,要先确认旧的路面能够满足相应施工工艺的质量要求,才可以对其进行利用。再根据原有的旧路层质量对其进行合理的修整。旧沥青路面的整平应按高程控制铺筑,正确整平方法如图 5-4 所示,分层整平的一层最大厚度最好保持在 100 mm以下。

3.沥青路面的分类

沥青路面依据分类的原理不同,有着多种分类方法。例如可按路面结构层的强度构成原理、施工工艺、面层的使用品质进行分类。

(1)按沥青面层强度构成原理分类

根据沥青路面所使用的材料组成成分的不同,可以分为密实类路面、嵌挤类路面和嵌挤密实类路面。

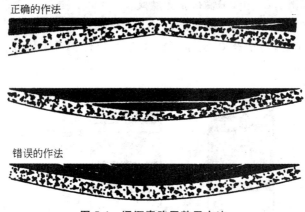

正确的作法

错误的作法

图 5-4 旧沥青路层整平方法

1)密实类沥青路面

密实类沥青路面所需要的修筑集料要按照最大密实原则进行配制,修筑集料的颗粒尺寸大小不同,粒径多样。路面的强度和稳定性形成的原因是因为集料之间相互的黏结作用产生的黏结力,分子相互作用产生的内摩擦阻力。密实类路面具有混合料结构紧密,表面平整,强度和稳定性较好的优点。缺点主要在于沥青集料之间的相互作用受温度影响较大,故热稳定性能较差。

2)嵌挤类沥青路面

嵌挤类沥青路面修筑所需要的集料与密实类路面恰巧相反,此路面需要颗粒均一的集料,然后与沥青分层铺筑或采用开级配(半开级配)沥青碎石混合料进行铺筑而成。并且嵌挤类路面结构层的强度和稳定性是由于集料颗粒之间发生了相互作用而产生的内摩阻力,黏聚力只是一个次要因素。嵌挤类路面因其集料之间嵌挤作用不受温度影响,故其热稳定性能优越。缺点主要是因为集料之间的空隙率比较大,水分十分容易进入基层,导致基层强度变弱,耐久性差。

3)嵌挤密实型沥青路面

嵌挤密实型沥青结构层的粗集料嵌挤作用较好,设计空隙率较小(小于 10%),其强度和稳定性形成的主要原因是沥青混合料相互之间的嵌挤作用产生的的内摩阻力和黏结作用产生的黏聚力。此类路面的主要特点是沥青混合料致密耐久,热稳性也较好。

(2)按施工工艺分类

按施工工艺的不同,沥青路面可分为层铺法、路拌法和厂拌法三类。

1)层铺法沥青路面

将沥青和集料分层铺洒,随后进行碾压成型路面即为层铺法沥青路面。具备的优点是工艺设备十分简单、所需的造价成本低廉、且可以进行快速施工;但是其缺点也很明显,修筑的路面要经过很长时间才能够投入使用,且必须在温度较高的环境之下进行碾压才能够成型使用。沥青表面处治路面和沥青贯入式路面都是根据层铺法修筑而成。

2)路拌法沥青路面

在施工路段直接采用人力或者设备将集料和沥青直接拌合、摊铺、碾压的修筑而成的路面即为路拌法沥青路面。路面会根据所使用的矿料成分的不同分为沥青碎石路面和沥青稳定土路面。路拌法优点是因为其拌和的便捷性,材料分布较为均匀,所以路面成型的时间进一步缩短;缺点则是所使用的沥青的粘稠度不高,路面的强度较低。

3)厂拌法沥青路面

将已经规定级配的矿料和沥青材料在工厂使用专用设备进行加热拌和后,直接送到施工路段摊铺碾压修筑成型的路面称之为厂拌法沥青路面。若是拌合料立即运送到施工路段进行摊铺压实称为热拌热铺;若是贮存一段时间达到常温时运送到施工路段进行压实则称为热拌冷铺。厂拌法修筑的路面因其所使用沥青材料质量较好,集料清洁无杂物,且配制准确,故路面的使用寿命长久,缺点就是修建所用的成本较高。

(3)按面层的使用品质分类

沥青路面按面层的使用品质可分为沥青混凝土(AC)路面、沥青碎石(AM)路面、沥青贯入式路面、沥青表面处治路面等类型。此外,近年来采用的新型路面结构有多碎石沥青混凝土(SAC)路面、大粒径沥青混凝土(LSAM)路面、开级配排水式抗滑磨耗层(OGFC)路面等。

1)沥青混凝土路面

沥青混凝土路面是指按级配原理选配的矿料与适量的沥青在严格控制条件下均匀拌和,经摊铺压实而成型的沥青路面。

沥青混凝土是按密级配原理严格配制的混合料。它含有较多的细料,特别是一定数量的矿粉,使矿料同沥青相互作用的表面积大大增加,因而混合料的黏聚力在强度构成上占有主导地位。但沥青用量过多,热稳性就较差,抗滑性能也不好。沥青混凝土由于本身的结构强度高,若基层坚实,路面结构合理,可以承受繁重交通;又因空隙率小,受水和空气等的侵蚀作用小,故耐久性好,使用寿命长。

沥青混凝土路面适用于各级公路,设计时可按不同等级的公路来选用不同厚度的沥青面层。

2)沥青碎石路面

沥青碎石路面是指由一定级配的集料与适量的沥青在要求的控制条件下均匀拌和,经摊铺压实而成型的沥青路面。

沥青碎石路面的空隙率较大(大于 10%),且混合料中仅有少量的矿粉或没有矿粉,其强度以石料间的嵌挤为主,黏结为辅。沥青碎石路面的热稳性较好,但因其空隙较大,易渗水,因而耐久性较差。

在沥青碎石路面中有一种使用沥青玛帝脂碎石混合料(SMA)做面层或抗滑层的沥青路面,称其为沥青玛帝脂碎石路面,适用于高速公路、一级公路的抗滑表层,厚度一般为 3.5~4 cm。

沥青碎石路面不仅适用于三级、四级公路,还适宜做中等交通及以上公路沥青混凝土路面的基层、底基层和改建工程的调平层。

3)沥青贯入式路面

沥青贯入式路面是在初步压实的碎石层上,用沥青分层浇灌、均匀地铺撒嵌缝料,再经分层压实而形成的一种厚度较大的路面。

沥青贯入式路面的基层多为碎石,碎石之间会发生相互嵌挤作用产生强度,碎石分子之间的相互作用力形成了基层的稳定性,故此路面受温度影响较弱,水稳定性好,抗滑性能也好。其厚度宜为 40~80 mm,为了防止路表水的浸入,沥青贯入式路面应设置封层。沥青贯入式路面施工较简便,不需要复杂的机具,具有成型快、质量易控制、平整度较好等优点。但对碎石材料的要求较高,沥青材料在矿料中是靠人工撒布的,均匀性无法保证。材料分布的不均匀也导致路面的强度分布不均匀。

沥青贯入式路面适用于三、四级公路。沥青贯入式结构层还适宜做中、重等交通公路沥青混凝土路面的基层、底基层和改建工程的调平层。

4)沥青表面处治路面

沥青表面处治路面是指用沥青和集料按层铺法铺筑而成的厚度不超过 3 cm 的沥青面层。当采用乳化沥青做结合料时,称为乳化沥青表面处治路面。

沥青表面处治结构层按层铺的次数及厚度不同可以分为单层式、双层式、三层式。

沥青表面处治结构层按嵌锁原则修筑而成。它的特性是防水、抗磨耗,防滑和改善路面的使用品质。但沥青表面处治路面成型使用的周期较为漫长,其质量不易保证,层铺法表面处治还应注意初期养护。

沥青表面处治路面适用于三、四级公路和各级施工便道。

5)开级配排水式抗滑磨耗层路面

开级配抗滑磨耗层是指用大孔隙的沥青混合料铺筑,能迅速从其内部排走路表雨水,具有抗滑、抗车辙及降低噪声的沥青路面。其设计空隙率大于 18%,具有较强的结构排水能力,适用于多雨地区修筑沥青路面的表层或磨耗层。

5.3.2 沥青路面施工工艺

1.沥青表面处治路面的施工

沥青表面处治的施工方法有两种,一种是层铺法,适用于施工路段较长,交通负荷较重且气温比较适宜的条件下的施工;另一种是拌和法,适用于缺少运输设备,交通压力较小或气温较高的条件下的施工。

(1)沥青表面处治路面的施工的准备工作

1)基层准备

基层准备是指对基层表面的洁净度以及平整度进行检查,确定基层表面没有杂质,强度以及其他各项都符合基层的标准要求。

2)沥青准备

包括对施工所用沥青质量的检查,熬制沥青所需要的工程器械和设备还有熬制过程中出现事故所需的安全卫生医疗设施。

3)矿料准备

①按照施工要求准备足够的矿料,矿料的放置不能混同,应分开。

②在矿料到达场地后需对矿料的质量和规格进行确认,防止不符合要求的材料混入其中。发现不符合要求的经过筛分试验确定处理办法。

4)施工设备准备

主要是沥青洒布机、矿料撒铺机以及压路机的准备。注意检查设备的动力系统以及工作性能是否符合要求。

(2)施工方法

1)层铺法

使用层铺法进行沥青表面处治路面施工时,因其使用沥青洒布机,工作效率很高,工程的进度很快,对大面积施工的影响很大,可以很明显的降低劳动强度,因而使用较为普遍。但是层铺法施工的缺点是进行施工时的初期路面尚未成型,基层上的矿料易于飞散,后期还会出现泛油损害。

利用层铺法表面处治时有两种处置方法,一种是先油后料,一般都采用此法;另外一种是先料后油,使用较少,一般只有在路肩宽度不够,矿料不能完全堆放或者环境温度较低,影响路面成型速度时才会采用此法。施工时依据沥青和矿料的撒铺层数分为单层式、双层式、三层式,本书主要介绍先油后料的施工方法,以双层式沥青表面处治为例。

双层式,即浇洒二次沥青,撒铺二次矿料,厚度控制在 1.5～2.5 cm。适用于交通量为 300～1000 辆/d 的路面,使用年限约 6～10 年。施工工序:安装路缘石(砖)→清扫基层和放样→浇洒透层沥青或粘层沥青→浇洒第一次主层沥青→撒铺第一次矿料→碾压→浇洒第二次沥青→撒铺第二次矿料→碾压→交通控制→初期养护。

单层式和三层式与双层式的区别就是铺洒沥青的层数和碾压的次数。

2)拌合法

拌和法,适用于缺少运输设备,交通压力较小或气温较高的条件下的施工。施工的优点是施工的质量较高,路面成型周期比层铺法用时短;缺点则是人工进行拌合时,工作效率低下,劳动强度高,进展缓慢,容易受到天气影响。

拌合法按拌合温度可分为冷拌和热拌,按拌合地点可分为路拌和场拌。

路拌法施工流程如下:

筛备矿料→施工放样→安装路缘石→清扫基层→沿路分堆布料→人工干拌→级配矿料→掺入沥青→拌匀摊铺、整形碾压→初期养护。

场拌法施工流程如下:

熬油→定量配料→机械或者人工集中场拌→运料→卸料→摊铺、整形碾压→初期养护。

(3)施工工艺

1)撒布沥青和集料

当基层准备完毕后,进行沥青和集料的撒布。

①不管是什么类型的沥青,撒布时都要求在一定是温度范围内进行,例如石油沥青的撒布温度需控制在 130℃～170℃,撒布煤沥青时温度稍低一些,保持在 80℃～120℃。

②撒布沥青和集料时要控制两者的速度,保证二者撒布能力一致。

③撒布沥青的过程中若是出现空缺现象,需要立刻进行人工补救,若是出现沥青堆聚现象,立即进行铺平扫除。

④施工过程中若出现分幅时,需要进行搭接,宽度控制在 10～15 cm,浇撒第二、三层沥青的搭接缝应错开。

⑤主层沥青撒布后紧着接进行第一层集料的足量撒布,二者的一前一后,保持撒布能力相当,集料要注意平均撒布,不要出现过多或过少的情况。

2)碾压

第一层集料铺撒之后随即使用 6～8 t 钢筒式压路机进行碾压,碾压时要求从路两侧边缘向中心行进,轮迹要重合 30 cm 左右的宽度,用低于 2 km/h 的时速碾压 3～4 遍。

第二、三层的施工方法和要求与第一层基本相同,但压路机的吨数可以更高,例如可采用 8～10 t 的压路机进行碾压。

3)养护

除乳化沥青表面处治要等路面基本成型才可以开放交通之外,其他沥青表面处治在碾压结束后即可立刻开放交通。但是行驶的车辆速度限制在 20 km/h 以下,使路面全面均匀碾压。如果局部出现泛油现象时,可在泛油处补撒与最后一层撒布集料相同的缝料,并将多余的缝料清除出去。

沥青表面处治施工后,需在路侧另备 5~10 mm 碎石或 3~5 mm 石屑等材料作为初期养护用料。

2. 沥青贯入式路面的施工

沥青贯入式路面具有较高的强度和稳定性,其强度的构成主要依靠矿料的嵌挤作用和沥青材料的黏结力。沥青贯入式路面适用于二级及二级以下的公路、城市道路的次干道及支路。沥青贯入式面层也可作为沥青混凝土路面的联结层。由于沥青贯入式路面是一种多孔隙结构,为了防止水的浸入和增强路面的水稳定性,其面层的最上层必须加铺封层。沥青贯入式路面宜在干燥和较热的季节施工,并宜在雨季及日最高温度低于 15℃ 到来以前半个月结束,使贯入式结构层通过开放交通碾压成型。

沥青贯入式路面在初步碾压的矿料层上洒布沥青,再分层铺撒嵌缝料、洒布沥青和碾压,并借行车压实而成,其厚度一般为 4~8 cm。乳化沥青贯入式路面的厚度不宜超过 5 cm,当贯入式面层上部加铺拌和的沥青混合料面层时,路面总厚度为 7~10 cm,其中拌和层的厚度宜为 3~4 cm。

沥青贯入式路面所用的集料应选择有棱角、嵌挤性好的坚硬石料,主层集料最大粒径宜与贯入式厚度相同。当采用乳化沥青时,主层集料最大粒径可采用厚度的 0.8~0.85 倍,数量宜按压实系数 1.25~1.30 计算。

(1)施工工艺流程

沥青贯入式面层的施工程序如下:

整修和清扫基层→浇洒透层或黏层沥青→铺撒主层矿料→第一次碾压→洒布第一次沥青→铺撒第一次嵌缝料→第二次碾压→洒布第二次沥青→铺撒第二次嵌缝料→第三次碾压→洒布第三次沥青→铺撒封面矿料→最后碾压→初期养护。

对沥青贯入式路面施工要求与沥青表面处治基本相同,除注意施工各工序紧密衔接不要脱节之外,还应根据碾压机具、洒布沥青设备和数量来安排每一作业段的长度,力求在当天施工的路段当天完成。

(2)贯入式路面施工工艺

沥青贯入式路面的施工第一步为撒布沥青和嵌缝料,与沥青表面处治路面的施工工艺第一步大体一致。区别在于撒布第一层沥青之后,撒布的是第一层嵌缝料,嵌缝料均匀撒布之后进行碾压,碾压步骤同沥青表面处治路面的碾压,养护也相同。

3. 热拌沥青混合料路面的施工

(1)施工流程简介

热拌沥青混合料路面主要是有沥青混泥土和沥青碎石采用热拌热铺法修筑而成的路面,因为其具有较高的品质,因此适用于各种等级道路的沥青面层。一般采用厂拌法进行修筑。

厂拌法沥青路面包括沥青混凝土、沥青碎(砾)石等,其施工工艺流程如图 5-5 所示。

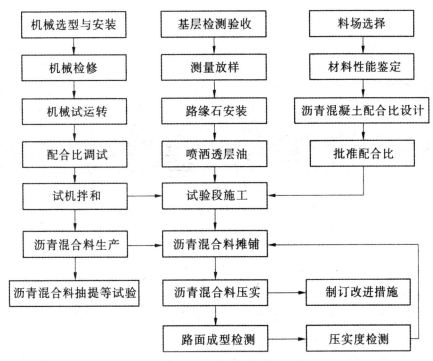

图 5-5　热拌沥青混合料路面的施工工艺流程图

（2）施工工艺

1）基层准备和放样

沥青混合料路面在铺筑之前,应根据质量标准进行基层的检查和准备,目测基层表面是否坚实、平整、洁净和干燥,保证基层强度等各项技术指标达到要求。

检查中心是否已经恢复,高程的放样是否规范,保护隔离措施是否已经到位。

2）摊铺

①机器摊铺。沥青混合料摊铺机现在使用较为频繁的有履带式和轮胎式这两种。其构造和技术性能大致相同,结构如图 5-6 所示。工艺过程如图 5-7 所示。

运行方向

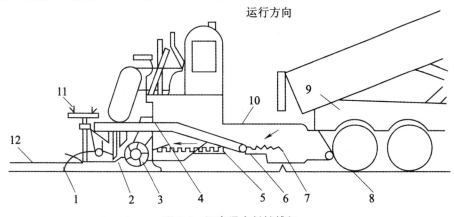

图 5-6　沥青混合料摊铺机

1—摊平板;2—振捣板;3—螺旋摊铺器;4—水平臂;5—链式传送器;6—枢轴;
7—履带;8—顶推辊;9—自卸汽车;10—料斗;11—厚度控制器;12—摊铺面

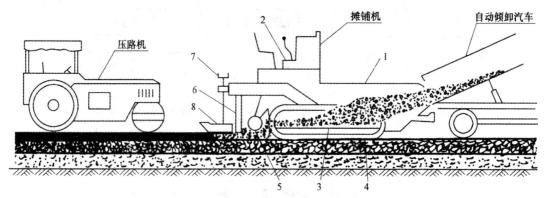

图 5-7 沥青混合料摊铺机工艺过程示意图
1—料斗；2—驾驶台；3—送料器；4—履带；5—螺旋摊铺器；
6—振捣器；7—厚度调节杆；8—摊平板

a.利用机械进行摊铺时可采用梯度联合行进，两台或者两台以上的摊铺机前后错开10～20 m 的距离，纵向搭接所留的宽度控制在 10 cm 范围以上，横向搭接宽度范围在 3～6 cm。

b.确定摊铺温度。机械摊铺前先预热烫平板，烫平板的温度要在 100℃以上。摊铺时沥青温度最低不得低于 110℃，也不得高于 165℃。

c.控制摊铺速度。摊铺沥青混合料进行摊铺时应缓慢、均匀、连续、不间断。摊铺机螺旋送料器速度应保持稳定的速度不停转动，料斗两侧应保持有不少于送料器高度 2/3 的混合料，并保证在摊铺全宽度断面上不出现离析现象。

d.确定摊铺厚度。沥青混合料的松铺系数由需要进行试验而确定。在摊铺过程中也可以进行实际测量，以便准确控制。

②人工摊铺。当路面比较狭窄或者摊铺机通过困难的路段就要进行人工铺摊。

a.运送过来的沥青混合料先卸在铁板上，摊铺时直接扣铲混合料，不得扬铲远甩。摊铺的过程中要随时将混合料刮平，控制力度保持轻重一致，控制次数，防止离析。

b.摊铺过程中要连续不断进行，还要及时进行碾压。若不能，则立即停止摊铺，并对卸下的混合料做好保护措施。

3)碾压

摊铺之后应及时对混合料进行碾压，控制混合料的压实度和速度、遍数等。

碾压跟沥青表面处治的过称类似。

4)接缝施工

沥青路面一般都会产生纵向或者横向的接缝。接缝必须处理好，否则就会因为压实度不均匀对路面产生裂缝、松散等损害，对路面的使用年限和舒适度产生十分不利的影响。

①纵缝施工。纵缝应在摊铺之后立即碾压，上下层之间的缝隙在 15 cm（热接缝）或30～40 cm(冷接缝)，新形成的冷接缝只需要压实新铺的 10～15 cm 的宽度即可，再向新铺的路面移动逐渐压实，过程如图 5-8 所示。

②横缝施工。横缝的处理方法一般说来有两种，平接缝和斜接缝，如图 5-9 所示。平接缝主要适用于质量要求较高的高速公路、一级公路等路面的横缝处理，除此之外其他公路的横缝都可采用斜接缝。斜接缝时应搭接 40～80 cm 宽度的混合料，注意在边缘撒布少量沥青和细料，充分

压实。注意压实时应先使机器纵向碾压,再横向碾压一次以求碾压平整。

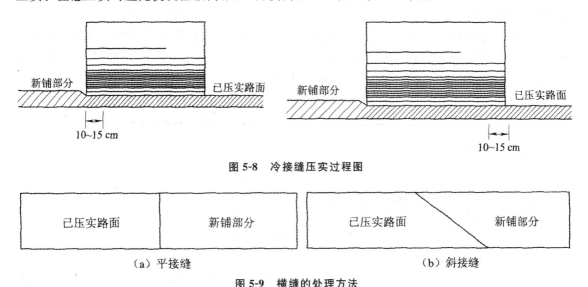

图 5-8 冷接缝压实过程图

（a）平接缝　　　　　　　（b）斜接缝

图 5-9 横缝的处理方法

5.4 水泥混凝土路面

5.4.1 水泥混凝土路面概述

水泥混凝土路面指用水泥混凝土作面板或基(垫)层所组成的路面,亦称刚性路面。它包括钢筋混凝土、连续配筋混凝土、预应力混凝土、装配式混凝土和钢纤维混凝土路面。目前采用最广泛的是现浇素混凝土路面,也称水泥混凝土路面(简称混凝土路面)。

1. 水泥混凝土路面的特点

(1)水泥混凝土路面的主要优点

①具有较高的抗压强度、抗弯拉强度,并有较好的抗磨耗能力,疲劳寿命长。

②耐水性、耐高温性强,耐候性及耐久性优良。

③养护费用少、经济效益高。与沥青混凝土路面相比,养护工作量和养护费用均少。但建筑投资较大,而分摊于每年的工程费用较少。因此,从长远角度来看,水泥混凝土路面的经济效益是比较显著的。

(2)水泥混凝土路面的主要缺点

①水泥和水的需要量大。在水泥混凝土路面施工季节突然增大水泥用量,国内多数地区会出现水泥供应不足的现象。缺水地区实现水泥混凝土路面大面积铺筑则更加困难。

②同等平整度舒适性较低。水泥混凝土路面有许多接缝,接缝是影响混凝土路面使用性能和寿命的重要因素。

2. 水泥混凝土路面的构造

水泥混凝土路面由混凝土面层、基层、垫层、路肩结构和排水设施等组成。水泥混凝土路面以刚度大的水泥混凝土板作面层,因而可采用较沥青面层简单的结构层。

(1)横断面形式

在一定的轮载作用下,板中所产生的荷载应力约为板边产生的荷载应力的 2/3。因此,面层板的横断面应采用中间薄两边厚的形式(图 5-10),通常其边部厚度较中部约大 25%,从路面最外两侧板的边部,在 0.6~1.0 m 宽度范围内逐渐加厚。

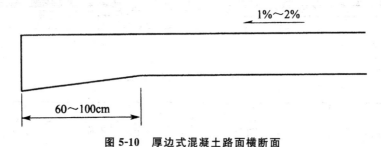

图 5-10 厚边式混凝土路面横断面

(2)接缝构造

由于昼夜温差,会使板的周边和角隅发生翘起的趋势,如图 5-11(a)所示。这些变形会受到板与基础之间的摩阻力和黏结力,以及板的自重车轮荷载等的约束,致使板内产生过大的应力,造成板的断裂[见图 5-11(b)]或拱胀等破坏。

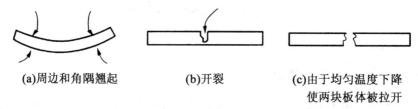

(a)周边和角隅翘起   (b)开裂   (c)由于均匀温度下降
使两块板体被拉开

图 5-11 混凝土由于温度坡差引起的变形

为避免这些缺陷,普通混凝土、钢筋混凝土等需要设置接缝。按接缝与行车方向之间的关系,可把接缝分为纵缝与横缝两大类。

1)纵向接缝

根据施工的具体情况,设置纵向接缝。一次铺筑宽度小于路面宽度时,应设置纵向施工缝。纵向施工缝采用平缝形式,上部应锯切槽口,深度为 30~40 mm,宽度为 3~8 mm,槽内灌塞填缝料,构造如图 5-12(a)所示。

一次铺筑宽度大于 4.5 m 时,应设置纵向缩缝。纵向缩缝采用假缝形式,宽度为 3~8 mm,锯切的槽口深度视基层材料而异。采用粒料基层时,槽口深度应为板厚的 1/3;采用半刚性基层时,槽口深度应为板厚的 2/5。其构造如图 5-12(b)所示。

2)横向接缝

横向接缝包括缩缝、胀缝和施工缝。横向缩缝可等间距或变间距布置,采用假缝形式。特重和重交通公路、收费广场以及邻近胀缝或自由端部的 3 条缩缝,应采用设传力杆假缝形式,其构造如图 5-13(a)所示。其他情况可采用不设传力杆假缝形式,其构造如图 5-13(b)所示。

横向缩缝顶部应锯切槽口,深度为面层厚度的 1/5~1/4,宽度为 3~8 mm,槽内填塞填缝料。高速公路的横向缩缝槽口宜增设深 20 mm、宽 6~10 mm 的浅槽口,其构造如图 5-14 所示。

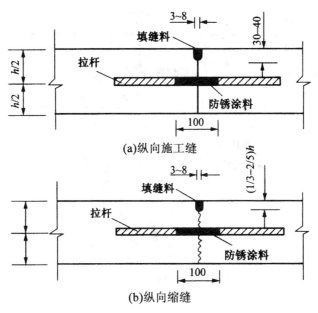

(a)纵向施工缝

(b)纵向缩缝

图 5-12　纵缝构造(单位:mm)

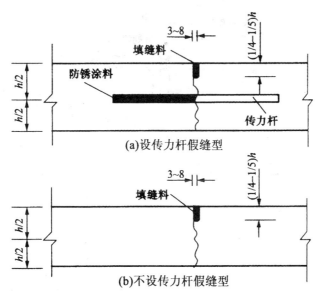

(a)设传力杆假缝型

(b)不设传力杆假缝型

图 5-13　横向缩缝构造(单位:mm)

胀缝宽 20 mm,缝内设置填缝板和可滑动的传力杆。胀缝的构造如图 5-15 所示。

设在缩缝处的施工缝,应采用加传力杆的平缝形式,其构造如图 5-16(a)所示;遇有困难需设在缩缝之间时,施工缝采用设拉杆的企口缝形式,其构造如图 5-16(b)所示。

(3)配筋布置

混凝土面层自由边缘下基础薄弱或接缝为未设传力杆的平缝时,可在面层边缘的下部配置边缘钢筋。边缘钢筋通常选用 2 根直径为 12～16 mm 的螺纹钢筋,置于面层底面之上 1/4 厚度处并不小于 50 mm,间距为 100 mm,钢筋两端向上弯起,如图 5-17 所示。

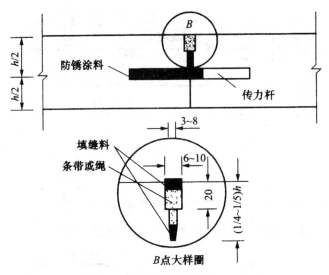

图 5-14 浅槽口构造(单位:mm)

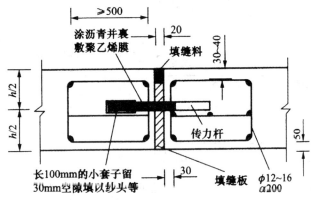

图 5-15 胀缝构造(单位:mm)

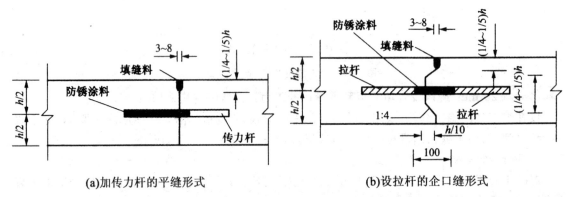

图 5-16 横向施工缝构造(单位:mm)

承受特重交通的胀缝、施工缝和自由边的面层角隅及锐角面层角隅,宜配置角隅钢筋。通常选用 2 根直径为 12～16 mm 的螺纹钢筋,置于面层上部,距顶面不小于 50 mm,距边缘为

100 mm,如图 5-18 所示。

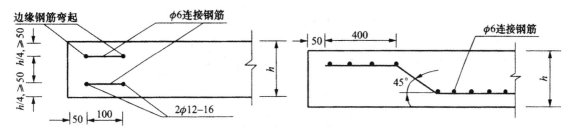

图 5-17　边缘钢筋布置(单位:mm)

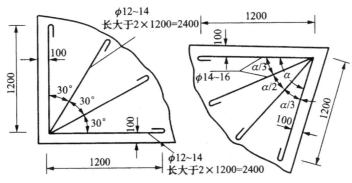

图 5-18　角隅钢筋布置(单位:mm)

混凝土面层下有箱形构造物横向穿越,其顶面至面层底面的距离小于 400 mm 或嵌入基层时,在构造物顶宽及两侧各($H+1$)m 且不小于 4 m 的范围内,混凝土面层内应布设双层钢筋网,上下层钢筋网各距面层顶面和底面 1/4~1/3 厚度处,如图 5-19 所示。构造物顶面至面层底面的距离在 400~1200 mm 时,则在上述长度范围内的混凝土面层中应布设单层钢筋网。钢筋网设在距顶面 1/4~1/3 厚度处,如图 5-20 所示。

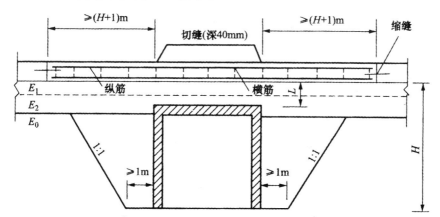

图 5-19　箱型构造物横穿公路处的面层配筋(L 小于 400 mm 或嵌入基层)

H—面层底面到构造物地面的距离;L—面层底层到构造物顶面的距离

混凝土面层下有圆形管状构造物横向穿越,其顶面至面层底面的距离<1200 mm 时,在构造物两侧各($H+1$)m 且≥4 m 的范围内,混凝土面层内应布设单层钢筋网,钢筋网设在距面层顶面 1/4~1/3 厚度处,如图 5-21 所示。

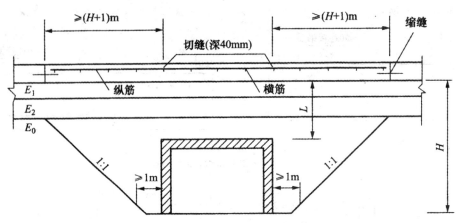

图 5-20　箱型构造物横穿公路处的面层配筋

（L 为 400～1200 mm 或嵌入基层）

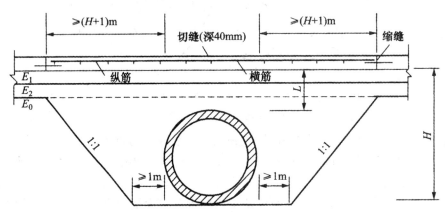

图 5-21　圆形管状构造物横穿公路处的面层配筋（L＜1200 mm）

5.4.2　水泥混凝土路面的技术要求和配合比设计

1.水泥混凝土原材料的技术要求

组成水泥混凝土混合料的材料包括水泥、细集料、粗集料、水和外加剂。

（1）水泥

在大多数情况下,优先采用强度等级 42.5 MPa 的普通硅酸盐水泥,一般道路可使用强度等级 32.5 MPa 的普通水泥;如采用矿渣水泥,其强度等级不低于 42.5 MPa,不得采用火山灰水泥。水泥应采用质量稳定可靠的大厂水泥,如表 5-4 所示。

表 5-4　混凝土路面用水泥强度等级与品种选用表

交通等级	混凝土等级	水泥品种与等级	交通等级	混凝土等级	水泥品种与等级
特重	C40	52.5P、52.5D	中等	C30	42.5PO、42.5D、42.5PS
重	C35	52.5P、52.5PO、42.5D、52.5D	轻	C25	42.5PO、42.5PS、32.5PO

注:表中 P、PO、D 和 PS 分别代表硅酸盐水泥、普通硅酸盐水泥、道路硅酸盐水泥和矿渣硅酸盐水泥。

（2）粗集料

粗集料主要指碎石或砾石，要求质地坚硬、洁净，最大粒径一般不应超过 40 mm，符合表 5-5 级配范围。碎（砾）石技术要求符合表 5-6 规定。

表 5-5　粗集料级配范围

级配类型	粒级/mm	筛孔尺寸圆孔/mm							
		40	30	25	20	15	10	5	2.5
		通过百分率：以质量计（%）							
连续	5～20	95～100	55～69	39～54	25～40	14～27	5～15	0～5	
	2.5～30		95～100	67～77	44～59	25～40	11～24	3～11	0～5
	2.5～20				95～100	55～69	25～40	5～15	0～5
间断	5～40	95～100	55～69	39～54	25～40	14～27	14～27	0～5	
	2.5～30		95～100	67～77	44～59	25～40	25～40	3～11	0～5
	2.5～20				95～100	25～40	25～40	5～15	0～5

表 5-6　碎（砾）石技术要求

项目	碎石		砾石
颗粒级配	见表 5-5		
石料强度等级	≥3 级		
空隙率（%）	—		≤45
压碎指标值（%）	水成岩	13～16	
	变质岩或深成的火质岩	16～20	14～16
	浅成的或喷出的火成岩	21～30	
针片、状颗粒含量（%）	≤15		≤15
软弱颗粒含量（%）	—		≤5
硫化物及硫酸盐含量（折算为 S_3）（%）	≤1		
含泥量（冲洗法）（%）	≤1		
有机物含量（比色法）	不深于标准色		

（3）细集料

细集料可采用天然河砂或石屑。不仅要求质地坚硬、耐久、洁净，且应符合表 5-7 的要求，细集料的级配应符合表 5-8 的规定。

表 5-7　细集料技术要求

项目	技术要求	项目	技术要求
颗粒级配	表 5-5	硫化物及硫酸盐含量(折算为 SO_3)(%)	≤1
含泥量(冲洗法)(%)	≤3	有机物含量(比色法)	颜色不深于标准溶液颜色

表 5-8　细集料标准级配范围

级配分区	筛孔尺寸/mm							细度模数 Mx
	圆孔			方孔				
	10	5	2.5	1.25	0.60	0.30	0.15	
	通过百分率(以质量计)(%)							
Ⅰ区	100	90～100	65～95	35～65	15～29	5～20	0～10	3.90～2.81
Ⅱ区	100	90～100	75～100	50～90	30～59	8～30	0～10	3.47～2.11
Ⅲ区	100	90～100	85～100	75～90	60～84	15～45	0～10	2.75～1.71

注:Ⅰ区,基本属于粗砂;Ⅱ区,属于中砂和部分偏粗的细砂;Ⅲ区,属于细砂和部分偏粗的中砂。

(4)水

清洗集料、拌合混凝土混合料及养生所用的水,不应含有油、酸、碱、盐类、有机物等。牲畜饮用的水一般均适用,否则要经化验符合下列要求时才可使用:

①硫酸盐含量(按 SO_4^{2-} 计)小于 2.7 mg/cm^3。

②含盐量不得超过 5 mg/cm^3。

③pH 值不得小于 4。

④不得含有油污、泥和其他有害杂质。

(5)外加剂

为了改善混凝土的技术性能,可在混凝土的制备过程中加入一定量外加剂。常用的有改变新拌混凝土工作性的流变剂(减水剂、塑化剂和流化剂),调节凝结时间的调凝剂(缓凝剂和速凝剂),提高混凝土早期强度的早强剂(氯盐、硫酸钠),增加耐冻性的引气剂(松香热聚物、烷基磺酸钠等)四大类。在选用时,外加剂的质量应符合有关的规定,并应在充分调查试验和实地试拌后使用。

外加剂在贮存时,应避光、避火、防冻。粉末状外加剂容易吸潮、固化,所以应贮存在防潮仓库内。液体外加剂不要在可能引起变质的容器内贮存。外加剂含有一定毒性,贮存使用都要重视安全防护工作。

2.混凝土配合比设计

混凝土配合比应保证混凝土的设计强度、耐磨性、耐久性和混凝土拌和物和易性的要求。

(1)初步配合比的计算

①按设计要求强度等级计算混凝土的配制强度。

②按配制强度计算相应的水灰比,并校核是否满足最大水灰比规定。

③选定砂率。

④选定混凝土单位用水量。

⑤计算单位水泥用量,并校核是否满足最小水泥用量规定。

⑥计算粗集料和细集料的用量。

⑦最后得出混凝土的初步配合比。

(2)试拌调整,提出基准配合比

先按初步配合比进行混凝土拌和物的试拌,检查拌和物的和易性。不能满足所选坍落度的要求时,应在保持水灰比不变的条件下相应调整单位用水量或砂率,反复试验,直到符合要求为止。由此提出供混凝土强度实验用的基准配合比。

(3)强度测定,确定试验配合比

按基准配合比拌制试件,测定其实际密度,并进行强度检验。通过上述步骤得到和易性和强度均满足要求的配合比后,还应按混凝土的实测密度再进行必要的校正,而后得到准确的混凝土设计配合比。

(4)施工配合比

室内配合比确定后,实际路面铺筑前,还应进行大型搅拌楼配合比试验检验,检验通过,其配合比方可用于摊铺。另外根据施工的具体情况,还应对施工配合比进行微调与控制,其内容包括微调外加剂掺量和微调加水量。

5.4.3 水泥混凝土路面施工准备

1.施工组织

根据规模的大小、施工的期限,组织机构的设置,如计划统计、测量放样、机械材料、现场试验、质量检查、安全管理、现场施工、后勤供应等,分工合作,协调管理。

根据设计和招投标文件,编制分期施工组织计划,合理组织劳动力和机械设备。

2.施工现场布置

(1)混凝土的拌和方式

混凝土的搅拌方式有集中拌和与分段拌和两种。现场有足够的水源、电源,且材料充足时,宜采用集中拌和;当路段较长,缺少适当的场地和运输机械时,宜采用分段拌和法。一般汽车运送混凝土时,两端供应距离以 2～5 km 为宜;人工运送混凝土时,供应距离不能超过 800～1000 m。

(2)拌和地点

应选在运距经济合理,水源充足且方便,便于堆料,排水条件良好,机械搬运方便的地方。为提高工效,材料可沿路堆放,随工程进展移动,随拌随铺。

(3)材料估算与堆放

施工前,根据所需材料(水泥、砂、石子)进行估算,制定出分期供应计划,随用随调。材料堆放应碎石靠前,砂堆靠后;水泥应储藏在附近仓库,并做好防雨、防潮措施。

(4)工具准备

施工前,应备齐专用和一般机具,如振捣器、平整机、拍板、切缝机、振动夯压板,以及磅秤、捣钎、洒水机、扫帚等机具,并对主要机具进行检修、校验,且准备富余设备,以备紧急使用。

3.测量放样

①据设计文件,测放出路中心线、路边线、曲线主点、变坡点及伸缩缝、胀缝的位置,并加以

固定。

②引测临时水准点于路旁固定点上,供施工时使用。

③对测量放样的数据和资料须经常检查、复核。

4.土基和基层的检查与整修

对路面施工前的土基和基层应检查其含水量和密实度、基层的几何尺寸、路拱、平整度等,不符合要求时,应予以修复。对旧路面上的坑洞、松散区域以及路拱、宽度不符合要求之处,应翻修调整压实。当不设基层时,可设置整平层 6~10 cm。

5.4.4 水泥混凝土路面施工工艺

在水泥混凝土面层施工之前,应进行一系列的施工准备工作,根据总体施工方案和现场条件,编制好施工组织设计,落实责任,分工合作。

水泥混凝土面层施工工艺流程,如图 5-22 所示。

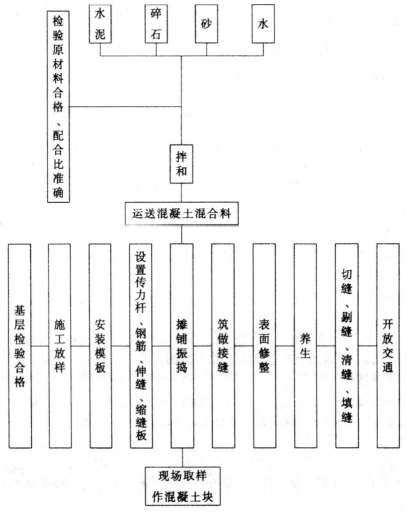

图 5-22 水泥混凝土面层施工工艺流程图

1. 模板安装

模板安装前,先进行定位测量放样,每 20 m 设中心桩,每 100 m 设临时水准点;核对路高,面板分块,接缝和构造的位置。

公路混凝土路面、桥面铺装层的施工模板应采用刚度足够的槽钢、轨模或钢制边侧模板。轨道摊铺机采用专用的钢制轨模,轨道顶部高模板 20～40 mm,如图 5-23 所示。模板纵向每隔 1 m 设置支撑固定装置,如图 5-24 所示。

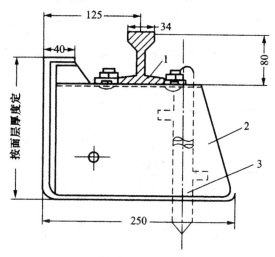

图 5-23　轨道模板(单位:mm)

1—轨道;2—模板;3—钢钎

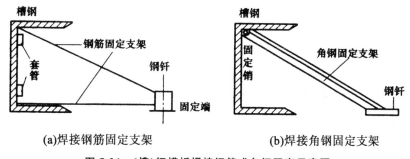

(a)焊接钢筋固定支架　　　　　(b)焊接角钢固定支架

图 5-24　(槽)钢模板焊接钢筋或角钢固定示意图

2. 传力杆设置

通常在完成模板安装之后,紧接着设置各种接缝的传力装置,包括拉杆、胀缝板、传力杆及其套帽、滑移端等,通常采用传力杆钢筋架安装固定,如图 5-25、图 5-26 所示。当采用的摊铺机装备有传力杆插入装置(DBI)时,缩缝传力杆可不提前装置,但应在基层表面标明传力杆的位置,以便于驾驶员准确定位压入传力杆。

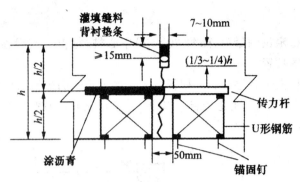

图 5-25 横向缩缝构造（假缝加传力杆型）

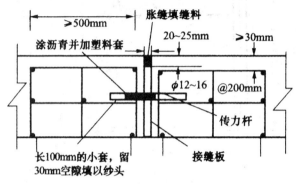

图 5-26 胀缝构造示意图

3.制备与运送混凝土混合料

混凝土的制造与运输是混合料质量保证的重要方面。通常应随时检验用量与质量是否合格。首先应检验混凝土搅拌楼的总供应量是否满足要求，可按式(5-1)估算每一小时混凝土混合料的需要量。

$$M = 60\mu \cdot b \cdot h \cdot v_t \qquad (5\text{-}1)$$

式中，M 为搅拌楼总拌和能力，m^3/b；b 为摊铺宽度，m；h 为面板厚度，m；v_t 为摊铺速度，m/min（$\geqslant 1$ m/min）；μ 为拌和楼可靠系数，一般取 $1.2 \sim 1.5$。

混合料拌和物应均匀一致，有生料、干料、离析或外加剂、粉煤灰成团现象的非均质拌和料应废弃，不得用于摊铺路面。

机械摊铺混凝土路面应系统配套运输车的数量，通常配置载重量 $50 \sim 100$ kN 的自卸卡车，运输时不得漏浆、撒料，车厢底板应平滑。远距离运送或摊铺钢筋混凝土路面和桥面铺装时应选配混凝土罐车。

运送车辆的辆数可按式(5-2)计算确定。

$$N = 2n\left[1 + \frac{s \cdot r_c \cdot m}{v_q \cdot g_q}\right] \qquad (5\text{-}2)$$

式中，N 为汽车辆数，辆；n 相同产量搅拌楼台数；s 单程运输距离，km；r_c 混凝土密度，t/m^3；m 为一台搅拌楼每小时生产能力，m^3/h；v_q 为车辆的平均运输速度，km/h；g_q 汽车载重能力，吨/辆。

为保证混合料在运送过程中不凝固、不离析，必须严格控制混合料出料至路面铺筑完毕所允许的最长时间,见表 5-9。若不能满足表中要求,应通过试验、加大缓凝剂或保塑剂的剂量。

表 5-9 混凝土拌和物出料到运输、铺筑完毕允许最长时间

施工气温/℃	到运输完毕允许最长时间/h		到铺筑完毕允许最长时间/h	
	滑模、轨道	三轴、小机具	滑模、轨道	三轴、小机具
5～9	2.0	1.5	2.5	2.0
10～19	1.5	1.0	2.0	1.5
20～29	1.0	0.75	1.5	1.25
30～35	0.75	0.50	1.25	11.0

注:施工气温指施工期间的日间平均气温,使用混凝剂延长凝结时间后,本表数值可增加 0.25～0.5 h。

4.混凝土摊铺振捣及压痕

(1)摊铺

摊铺混凝土前要准备好预埋件或预埋筋、锄头、齿耙、方锹等手工工具。

混凝土运送到摊铺地点后,应由专人目测表面外观质量和指挥卸料。有离析泌水等现象时,应在铺筑时重新拌匀,但严禁二次加水;发现露石(严重泌水)、结块(初凝)等现象,则应拒绝卸车,退回拌合场处理。

路面厚不超过 24 cm 时,可一次摊铺;超过 24 cm 时,可分两层摊铺,下部厚度为总厚度的 3/5。松铺厚度通过现场实验确定,一般为设计厚的 1.1～1.5 倍左右。应采用"扣锹"摊铺,严禁抛掷和搂耙,以防止混凝土拌合物离析。路面边缘应竖锹贴模供料,顺手捣实可避免板端产生麻面蜂窝。施工缝应力求与胀缝重合。

(2)预埋件设置

设计用单层钢筋网片时,应在底部先摊铺薄层混凝土(厚度按钢筋网片设计位置预加一定的沉落度),然后网片就位,再继续浇筑混凝土。安双层钢筋网时,可事先焊接或绑扎成钢筋网骨架,一次安放就位,也可按单层网片的设置方法,分两次安装上、下层网片。安放边缘和角隅钢筋时,也可采用此法。

(3)振捣

振捣程序为:插入式振捣器振捣→平板式振捣器振捣→振动梁振捣→找补溅土→钢管滚筒滚压混凝土→人工用提浆板第 1 次提浆→人工用钉子打板打击石子下沉以留够砂浆磨耗层→人工用提浆板第 2 次提浆→滚筒滚压混凝土→人工蹲于跳板上用铁抹子两次抹面→混凝土初凝时人工用铁抹子抹面→铜滚压痕(如有汉白玉莹光抹带等交通标志可在接近初凝时一并安装)。

厚度不大于 22 cm 的混凝土板靠边角先用插入式振捣器振捣,然后再用功率不小于 2.2 kW 的平板式振捣器纵横交错振捣,振捣器同一位置停振的持续时间以混合物停止下沉,不再冒气泡并泛出水泥浆为止。不宜过振,振捣时间一般为 10～15 s。插入式振捣器的移动间距不宜大于其作用半径的 1.5 倍,与模板的距离不应大于振捣器作用半径的 0.5 倍,并应避免碰撞模板和钢筋,当混凝土板厚度较大时,可分两层摊铺。下层混凝土用插入式振捣器斜插平拖捣实,上层混凝土先用插入式振捣器插入下层 5 cm 捣实,再用平板振动器加密成形并使上下层结为整体。上

层混凝土须在下层混凝土初凝以前完成振捣。其振捣顺序如图 5-27 所示。

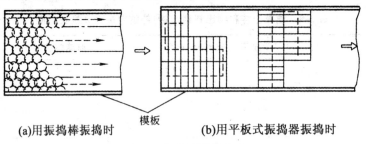

(a)用振捣棒振捣时　　　　(b)用平板式振捣器振捣时

图 5-27　振捣器操作顺序

平板式振捣器振完后,必须用振捣梁振捣,以保证路面拱度。将振捣梁两端搁在侧模上,沿摊铺方向振捣拖平,不平之处可随时找补,最后再将直径 130～150 mm 的(钢管)滚筒两端放在侧模上沿道路纵横两个方向进行反复滚压,使表面平整并提浆,如图 5-28 所示,随后再使用钉子打板和提浆板沉石提浆。

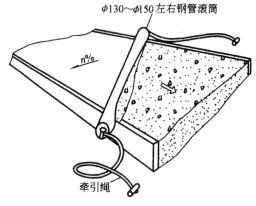

图 5-28　滚筒镘光表面

注:a.斜放钢管时,横坡低的一侧放于前面。b.事先应该检查钢管的挠度,其值小于 2 mm 可以使用。

振捣过程中注意随时检查模板高程及稳固性,如有问题及时修正;找补低洼处要用混凝土,严禁用纯砂浆找补。

(4)压痕

为保证混凝土路面达到设计规定的粗糙度、避免汽车打滑、提供轮胎足够的摩阻力、确保汽车的制动距离及降低行车噪声,使汽车制动性能良好,现普遍采用在路表面用铜滚压痕器横向压痕的方式对路面进行处理(代替原来的帆布带拖或刷子拉毛工艺)。在混凝土初凝时由人工或机械抹光路面(交通标志同时安装),再用压痕器将混凝土路表横向压出一道接一道的纹路(纹路宽约 3 mm,深约 2 mm)。压纹时间以混凝土表面无水迹即接近初凝时比较合适。由于这种方法简便适用、易掌握,能适应车速 80 km/h 以内的行车需要,所以应用广泛。但在高速公路的某些路段,如弯急、坡陡、容易打滑等危险路段和飞机场跑道都要采用刻痕工艺才能满足表面粗糙度的要求。刻痕工艺是在完全凝固的面层上用切槽机切入深 5～6 mm、宽 3 mm、纵向间距 15～20 mm 的横向防滑槽技术。

5.切缝及灌缝

混凝土路面缩缝一般用切割工艺,也有要求切纵缝及胀缝的。

（1）切缩缝

当混凝土强度达到设计强度的 25％～30％时，宜用切缝机切割。因为这时收缩应力并未超出其强度范围。切缝过早易损坏槽口边缘；过迟时则切缝困难，易磨损锯片，费时费工，而且易产生不规则的早期裂缝。适宜的切缝时间是施工温度与施工后时间的乘积为 200～300 个温度小时或混凝土抗压强度为 8.0～10.0 MPa。

切缝有两种方法：一次切割成形或两次锯切成形，如图 5-29 所示。两次切缝方法锯切成形的槽口工作性能较前者好。为减少早期裂缝，切缝可采用"跳仓法"，即每隔几块板切一条缝，然后再回头逐块锯切。切割机切缝时要注意边加水边切割。

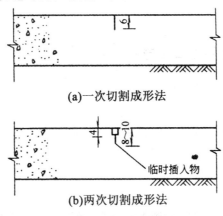

(a)一次切割成形法

(b)两次切割成形法

图 5-29　切缝机切割方法（单位：mm）

（2）纵缝

纵缝一般做成平缝。施工时在已浇混凝土板的缝壁上涂刷沥青（勿涂在拉杆上），再浇相邻的混凝土板并在板缝上部压成缝槽。由于压槽难而慢，所以大的工程多采用切缝方法。如图 5-30 所示是带有拉杆的纵缝设置方法。

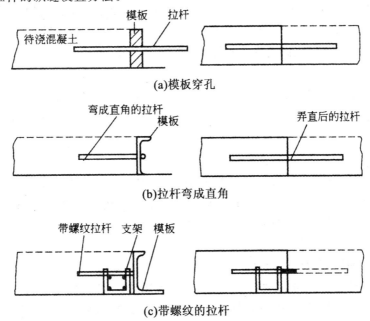

(a)模板穿孔

(b)拉杆弯成直角

(c)带螺纹的拉杆

图 5-30　带有拉杆的纵缝设置方法

（3）胀缝

胀缝多用 2～2.5 cm 厚沥青预制模板作成。

（4）灌缝

常用灌缝材料有聚氯乙烯胶泥、沥青橡胶、聚胺酯、沥青麻絮以及南方地区使用的沥青玛碲脂（低温延续性差）等材料。聚氯乙烯胶泥的防水性、粘结性、弹塑性和耐久性均好，但成本高。

5.5 路面工程施工

5.5.1 碎（砾）石类基层施工工艺

碎（砾）石类基层路拌法施工流程如下。

（1）准备底基层

底基层不宜做成槽式断面。底基层的密实度须达到 95％以上。

（2）施工放样

在基层上设置中线桩和指示桩。

（3）备料

使用未筛分碎石和石屑按照预定比例进行混合，运输未筛分碎石或碎石混合料前应先洒水，保证含水率。

依据各路段基层的数据指标，比如宽度、密度等去计算所需材料的数量和运输车辆卸料后料堆之间的距离。

（4）摊铺集料

集料之间会因为发生作用对基层土形成产生影响，所以放置的时间越短越好，运输集料在摊铺进行的前几天就开始进行。松铺的系数以及松铺的厚度需要实验去提前确定，人工摊铺时的松铺系数为 1.4～1.5，使用机械进行摊铺的系数要比人工低一些，为 1.25～1.35。

（5）拌和及整形、碾压

一些等级标准要求较为严格的二级及其以上的公路进行拌合时，需要利用稳定土拌和机，正常情况下都需要拌合 5 次到 6 次不等。在拌合的过程中，水分一定要足量，最后的拌合料的含水率一定要均匀。

整形时需要使用平地机沿着已经规定好的路拱进行。

整形后，当混合料的含水量为最佳含水量或略大于时，立即用 12 t 以上三轮压路机、振动压路机或轮胎压路机进行碾压，一般情况下需要碾压 6 遍至 8 遍，以达到密实度的标准要求，表面已经平整，没有明显的轮胎痕迹即可。

（6）接缝的处理

接缝主要是指的横缝和纵缝，相应的处理方法视情况而定。

①横缝接缝。第一段拌和后，留 5～8 m 不进行碾压，第二段施工时一起碾压。

②纵缝接缝。正常情况下，应当避免产生纵向接缝。如果是必须分两幅进行摊铺时，纵缝应搭接拌和，且必须垂直相接，不应斜接。

5.5.2　石灰稳定土基层施工工艺

场拌(或集中场拌)法施工工艺要求如下。

(1)底基层准备

按石灰底基层的有关检验标准进行检查,所有的路段都应达到标准。

(2)备料

根据混合料的配合比、材料的含水量以及车辆的运力,计算车辆放料时料堆的距离。

(3)拌和及整平

①使用灰土拌和机等设备进行无水拌合1~2遍,拌合的过程中注意水分的保持,石灰需要全部分布到土中。

②拌合的过程中要不断检查深度,防止底部残留有"素土"影响底部压实度。

③成品料露天堆放时,应减少临空面(建议堆成圆锥体),并注意防雨水冲尉:对屡遭目光暴晒或受雨淋的料堆表面层材料应在使用前清除。

④每次整平时都需要按照要求去调整路拱,为防止出现薄层现象,在总量足够时,摊铺可以略高。

(4)摊铺及碾压

①摊铺前需要保持下乘层的湿润。

②摊铺过程中,尽量均匀,不要出现离析现象,严禁车辆通行。

③碾压应在整平后混合料处于最佳状态,即含水量最适宜时进行碾压。要随时注意保持表层湿润度。

(5)养护

养护期间要适当的采取洒水等报时措施,在湿润的状态下必须超过7 d之后才可以进行上层基层的铺筑。

未采取覆盖措施时需要封闭交通,采用覆盖沙或沥青膜之后,应开放交通,但是车辆行驶速度最高不能30 km/h。

5.5.3　工业废渣稳定土基层施工工艺

路拌法施工工业废渣稳定土基层的主要步骤如下。

(1)准备底基层

进行严格检查,底基层的各项指标和要求应达到标准。

(2)施工放样

准备好施工现场的标志桩和指示桩。

(3)备料

所需要的粉煤灰,要保持足够的水分,若是出现结块现象,直接将其打碎混合即可。

(4)运输和摊铺

①运输过程中需要保持车辆运载的材料数量的基本相同。材料进行运输时并不是同时进行的,而是有着先后顺序。

②摊铺前需要保持下乘层的湿润。

③摊铺过程中,尽量均匀,不要出现离析现象,严禁车辆通行。

(5)拌合及洒水

①一般采用转轴式拌合机或平地机进行无水拌合。在此过程中应注意避免出现离析现象。

②洒水时要注意平均水分,保证混合料的湿润度一致,洒水的距离不能太短,长些比较好,洒水到一段路基的结尾处时要注意超出拌合段最低 2 m。

③拌合过程中要及时检查拌合深度,要使石灰工业废渣层从上到下都均匀。使混合料色泽一致,没有灰条、灰团和花面等,且水分适当、均匀。

(6)整形

①平地机整形。使用平地机设备进行整形时,要注意看路面的线段,一般只需由两侧向中间路段进行刮平的操作,若遇到有超高的平曲路线,则要求从内向外进行刮平的操作。

②整形后,当混合料的含水量为最佳含水量或略大于时,立即用 12 t 以上三轮压路机、振动压路机或轮胎压路机进行碾压,一般情况下需要碾压 6 遍至 8 遍,以达到密实度的标准要求,表面已经平整,没有明显的轮胎痕迹即可。

在整形过程中,必须禁止任何车辆通行。初步整形后,检查混合料的松铺厚度,必要时应进行补料或减料。

第6章 桥梁工程概论

6.1 桥梁的组成与分类

6.1.1 桥梁的基本组成

1.桥梁的组成部分

桥梁一般由上部结构(superstructure)(也称为桥跨结构)、下部结构[(包括桥墩(pier)、桥台(abutment)及其基础(foundation)]、支座(bearing)及附属设施(accessory)等四部分组成。梁式桥的基本组成如图 6-1 所示,拱式桥的基本组成如图 6-2 所示。

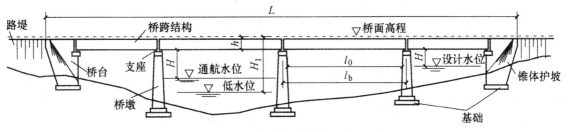

图 6-1　梁式桥的基本组成

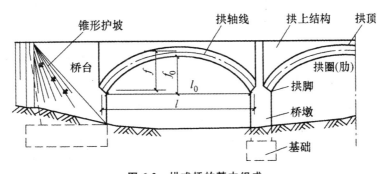

图 6-2　拱式桥的基本组成

上部结构是线路中断时跨越障碍的主要承重结构,它主要包括承重结构(主梁、支座)和桥面(桥面铺装、防水和排水设施、伸缩缝、人行道、栏杆、灯柱等)。上部结构的作用是满足车辆荷载、行人通行,并通过支座将荷载传递给墩台。

下部结构包括桥墩、桥台以及它们的基础。桥墩和桥台是支承上部结构并将荷载传至地基的构造物。其中,在多孔桥中,位于两相邻桥孔之间的称为桥墩;桥墩在两桥台之间。桥台除了起支承桥跨结构的作用外,还具有与路堤连接并抵御路堤土压力;防止路堤填土滑坡和坍塌,保证桥头路堤的稳定作用。桥墩(台)由墩(台)帽、墩(台)身和基础组成,基础是桥墩(台)中使全部荷载传至地基的底部奠基部分。基础是保证桥梁安全使用的关键,也是桥梁施工的难点所在。

在桥跨结构与墩台之间，还需设置支座。它不仅要传递荷载，而且根据结构体系的不同，保证桥跨结构能满足一定的变位要求。

此外，为了提高桥梁的使用和服务功能，还应设置一些必不可少的附属设施，如桥面铺装、防水及排水系统、伸缩缝、栏杆（或防撞体）灯柱以及锥形护坡、护岸、导流结构物等。

2.桥梁主要尺寸和名词术语

在桥梁规划和设计中，设计洪水位，计算跨径，桥长，桥梁净跨径，桥梁的建筑高度等均为主要的桥梁技术指标。以下将简要说明有关的名词术语。

（1）水位

低水位（low water level），是指在枯水季节水位变动河流的最低水位。

设计水位（designed flood level），是指对应于设计洪水频率的洪峰流量水位。

通航水位（navigable water level），是指在各级航道中，能保持船舶正常航行时的水位。

（2）跨径

计算跨径（l）——梁桥为桥跨结构两支承点间的距离；拱桥是两相邻拱脚截面形心点之间的水平距离，或拱轴线两端点之间的水平距离（拱圈或拱肋各截面形心点的连线称为拱轴线）。

净跨径（l_0）——通常为计算水位上相邻两个桥墩（台）间的净距离。

对于梁式桥是设计洪水位处，相邻两个桥墩（或桥台）之间的净距（见图 6-1）。

对于拱桥是每孔拱跨两个拱脚截面最低点之间的水平距离（见图 6-2）。

标准跨径（l_b）——《公路桥涵设计通用规范》中规定，对标准设计或新建桥涵跨径在 50 m以下时，从 0.75 m 起至 50 m，共分 21 种。梁桥为相邻桥墩中线之间的距离，或桥墩中线至桥台台背前缘之间的距离。拱桥是指净跨径。

总跨径——多孔梁桥中各跨径的总和，它反映了桥下宣泄洪水的能力。

桥梁全长（L）——有桥台的桥梁桥长为两岸桥台侧墙或八字墙尾端间的距离，无桥台的桥梁桥长为桥面长度。

（3）高度

桥梁高度（H_1）——指跨河桥桥面与低水位之间的距离，或跨线桥桥面与桥下线路路面之间的距离。它在某种意义上反映了桥梁施工的难度。

桥下净空高度（H）——设计水位或计算通航水位与桥跨结构最下缘之间的距离。它应该能满足排洪和河流通航所要求的净空高度。

建筑高度（h）——指桥上行车路面至桥跨结构最下缘之间的距离。它不仅与桥梁结构的体系和跨径有关，而且随行车道在桥上的具体布置位置而变化。

允许建筑高度——指公路定线中所确定的桥面高程对通航净空顶部高程之差。桥梁的建筑高度不能大于其允许建筑高度，否则就不能保证桥下的通航净空要求。

6.1.2　桥梁的分类

桥梁有不同的分类方式，每一种分类方式均反映出桥梁在某一方面的特征。其中，桥梁按结构体系的分类是基本的分类方法，不同的体系对应于不同的力学形式，表现出不尽相同的受力特点。

1.桥梁的基本体系

按结构体系及受力特点,桥梁可划分为梁、拱、索三种基本体系,以及由基本体系之间组合而形成的组合体系。

(1)梁式桥

梁式桥是一种在竖向荷载作用下无水平反力的结构。由于外力(恒载和活载)的作用方向与承重结构的轴线接近垂直,故与同样跨径的其他结构体系相比,梁内产生的弯矩最大,通常用抗弯能力强的材料(钢、钢筋混凝土等)来建造。为了节约钢材,目前在公路上应用最广的是预制装配式的钢筋混凝土梁桥。这种梁桥的结构简单、施工方便。

梁式桥可分为简支梁桥、连续梁桥和悬臂梁桥,各种体系的基本图式如图 6-3 所示。简支梁桥的结构简单,施工方便,跨越能力有限(一般在 50 m 以下),当计算跨径小于 20 m 时,通常采用混凝土材料,而计算跨径大于 20 m 时,更多采用预应力混凝土结构。悬臂梁和连续梁桥都是利用增加中间支承以减小跨中弯矩,比简支桥梁具有更大的跨越能力,如图 6-3(c)、(d)所示。

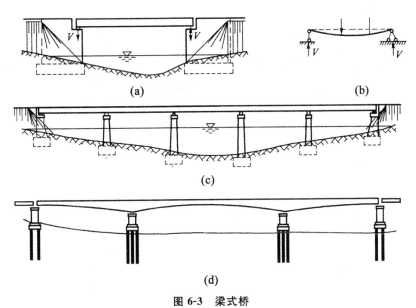

图 6-3　梁式桥

(2)拱式桥

拱式桥的主要承重结构是拱圈或拱肋。在竖向荷载作用下,拱式桥的墩台将承受水平推力,如图 6-4(b)所示。由于水平推力的作用,拱圈(或拱肋)内的弯矩比相同跨径的梁小得多,拱圈(或拱肋)以承受压力为主。所以,拱桥除了可以利用钢、钢筋混凝土等材料外,还可以采用抗压能力较强而抗拉能力较弱的圬工材料(如砖、石、混凝土等)来建造。

拱式桥是推力结构,其墩台、基础必须承受强大的拱脚推力。因此拱式桥对地基要求很高,适建于地质和地基条件良好的桥址。拱式桥不仅承载能力大,而且外形酷似彩虹卧波,造型十分美观,是桥梁工程中广泛采用的桥型之一。

(3)悬索桥

悬索桥又称吊桥。悬索桥的主要承重结构是悬挂在两塔架上的强大的柔性缆索。悬索桥由塔架、缆索、锚锭结构及吊杆、加劲梁组成,如图 6-5 所示。通过吊杆传递到缆索上的竖向荷载,将使其承受很大的拉力,但其仅受拉力。缆索的强大拉力也将引起较大的水平反力。现代悬索桥广泛采用高强度钢丝成股编制的钢缆,以充分发挥其优异的抗拉性能。所以,悬索桥结构的自重较轻,具有其他桥式无可比拟的跨越能力,常用于修建特大跨径的桥梁。但在车辆动荷载和风荷载作用下,桥有较大的变形和振动。

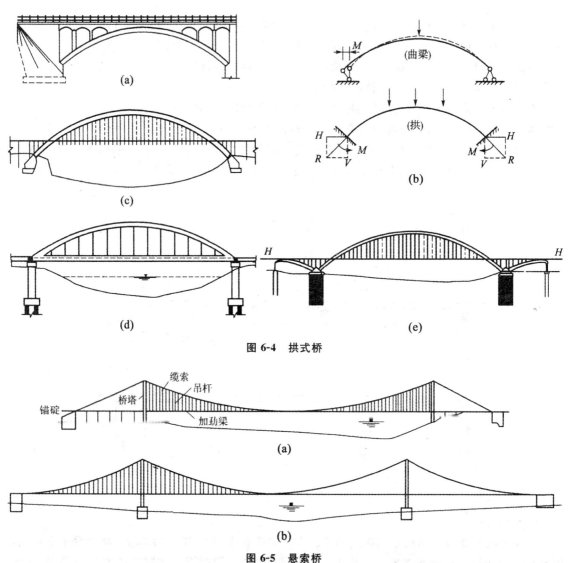

图 6-4 拱式桥

图 6-5 悬索桥

（4）刚架桥

刚架桥的主要承重结构是梁与立柱（墩柱、竖墙）刚性连接的结构体系,结构如图 6-6 所示。刚架桥的特点是在竖向荷载作用下,柱脚处不仅产生竖向反力,同时产生水平反力,使其基础承受较大推力。刚架桥中梁和柱的截面均有弯矩、剪力和轴力作用,因而其受力状态介于梁桥和拱桥之间。由于梁和柱接点为刚接,梁端部承受负弯矩,使梁跨中弯矩减小;与一般墩台不同,刚架桥的立柱（墩台）不仅承受压力,还承受较大弯矩。由于刚架桥的上述特点,在城市中当遇到线路立体交叉或需要跨越通航江河时,常采用这种桥型以降低线路标高,减少路堤土方量。当桥面标高已确定时,能增加桥下净空。

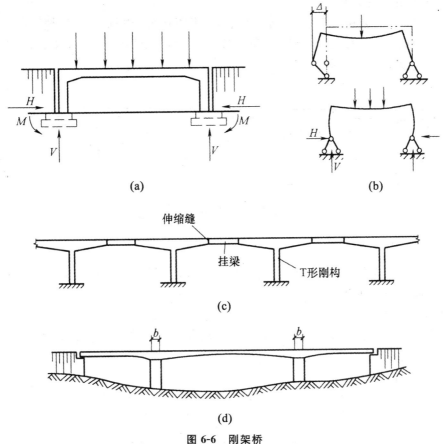

图 6-6 刚架桥

（5）斜拉桥

斜拉桥由斜拉索、主梁、塔柱及墩台组成，如图 6-7 所示，其主要承重结构包括斜拉索和主梁，属于组合体系桥梁。斜拉索主要承受拉力，常采用平行高强钢丝束、平行钢绞线等材料。斜拉索一端锚固在塔柱上，另一端锚固在主梁上，将主梁多点吊起，相当于在主梁跨径内增加了若干个弹性支承，从而大大降低了主梁内力，减小了主梁尺寸和结构自重，既节省了材料，又显著增大了桥梁的跨越能力。与悬索桥相比，斜拉桥的结构刚度较大，抵抗风振的能力比悬索桥好。

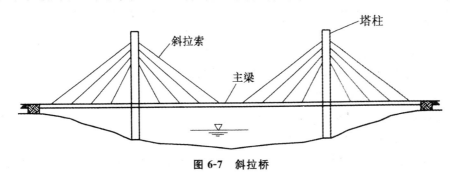

图 6-7 斜拉桥

（6）组合体系桥

除了以上五种基本桥梁体系之外，根据结构的受力特点，还有其他一些由不同结构体系组合而成的桥梁,称为组合体系桥。

梁-拱组合体系桥,梁和拱都是主要承重结构,两者相互配合共同受力,这种组合体系桥梁的跨越能力比一般的简支梁桥大。如图 6-8 所示就是一种梁-拱的组合体系,拱置于梁的下方,通过立柱对梁起辅助支承的作用。

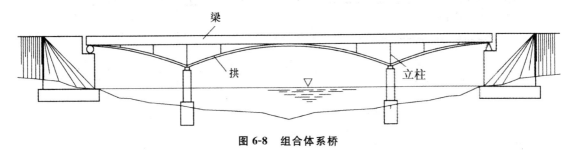

图 6-8　组合体系桥

2.桥梁的其他分类简述

除了上述按受力特点分成不同的结构体系外,人们还习惯地从桥梁的用途、大小规模和建桥材料等其他方面来进行分类。

(1)按用途来分类

按用途可分为公路桥、铁路桥、公路铁路两用桥、农桥、人行桥、运水桥(渡槽)及其他专用桥梁(如通过管路、电缆等)。

(2)按桥梁跨径分类

《公路工程技术标准》规定了特大、大、中、小桥的划分标准,见表 6-1。

表 6-1　桥梁涵洞按跨径分类

桥涵分类	多孔跨径总长 L/m	单孔跨径 L_0/m
特大桥	$L \geqslant 500$	$L_0 \geqslant 100$
大　桥	$100 \leqslant L < 500$	$40 \leqslant L_0 < 100$
中　桥	$30 < L < 100$	$20 \leqslant L_0 < 40$
小　桥	$8 \leqslant L \leqslant 30$	$5 \leqslant L_0 < 20$
涵　洞	$L < 8$	$L_0 < 5$

注:圆管涵及箱涵不论管径或孔径大小、孔数多少,均称为涵洞。

不过,这种分类只能理解为一种行业管理的分类,它不能反映桥梁工程设计施工的复杂程度。国际上一般认为单跨跨径小于 150 m 属于中小桥梁,大于 150 m 称为大桥;特大桥就不仅仅凭跨径认定了,还与桥型有关;能称为特大桥的,一般是主跨大于 1000 m 的悬索桥、主跨大于 500 m 的斜拉桥或钢拱桥、主跨大于 300 m 的混凝土拱桥等。

(3)按主要承重结构所用的材料分类

按主要承重结构所用的材料可分为圬工桥(包括砖、石、混凝土)、钢筋混凝土桥、预应力混凝土桥、钢桥和木桥等。

(4)按跨越障碍的性质分类

本书采用《中国大百科全书·土木工程》中的提法:分为跨河桥、跨谷桥、跨线桥和高架线路桥。

（5）按上部结构的行车道位置分类

按上部结构的行车道位置可分为上承式桥、下承式桥和中承式桥。桥面布置在主要承重结构之上者称为上承式桥；桥面布置在主要承重结构下缘的称为下承式桥；桥面布置介于上、下缘之间的称为中承式桥。

上承式桥构造较简单，施工方便，而且其主梁或拱肋的间距可按需要调整，以求得经济合理的布置。一般说来，上承式桥梁的承重结构宽度可做得小些，因而可节约墩台圬工数量。此外，在上承式桥上行车时，视野开阔、感觉舒适。所以，公路桥梁一般尽可能采用上承式桥。上承式桥的不足之处是桥梁的建筑高度较大。在建筑高度受严格限制或修建上承式桥必须提高路面（或轨顶）标高而显著增大桥头路堤土方量时，就应采用下承式桥或中承式桥。对于城市桥梁，有时受周围建筑物等的限制，不容许过分抬高桥面标高时，也可修建下承式桥。

除了上述各种固定式桥梁外，还有按特殊的使用条件修建的活动桥（开启桥、升降桥）、浮桥、漫水桥等。

6.2　桥梁的总体规划与设计

6.2.1　桥梁设计与建设程序

一座重要桥梁的建设，将不可避免地对区域的政治、经济、文化及人民生活等多个方面产生重要的影响。各国根据在大桥建设中长期积累的经验，各自形成了一套与本国管理体制相适应的工作程序。在我国，根据国家基本建设程序的要求，也逐步形成了包括技术、经济及组织工作在内的大桥设计程序，它分为前期工作和设计阶段。前期工作包括编制工程预可行性研究报告（简称"预可"）和工程可行性研究报告（简称"工可"）；设计阶段按"三阶段设计"进行，即初步设计（preliminary design）、技术设计（technical design）与施工图设计（constructional drawing design）。各阶段设计文件完成后的上报和审批都由国家指定的行政部门办理。各设计阶段与建设程序之间的关系如图 6-9 所示。以下就前期工作和设计阶段分别作具体的说明。

1. 前期工作

预可行性研究与可行性研究均属建设的前期工作。两者应包括的内容及目的基本一致，但其研究的深度不同。预可行性研究是在工程可行的基础上，着重研究建设上的必要性和经济上的合理性；可行性研究则是在预可行性研究报告审批后，在必要性和合理性得到确认的基础上，着重研究工程上和投资上的可行性。这两个阶段的研究都是为项目的科学决策提供依据，避免盲目决策。前期工作的重点在于论证建桥的必要性、可行性，并确定建桥的地点、规模、标准、投资控制等一些宏观问题和重大问题。显然，前期工作十分重要。

2. 设计阶段

（1）初步设计

初步设计应根据批复的可行性研究报告、勘测设计合同和初勘资料编制。初步设计的目的是确定设计方案。应通过多个桥型方案的比选，推荐最优方案，报上级单位审批。在编制各个桥型方案时,要提供平、纵、横布置图,拟定桥梁结构的主要尺寸,并估算工程数量,提供主要材料用量,提出施工方案的意见,依据概算定额编制设计概算。初步设计经批复后,便成为施工准备、编制施工图设计文件和控制建设项目投资等的依据。

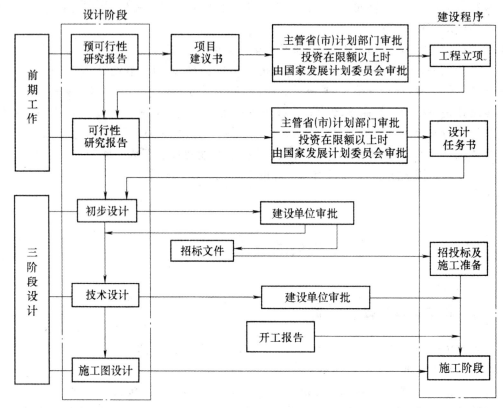

图 6-9　设计阶段与建设程序的关系

（2）技术设计

对于技术上很复杂的特大桥、互通式立交桥或新型桥梁结构,需进行技术设计。技术设计的目的是优化或完善初步设计。技术设计应根据初步设计批复意见、勘测设计合同的要求,对所批准的桥式方案中重大、复杂的技术问题通过科学试验、专题研究、加深勘探调查及分析比较,进一步完善桥型方案的总体和细部技术问题及施工方案,提出详尽的设计图样和工程数量等,并修正工程概算。

（3）施工设计

在施工设计阶段还要进一步根据施工需要进行补充钻探（称"施工钻探"）,特别是对于重要的基础如支承在岩层内的基础要探明岩面高程的变化（一般不再布置深钻孔）。

根据批准的技术设计文件,绘制施工详图。绘制施工详图过程中对断面不宜做大的变动,但对于细节处理及配筋,特别是钢筋布置则允许适当改进。

施工设计可以由原编制技术设计的单位继续进行,也可由中标的施工单位进行。施工单位在编制施工设计时,如对技术设计有所变更,则要对变更部分负责,并要得到监理的认可。不管是由设计单位还是由施工单位编制的施工设计文件,均必须符合施工实际（施工条件及施工环境）,必须能够按图施工。

6.2.2　桥梁设计的一般原则

在桥梁设计中应遵循的一般原则如下所述。

1. 桥梁设计的基本原则

当前,我国的桥梁设计的基本原则是"安全、适用、经济、美观"。

(1)安全

保证工程质量、保证结构的安全可靠。这是结构设计最根本的要求。

(2)适用

桥梁应具有足够的承载能力,能保证行车的畅通、舒适;既能满足当前的需要又能适应未来的发展;既满足交通运输本身的需要,也要考虑到支援农业、满足农田排灌的需要;通航河流上的桥梁,应满足航运的要求;靠近城市、村镇、铁路及水利设施的桥梁,应结合有关方面的要求,考虑综合利用;桥梁还应考虑国防、战备的要求;特定地区的桥梁还应满足特定条件下的特殊要求(如地震等)。

(3)经济

总造价比较低,是经济的。

(4)美观

优美的桥型不仅能够与环境的相和谐,还可以作为适当的装饰。

从某种意义上说,桥梁设计就是解决安全、适用、经济、美观这四个方面之间的矛盾,尤其是经济与安全、适用、美观之间的矛盾。一个地区的社会经济发展水平不同,对"经济"与"美观"的关注程度将有所不同。积极学习和采用包括新结构、新设备、新材料、新工艺在内的先进技术、最新科技成就,将有利于更好地贯彻安全、适用、经济和美观的原则。

2. 野外勘测与调查研究

一座桥梁的规划设计涉及的因素很多,必须经过充分的调查研究,收集以下资料,从客观实际出发,提出合理的设计建议及计划任务书。

(1)调查研究桥梁交通要求

对于公路或城市桥梁,需要调查研究桥上交通种类及其要求,如汽车荷载等级、实际交通量和增长率,需要的车道数目或行车道宽度,以及人行道的要求等。

(2)选择桥位

各级公路上的小桥及其与公路的衔接,一般应符合路线布设的要求,桥中线与洪水流向应尽量正交。各级公路上的特大、大、中桥的桥位,原则上应服从路线上的总方向。对于特大、大、中桥一般选择2~5个可能的桥位,对每个可能的桥位进行相应的调查和勘测工作,包括搜集洪水、地形和地质资料;实地调查历史洪水位;做必要的地形、地貌和地质等测绘工作。经过综合分析比较,选择出最合理的桥位。

(3)桥位的详细勘测和调查

对确定的桥位要进一步搜集资料,为设计和施工提供可靠依据。这时的勘测和调查工作包括绘制桥位附近大比例地形图、桥位地质钻探并绘制地质剖面图、实地水文勘测调查等。为使地质资料更接近实际,应将钻孔布置在拟定的桥孔方案墩台附近。

(4)调查其他有关情况

调查了解地震资料、当地建筑材料来源及供应情况、运输条件、是否需要拆迁建筑物或占用农田、桥上是否需要铺设电缆或各种管线等。

6.2.3 桥梁纵、横断面设计和平面布置

1. 桥梁纵断面设计

桥梁纵断面设计包括确定桥梁的总跨径、桥梁的分孔、桥道的标高、桥上和桥头引道的纵坡等。

（1）桥梁的总跨径

桥梁总跨径一般根据水文计算确定。其基本原则是：在桥梁的整个使用年限内，应保证设计洪水能顺利宣泄；河流中可能出现的流冰和船只、排筏等能顺利通过；避免因过分压缩河床而引起河道和河岸的不利变迁；避免因桥前壅水而淹没农田、房屋、村镇和其他公共设施等。对于桥梁结构本身来说，应避免因总跨径缩短而引起的河床过度冲刷对浅埋基础带来不利的影响。

在某些情况下，为了降低工程造价，可以在不超过允许的桥前壅水和规范规定的允许最大冲刷系数的前提条件下，适当增大桥下冲刷，以缩短总跨长。例如，对于深埋基础，一般允许稍大一点的冲刷系数，使总跨径能适当减小；对于平原区稳定的宽河段，流速较小，漂流物也较少，主河槽也较大时，可以对河滩的浅水流区段作较大的压缩但必须慎重的校核，压缩后的桥梁壅水不得危及河滩路堤以及附近农田和建筑物。

（2）桥梁的分孔

对于一座较长的桥梁，应当分成若干孔，但孔径划分的大小不仅会影响到使用效果和施工难易等，而且在很大程度上会影响到桥梁的总造价。例如，采用的跨径越大，孔数越少，固然可以降低墩台的造价，但却会使上部结构的造价增高；反之，则上部结构的造价虽然降低了，但墩台的造价却又有所提高。因此，在满足上述使用和技术要求的前提下．通常采用最经济的分孔方式，也就是使上下部结构的总造价趋于最低。设计要求如下：

①对于通航河流，分孔时首先应满足桥下的通航要求，桥梁的通航孔应布置在航行最方便的河域。对于变迁性河流，根据具体条件，应多设几个通航孔。

②对于平原区宽阔河流上的桥梁，通常在主河槽部分需要布置较大的通航孔，而在两侧浅滩部分按经济跨径进行分孔。

③对于在山区深谷、水深流急的江河上，或在水库上建桥时，为了减少中间桥墩，应加大跨径。如果条件允许，甚至可以采用特大跨径的单孔跨越。

④对于采用连续体系的多孔桥梁，应从结构的受力特性考虑，使边孔与中孔的跨中弯矩接近相等，合理地确定相邻跨之间的比例。

⑤对某些体系的多孔桥梁，为了使其受力合理或施工方便，各孔径间应保持适当的比例关系。如预应力混凝土连续梁桥的边跨与中跨的跨径之比一般为 0.6～0.8；双塔三跨式斜拉桥的边跨与主跨的跨径比一般为 0.25～0.5。

⑥从战备方面考虑，应尽量使全桥的跨径相同，以便于战时修复。

⑦跨径的确定还与施工有关。首先，跨径的大小应在施工单位的技术能力及其施工机械装备允许的范围内。其次，分孔方式会在很大程度上决定施工的难易，并影响工期。如在大桥的施工过程中，基础工程往往对工期起决定作用，所以，应尽量减少墩台数量，选用较大的跨径。

⑧桥梁分孔还应适当注意美观方面的要求。例如，为了使连续梁桥或多孔悬臂梁桥的结构对称并具有韵律感，最好布置成不等跨的奇数孔。

⑨确定桥梁孔径时还应考虑桥位上、下游已建或拟建桥涵和水工建筑物的状况及其对河床演变的影响。

总之,大、中桥梁的分孔问题相当复杂,涉及的因素较多,各种各样的条件和要求之间甚至存在矛盾。这就要求根据使用任务,桥位处的地形和环境,河床地质、水文等具体情况,通过技术经济等方面的分析比较,得出较合理的分孔方案。

(3)桥面标高的确定

桥面标高应根据其所在路线的纵断面设计要求,同时考虑桥下排洪、通航或行车需要的净空要求,结合桥型、跨径等综合确定。

对于非通航河流,为保证结构不受水毁,必须保证桥下的流水净空。桥下净空应根据计算水位(设计水位计入壅水、浪高等)或最高流冰水位加安全高度确定,如图 6-10 所示,具体见表 6-2。

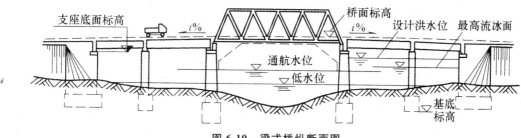

图 6-10　梁式桥纵断面图

表 6-2　非通航河流桥下最小净空

桥梁的部位		高出计算水位/m	高出最高流冰面/m
梁底	洪水期无大漂流物	0.50	0.75
	洪水期有大漂流物	1.50	—
	有泥石流	1.00	—
支承垫石顶面		0.25	0.50
拱脚		0.25	0.25

对于无铰拱桥,允许设计其拱脚被洪水淹没,但不宜超过拱圈高度的 2/3,如图 6-11 所示。在不通航和无流筏的水库区域内,梁底面或拱顶底面离开水面的高度不应小于计算浪高的 0.75 倍加上 0.25 m。

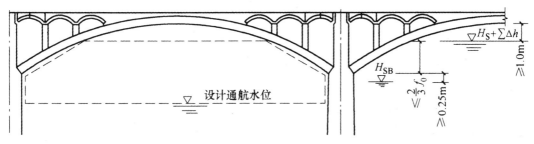

图 6-11　拱式桥纵断面图

在通航或流放木筏的河流上,必须设置保证桥下安全通航的通航孔。通航孔的桥下净空应符合通航标准的要求,即桥跨结构下缘的标高,应高出自设计通航水位算起的通航净空高度,并保证任何结构构件或设施均不得伸入通航净空范围之内。

我国内河通航净空的尺寸规定可按 GB 50139—2004《内河通航标准》确定,并应充分考虑河床演变与不同通航水位航迹线的变化。具体规定见表 6-3,表中符号如图 6-12 所示。

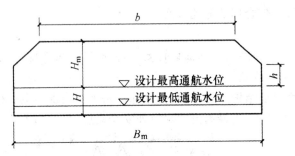

图 6-12　水上过河建筑物通航净空

表 6-3　天然和渠化河流水上过河建筑物通航净空尺寸

航道等级	代表船舶、船队	净高 H_m/m	单向通航孔/m			双向通航孔/m		
			净宽 B_m	上底宽 b	侧高 h	净宽 B_m	上底宽 b	侧高 h
I	(1)4 排 4 列	24.0	200	150	7.0	400	350	7.0
	(2)3 排 3 列	18.0	160	120	7.0	320	280	7.0
	(3)2 排 2 列		110	82	8.0	220	192	8.0
II	(1)3 排 3 列	18.0	145	108	6.0	290	253	6.0
	(2)2 排 2 列		105	78	8.0	210	183	8.0
	(3)2 排 1 列	10.0	75	56	6.0	150	131	6.0
III	(1)3 排 2 列	18.0	100	75	6.0	200	175	6.0
		10.0						
	(2)2 排 2 列	10.0	75	56	6.0	150	131	6.0
	(3)2 排 1 列		55	41	6.0	110	96	6.0
IV	(1)3 排 2 列	8.0	75	61	4.0	150	136	4.0
	(2)2 排 2 列		60	49	4.0	120	109	4.0
	(3)2 排 1 列		45	36	5.0	90	81	5.0
	(4)货船							
V	(1)2 排 2 列	8.0	55	44	4.5	110	99	4.5
	(2)2 排 1 列	8.0 或 5.0	40	32	5.5 或 3.5	80	72	5.5 或 3.5
	(3)货船							
VI	(1)1 拖 5	4.5	25	18	3.4	40	33	3.4
	(2)货船	6.0			4.0			4.0

航道等级	代表船舶、船队	净高 H_m/m	单向通航孔/m			双向通航孔/m		
			净宽 B_m	上底宽 b	侧高 h	净宽 B_m	上底宽 b	侧高 h
Ⅶ	(1)1 拖 5	3.5	20	15	2.8	32	27	2.8
	(2)货船	4.5						

2. 桥梁横断面设计

桥梁横断面的设计,主要取决于桥面的宽度和不同桥跨结构横截面的形式。桥面宽度决定于行车和行人的交通量,为保证桥梁的服务水平,桥面宽度应当与所在路线的路基宽度保持一致。

桥上人行道的设置应根据实际需要而定。人行道的宽度为 0.75 m 或 1 m,大于 1 m 时按 0.5 m 的倍数增加。一条自行车道的宽度为 1 m,当单独设置自行车道时,一般不应少于两条自行车道的宽度。不设人行道和自行车道的桥梁可根据具体情况设置栏杆和安全带;与路基同宽的小桥和涵洞可仅设缘石或栏杆;漫水桥不设人行道,但可设置护栏。

城市桥梁以及位于大、中城市近郊的公路桥梁的桥面净空尺寸应结合城市实际交通量和今后发展的要求来确定。在弯道上的桥梁应按路线要求予以加宽。

人行道及安全带应高出行车道路面至少 0.20~0.25 m,对于具有 2% 以上纵坡并高速行车的现代化桥梁,最好应高出行车道路面 0.30~0.35 m,以确保行人和行车的安全。

对于相同桥面净宽的上承式桥和下承式桥的横断面的布置,根据结构布置上的需要。下承式桥承重结构的宽度要比上承式桥的大,而其建筑高度应比上承式桥的小。

为了利于桥面排水,公路和城市桥梁应根据不同类型的桥面铺装,设置从桥面中央倾向两侧的 1.5%~3% 的横坡。人行道宜设置向行车道倾斜的 1% 的横坡。

城市桥梁以及位于大、中城市近郊的公路桥梁的桥面净空尺寸,应结合城市交通工程规划要求予以适当加宽。桥上如通行电车和汽车时,一般将电车布置于桥道中央,汽车道在它的两旁。在弯道上的桥梁应按路线要求予以加宽。

3. 桥梁的平面布置

桥梁的线形及桥头引道要保持平顺,使车辆能平稳地通过。

高速公路和一级公路上的大、中桥,以及各级公路上的小桥的线形与公路衔接时,应符合路线布设的规定。

二、三、四级公路上的大、中桥线形,一般为直线,如必须设成曲线时,其各项指标应符合路线布置规定。

从桥梁本身的经济性和施工方便来说,应尽可能避免桥梁与河流或桥下路线斜交,但对于一般中、小桥,为了改善路线线形或城市桥梁受原有街道的制约时,也允许修建斜交桥,斜度通常不宜大于 45°,在通航河流上则不宜大于 5°。

6.3　桥梁上的作用

作用是指施加在结构上的一组集中力或分布力,或引起结构外加变形或约束变形的原因,前者称为直接作用,也称为荷载,后者称为间接作用,如地震、结构不均匀沉降等,它们产生的效应与结构本身的特征有关。作用的种类、形式和大小的选定是桥梁计算工作中的主要部分,它关系到桥梁结构在其设计使用期限内的安全系数和桥梁建设费用的合理投资。

桥梁结构根据使用任务的不同,除承受结构本身的自重和各种附加重力之外,主要承受桥上各种交通荷载,如汽车荷载、人群荷载等。另外,鉴于桥梁结构还处在自然环境之中,还要经受温度变化、风荷载、水浮力及地震等各种气候、水文等复杂因素的影响。

作用可以根据不同的观点分类,《桥通规》按照作用随时间的变化特点,将作用在桥梁结构上的作用分为三类:永久作用、可变作用和偶然作用,详见表6-4。

表6-4 作用的分类

序号	作用分类	作用名称
1	永久作用	结构重力(包括结构附加重力)
2		预加力
3		土的重力
4		土侧压力
5		混凝土收缩及徐变作用
6		水的浮力
7		基础变位作用
8	可变作用	汽车荷载
9		汽车冲击力
10		汽车离心力
11		汽车引起的土侧压力
12		人群荷载
13		汽车制动力
14		风荷载
15		流水压力
16		冰压力
17		温度(均匀温度和梯度温度)作用
18		支座摩阻力
19	偶然作用	地震作用
20		船舶或漂流物的撞击作用
21		汽车撞击作用

6.3.1 永久作用

永久作用(也称恒载)是在结构使用期内,量值不随时间而变化,或其变化值与平均值比较可以忽略不计的作用。永久作用包括结构自重、桥面铺装及附属设备的重量、作用于结构上的土重及土侧压力、基础变位作用、水浮力、长期作用于结构上的人工预加力及混凝土收缩和徐变作用等。

1. 结构重力

对于结构自重、桥面铺装及附属设备等附加重力，其标准值可按结构物的实际体积或设计时假定的体积和材料的重度计算确定。

桥梁结构的自重往往占全部设计荷载的大部分，采用轻质高强材料对减轻桥梁自重、增大跨越能力有着重要的意义。

2. 预加力

对于预应力混凝土结构，预加力在结构进行正常使用极限状态设计和使用阶段构件应力计算时，应作为永久作用计算其主、次效应，计算时应考虑相应阶段的预应力损失，但不计由于预加力偏心距增大引起的附加效应。在结构进行承载能力极限状态设计时，预加力不作为作用，而将预应力钢筋作为结构抗力的一部分，但在连续梁等超静定结构中，仍需考虑预加力引起的次效应。

3. 土压力

作用于桥梁墩台上的土重力和土侧压力可参照《桥通规》中的规定进行计算。

在验算桥墩、台以及挡土墙倾覆和滑动稳定性时，其前侧地面以下不受冲刷部分土的侧压力，可按静土压力计算。计算作用于桥台后的主动土压力的标准值，一般应区别考虑台后有车辆作用和台后无车辆作用等不同的作用情况。

4. 水的浮力

当基础底面位于透水性地基上时，验算墩台的稳定性，应采用设计水位浮力，而验算地基应力时，仅考虑低水位时的浮力或不考虑水的浮力。当基础嵌入不透水性地基上时，不考虑水的浮力。当不能确定地基是否透水时，应以透水和不透水两种情况分别与其他作用组合，取其最不利者。

作用在桩基承台底面的浮力，应考虑全部底面积。对于桩嵌入不透水地基并灌注混凝土封闭的情况，不应考虑桩的浮力，在计算承台底面浮力时，应扣除桩的截面面积。

5. 混凝土收缩及徐变作用

混凝土收缩及徐变作用在外部超静定的混凝土结构、钢和混凝土的组合结构等桥梁结构中是必然产生的，而且是长期作用的。应考虑混凝土的收缩和徐变影响，混凝土收缩应变和徐变系数可按《公路钢筋混凝土及预应力混凝土桥涵设计规范》(JTG D62—2004)中的规定进行计算。混凝土收缩影响可作为相应于温度的降低考虑，徐变影响可假定混凝土应力与徐变变形之间为线性关系。计算圬工拱圈的收缩作用效应时，如果考虑徐变影响，则作用效应可乘以 0.45 的折减系数。

6.3.2　可变作用

可变作用是指在结构使用期间，其值随时间变化，且其变化值与平均值比较不可忽略的作用。桥梁上的可变作用主要包括汽车荷载和人群荷载。同时,对于汽车荷载还应计及其冲击力、制动力、离心力以及引起的土侧压力。此外,可变作用还包括风荷载、流水压力、冰压力、温度作用及支座摩阻力等。

1.汽车荷载

(1)车辆载荷与车道载荷

桥梁上行驶的车辆种类繁多,同一种车辆也有许多不同的型号和载重等级,而且随着我国交通运输事业的发展,出现了集装箱运输车等载重量越来越大的车辆。而设计时不可能对每种情况都进行计算,这就需要拟定一种既能概括目前各类车辆情况,又能适当考虑将来发展需要,同时便于在设计中应用的简明统一的荷载标准。

我国交通部在对实际车辆的车型、行车规律、轮轴数目、间距及轴重等情况进行了大量的观测、综合和概括后,《桥通规》规定了适用于公路桥涵或受车辆影响的构造物设计所用的汽车荷载标准。

将汽车荷载分为公路-Ⅰ级和公路-Ⅱ级。桥梁设计时汽车荷载按车道荷载或车辆荷载计算。车道荷载由均布荷载和集中荷载组成。桥梁结构整体计算采用车道荷载;桥梁结构局部加载、涵洞、桥台和挡土墙土压力等的计算采用车辆荷载。车辆荷载与车道荷载不得叠加。

(2)车道荷载

车道荷载的计算图式如图 6-13 所示。由一列均荷载和一个集中力组成。

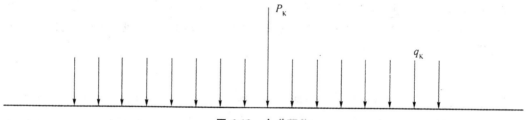

图 6-13 车道载荷

①公路-Ⅰ级车道荷载的均布荷载标准值为 $q_K = 10.5$ N/m;集中荷载标准值按以下规定选取:桥梁计算跨径小于或等于 5 m 时,$p_K = 180$ kN;桥梁计算跨径大于或等于 50 m 时,$p_K = 360$ kN;桥梁计算跨径在 5~50 m 之间时,p_K 采用直线内插求得。计算剪力时,上述集中荷载的 p_K 应乘以 1.2 的系数。

②公路-Ⅱ级车道荷载的均布荷载标准值为 q_K 和集中荷载标准值 p_K 按公路-Ⅰ级车道荷载的 0.75 倍计算。

③车道荷载的均布荷载标准值应满布于使结构产生最不利效应的同号影响线上;集中荷载标准值只作用于相应影响线中一个最大峰值处。

④车道荷载横向分布系数应按设计车道数布置车辆荷载计算;当桥梁车道数大于或等于二时,由汽车荷载产生的效应按多车道汽车荷载效应应考虑车道数折减。在横向布置车辆时,既要考虑使桥梁获得最大的荷载效应,还要考虑到车辆实际行驶需要足够的行车道宽度,车辆按图 6-14 所示的方式布置。桥涵设计车道数则应符合表 6-5 的规定。

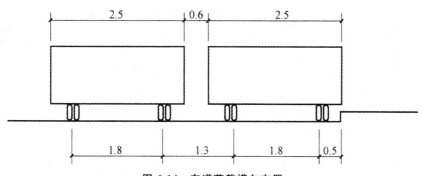

图 6-14 车道荷载横向布置

表 6-5 桥涵设计车道数

桥面宽度 W/m		桥涵设计车道数	桥面宽度 W/m		桥涵设计车道数
车辆单向行驶时	车辆双向行驶时		车辆单向行驶时	车辆双向行驶时	
$W<7.0$	—	1	$17.5\leqslant W<21.0$	—	5
$7.0\leqslant W<10.5$	$6.0\leqslant W<14.0$	2	$21.0\leqslant W<24.5$	$21.0\leqslant W<28.0$	6
$10.5\leqslant W<14.0$	—	3	$24.5\leqslant W<28.0$	—	7
$14.0\leqslant W<17.5$	$14.0\leqslant W<21.0$	4	$28.0\leqslant W<31.5$	$28.0\leqslant W<35.0$	8

(3)车辆荷载

公路-Ⅰ级和公路-Ⅱ级汽车荷载采用相同的车辆荷载标准值。车辆荷载的立面、平面尺寸如图 6-15 所示;主要技术指标见表 6-6 所列。

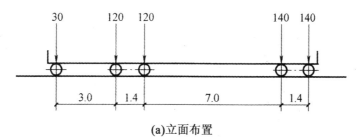

(a)立面布置

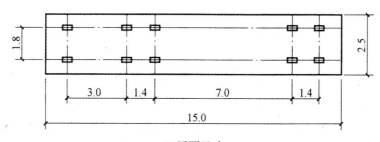

(b)平面尺寸

图 6-15 车辆荷载的立面、平面尺寸(尺寸单位:m;荷载单位:kN)

表 6-6　车辆载荷的主要技术指标

项目	技术指标	项目	技术指标
车辆重力标准值/kN	550	轮距/m	1.8
前轴重力标准值/kN	30	前轮着地宽度及长度/m	0.3×0.2
中轴重力标准值/kN	2×120	中、后轮着地宽度及长度/m	0.6×0.2
后轴重力标准值/kN	2×140	车辆外形尺寸(长×宽)/(m×m)	15×2.5
轴距/m	3+1.4+7+1.4		

2.汽车冲击力

汽车以一定速度在桥上行驶,由于桥面不平整、车轮不圆以及发动机抖动等原因,会使桥梁结构产生振动,致使桥梁产生的应力与变形比相应的静载引起的应力与变形要大;这种由于荷载的动力作用使桥梁发生振动,而造成内力加大的现象称为冲击作用。

对于钢桥、钢筋混凝土及预应力混凝土桥、圬工拱桥等上部构造和钢支座、板式橡胶支座、盆式橡胶支座及钢筋混凝土柱式墩台,应计算汽车的冲击作用。填料厚度(包括路面厚度)等于或大于 0.5 m 的拱桥、涵洞以及重力式墩台,不计冲击力,支座的冲击力按相应的桥梁取用。

汽车荷载的冲击力标准值为汽车荷载标准值乘以冲击系数 μ,冲击系数 μ 可按下式计算:

当 $f < 1.5$ Hz 时, $\mu = 0.05$;

当 1.5 Hz $\leqslant f \leqslant 14$ Hz 时, $\mu = 0.1767 \ln f - 0.0157$;

当 $f > 14$ Hz 时, $\mu = 0.45$。

其中 f 为结构基频(Hz),也叫自振频率,宜用有限元方法计算确定。

汽车荷载的局部加载及在 T 梁、箱梁悬臂板上的冲击系数 $(1+\mu)$ 采用 1.3。

3.汽车离心力

当弯道桥的半径不大于 250 m 时,应计算汽车荷载的离心力。离心力 H 为车辆荷载 P(不计冲击力)乘以离心力系数 C,即:

$$H = CP \tag{6-1}$$

离心力系数按下式计算:

$$C = \frac{V^2}{127R} \tag{6-2}$$

式中, V 为设计速度,应按桥梁所在路线设计速度采用,km/h; R 为曲线半径,m。

在计算多车道的离心力时,车辆荷载标准值应乘以多车道作用的横向折减系数,离心力的着力点在桥面以上 1.2 m。

4.人群荷载

当桥梁计算跨径小于或等于 50 m 时,人群荷载标准值为 3.0 kN/m²;当计算跨径等于或大于 150 m 时,人群荷载标准值为 2.5 kN/m²。当计算跨径为 50~150 m 时,人群荷载标准值可由线性内插求得。对跨径不等的连续结构,以最大计算跨径为准。

城镇郊区行人密集地区的公路桥梁,人群荷载标准值取上述规定值的 1.15 倍;专用人行桥梁,人群荷载标准值为 3.5 kN/m²。

人行道板(局部构件)可以一块板为单元,按标准值 4.0 kN/m² 的均布荷载计算。计算人行道栏杆时,作用于栏杆立柱顶上的水平推力标准值取 0.75 kN/m;作用在栏杆扶手上的竖向力标准值取 1.0 kN/m。

5.汽车制动力

制动力是汽车在桥上刹车时,为克服其惯性力而在车轮与桥面之间发生的滑动摩擦力,其作用方向与行车方向一致。制动力的大小与车轮和桥面间的摩擦系数及汽车荷载的大小有关。汽车制动时,车轮与桥面间的摩擦系数可以达到 0.5 以上,但考虑到刹车往往只限于一部分车辆,所以制动力并不等于摩擦系数乘以全部车道荷载。

《桥通规》规定:一个设计车道上由汽车荷载产生的制动力标准值按车道荷载标准值在加载长度上计算的总重力的 10% 计算,但公路-Ⅰ级汽车荷载的制动力标准值不得小于 165 kN,公路-Ⅱ级汽车荷载的制动力标准值不得小于 90 kN。同向行驶双车道的制动力为一个设计车道制动力的两倍;同向行驶三车道为一个设计车道的 2.34 倍;同向行驶四车道为一个设计车道的 2.68 倍。

制动力的着力点在桥面以上 1.2 m 处。计算墩台时,可移至支座铰中心或支座底座面上。计算刚构桥、拱桥时,制动力的着力点可移至桥面上,但不计因此而产生的竖向力和力矩。

设有板式橡胶支座的简支梁、连续桥面简支梁或连续排架式柔性墩台,应根据支座与墩台的抗推刚度集成情况分配和传递制动力。

设有固定支座、活动支座(滚动或摆动支座、聚四氟乙烯板支座)的刚性墩台传递的制动力按表 6-7 的规定采用。每个活动支座传递的制动力不应大于其摩阻力。当制动力大于摩阻力时,按摩阻力计算。

表 6-7 刚性墩台传递的制动力

桥梁墩台及支座类型		应计的制动力	符号说明
简支梁桥台	固定支座	T_1	
	聚四氟乙烯板支座	$0.30\ T_1$	
	滚动(或摆动)支座	$0.25\ T_1$	
简支梁桥墩	两个固定支座	T_2	T_1—加载长度为计算跨径时的制动力; T_2—加载长度为相邻两跨计算 跨径之和时的制动力; T_3—加载长度为一联长度的制动力
	一个固定支座,一个活动支座	注	
	两个聚四氟乙烯板支座	$0.30\ T_2$	
	两个滚动(或摆动)支座	$0.25\ T_2$	
连续梁桥墩	固定支座	T_3	
	聚四氟乙烯板支座	$0.30\ T_3$	
	滚动(或摆动)支座	$0.25\ T_3$	

注:固定支座按照 T_4 计算,活动支座按 $0.30\ T_5$(聚四氟乙烯板支座)计算或 $0.25\ T_5$(滚动或摆动支座)计算,T_4 和 T_5 分别为与固定支座或活动支座相应的单跨跨径的制动力,桥墩承受的制动力为上述固定支座与活动支座传递的制动力之和。

6.汽车引起的土侧压力

汽车荷载引起的土侧压力采用车辆荷载加载,并可按下列规定计算。

①车辆荷载在桥台或挡土墙后填土的破坏棱体上引起的土侧压力,可换算成等代均布土层厚度(m)计算。

②计算涵洞顶上车辆荷载引起的竖向土压力时,车轮按其着地面积的边缘向下作30°角扩散分布。当几个车轮的压力扩散线相重叠时,扩散面积以最外边的扩散线为准。

7.温度作用

桥梁结构的温度作用,应根据当地具体情况、结构物使用的材料和施工条件等因素计算确定。计算桥梁结构因均匀温度作用引起外加变形或约束变形时,应从受到约束时的结构温度开始,考虑最高和最低有效温度的作用效应。计算桥梁结构由于温度梯度引起的效应时,可采用如图 6-16 所示的竖向温度梯度曲线,图中的温度基数 T_1、T_2 与铺装层类型有关,可根据《桥通规》中的规定进行取值。

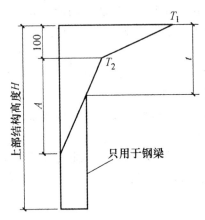

图 6-16 竖向温度梯度曲线(单位:mm)

8.其他可变负载

风荷载、流水压力、冰压力以及支座摩阻力的计算参见《公路桥涵设计通用规范》(JTG D60—2004)及《公路钢筋混凝土及预应力混凝土桥涵设计规范》(JTG D62—2004)。

6.3.3 偶然作用

偶然作用是指在结构使用期出现的概率很小,一旦出现,其量值很大且持续时间很短的作用,它包括地震作用、船舶或漂流物的撞击作用及汽车的撞击作用。偶然作用会对结构安全产生巨大的影响,严重的甚至会导致桥梁破坏和交通中断。因此,对地震区桥梁或有可能出现撞击的桥梁应进行谨慎的抗震和防撞设计。

1.地震作用

地震作用主要是指地震时强烈的地面运动引起的结构惯性力。地震作用的强弱不仅与地震时地面运动的强烈程度有关,还与结构的动力特性(频率与振型)有关。地震作用的强弱用地震动峰值加速度系数表示,g 表示重力加速度。

地震动峰值加速度等于 0.10 g、0.15 g、0.20 g、0.30 g 地区的公路桥涵,应进行抗震设计。

地震动峰值加速度不小于 0.40 g 的地区的公路桥涵,应进行专门的抗震研究和设计。

地震动峰值加速度不大于 0.05 g 的地区的公路桥涵,除有特殊要求者外,可采用简易设防。

做过地震小区划分的地区,应按主管部门审批后的地震动参数进行抗震设计。

公路桥梁地震作用的计算及结构的设计,应符合现行《公路工程抗震规范》(JTG B02—2013)和《公路桥梁抗震设计细则》(JTG/T B0201—2008)的规定。

2.船舶或漂流物的撞击作用

当桥梁位于通航河流或有漂流物的河流中,修建其河中桥墩必须考虑船舶或漂流物的撞击作用。这个撞击力有时可达到 1000 kN 以上,十分巨大。因而,在可能的条件下,应采用实测资料进行计算。但当缺乏实际调查资料时,内河船舶、海轮撞击以及漂流物撞击的作用标准值可分别按《桥通规》中采用。内河船舶的撞击作用点,假定为计算通航水位线以上 2 m 的桥墩宽度或长度的中点,海轮船舶撞击作用点需视实际情况而定,漂流物的撞击作用点假定在计算通航水位线上桥墩宽度的中点。

3.汽车的撞击作用

如果必要时,还要考虑汽车对桥梁结构的撞击作用。汽车撞击力标准值在车辆行驶方向取 1000 kN,在车辆行驶垂直方向取 500 kN,两个方向的撞击力不同时考虑,其作用点位于车道以上 1.2 m 处,直接分布于撞击涉及的构件上。

对于设有防撞设施的结构构件,可对汽车撞击力进行折减,但折减后的撞击力不低于撞击力标准值的 1/6。

6.4　桥面布置与构造

桥面部分,通常包括桥面铺装、防水和排水设施、伸缩装置、人行道(或安全带)、缘石、栏杆和照明灯具等构造,如图 6-17 所示。桥面构造直接与车辆、行人接触,虽然不是主要承重结构,但它对桥梁功能的正常发挥,对主要构件的保护,对车辆行人的安全以及桥梁的美观等都十分重要。因此,应对桥面构造的设计和施工给予足够的重视。

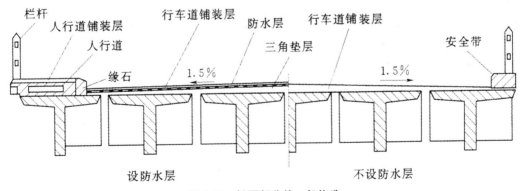

图 6-17　桥面部分的一般构造

桥面构造本身对环境的影响十分敏感,属于桥梁工程的薄弱环节。但由于桥面构造工程量小,项目繁杂,以及其附属性的地位,往往在设计和施工中得不到应有的重视,从而有可能导致运营过程中产生弊病,影响桥梁的正常使用,增加维修养护的费用,甚至被迫中断交通。因此,必须全面了解桥面构造各部件的工作性能,合理选择,认真设计,精心施工。

6.4.1 桥面的铺装与布置

桥面铺装也称行车道铺装,其作用是保护桥面板不受车辆轮胎(或履带)的直接磨耗,防止主梁遭受雨水的侵蚀,并能对车辆轮重的集中荷载起一定的分散作用。因此,桥面铺装应具有抗车辙、行车舒适、抗滑、不透水、刚度好和与桥面板结合良好等特点。

另外,桥面铺装部分在桥梁恒载中占有相当的比重,尤其对中小跨径的桥梁更为显著,故在设计中还应该尽量减小铺装的重量。如果设计时考虑了铺装层参与桥面板的受力,还应确保铺装层与桥面板紧密结合成整体。

1.桥面横、纵坡的设置

为了迅速排除桥面雨水,以防止或减少雨水对桥面铺装的渗透,桥面应设置纵、横坡,以便保护行车道板,延长桥梁使用寿命。

桥面纵坡一般都做成双向纵坡,坡度不超过3%为宜。

桥面横坡一般将桥面铺装层的表面沿横向设置成双向横坡,坡度为1.5%~2.0%。

行车道桥面通常采用抛物线形横坡,人行道则用直线形。

桥面横坡通常有三种设置形式:

①对于板桥或就地浇筑的肋梁桥,为了节省铺装材料并减小恒载重力,可以将墩台顶部做成倾斜的,横坡直接设在墩台顶部,而使桥梁上部构造形成双向倾斜。此时,铺装层在整个桥宽上就可以做成等厚度的形式,如图6-18(a)所示。

②对于装配式肋梁桥,为了使主梁构造简单、架设与拼装方便,通常采用不等厚度的铺装层以构成桥面横坡。具体做法为,首先铺设一层厚度变化的混凝土三角垫层形成双向倾斜,再铺设等厚度的桥面铺装层,如图6-18(b)所示。

③对比较宽的桥梁(或城市桥梁)用三角垫层设置横坡,将使混凝土用量与恒载重力增加过多。此时,可直接将行车道板做成倾斜面而形成横坡,如图6-18(c)所示。但这样会使主梁的构造稍趋复杂,给制作带来一定的麻烦。

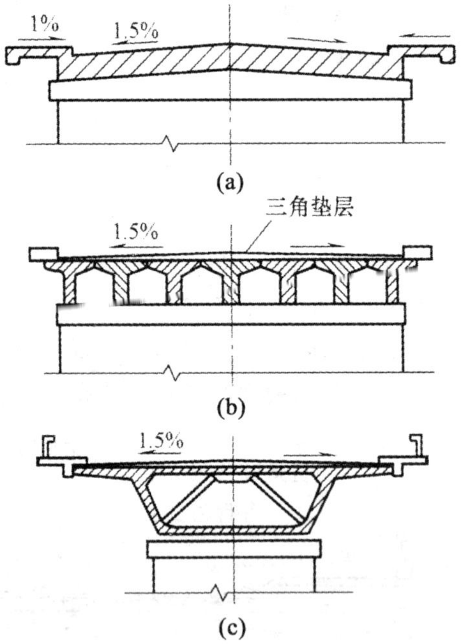

图6-18 桥面横坡的设置

2.桥面铺装的类型

钢筋混凝土和预应力混凝土梁桥的桥面铺装,目前使用下列几种类型。

(1)沥青混凝土铺装

沥青混凝土桥面铺装应由粘结层、防水层及沥青表面层组成,如图6-19所示。高速公路、一级公路上桥梁的沥青混凝土铺装层厚度为70~80 mm,必要时可增至100 mm;二级及二级以下公路桥梁铺装层为50~80 mm。沥青混凝土铺装的重量较轻,维修养护也较方便,铺筑完成后很快就能通车运营,行车舒适,但容易老化和变形,受温度影响较大。

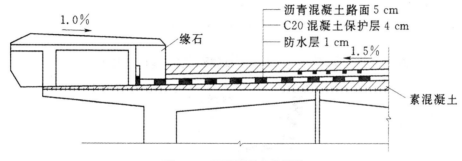

图 6-19　沥青混凝土的铺装

(2)水泥混凝土铺装

水泥混凝土铺装的耐磨性能好,适合重载交通,但养生期长,日后修补较麻烦。铺装层的混凝土强度等级不应低于 C40,铺装面层厚度(不含整平层和垫层)不小于 80 mm。铺设时要求有较好的密实度,避免二次成型。为使铺装层具有足够的强度和良好的整体性(能起联系各主梁共同受力的作用),铺装层内还应配置直径不小于 8 mm,间距不大于 100 mm 的双向钢筋网,钢筋网顺桥向和横桥向每延米长度截面面积均不小于 500 mm^2。水泥混凝土桥面铺装应设伸缩缝以避免产生开裂,纵向每个车道设置一道,横向每 3～5 m 设置一道。

(3)具有贴式防水层的水泥混凝土或沥青混凝土铺装

在防水程度要求高或在桥面板位于结构受拉区而可能出现裂纹的桥梁上,往往采用柔性的贴式防水层。贴式防水层设在低强度等级混凝土三角垫层上面,其做法是:先在垫层上用水泥砂浆抹平,待硬化后在其上涂一层热沥青底层,随即贴上一层油毛毡(或麻袋布、玻璃纤维织物等),上面再涂一层沥青胶砂,贴一层油毛毡,最后再涂一层沥青胶砂。通常这种所谓"三油两毡"的防水层厚度约为 1～2 cm。为了保护贴式防水层不致因铺筑和翻修路面而受到损坏,在防水层上需用厚约 4 cm、标号不低于 C20 的细骨料混凝土作为保护层,等它达到足够强度后再铺筑沥青混凝土或水泥混凝土桥面铺装。由于这种防水层的造价高,施工也麻烦费时,故应根据建桥地区的气候条件、桥梁的重要性等,在技术和经济上经充分考虑后再采用。

3.双向车道布置

双向车道布置是指行车道的上下行交通布置在同一桥面上。在桥面上,上下行交通由划线分隔,没有明显界限,桥梁上也允许机动车与非机动车同时通过,同样也采用划线分隔。由于在桥梁上同时存在上下行机动车辆与非机动车,因此车辆在桥梁上行驶速度只能是低速或中速,在交通量较大的路段,往往会造成交通滞流状态。

4.分车道布置

行车道的上下行交通,在桥梁上按分隔设置式进行布置。分车道布置可在桥面上设置分隔带,用以分隔上下行车辆,如图 6-20 所示。也可以采用分离式主梁布置,在主梁间设置分隔带,如图 6-21 所示。分车道布置除对上下行交通分隔外,也可将机动车与非机动车道分隔、行车道与人行道分隔。这种布置方式可提高行车速度,便于交通管理。

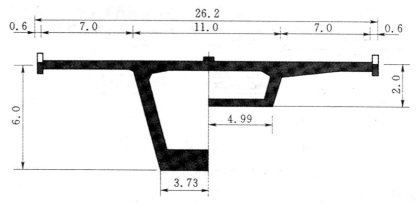

图 6-20　分车道桥面布置（单位：m）

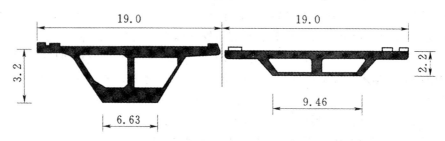

图 6-21　分离式主梁布置（单位：m）

5.双层桥面布置

双层桥面布置即桥梁结构在空间上可提供两个不在同一平面上的桥面构造，如图 6-22 所示。双层桥面布置可以使不同的交通严格分道行驶，提高了车辆和行人的通行能力，便于交通管理。同时，在满足同样交通要求时，可以充分利用桥梁净空，减小桥梁宽度，缩短引桥长度，达到较好的经济效益。

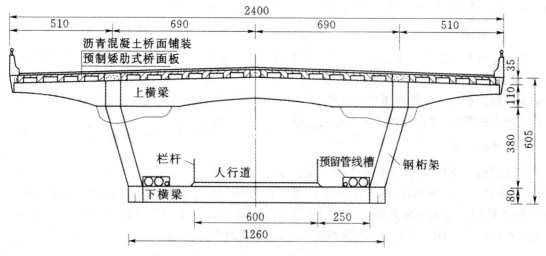

图 6-22　双层桥面布置（单位：cm）

6.4.2 桥面防水排水设施

为了保障桥面行车畅通、安全,防止桥面结构受降水侵蚀,应设置完善的桥面防水和排水设施。

1.防水层的设置

桥面的防水层,设置在行车道铺装层下边,它将透过铺装层渗下的雨水汇集到排水设备(泄水管)排出。对于防水程度要求高,或桥面板位于结构受拉区可能出现裂纹的混凝土梁式桥上,应在铺装内设置防水层,如图 6-19 所示。

防水层主要有以下三种类型:

①沥青涂胶下封层。即洒布薄层沥青或改性沥青,其上铺一层砂,经碾压形成。

②涂刷高分子聚合物涂料。常用的有聚氨酯胶泥、环氧树脂、阳离子乳化沥青和氯丁胶乳等。

③铺装沥青或改性沥青防水卷材和浸渍沥青的无纺土工布等。

设计时应选用便于施工、坚固耐久、质量稳定的防水材料。

当采用柔性防水层(使用卷材)时,为了增强桥面铺装的抗裂性,应在其上的混凝土铺装层或垫层中铺设 $\phi 3 \sim \phi 6$ 的钢筋网,网格尺寸为 $15\ cm \times 15\ cm$ 或 $20\ cm \times 20\ cm$。

无专门防水层时,应采用防水混凝土铺装或加强排水和养护。

2.排水设施的设置

为了迅速排除桥面积水,防止雨水积滞于桥面并渗入梁体而影响桥梁的耐久性,在桥梁设计时要有一个完整的排水系统,除采取在桥面上设置纵横坡排水之外,常常还需设置一定数量的泄水管。

通常当桥面纵坡大于 2% 而桥长小于 50 m 时,桥上可以不设泄水管,为防止雨水冲刷引道路基,可在引道路基两侧设置流水槽。

当桥面纵坡大于 2% 而桥长大于 50 m 时,宜在桥上每隔 12~15 m 设置一个泄水管。

当桥面纵坡小于 2% 时,应每隔 6~8 m 设置一个泄水管。泄水管的过水面积通常为每平方米桥面不少于 $2 \sim 3\ cm^2$。

泄水管可以沿行车道两侧左右对称排列,也可交错排列,其离缘石的距离为 20~50 cm。具体布置形式有以下几种形式:

(1)竖向泄水管

竖向泄水管常用于肋板式梁桥、箱形梁桥、肋拱桥及刚架拱桥、桁架拱桥等轻型拱桥上。泄水管通常设置在行车道的边缘处,离缘石的距离为 100~500 mm,如图 6-23 所示。竖向泄水管通过桥面板上预留的孔洞伸到桥面板下方,桥面积水流入泄水管后直接向下排放。为了防止泄水管堵塞,应在进水口处设置格栅盖板,也可将泄水管布置在人行道下面,如图 6-24 所示,桥面水通过设在缘石或人行道构件侧面的进水孔流入泄水孔。泄水管下端应伸出行车道板底面以下至少 15~20 cm,以防止雨水浸润桥面板。如果桥面铺装层内设有防水层,则应让管道与防水层紧密结合,以便防水层上的渗水能通过泄水管道排出桥外。

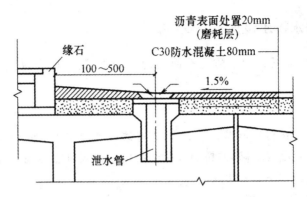

图 6-23　泄水管布置于行车道边缘的图式（尺寸单位：mm）

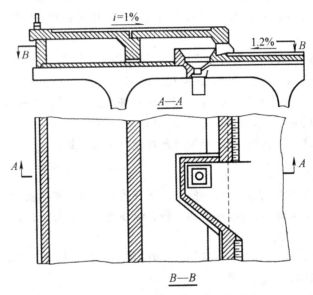

图 6-24　泄水管布置于人行道下的图式

（2）横向泄水管

对于不设人行道的小跨径板桥或实腹式拱桥，可以在行车道两侧的安全带或护栏下方预留横向孔道，将桥面积水沿横向直接排出桥外。泄水管口要伸出桥外 20～30 mm，如图 6-25 所示，以便于滴水。这种做法构造简单、安装方便，但因孔道坡度较缓，往往易于阻塞。

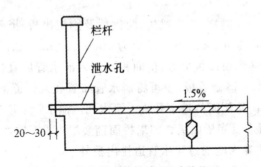

图 6-25　横向泄水管构造（尺寸单位：mm）

（3）封闭式泄水管

对于跨越公路、铁路、通航河流的桥梁以及城市桥梁，为保证桥下行车行人安全及公共卫生的需要，应像房屋建筑那样设置封闭式的排水系统，将流入泄水管中的雨水汇集到纵向排水管（或排水槽）内，并通过设在墩台处的竖向排水管（落水管）流入地面排水系统或河流中，如图 6-26 所示。当桥长较短时，纵向排水管的出水口可以设在桥梁两端的桥台处；对于长大桥，除了在桥台处设置出水口外，还需在某些桥墩处布置出水口，并利用竖向管道将水引到地面。为了不影响桥梁立面的美观，纵向排水管道一般可设在箱梁中或梁肋内侧。竖向排水管道应尽可能布置在墩台壁的预留槽中，或者布置在墩台内部预留的孔道中。

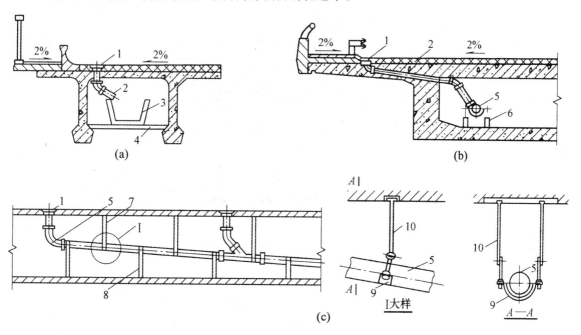

图 6-26 城市桥梁桥面排水设施

1—泄水漏斗；2—泄水管；3—钢筋混凝土斜槽；4—横梁；5—纵向排水管；

6—支撑结构；7—悬吊结构；8—支柱；9—弧形箍；10—吊杆

根据泄水管材料的材料组成还可将泄水管分为金属泄水管和钢筋混凝土泄水管。

（1）金属泄水管

如图 6-27 所示为一种构造比较完备的铸铁泄水管，适用于具有防水层的铺装结构。泄水管的内径一般为 10～15 cm，管子下端应伸出行车道板底面以下 15～20 cm，以防渗湿主梁梁肋表面。安装泄水管时，与防水层的接合处要做得特别仔细，防水层的边缘要紧贴在管子顶缘与泄水漏斗之间，以便防水层的渗水能通过漏斗上的过水孔流入管内。这种铸铁泄水管使用效果好，但结构较为复杂，根据具体情况，可以作简化改进，例如采用钢管和钢板的焊接构造等。

（2）钢筋混凝土泄水管

如图 6-28 所示为钢筋混凝土的泄水管构造，它适用于不设专门防水层而采用防水混凝土桥面铺装的桥梁。在预制钢筋混凝土泄水管时，可将金属栅板直接作钢筋混凝土管的端模板，以使焊于板上的短钢筋锚固于混凝土中。这种预制的泄水管构造比较简单，可以节省钢材。

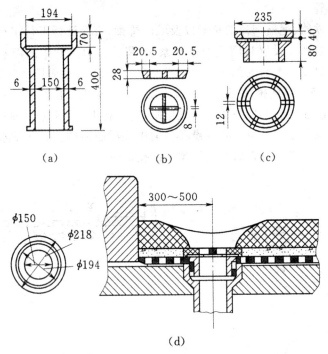

(a)　　　　　　(b)　　　　　　(c)

(d)

图 6-27　金属泄水管（单位：mm）

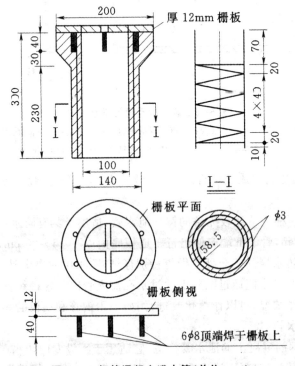

图 6-28　钢筋混凝土泄水管（单位：mm）

6.4.3　桥梁伸缩缝

1.伸缩缝的作用与要求

为保证在气温变化、混凝土收缩与徐变以及荷载等因素作用下,桥梁结构能够按静力图式自由地变形,并保证车辆平稳通过,应在两相邻梁端之间、梁端与桥台背墙之间设置伸缩缝,并在伸缩缝处设置伸缩装置。在伸缩缝附近的栏杆、人行道等结构也应断开,以满足梁体的自由变形。桥梁伸缩装置直接暴露在大气中,承受车辆、人群荷载的反复作用,很小的缺陷和不足就会引起跳车等不良现象,从而使其承受很大的冲击,甚至影响到桥梁结构本身和通行者的生命安全,是桥梁结构中最易损坏又较难修缮的部位。在设计与施工过程中,应给予足够的重视。

桥面伸缩缝装置的构造应满足下列要求:

①在平行、垂直于桥梁轴线的两个方向,均能自由伸缩变形。

②施工和安装方便,其部件要有足够的强度,且应与桥梁结构连为整体,牢固可靠。

③车辆行驶应平顺,无突跳与噪音。

④具有能够安全排水和防水的构造,能防止雨水和垃圾泥土等杂物渗入阻塞。

⑤养护、检查、修理、清除污物都要简易方便。

特别要注意,在设置伸缩缝处,栏杆或护栏以及人行道也应断开,以便相应地自由变形。

在计算伸缩缝的变形量 Δl 时,应考虑以安装伸缩缝结构时为基准的温度伸长量 Δl_t^+ 和缩短量 Δl_t^-、收缩和徐变引起的梁的收缩量 Δl_s,并计入梁的制造与安装误差的富余量 Δl_e,Δl_e 可按计算变形量的 30% 估算。因此总变形量为:

$$\Delta l = \Delta l_t^+ + \Delta l_t^- + \Delta l_s + \Delta l_e$$

对于大跨度桥梁尚应计入因荷载作用和梁体上下部温差等所引起梁端转角产生的伸缩变形量。

2.常用伸缩装置的构造

(1)无缝式(暗缝式)伸缩装置

无缝式伸缩缝是在伸缩间隙中填入弹性材料,该处的桥面铺装亦采用弹性较好的材料,并且使之与其他桥面铺装形成一个整体,实质上是通过接缝处弹性材料的变形实现伸缩的一种构造。简支梁桥中经常采用的桥面连续构造即属于暗缝式伸缩缝。

TST 碎石弹性伸缩缝是近年来开发应用的一种无缝式桥梁伸缩缝,它适用于伸缩量不超过 50 mm 的中、小跨径桥梁,其构造形式如图 6-29 所示。在现场将特制的弹塑性复合材料 TST 加热熔融后,灌入经过清洗加热的碎石中,即形成了 TST 碎石弹性伸缩缝。碎石用以支承车辆荷载,TST 弹塑性体在 -25℃~+60℃ 条件下能够满足伸缩量的要求。

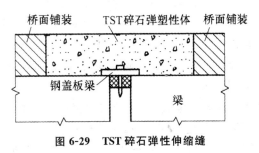

图 6-29　TST 碎石弹性伸缩缝

TST碎石弹性伸缩缝构造简单,施工方便快捷,易于维修和更换,通常施工完成后2~3 h即可开放交通。TST碎石弹性伸缩缝使桥面铺装形成连续体,行车时不致产生冲击、振动等,舒适性较好,本身的防水性也较好。TST碎石弹性体可以在各个方向发生变形,因此这种弹性伸缩缝还可以满足弯桥、坡桥和斜桥在纵、横、竖三个方向的伸缩与变形,亦可用于人行道伸缩缝。

鉴于以上优点,TST碎石弹性体伸缩缝具有良好的应用前景。但由于是在路面铺装完成后再用切割器切割路面,并在其槽口内注入嵌缝材料而成的构造,故适用范围有所限制,仅适用于较小的接缝部位。

(2)U形锌铁皮伸缩装置

对于中小跨径的桥梁,当变形量在20~40 mm以内时,常采用以锌铁皮为跨缝材料的伸缩缝构造,如图6-30所示。弯成U形断面的长条锌铁皮分上下两层,上层的弯形部分开凿了孔径为0.6 cm、孔距为3 cm的梅花眼,其上设置石棉纤维垫绳,然后用沥青胶填塞。这样,当桥面伸缩时锌铁皮可随之变形,下层U形锌铁皮可将渗下的雨水沿横向排出桥外。

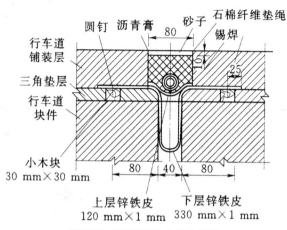

图6-30　U形锌铁皮伸缩装置

(3)橡胶伸缩装置

橡胶作为伸缩缝的填嵌材料,既富于弹性,又易于胶贴(或胶接),能满足变形要求并兼备防水功能,施工及养护维修也很方便,目前在国内外桥梁工程中得到广泛的应用。

按照伸缩体结构不同,桥梁橡胶伸缩装置可分为纯橡胶式、板式、组合式(模数式)三种,其选型主要根据桥梁变形量的大小和活载轮重而定,目前最大的伸缩量可达2000 mm。

如图6-31所示为矩形橡胶条型伸缩装置,当梁架好后,在端部焊好角钢,涂上胶后,再将橡胶嵌条强行嵌入,伸缩量为20~50 mm。

如图6-32所示为模数式伸缩装置构造图,密封橡胶条为鸟形构造,伸缩量为80~1040 mm。模数式伸缩缝是利用吸振缓冲性能好的橡胶材料与强度高刚性好的型钢组合而成的伸缩装置,故又称为组合式伸缩缝。模数式伸缩缝有多种形式,构造也较复杂,但它保留了橡胶和钢制伸缩缝的优点,既可以满足大位移量的要求,承受车辆荷载,又具有防水和行车平顺的特点。在特大桥和大桥中宜采用这类伸缩装置。

如图6-33所示是一种板式橡胶伸缩缝,它是利用橡胶伸缩体上下凹槽之间的剪切与拉压变形来适应梁体结构的相对位移,因此也称为剪切式橡胶伸缩缝。通过在板内埋设加强钢板或在橡胶体下设置梳齿形托板跨越梁端间隙,承受车辆荷载。板式橡胶伸缩缝是一种刚柔结合的装置,具有一定的竖向刚度,跨越间隙的能力大,变形范围可达 30~300 mm,连接牢固可靠,行车平稳舒适,并具有良好的吸振作用。结合各地的实际情况,我国已生产出各种形式的板式橡胶伸缩装置,并投放到国内桥梁工程中应用。到目前为止,国内生产的具有代表性的产品有 BF 型、SKJ 型、UG 型、BSL 型和 CD 型等。

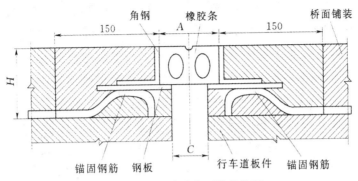

图 6-31　矩形橡胶条型伸缩装置

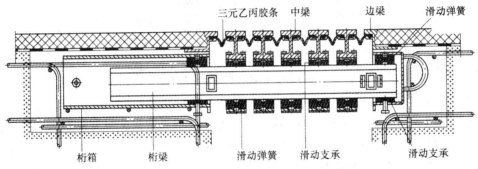

图 6-32　瑞士 LR 型(模数式)伸缩装置构造图

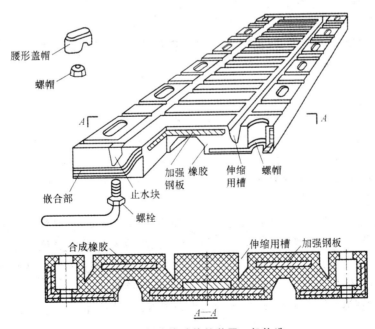

图 6-33　板式橡胶伸缩装置一般构造

（4）钢板式伸缩装置

钢板式伸缩缝是用钢材作为跨缝材料，能直接承受车轮荷载的一种构造。过去，这种伸缩装置多用于钢桥，现也用于混凝土桥梁。钢板式伸缩缝的种类繁多，构造较复杂，能够适应较大范围的梁端变形。

如图 6-34 所示为钢梳齿板形伸缩装置，多用于中、大型桥梁，它在断缝处用预埋钢筋和预埋钢板固定梁两端护缘钢板，再将护缘钢板用高强螺栓与梳齿形钢板连接，这样梳齿钢板固定在断缝两侧，通过梳齿的缝隙实现断缝处的位移和变形。

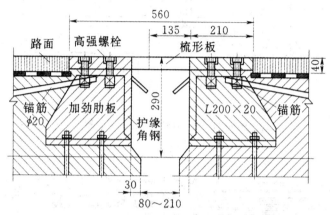

图 6-34　钢梳齿板形伸缩装置

如图 6-35 所示为最简单的搭板式钢板伸缩缝，它是用一块厚度约为 10 mm 的钢板搭在断缝上，钢板的一侧焊在锚固于铺装层混凝土内的角钢 1 上，另一侧可沿着对面的角钢 2 自由滑动。这种伸缩缝所能适应的变形量在 40～60 mm 以上。但由于一侧固死，车辆驶过时，往往由于拍击作用而使结构破坏，大大影响了伸缩缝的使用寿命。为此，可借助螺杆弹簧装置来固定滑动钢板，以消除不利的拍击作用，并减小车辆荷载的冲击影响。

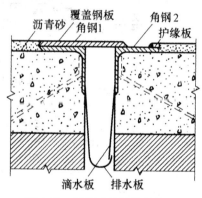

图 6-35　搭板式钢板伸缩缝

3. 桥面连续构造

桥梁运营的实践经验指出，桥面上的伸缩缝在使用中易于损坏。因此，为了提高行车的舒适性，减轻桥梁的养护工作和提高桥梁的使用寿命，应力求减少伸缩缝的数量。我国桥梁设计规范规定，对简支梁（板）桥，在可能条件下，桥面应尽量做成连续。近年来，在多跨简支梁桥中，往往采用连续桥面构造措施，以减少伸缩缝的数量。

连续桥面的实质是将简支梁上部构造在其伸缩缝处施行铰接，使得伸缩缝处的桥面部分不仅具有适应车辆荷载作用所需的柔性，且还具有足够的强度来承受因温度变化和汽车制动力所引起的纵向力。因此，采用连续桥面的多孔简支梁（板）桥，在竖向荷载作用下的变形状态属于简支体系或部分连续体系，而在纵向水平力作用下则是连续体系。

桥面连续构造的做法较多，如图 6-36 所示为我国常用的一种桥面连续形式。

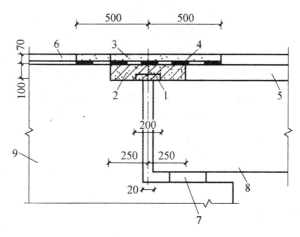

图 6-36　GP 型桥面连续构造（尺寸单位：mm）

1—钢板（A_3 200 mm×500 mm×12 mm）；2—Ⅰ型改性沥青混凝土；

3—Ⅱ型改性沥青混凝土；4—编织布；5—桥面现浇混凝土层；

6—沥青混凝土铺装；7—板式橡胶支座；8—预制板；9—背墙

6.4.4　人行道、栏杆与灯柱、护栏

1. 人行道和安全带

位于城镇及近郊的桥梁，一般均应设置人行道。人行道的宽度由行人的交通量决定，可为 0.75 m 或 1.0 m，当宽度要求大于 1.0 m 时，按 0.5 m 的倍数增加。

行人稀少地区的桥梁上也可以不设人行道，为了保证交通安全，应在行车道两侧设置宽度不小于 0.5 m，高度为 0.25～0.35 m 的护轮安全带。近年来，在一些桥梁设计中，为了充分保证行车安全，安全带的高度已用到 0.4 m 以上。

安全带可以做成预制块件或与桥面铺装层一起现浇。预制的安全带有矩形截面和肋板式截面两种，如图 6-37 所示，以矩形截面较为常用。现浇的安全带宜每隔 2.5～3.0 m 做一条断缝，以免参与主梁受力而受到损坏。

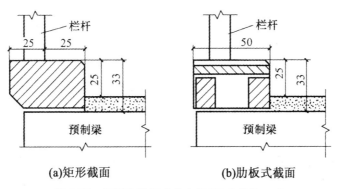

(a)矩形截面　　　　　　　(b)肋板式截面

图 6-37　矩形和肋板式安全带（尺寸单位：cm）

人行道的构造形式多种多样，根据不同的施工方法，有就地浇筑式、预制装配式、部分装配和部分现浇的混合式。其中就地浇筑式的人行道现在已经很少采用。而预制装配式的人行道具有

构件标准化、拼装简单化等优点,在各种桥梁结构中应用广泛。

如图 6-38(a)所示为整体预制的 F 形的人行道,它搁置在主梁上,适用于各种净宽的人行道,人行道下可以放置过桥的管线,但是对管线的检修和更换十分困难;如图 6-38(b)所示为人行道附设在板上,人行道部分用填料填高,上面敷设 2~3 cm 砂浆面层或沥青砂,人行道内侧设置缘石;如图 6-38(c)所示为小跨宽桥上将人行道位置的墩台加高,在其上搁置独立的人行道板;如图 6-38(d)所示为就地浇筑式人行道,适用于整体浇筑的钢筋混凝土梁桥,而将人行道设在挑出的悬臂上,这样就可以缩短墩台宽度,但施工不太方便。

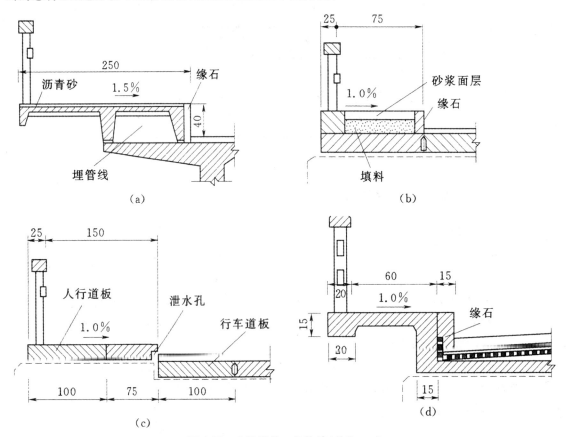

图 6-38 人行道的一般构造(单位:cm)

如图 6-39 所示为《公路桥涵标准图》(JT/GQ B014)中分体预制悬臂安装的人行道构造。人行道由人行道板、人行道梁、支撑梁及缘石组成。人行道梁搁在行车道主梁上,一端悬臂挑出,另一端则通过预埋的钢板与主梁预留的锚固钢筋焊接。支撑梁用来固定人行道梁的位置。人行道的厚度应符合规范规定,就地浇筑的不小于 8 cm,装配式的不小于 6 cm。

2.栏杆和灯柱

作为桥梁上的一种安全防护设施,栏杆设置在两侧人行道上,要求坚固耐用,经济美观。栏杆的高度按规定一般为 0.8~1.2 m(标准设计取用 1.0 m);栏杆柱的间距一般为 1.6~2.7 m(标准设计取用 2.5 m)。

公路与城市桥梁的栏杆可采用混凝土、钢筋混凝土、铸铁、钢材等材料,并应结合桥梁特点和美观要求进行合理的选材。

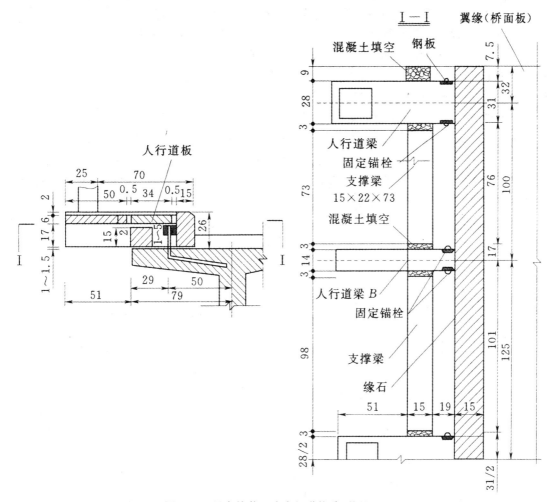

图 6-39 悬出的装配式人行道构造(单位:cm)

栏杆的设计首先要满足结构的受力要求,还要考虑经济实用,施工方便,养护维修省力。城郊的公路桥、城市桥梁及重要的大桥应考虑栏杆的美观性。设计和施工时还应当注意,在靠近桥面伸缩缝处的所有栏杆,均应能够自由变形。

在城市桥上以及城郊行人和车辆较多的公路桥上,都要设置照明设备。桥梁照明应防止眩光,必要时应采用严格控光灯具,而不宜采用栏杆照明方式。对于大型桥梁和具有艺术、历史价值的中小桥梁的照明应进行专门设计,使其既满足功能要求,又顾及艺术效果,并与桥梁的风格相协调。

照明灯柱可以在栏杆扶手的位置上,在较宽的人行道上也可设在靠近缘石处。照明用灯一般高出车道 8~12 m 左右。钢筋混凝土灯柱的柱脚可以就地浇筑,并将钢筋锚固于桥面中。铸铁灯柱的柱脚可固定在预埋的锚固螺栓上。照明以及其他用途所需的电讯线路等,通常都从人行道下的预留孔道内通过。

3.护栏

为了避免机动车辆碰撞行人和非机动车辆的严重事故的发生,对于高速公路、一级公路上的特大桥及大、中桥梁,必须根据其防撞等级在人行道与车行道之间设置桥梁护栏。一般公路的特大桥及大、中桥梁在条件许可的情况下也应设置。在有人行道的桥梁上,应按实际需要在人行道和行车道分界处,设置汽车与行人之间的分隔护栏。不设人行道的漫水桥和过水路面应设护栏或栏杆。护栏的主要作用在于封闭沿线两侧,不使人畜与非机动车辆闯入公路;并能诱导视线,起到一些轮廓标的作用,使车辆尽量在路幅之内行驶,给驾驶员以安全感;同时还具有吸收碰撞能量、迫使失控车辆改变方向并使其恢复到原有行驶方向,防止其越出路外或跌落桥下的作用。

桥梁护栏按设置部位可分为桥侧护栏、桥梁中央分隔带护栏和人行、车行道分界处护栏。按构造特征可分为钢筋混凝土墙式护栏(见图 6-40)、梁柱式护栏(见图 6-41)、组合式护栏(见图 6-42)和缆索护栏等。缆索护栏是一种以数根施加初张力的缆索固定于立柱上而组成的结构,按防撞性能有刚性护栏、半刚性护栏和柔性护栏之分。材料上可采用钢筋混凝土或金属(钢、铝合金),如图 6-43 所示为金属制护栏构造图。

桥梁护栏的形式选择,首先应满足其防撞等级的要求,避免在相应设计条件下的失控车辆跃出,同时还应综合考虑公路等级、桥梁护栏外侧危险物的特征、美观、经济性,以及养护维修等因素。

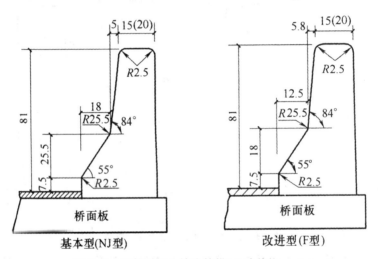

图 6-40 钢筋混凝土墙式护栏(尺寸单位:cm)

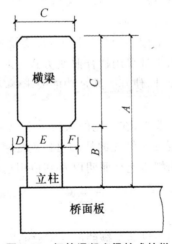

图 6-41 钢筋混凝土梁柱式护栏

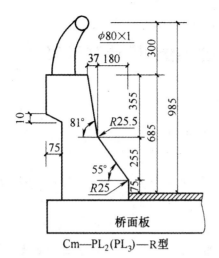

图 6-42　组合式护栏（尺寸单位：mm）

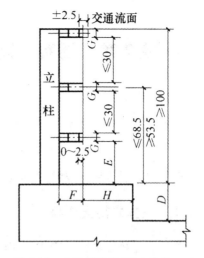

图 6-43　金属制护栏（尺寸单位：cm）

第7章　混凝土简支梁桥的构造、设计及计算

7.1　简支板桥的构造与设计

简支梁桥具有受力明确、构造简单、施工方便等优点,是中、小跨径桥梁应用最广的桥型。

7.1.1　整体式简支梁桥

整体式简支梁桥在城市立交中应用较广泛,具有整体性好、刚度大、易于做成复杂形状等优点,多数在桥孔支架模板上现场浇筑,个别也有整体预制、整孔架设的情况。

常用的整体式简支 T 形梁桥的横截面如图 7-1 所示。在保证抗剪、稳定的条件下,主梁的肋宽为梁高的 1/6～1/7,但不宜小于 1.4 cm,以利于浇筑混凝土,当肋宽有变化时,其过渡段长度不小于 12 倍肋宽差。主梁高度通常为跨径的 1/8～1/15。为了减小桥面板的跨径(一般限制在 2～3 m 之内),还可以在两根主梁之间设置次纵梁,如图 7-1(b)。为了合理布置主钢筋,梁肋底部可做成马蹄形。

整体式简支梁桥桥面板的跨中板厚不应小于 10 cm。桥面板与梁肋衔接处一般都设置承托结构,承托长高比一般不大于 3。

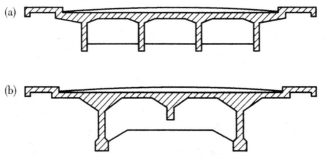

图 7-1　整体式桥梁横截面

整体式板的主拉应力较小,按计算可以不设弯起的斜钢筋,但习惯上还是将一部分主钢筋在沿板高中心纵轴线的 1/4～1/6 计算跨径处按 30°～45°弯起。通过支点的不弯起的主钢筋,每米板宽内不少于 3 根,且不少于主钢筋截面面积的 1/4。

如图 7-2 所示为标准跨径 8.0 m 的整体式钢筋混凝土简支板桥的构造图,单幅桥面净宽 11.0 m(两侧防撞护栏未示出)。设计荷载为公路-Ⅰ级。计算跨径为 7.58 m,板厚 45 cm,约为跨径的 1/17。纵向主筋采用钢筋骨架和 N1,主筋采用 HRB335 钢筋,直径为 25 mm。在骨架内设置了间距 30 cm、直径为 20 mm 的斜筋。下缘的分布钢筋按单位板宽上不少于主筋面积的 15% 配置,采用直径 16 mm、间距 12 cm 布置。一块实体板共有 22 片骨架,骨架短斜筋采用双面焊接。主筋在跨径两端 1/4～1/6 的范围内呈 30°弯起,分布钢筋按单位板宽上主筋面积的 15% 配置,采用 R235 钢筋,直径为 10 mm,间距为 20 cm。

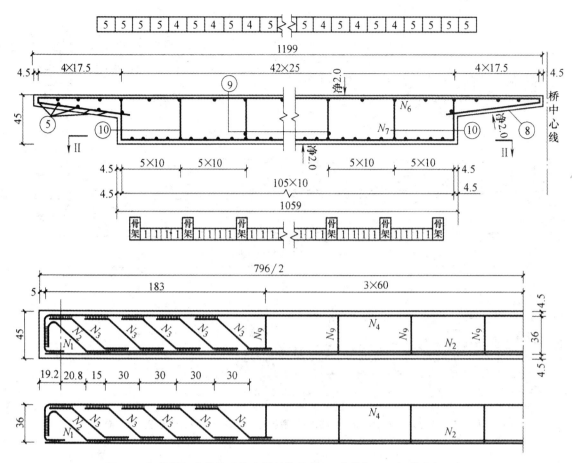

图 7-2　钢筋混凝土整体式简支板桥的构造（尺寸单位：cm，钢筋直径：mm）

7.1.2　装配式简支梁桥

当具备有运输起重设备时，简支板桥宜采用装配式结构，以缩短工期，并获得较高的施工质量。装配式简支板桥按其截面形式来分有实心板和空心板两种，分别如图 7-3 和图 7-4 所示。

图 7-3　装配式简支桥的实心板

图 7-4　装配式简支桥的空心板

1. 矩形实心板

矩形实心板具有形状简单，施工方便，建筑高度小等优点，因而容易推广使用，通常用于跨径 8 m 以下的桥梁。我国交通部编制的《公路桥涵标准设计》中，跨径为 1.5 m、2.0 m、2.5 m、3.0 m、4.0 m、5.0 m、6.0 m 和 8.0 m 八种装配式钢筋混凝土板桥标准图采用矩形实心截面，每块预制板的宽度为 1.0 m，板高为 0.16~0.36 m，钢筋一般采用 HRB335 钢筋。

如图 7-5 所示为一座装配式钢筋混凝土矩形实心板标准设计实例。全桥由 6 块宽度为 99 cm 的中部块件和 2 块宽度为 74 cm 的边部块件所组成。

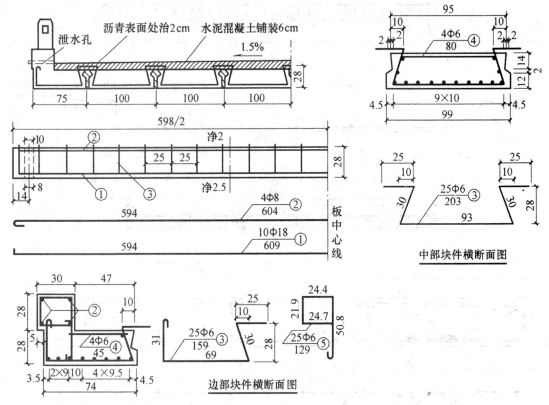

图 7-5　装配式钢筋混凝土矩形实心板桥构造(尺寸单位:cm,钢筋直径:mm)

2. 矩形空心板

当跨径增大时,为了减小板的自重,充分合理地利用材料,应该将截面中部部分地挖空而成为矩形空心截面板。空心板较同跨径的实心板重量小,运输安装方便,而建筑高度又较同跨径的 T 形梁小,因此目前使用较多。

空心板的开孔形式有矩形、圆形、圆端形、菱形等,如图 7-6 所示。其中图 7-6(a)和图 7-6(b)挖成单个较宽的孔,挖空率大,自重轻,但顶板内需配置适当的横向受力钢筋。图 7-6(a)所示顶板略呈拱形,可以节省一些钢筋,但模板较图 7-6(b)所示复杂些。图 7-6(c)所示挖成两个圆孔,采用无缝钢管作芯模施工较方便,但挖空率较小,自重较大。图 7-6(d)所示的芯模由两个半圆

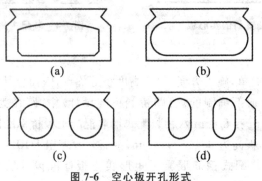

图 7-6　空心板开孔形式

和两块侧模板组成。当板的厚度改变时,只需更换两块侧模板,挖空率较大,适应性也较好。当前采用高压充气胶囊代替金属或木芯模施工,尽管因胶囊变形形成的内腔不如用模板好,但是它具有制作及脱模方便、预制台座利用率高等优点,故使用较为广泛。

如图 7-7 所示为标准跨径 16 m 的装配式预应力混凝土空心板桥的构造。荷载等级为公路-I级,计算跨径为 15.5 m,桥面净宽为 9.5 m,由 7 块宽 159 cm 的空心板组成,板厚 85 cm,两侧边板设有 25.5 cm 的小悬臂。空心板采用 C50 混凝土预制和填塞铰缝,采用标准强度为1860 MPa 的 ϕ^s 15.2 钢绞线作为预应力筋。图中 N6 钢筋间距为 15 cm,N7 钢筋间距为 40 cm,上端在预制时紧贴侧模,脱模后扳出。

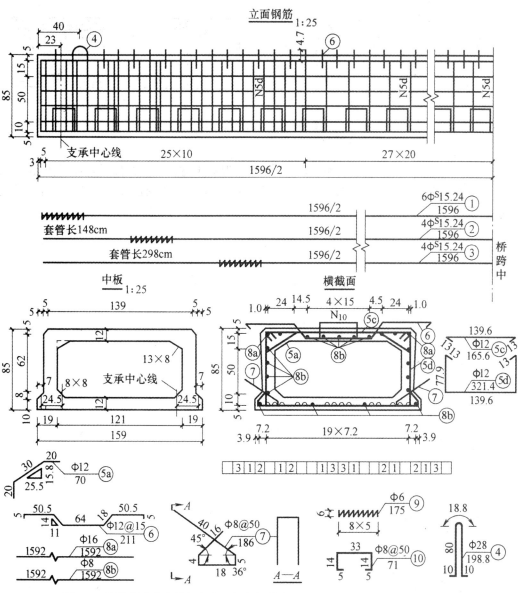

图 7-7　先张法预应力混凝土空心板桥梁筋布置(尺寸单位:cm,钢筋直径:mm)

3.装配式板桥的横向联结

为了使装配式板块组成整体,共同承受车辆荷载,在块件之间必须具有横向连接的构造。常用的连接方法有企口混凝土铰连接和钢板焊接连接。

(1)企口混凝土铰连接

企口式混凝土铰的形式有圆形、棱形、漏斗形等三种,见图7-8,铰缝内用C25~C30号以上的细骨料混凝土填实。实践证明,这种铰确实能保证传递横向剪力使各块板共同受力。如果要使桥面-铺装层也参与受力,也可以将预制板中的钢筋伸出与相邻板的同样钢筋互相绑扎,再浇筑在铺装层内,如图7-8(d)所示。

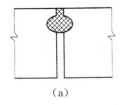 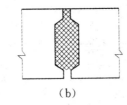 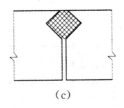 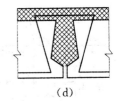

| (a) | (b) | (c) | (d) |

图7-8 企口式混凝土铰

(2)钢板连接

由于企口混凝土铰需要现场浇筑混凝土,并需待混凝土达到设计强度后才能通车,为了加快工程进度,亦可采用钢板连接,如图7-9所示。它的构造是用一块钢盖板 N1 焊在相邻两构件的预埋钢板 N2 上。

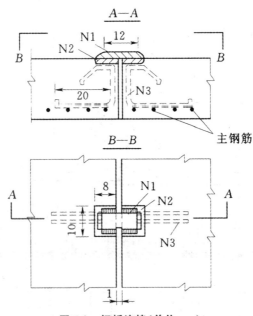

图7-9 钢板连接(单位:cm)

7.1.3 漫水桥

在河床宽浅,洪水历时很短的季节性河流上,修建漫水桥是经济合理的。漫水桥除了要满足与高水位桥同等的承载能力外,还应尽量做到阻水面积小,结构的整体性和横向稳定性强,不致

被水冲毁。因此,设计漫水桥应注意以下几点:

①板的上、下游边缘宜做成圆端形,以利水流顺畅通过,如图 7-10 所示。

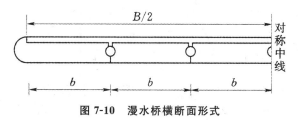

图 7-10 漫水桥横断面形式

②必须设置与主钢筋同粗的栓钉、墩台锚固,以防水流冲毁。

漫水桥不设抬高的人行道和缘石,而在桥面净宽以外设置目标柱或活动栏杆。为增加行车宽度,也可将目标柱埋置在桥墩顶部,目标柱的间距一般取 8～15 m。

7.1.4 组合梁桥

组合梁桥也是一种装配式的桥跨结构,即用纵向水平缝将桥梁的梁肋部分与桥面板(翼板)分隔开来,使单梁的整体截面变成板与肋的组合截面。施工时先架设梁肋,再安装预制板(有时采用微弯板以节省钢筋),最后在接缝内或连同在板上现浇一部分混凝土使结构连成整体。目前国内外采用的组合式梁桥有两种型式:

I 形组合梁桥[见图 7-11(a)、(b)]和箱形组合梁桥[见图 7-11(c)]。前者适用于钢筋混凝土简支梁桥,后者则只适用于预应力混凝土梁桥。其优点在于可以显著减轻预制构件的重量,便于集中制造和运输吊装。

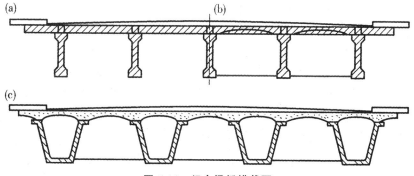

图 7-11 组合梁桥横截面

在组合梁中,梁与现浇板的结合面处,板的厚度不应小于 15 cm,当梁顶伸入板中时,梁顶以上板的厚度不应小于 10 cm。

组合梁是分阶段受力的,在梁肋架设后,所有迟后安装的预制板和现浇桥面混凝土(甚至现浇横隔梁)的重量,连同梁肋本身的自重,都要由尺寸较小的预制梁肋来承受。这与装配式 T 梁由主梁全截面来承受全部恒载不同,因而组合梁梁肋的上下缘应力远大于 T 梁上下缘的应力。如图 7-12 所示为装配式 T 梁与组合梁的跨中截面在恒载＋活载工况下的截面应力图比较。

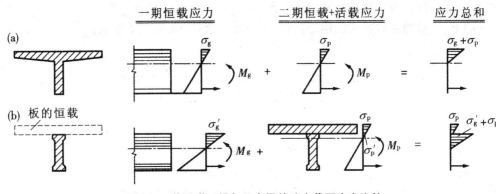

图 7-12 装配式 T 梁与组合梁的跨中截面应力比较

7.2 装配式钢筋混凝土简支梁桥的构造与设计

国内外所建造的钢筋混凝土简支梁桥,以 T 形梁桥最为普遍。我国已拟定了标准跨径为 10 m、13 m、16 m 和 20 m 的四种公路梁桥标准设计。

如图 7-13 所示就是典型的装配式 T 形梁桥上部构造概貌。它是有五片 T 形梁组成,通过与主梁梁肋垂直的横隔梁和 T 形梁翼缘板处的焊接钢板连接整体。

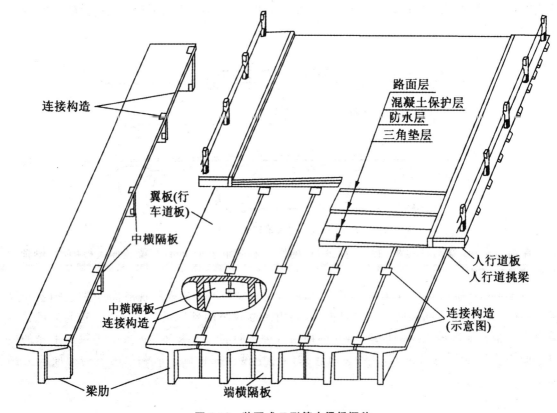

图 7-13 装配式 T 形简支梁桥概貌

7.2.1　横截面形式

装配式简支梁主梁的横截面形式可分为Ⅱ形[见图 7-14(a)]、T 形[见图 7-14(b)～(d)]和箱形[见图 7-14(e)]三种。

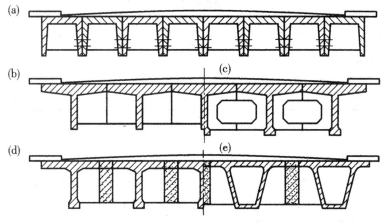

图 7-14　装配式桥梁横截面

Ⅱ形主梁的特点是截面形状稳定,横向抗弯刚度大,块件堆放、装卸方便;但当跨径较大时,混凝土和钢的用量较大,横向联系较差,现在已很少采用。

装配式 T 形梁桥是使用最为普遍的结构形式,其优点是制造简单、整体性好、接头也方便。其构造布置是在给定桥的设计宽度的条件下,选择主梁的截面形式,确定主梁的间距(片数)和桥跨结构所需横隔梁的数量,进而确定各构造部分的细部尺寸。

箱形横截面形式由于受拉区混凝土不参与工作,多余的底板徒然增大了自重,所以一般不适用于钢筋混凝土简支梁桥。

7.2.2　构造布置及尺寸

1.主梁的构造布置及尺寸

对于设计给定的桥面宽度(包括行车道和人行道宽度),如何选定主梁的间距(或片数),是上部构造在横断面布局中首先要解决的问题。它不仅与钢筋和混凝土的材料用量以及构件的吊装重量有关,而且还涉及翼板的刚度等问题。一般来说,对于跨径大一些的桥梁,如果建筑高度不受限制,则应适当加大主梁间距减少片数,钢筋混凝土的用量会少些,因而比较经济;但翼缘板接缝处较大的挠度会引起该部位纵向裂缝,同时构件重量的增加也使吊运和安装工作难度增大。

我国在 1973 年编制的公路桥涵标准图中,主梁间距采用 1.60 m。在 1983 年编制的标准图中,主梁间距加大至 2.2 m。当吊装重量允许时,主梁间距采用 1.8～2.2 m 为宜。对于跨径 10 m、13 m、16 m、20 m 的标准设计,采用的梁高相应为 0.9 m、1.1 m、1.3 m、1.5 m;主梁梁肋的宽度,主梁的肋宽必须满足截面抗剪和抗主拉应力的强度要求,同时应考虑梁肋的稳定性,梁肋内主筋的布置以及浇筑混凝土施工所需的最小肋宽。目前常用的肋宽为 15～18 cm,当主梁间距小于 2 m 时,梁肋为全长等肋宽,当主梁间距大于 2 m 时,通常在梁端 2～5 m 范围内梁肋逐步加宽,以满足该部位的抗剪要求。在满足抗剪需要的前提下,一般都做得较薄,以减轻构件的重量。

常用的简支梁桥主梁尺寸的经验数据见表7-1。其变化范围较大,跨径较大时应取较小的比值;反之,则应取较大的比值。

表 7-1　常用的简支梁桥主梁尺寸

桥梁型式	适用跨径(m)	主梁间距(m)	主梁高度	主梁肋宽度(m)
钢筋混凝土简支梁	8＜l＜20	1.5～2.2	(1/11～1/18)l	0.16～0.2
预应力混凝土简支梁	20＜l＜50	1.8～2.5	(1/14～1/25)l	0.18～0.2

2.主梁翼板的构造与尺寸

一般装配式主梁翼板的宽度视主梁间距而定,在实际预制时,翼板的宽度应比主梁间距小2 cm,以便在安装过程中易于调整 T 形梁的位置和制作上的误差。

在中小跨径的钢筋混凝土简支 T 形梁中,翼板的厚度主要满足桥面板承受车辆局部荷载(即强度)的要求,另外还应满足构造最小尺寸的要求。根据受力特点,翼板通常都做成变厚度的,即端部较薄,向根部逐渐加厚。为了保证翼板与梁肋连接的整体性,翼板与梁肋衔接处的厚度应不小于主梁高度的1/10。翼板悬臂端的厚度一般不应小于 100 mm,横向采用整体现浇连接的预制 T 形截面梁,悬臂端的厚度不应小于 140 mm。但当铺装层作为承重结构的一部分参与受力时,悬臂端部的厚度也可在此基础上减少 20 mm 左右(见图 7-15)。

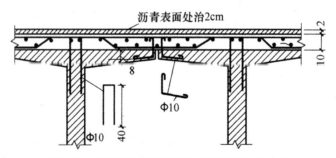

图 7-15　钢筋混凝土铺装层构造(尺寸单位:cm)

3.横隔梁的构造与尺寸

(1)横隔梁的构造

横隔梁刚度越大,梁的整体性越好,在荷载作用下各主梁越能更好地共同受力。端横隔梁是必须设置的,它不但有利于制造、运输和安装阶段构件的稳定性,而且能显著加强全桥的整体性。跨内的横隔梁将随跨径的大小每隔 5.0～10.0 m 设置一道。

横隔梁的高度应保证具有足够的抗弯刚度,通常可做成主梁高度的 3/4 左右。梁肋下部,成马蹄形加宽时,横隔梁延伸至马蹄的加宽处[见图 7-14(c)、(d)]。从梁体在运输和安装阶段的稳定要求来看,端横隔梁应做成与主梁同高,但为便于安装和检查支座,端横隔梁底部又应与主梁底缘之间留有一定的空隙,如何选择视施工的具体情况而定。横隔梁的肋宽,通常采用

12～16 cm，且宜做成上宽下窄和内宽外窄的楔型，以便脱模。

（2）横隔梁的横向连接

横隔梁常用横向连接有：

①钢板焊接连接。如图 7-16(a)所示为常用的主梁间中横隔梁的连接构造形式。

②扣环式接头。如图 7-16(b)所示，先在横隔梁预制中预留钢筋扣环 A，安装时在相邻构件的扣环两侧再安上接头扣环 B，在形成的圆环中插入短分布筋后，现浇混凝土封闭接缝。

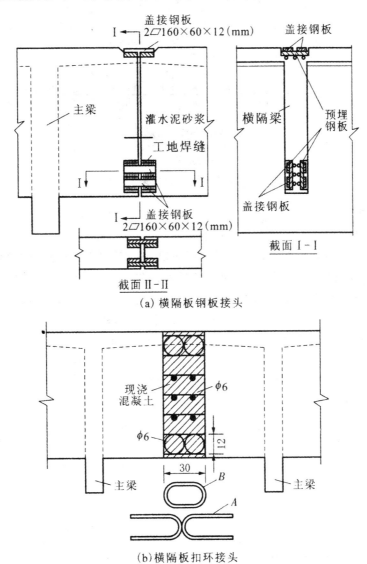

（a）横隔板钢板接头

（b）横隔板扣环接头

图 7-16　装配式横隔板接头（尺寸单位：cm；钢筋直径：mm）

③螺栓连接（见图 7-17）。这种方法与焊接钢板接头相似，不同之处是使用螺栓与预埋钢板连接，钢板上要预留螺栓孔。这种接头施工工序简单，但在运营过程中螺栓易于松动。

（3）横隔梁尺寸

跨中横隔梁的高度应保证具有足够的抗弯刚度，通常可取为主梁高度的 3/4 左右。从运输和安装阶段的稳定性考虑，端横隔梁应做成与主梁同高，但如果端横隔梁底部与主梁底缘之间留有一定的空隙,应做成与中横隔梁同高,对安装和检查支座有利。具体可视工地施工的情况而定。

横隔梁的宽度可取 12～20 cm,最常用的为 15～18 cm,且宜做成上宽下窄和内宽外窄的楔形,以便于脱模。

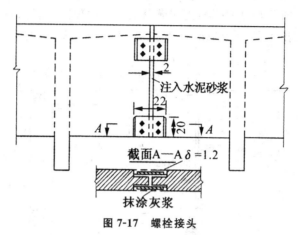

图 7-17 螺栓接头

4.桥面板的构造与尺寸

(1)桥面板的构造

对于 T 形简支梁,主梁翼板宽度视主梁间距而定,而实际预制时,翼板的宽度应比主梁间距小 2 cm,以便在安装过程中易于调整 T 梁的位置和制作上的误差。主梁翼板一般做成变厚度板,其厚度随主梁间距而定,边缘厚度不宜小于 6 cm。主梁间距小于 2.0 m 的铰接梁桥,板边缘厚度可采用 8 cm(桥面铺装不参与受力)或 6 cm(桥面铺装通过预埋的联接钢筋与翼缘板共同受力);主梁间距大于 2.0 m 的刚接梁桥,桥面板的跨中厚度一般不小于 15 cm,边缘板边厚度不小于 10 cm。

如图 7-18 所示为主梁间距 2.2 m 的 T 形梁桥的桥面板钢筋布置图。板上缘承受负弯矩,《桥规》规定,受力钢筋直径不小于 10 mm,间距不大于 20 cm;在垂直于主筋方向布置分布钢筋,分布钢筋设在主钢筋的内侧,其直径不小于 8 mm,间距不大于 20 cm,截面面积不宜小于板截面的 0.1%。在主钢筋的弯折处,应布置分布钢筋。在有横隔板的部位,应增加分布筋的截面面积,以承受集中轮载作用下的局部负弯矩,所有增加的分布钢筋应从横隔板轴线伸出 L/4(L 为横隔板的跨径)的长度。

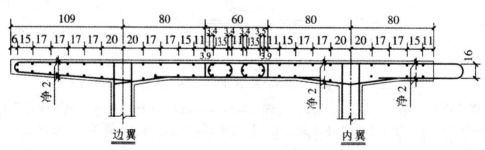

图 7-18 主梁间距 2.2 m 的桥面板钢筋布置(尺寸单位:cm)

（2）桥面板的横向连接

常用的桥面板（翼缘板）横向连接有刚性接头和铰接接头两种：

1）刚性接头

刚性接头既可承受弯矩，也可承受剪力，如图 7-19 所示。图 7-19（a）为在铺装层内配置受力钢筋，并将翼缘板内预留的横向钢筋伸出和梁肋顶上增设Ⅱ形钢筋锚固于铺装层中；图 7-19（b）为翼板用钢板联接，接缝处铺装混凝土内放置上下两层钢筋网。如图 7-20 所示为翼缘板内伸出的扣环接头钢筋构造。

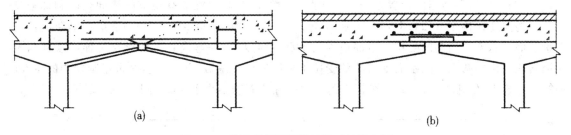

图 7-19　装配式桥面板刚性接头钢筋布置

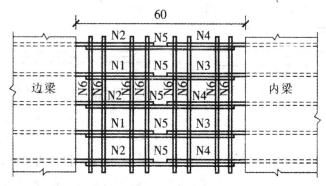

图 7-20　桥面板扣接缝平面（单位：cm）

2）铰接接头

铰接接头只能承受剪力，如图 7-21 所示。图 7-21（a）为钢板铰接接头；图 7-21（b）为企口式铰接接头；图 7-21（c）为企口式焊接接头。

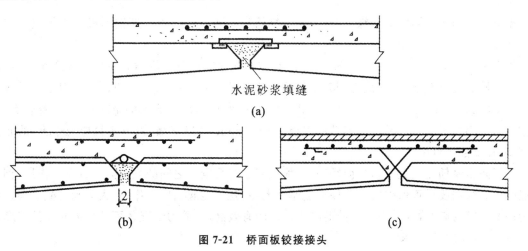

图 7-21　桥面板铰接接头

7.2.3 配筋构造

1.主梁配筋

装配式 T 形简支梁桥的钢筋可分为纵向主钢筋、架立钢筋、斜钢筋、箍筋和分布钢筋等几种。

简支梁承受正弯矩作用,故抵抗拉力的主钢筋设置在梁肋的下缘。随着弯矩向支点处的减小,主钢筋可在跨间适当的位置处切断或弯起。为保证主筋在梁端有足够的锚同长度和加强支承部分的强度,《桥规》(JTG D62—2004)规定.至少有 2 根,并不少于 20% 的下层主钢筋应伸过支承截面。简支梁两侧的受拉主钢筋应伸出支点截面以外,并弯成直角顺梁端延伸至顶部与架立钢筋相连接。两侧之间不向上弯曲的受拉主钢筋伸出支承截而的长度,对带半圆弯钩的 R235 钢筋不小于 15d[见图 7-22(a)],对带直角弯钩的螺纹钢筋不小于 10d[见图 7-22(b)]。

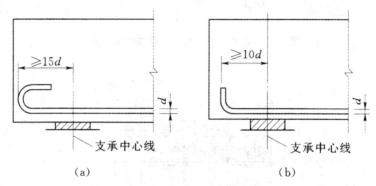

图 7-22　梁端主钢筋的锚固

由主钢筋弯起的斜向钢筋用来增强梁体的抗剪强度,当无主钢筋弯起时,尚需配置专门的焊于主筋和架立钢筋上的斜钢筋,斜钢筋与梁的轴线一般布置成 45°角。弯起钢筋应按圆弧弯折,圆弧半径(以钢筋轴线计算)不小于 10d(d 为钢肋直径)。

箍筋的主要作用也是增强主梁的抗剪强度。《桥规》巾规定其间距应不大于梁高的 3/4 和 50 cm,且梁支点附近的第一个箍筋应设置在距支承边缘 5 cm 处。其他有关规定,可参阅《桥规》相应条文。

架立钢筋布置在梁肋的上缘,主要起固定箍筋和斜筋并使梁内全部钢筋形成立体或平面骨架的作用。

当 T 形梁肋高度大于 100 cm 时,为了防止梁肋侧面因混凝土收缩等原因而导致裂缝,需要设置纵向防裂的分布钢筋,其截面积对于整体浇筑时 $A_s = (0.0005 \sim 0.001)bh$;对于焊接骨架的薄壁梁时 $A_s = (0.0015 \sim 0.002)bh$(式中的 b 为梁肋宽度,h 为梁的全高)。当梁跨较大、梁肋较薄时取用较大值。这种分布钢筋的直径为 6~8 mm,靠近下缘,混凝土拉应力也大,故布置得密些,在上部则可稀些。

为了防止钢筋受到大气影响而锈蚀,并保证钢筋与混凝土之间的黏结力充分发挥作用,钢筋到混凝土边缘需要设置保护层。若保护层厚度太小,就不能起到以上作用,太大则混凝土表层因距钢筋太远容易破坏,且减小了钢筋混凝土截面的有效高度,受力情况也不好。因此保护层厚度应满足表 7-2 的规范要求。

表 7-2　普通钢筋和预应力直线形钢筋最小混凝土保护层厚度（mm）

序号	构件类型		环境条件		
			Ⅰ	Ⅱ	Ⅲ
1	基础、桩基承台	基坑底面有垫层或侧面有模板（受力主筋）	40	50	60
		基坑底面无垫层或侧面无模板（受力主筋）	60	75	85
2	墩台身、挡土结构、涵洞、梁、板、拱圈、拱上建筑（受力主筋）		30	40	45
3	人行道构件、栏杆（受力主筋）		20	25	30
4	箍筋		20	25	30
5	缘石、中央分隔带、护栏等行车道构件		30	40	45
6	收缩、温度、分布、防裂等表层钢筋		15	20	25

注：对于环氧树脂涂层钢筋，可按环境类别Ⅰ取用。

当受拉主筋的混凝土保护层厚度大于 50 mm 时，应在保护层内设置直径不小于 6 mm、间距不大于 100 mm 的钢筋网。

为了使混凝土的粗集料能填满整个梁体，以免形成灰浆层或空洞，规定各主筋之间的净距当主钢筋为三层或三层以下者不小于 3 cm，且不小于钢筋直径；三层以上者不小于 4 cm，且不小于钢筋直径的 1.25 倍，如图 7-23 所示。

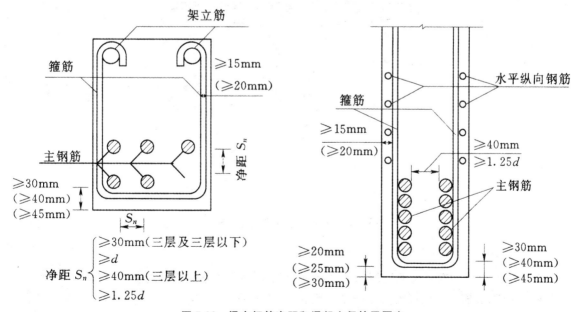

图 7-23　梁主钢筋净距和混凝土保护层厚度

在装配式 T 形梁中，主钢筋数量较多，可将钢筋叠置，并与斜筋、架立钢筋一起焊接成钢筋骨架（见图 7-24）。骨架整体性好，能保证钢筋与混凝土共同工作，使主钢筋重心位置较低，方便施工时整体入模安装。然而,焊接钢筋骨架的主筋与混凝土的黏结面积较小,一般抗裂性能稍差,因此,在实践中采用表面呈螺纹形或竹节形的钢筋,并选用较小直径的钢筋,以增大其黏结强度,从而改善其抗裂性能。

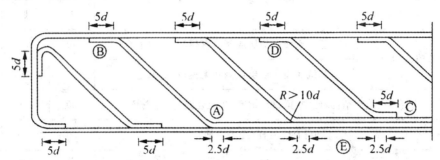

图 7-24　焊接钢筋骨架焊缝尺寸图(图中尺寸为双面焊缝,单面焊缝应加倍)

2. 翼缘板配筋

T 梁翼缘板内的受力钢筋沿横向布置在板的上缘,以承受悬臂的负弯矩。在顺主梁跨径方向还应设置少量的分布钢筋(见图 7-25)。按《桥规》要求,板内主筋的直径不小于 10 mm,每米板宽内不少于 5 根。分布钢筋的直径不小于 6 mm,间距不大于 25 cm,在单位板宽内分布钢筋的截面积不小于主筋截面积的 15%,在有横隔梁的部位分布钢筋的截面积应增至主筋的 30%,以承受集中轮载作用下的局部负弯矩,所增加的分布筋每侧应从横隔梁轴线伸出 $L/4$(L 为横隔板的间距)的长度。

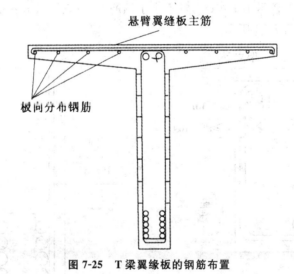

图 7-25　T 梁翼缘板的钢筋布置

3. 横隔梁配筋

如图 7-26 所示为横隔梁的钢筋构造。在横隔梁靠近下部边缘的两侧和顶部翼板内均埋有焊接钢板,在每根横隔梁上缘配置 2 根受力钢筋,下缘配置 4 根受力钢筋,焊接钢板与横隔梁的受力钢筋焊在一起形成钢筋骨架,当 T 形梁安装就位后,即可在横隔梁的预埋钢板上再加焊盖接钢板使其连成整体。

4.主梁钢筋构造实例

如图 7-27 为标准跨径为 20 m 的装配式 T 形梁的钢筋构造实例图,行车道宽 7 m,两边设
0.75 m 的人行道,设计荷载公路为Ⅱ级,人群荷载 3 kN/m² 的装配式钢筋混凝土简支 T 形梁块
件构造,主梁的混凝土为 C25。

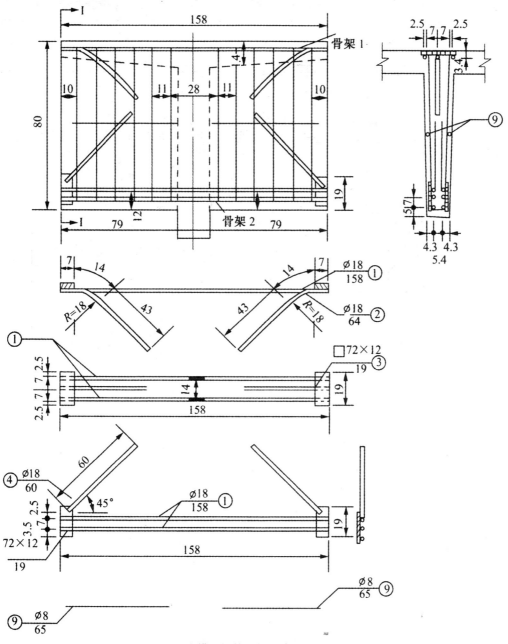

图 7-26　中横隔梁的钢筋构造(尺寸单位:cm)

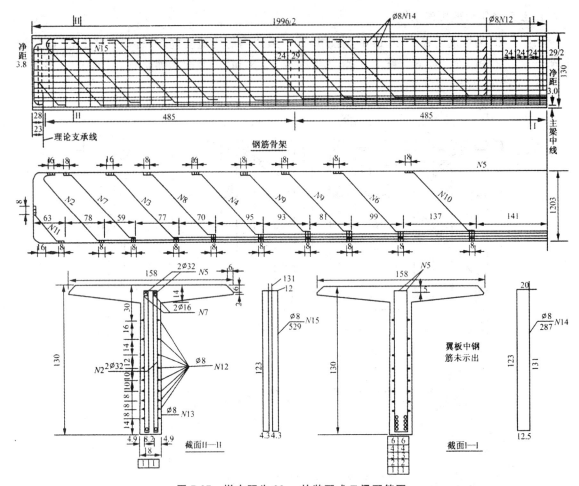

图 7-27　墩中距为 20 m 的装配式 T 梁配筋图

7.3　装配式预应力混凝土简支梁桥的构造与设计

　　装配式钢筋混凝土简支梁桥,常用的经济合理跨径在 20 m 以下。跨径增大时,不但钢材耗量大,而且混凝土开裂现象也往往比较严重,影响结构的耐久性。为了提高简支梁的跨越能力,可采用预应力混凝土结构。目前,世界上预应力混凝土简支梁的最大跨径已达 76 m。但是,根据建桥实践,当跨径超过 50 m 后,不但结构笨重,施工困难,经济性也较差。因此,我国桥规明确指出:预应力混凝土简支梁桥的标准跨径不宜大于 50 m。

7.3.1　横截面形式

　　装配式预应力混凝土简支梁桥的横截面类型基本上与钢筋混凝土梁桥类似,通常也做成Ⅱ形[见图 7-28(a)]、T 形[见图 7-28(b)、(c)、(d)、(e)]、I 形[见图 7-28(a)]、箱形[见图 7-28(a)],但为了方便布置预应力束筋和满足锚头布置的需要,肋梁的下部一般都设有马蹄或加宽的下缘([见图 7-28(c)、(d)、(e)]。有时为了提高单梁的抗扭刚度并减小截面尺寸,也采用箱形[见图

7-28(h)、(i)]。

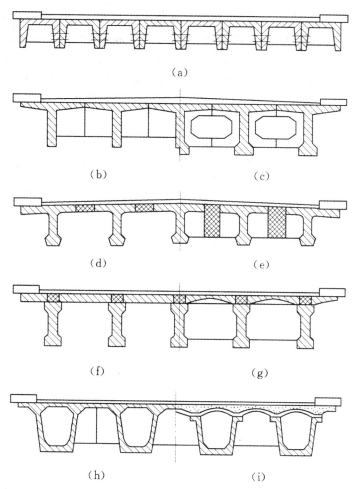

（a）

（b）　　　　　　　　　（c）

（d）　　　　　　　　　（e）

（f）　　　　　　　　　（g）

（h）　　　　　　　　　（i）

图 7-28　横截面形式

由于采用预应力筋施加预压力,可以提供方便的接头形式。为了使装配式梁的预制块件进一步减小尺寸和重量,还可做成横向也分段预制的串联梁(见图 7-29)。串联梁的主要优点是块

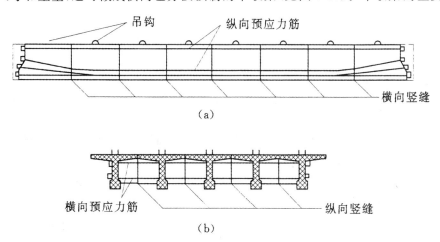

（a）

（b）

图 7-29　横向分段装配式梁

件尺寸小、重量轻,可以工厂化成批预制后方便地运至远近工地。如图 7-30 所示为各种横向分段的块件类型,在预制时均应按预应力筋设计位置留出孔道,如图 7-30(b)所示的工字形块件表示出了为横向预应力筋留置的孔道。施工时,将梁段在工地组拼台上或在桥位脚手架上正确就位,并在梁段接触面上涂上薄层环氧树脂(厚度通常在 1 mm 以下),这样逐段拼装完成后便穿入预应力筋进行张拉,使梁连成整体。但由于串联梁施工麻烦,构件预制精度要求高,在国内使用较少。

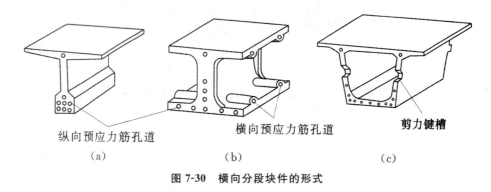

纵向预应力筋孔道　　　　　　横向预应力筋孔道　　　　　　剪力键槽

　　　(a)　　　　　　　　　　(b)　　　　　　　　　　(c)

图 7-30　横向分段块件的形式

7.3.2　构造布置与尺寸

经济分析表明,对于跨径较大的预应力混凝土简支梁桥,当吊装重量不受限制时,适当增加主梁的间距,加大翼缘宽度,可以提高截面效率指标 ρ(通常希望在 0.45～0.5 以上),比较经济合理。然而,为了防止桥面和翼缘开裂,取值也不宜过大。一般可采用 1.8～2.5 m。如果桥面板中施加了横向预应力,主梁间距则可以适当加大。JT/G QS 024—1983《公路桥涵设计图》中所采用的主梁间距为 2.2 m,预制宽度为 1.6 m,吊装后现浇 0.6 m 的湿接缝。与装配式钢筋混凝土 T 形梁桥相同,便于配合使用。

国外要求装配式梁的腹板厚度不能小于 165 mm,国内标准要求偏低,规定不小于 160 mm,标准设计中为 140～160 mm。当腹板宽度有变化时(如梁两端区段内),其过渡长度不宜小于 12 倍腹板宽度差。

T 形梁上翼缘的厚度按钢筋混凝土梁桥同样的原则来确定。为了减小翼板和梁肋连接处的局部应力集中和便于脱模,在该处一般还设置折线形承托或圆角,此时承托的加厚部分应计算在内。

预应力混凝土简支 T 形梁的梁肋下部通常要加宽做成马蹄形,以便钢丝束的布置能满足承受很大预压力的需要。为了配合钢丝束的弯起,在梁端能布置钢丝束锚头和安放张拉千斤顶,在靠近支点处腹板也要加厚至与马蹄同宽,加宽范围最好达一倍梁高(离锚固端)左右,这样就形成了沿纵向腹板厚度发生变化、马蹄部分也逐渐加高的变截面 T 形梁,如图 7-31 所示。一般跨径中部肋宽采用 16 cm,肋宽不宜小于肋板高度的 1/15。

为了防止在施工和运输中马蹄部分纵向裂缝,除马蹄面积不宜小于全截面的 10%～20% 以外,建议具体尺寸如下:

①马蹄宽度约为肋宽的 2～4 倍,并注意马蹄部分(特别是斜坡区)的管道保护层不宜小于 6 cm。

②马蹄全宽部分高度加 1/2 斜坡区高度约为 $(0.15\sim0.20)h$，斜坡宜陡于 45°角。同时应注意，马蹄部分不宜过高、过大，否则会降低截面形心，减少偏心距 e，并导致降低抵消自重的能力。从预应力梁的受力特点可知，为了使截面布置经济合理，节省预应力筋的配筋数量，T 形梁截面的效率指标 ρ 应大于 0.5。加大翼板宽度能有效地提高截面的效率指标。

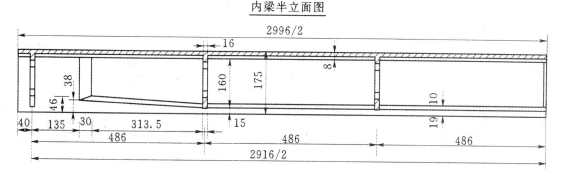

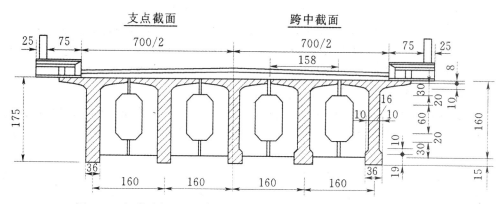

图 7-31　标准跨径 30 m 的预应力混凝土 T 形梁的构造布置(尺寸单位:cm)

7.3.3　配筋布置

装配式预应力混凝土简支梁式桥内的配筋，除主要的纵向预应力筋外，还有架立钢筋、箍筋、水平分布钢筋、承受局部应力的钢筋和其他构造钢筋等。

预应力混凝土简支 T 形梁桥，通常采用后张法施工。根据简支梁的受力特点，一般采用将预应力筋逐渐弯起的曲线配筋形式。预应力筋弯起的曲线形状可以采用圆弧线、抛物线或悬链线三种形式。圆弧线施工放样较简便，弯起角度大，可得到较大的预剪力。悬链线的预应力筋(或制孔器)可利用其自重下垂达到规定线形，对施工最方便，但它在端部的弯起角度较小。在矢跨比不大的情况下，这三种曲线的坐标值很接近。工程中通常采用在梁中部保持一段水平直线后按圆弧弯起的做法。

1.纵向预应力筋布置

(1)布置方式

①全部主筋直线形布置，构造简单，它仅适用于先张法施工的小跨度梁。其缺点是支点附近无法平衡的张拉负弯矩会在梁顶出现过高的拉应力，甚至导致严重的开裂。有时为减小此应力，

可根据弯矩的变化,将纵向预应力筋按需要截断,如图 7-32(a)所示。

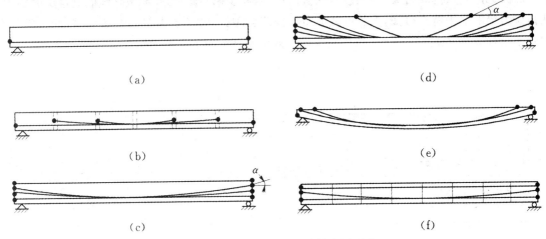

(a)　　　　　　　　　　　　　　　　　　(d)

(b)　　　　　　　　　　　　　　　　　　(e)

(c)　　　　　　　　　　　　　　　　　　(f)

图 7-32　简支梁纵向预应力筋布置图式

②对于长度较大的后张法梁如采用直线形预应力筋时,为减少梁端附近的负弯矩并节省钢材,可将主筋在中间截面截断。此时应将预应力筋在横隔梁处平缓地弯出梁体,以便进行张拉和锚固。这种布置的特点是主筋最省、张拉摩阻力也较小,但预应力筋没有充分发挥抗剪作用,且梁体在锚固处的受力和构造也较复杂,如图 7-32(b)所示。

③当预应力筋数量不太多,能全部在梁端锚固时,为使张拉工序简便,通常都将预应力筋全部弯至梁端锚固。这种布置的预应力筋弯起角不大,可以减少摩擦损失,但梁端受预应力较大,如图 7-32(c)所示。

④对于钢束根数较多的情况,或者当预应力混凝土梁的梁高受到限制,以致不能全部在梁端锚固时,就必须将一部分预应力筋弯出梁顶。此方法能缩短预应力筋的长度,节约钢材,对于提高梁的抗剪能力有利。但是张拉作业的操作稍趋复杂,预应力筋的弯起角较大,摩擦损失较大,如图 7-32(d)所示。

⑤大跨度桥梁为了减轻自重而配合荷载弯矩图形设计成变高度鱼腹形梁,这种结构因模板构造、施工和安装较复杂,一般很少采用,如图 7-32(e)所示。

⑥预应力混凝土串联梁中,梁顶附近的直线形预应力筋是为防止在安装过程中梁顶出现拉应力而布置,如图 7-32(f)所示。

在以上的布置形式中,目前预应力混凝土简支梁式桥上采用最广的布置方式是图 7-32 中的(c)和(d)两种。

(2)预应力筋总的布置原则

在保证梁底保护层厚度及使预应力筋位于索界内的前提下,尽量使预应力筋的重心靠下,在满足构造要求的同时,预应力钢筋尽量相互紧密靠拢,使构件尺寸紧凑。

2.纵向预应力筋的锚固

预应力筋的锚固分两种情形:在先张法梁中,钢丝或钢筋主要靠混凝土的握裹力锚固在梁体内;在后张法梁中,则通过各类锚具锚固在梁端或梁顶。此处仅介绍后张法的锚固。

在后张法锚固构造中,锚具底部对混凝土作用着很大的压力,而直接承压的面积不大,应力非常集中。在锚具附近不仅有很大的压应力,还有很大的拉应力。因此,锚具在梁端的布置必须遵循一定的原则：

　　①锚具的布置应尽量减小局部应力。一般地，集中、过大的锚具不如分散、小型的有利。

　　②锚具应在梁端对称于竖轴布置，以免产生过大的横向不平衡弯矩。

　　③锚具之间应留有足够的净距，以便能安装张拉设备，方便施工作业。

　　为了防止锚具附近混凝土出现裂缝，在锚具下应设置厚度不小于 16 mm 的钢垫板或采用具有喇叭管的锚具垫板，以扩大承载面积，减小应力。锚垫板下还应配置足够的间接钢筋（包括加强钢筋网和螺旋筋）予以加强。间接钢筋应根据局部抗压承载力计算确定，其体积配筋率 ρ_v 不应小于 0.5%。通常钢筋网不小于 4 层，螺旋形钢筋不小于 4 周。从支座中心起长度不小于一倍梁高的范围内还应设置间距不大于 100 mm 的闭合式箍筋。如图 7-33 所示为梁端锚固区的配筋构造示例，锚下设有厚度 20 mm 的钢垫板，锚垫板下设有网格为 100 mm×100 mm 的加强钢筋网和直径为 8 mm 的螺旋筋。

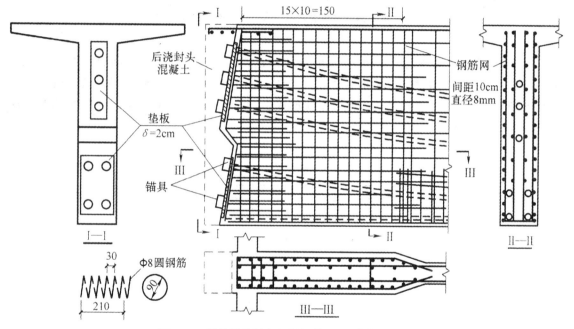

图 7-33　梁端的垫板和加强钢筋网（尺寸单位：cm）

　　也可以采用带有预埋锚具的预制钢筋混凝土端板来锚固预应力筋，如图 7-34 所示。此时除了加强钢筋骨架外，锚具下设置两层叉形钢筋网，施工起来也比较方便。目前用于预应力钢绞线的锚具（如 0VM 锚）已包括了钢垫板和螺旋筋在内的整套抵抗锚固区局部承压所需要的加强措施，故不需要再配置上述的加强钢筋。

　　预应力施加完毕后，应在锚具周围设置构造钢筋与梁体连接，并浇筑混凝土封锚，以保护锚具不致锈蚀。封锚混凝土的强度等级不应低于构件本身混凝土强度等级的 80%，且不低于 C30。

　　3.其他钢筋的布置

　　预应力混凝土 T 形梁与钢筋混凝土梁一样，按规定布置箍筋、架立钢筋、防收缩钢筋。由于预应力混凝土梁肋承受的主拉应力较小，一般不设斜筋，其构造要求基本相同，但还有其自身的特点。

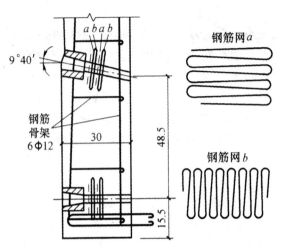

图 7-34　预制钢筋混凝土端板和叉形钢筋网（尺寸单位：cm）

（1）箍筋的布置

对于预应力比较集中的下翼缘（下马蹄）内必须设置闭合式加强箍筋，其间距不大于 15 cm，如图 7-35 所示。图中 d 为制孔管的直径，应比预应力筋的直径大 10 mm，采用铁皮套管时应大 20 mm，管道间的最小净距主要由浇筑混凝土的要求所确定，在有良好振捣工艺时（如同时采用底振和侧振），最小净距不小于 4 cm。

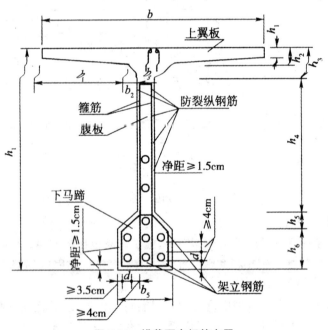

图 7-35　横截面内钢筋布置

（2）非预应力纵向受力钢筋

在预应力混凝土简支梁中，有时为了补充局部梁段内强度的不足或为了满足极限强度的要求，为了更好地分布裂缝和提高梁的韧性等，可以将无预应力的钢筋与预应力筋协同配置，这样往往能达到经济合理的效果，如图 7-36 所示。

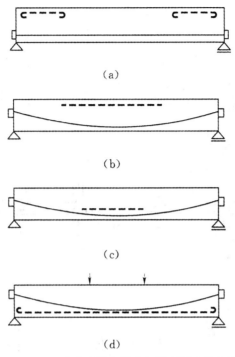

图 7-36　无预应力纵向受力钢筋(虚线)的布置

当梁中预应力筋在两端不便弯起时,为了防止张拉阶段在梁端顶部可能开裂而布置受拉钢筋,如图 7-36(a)所示。

对于自重比恒载与活载小得多的梁,在预加力阶段跨中部分的上翼缘可能会开裂而破坏,因而也可在跨中部分的顶部加设无预应力的纵向受力钢筋,如图 7-36(b)所示。这种钢筋在运营阶段还能加强混凝土的抗压能力,在破坏阶段则可提高梁的安全度。

在跨中部分下翼缘内设置的钢筋,多半是在全预应力梁中为了加强混凝土承受预加压力的能力,如图 7-36(c)所示。

对于部分预应力梁也往往利用通常布置在下翼缘的纵向钢筋来补足极限强度的需要,如图 7-36(d)所示,并且这种钢筋对于配置无黏结预应力筋的梁能起分布裂缝的作用。

此外,无预应力的钢筋还能增加梁在反复荷载作用下的疲劳极限强度。

4. 装配式预应力混凝土简支梁桥实例

如图 7-37 所示为一装配式预应力混凝土简支梁桥的标准设计。其标准跨径为 30 m,主梁全长 29.96 m,计算跨径为 29 m。荷载等级为汽车-超 20 级,挂车-120 级。主梁中心距为 2.26 m,预制部分宽度 1.80 m,吊装后现浇 0.46 m 的湿接缝。预制主梁采用 C40 混凝土,截面为带马蹄的 T 形截面,梁高为 1.96 m,厚 20 cm 的梁肋自第一道内横隔梁向梁端逐渐加宽至马蹄全宽 40 cm,但马蹄部分高度不变。全梁范围内共设置 7 道横隔梁,中心间距为 4.5 m 和 5.0 m,横隔梁高度 1.65 m,宽度也采用上宽下窄,内宽外窄的形式,以利于脱模。为减小施工难度,横隔梁没有采用挖孔形式,吊装后彼此之间采用现浇接缝集整。

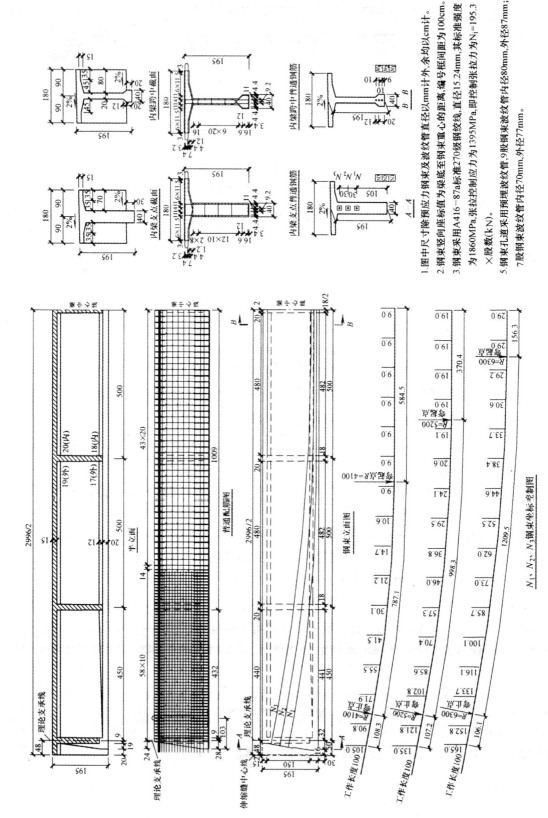

1. 图中尺寸除预应力钢束及波纹管直径以mm计外，余均以cm计。
2. 钢束竖向座标值为梁底至钢束重心的距离，编号框间距为100cm。
3. 钢束采用A416-87a标准270级钢绞线，直径15.24mm，其标准强度为1860MPa，张拉控制应力为1395MPa，即控制张拉力为N_1=195.3×股数(kN)。
4. 钢束采用A416-87a标准270级钢绞线，直径15.24mm，其标准强度为1860MPa，张拉控制应力为1395MPa，即控制张拉力为N_1=195.3×股数(kN)。
5. 钢束孔道采用预埋波纹管，9股钢束波纹管内径80mm，外径87mm；
7. 股钢束波纹管内径70mm，外径77mm。

图7-37 标准跨径30 m的装配式预应力混凝土简支梁构造图（尺寸单位：cm）

每片 T 形梁设三束预应力钢束,采用 A416-87a 标准 270 级钢绞线,直径 15.24 mm,其标准强度为 1860 MPa,张拉控制应力为 1395 MPa,其中 N_1、N_2 均采用 9 束钢绞线,N_3 则为 7 束,全部钢绞线均以圆弧起弯并锚固在梁端厚 20 mm 的钢垫板上。钢束孔道采用预埋波纹管,9 股钢束波纹管内径 80 mm,外径 87 mm;7 股钢束波纹管内径 70 mm,外径 77 mm。

7.4　简支梁桥的计算

7.4.1　桥面板计算

1.桥面板的计算模型

混凝土简支梁桥的桥面板直接承受车辆荷载,它与主梁梁肋和横隔梁连接在一起,既保证了梁的整体作用,又将活载传给了主梁。梁格系构造和桥面板的支承形式如图 7-38 所示。

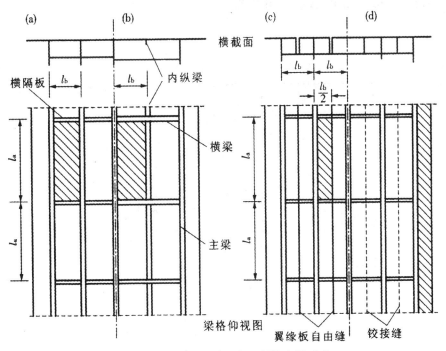

图 7-38　梁格系构造和桥面板的支承形式

对于整体式梁桥来说,具有主梁和横隔梁的简单梁格[见图 7-38(a)],以及具有主梁、横梁和内纵梁的复杂梁格[见图 7-38(b)],行车道板都是周边支承的板。通常其边长比或长宽比(l_a/l_b)等于或大于 2,当有荷载作用于板上时,绝大部分力是由短跨方向(l_b)传递的,因此可近似地按仅由短跨承受荷载的单向受力板来设计。即仅在短跨方向配置受力主筋,而长跨方向只要配置适当的构造钢筋即可。对于长宽比小于 2 的板,则称为双向板,需按两个方向的内力分别配置受力钢筋。

对于常见的 $l_a/l_b \geqslant 2$ 的装配式 T 形梁桥,有下列两种情况:

①翼缘板的边缘是自由边,实际为三边支承的板,但可把其看做像边梁外侧的翼缘板一样,作为沿短跨一端嵌固而另一端为自由端的悬臂板。如图7-38(c)所示。

②相邻翼缘板板端互相做成铰接接缝,行车道板应按一端嵌固,另一端铰接的铰接悬臂板进行计算。如图7-38(d)所示。

2.车轮荷载在板上的分布

根据试验研究,作用在混凝土或沥青铺装面层上的车轮荷载,可以假定呈45°角扩散分布于混凝土板面上。

如图7-39所示,假定车轮与桥面的接触面是$a_2 \times b_2$的矩形面(a_2为沿行车方向车轮的着地长度;b_2为垂直于行车方向的车轮的着地宽度),则作用于行车道板顶面的矩形荷载压力面的边长为:

$$沿行车方向 \quad a_1 = a_2 + 2H \tag{7-1}$$

$$沿横向 \quad b_1 = b_2 + 2H \tag{7-2}$$

式中,H为铺装层的厚度。

各级荷载的a_2和b_2值可从《桥规》中查得。

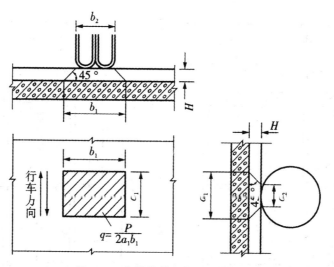

图7-39 车轮荷载在板面上的分布

设P为车辆荷载的轴重,由一个车轮引起的桥面板上的局部分布荷载为:

$$汽车:p = \frac{P}{2a_1 b_1} \tag{7-3}$$

$$挂车:p = \frac{P}{4a_1 b_1} \tag{7-4}$$

3.板的有效工作宽度

桥面板在局部分布荷载的作用下,不仅直接承压部分的板带参与工作,与其相邻的部分板带也分担一部分荷载。因此,在桥面板荷载的计算中,需确定板的有效工作宽度。

如图7-40所示,荷载以$a_1 \times b_1$的分布面积作用在板上,板在计算跨径x方向和垂直于计算跨径的y方向分别产生挠曲变形ω_x和ω_y。

以$a \times m_{x,\max}$的矩形面积等代曲线图形面积,即

$$a \times m_{x,\max} = \int m_x \mathrm{d}y = M$$

则得弯矩图的换算宽度为：

$$a = \frac{M}{m_{x,\max}} \qquad (7\text{-}5)$$

式中，a 为板的有效工作宽度；M 为车轮荷载产生的跨中总弯矩；$m_{x,\max}$ 为荷载中心处的最大单位板宽弯矩值（kN·m/m）。

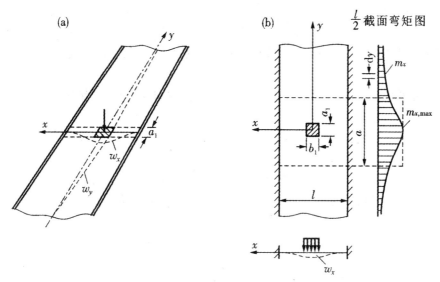

图 7-40　行车道板的受力状态

（1）单向板

《桥规》对板的有效工作宽度 a 规定如下。

1）车轮在板的跨中

对于单独一个车轮荷载［见图 7-41(a)］：

$$a = a_1 + \frac{l}{3} = a_2 + 2H + \frac{l}{3} \geqslant \frac{2l}{3} \qquad (7\text{-}6)$$

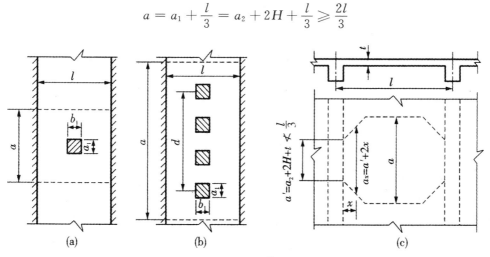

图 7-41　单向板的荷载有效分布宽度

对于两个或几个靠近的相同的车轮荷载,当按式(7-6)计算的各相邻荷载的有效分布宽度发生重叠时,车重取其总和,分布宽度按边轮分布外缘计算[见图7-41(b)],即

$$a = a_1 + d + \frac{l}{3} = a_2 + 2H + d + \frac{l}{3} \geqslant \frac{2l}{3} + d \tag{7-7}$$

2)车轮在板的支承处

$$a' = a_1 + t = a_2 + 2H + t \geqslant \frac{l}{3} \tag{7-8}$$

3)荷载靠近板的支承处

$$a_x = a' + 2x \leqslant a \tag{7-9}$$

式中,l 为板的计算跨径;d 为最外两个车轮荷载的中心距离;t 为板的厚度;x 为荷载作用点离支承边缘的距离。

由以上分析可知,荷载愈靠近跨中,板的有效分布宽度愈宽,荷载的作用影响范围愈大。

(2)悬臂板

如图7-42所示,悬臂板的荷载有效分布宽度为:

$$a = a_1 + 2b' = a_2 + 2H + 2b' \tag{7-10}$$

式中,b' 为承重板上的荷载压力面外侧边缘至悬臂板根部的距离。

对于分布荷载靠近板边的最不利情况,b' 就等于悬臂板的净跨径 l_0,于是:

$$a = a_1 + 2l_0 \tag{7-11}$$

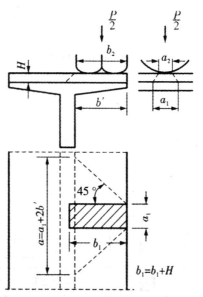

图 7-42 悬臂板荷载的有效分布宽度

4.桥面板的内力计算

(1)多跨连续单向板的内力

对于一次浇筑的多跨连续单向板的内力计算,现行《桥规》采用了简化方法计算(见图7-43)。

1)跨中最大弯矩计算

当 $\dfrac{t}{h} < \dfrac{1}{4}$ 时(即主梁抗扭能力大者):

$$跨中弯矩　M_中 = +0.5M_0$$
$$支点弯矩　M_支 = -0.7M_0$$

当 $\dfrac{t}{h} \geqslant \dfrac{1}{4}$ 时(即主梁抗扭能力小者):

$$跨中弯矩　M_中 = +0.7M_0$$
$$支点弯矩　M_支 = -0.7M_0$$

式中,h 为肋高;t 为板厚;M_0 为 M_{0P} 和 M_{0g} 两部分的内力组合;M_{0P} 为 1 m 宽简支板条的跨中汽车及人群荷载引起的弯矩,$M_{0P} = (1+\mu) \cdot \dfrac{P}{8a}(l - \dfrac{b_1}{2})$,$P$ 为轴重,对于汽车荷载应取加重车后轴的轴重计算;μ 为冲击系数,对于桥面板通常取 0.3;M_{0g} 为 1 m 宽简支板条的跨中恒载引起的弯矩,$M_{0g} = \dfrac{1}{8}gl^2$,$g$ 为 1 m 宽板条每延米的恒载重量。

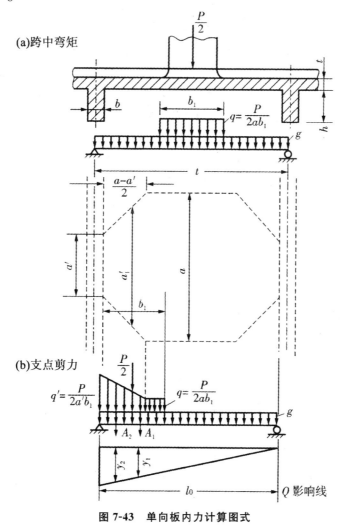

图 7-43　单向板内力计算图式

2)支点剪力计算

对于跨内只有一个车轮荷载的情况,考虑了相应的有效工作宽度后,每米板宽承受的分布荷载如图 7-43(b)所示。汽车引起的支点剪力为:

$$Q_s = \frac{gl_0}{2} + (1+\mu)(A_1 \cdot y_1 + A_2 \cdot y_2) \tag{7-12}$$

式中,A_1 为矩形部分的合力,$A_1 = \dfrac{P}{2a}$;A_2 为三角形部分荷载的合力,$A_2 = \dfrac{P}{8aa'b_1} \cdot (a-a')^2$;$y_1$、$y_2$ 为对应于荷载合力 A_1、A_2 的支点剪力影响线纵坐标值;l_0 为板的净跨径。

如行车道板的跨径内不只一个车轮进入时,需计算其他车轮的影响。

(2)悬臂板的内力

1)铰接悬臂板的内力

用铰接方式连接的 T 形梁翼缘板的最大弯矩在悬臂根部。计算悬臂根部活载弯矩肘蛐时,最不利的荷载位置是把车轮荷载对中布置在铰接处,这时铰内的剪力为零,两相邻悬臂板各个承受半个车轮荷载,即 $P/4$,如图 7-44(a)所示。

则每米宽板条的活载弯矩为

$$M_{sP} = -(1+\mu) \cdot \frac{P}{4a}(l_0 - \frac{b_1}{4}) \tag{7-13}$$

每米宽板条的恒载弯矩为

$$M_{sg} = -\frac{1}{2}gl_0^2 \tag{7-14}$$

需要注意的是,此处 l_0 为铰接双悬臂板的净跨径。

2)自由悬臂板的内力

计算根部最大弯矩时,应将车轮荷载靠板的边缘布置,此时 $b_1 = b_2 + H$,如图 7-44(b)所示。则恒载和活载弯矩值可由一般公式求得。每米宽板条的活载弯矩为:

$$M_{sP} = \begin{cases} -(1+\mu) \cdot \dfrac{P}{4ab_1}l_0^0, & b_1 \geqslant l_0 \\ -(1+\mu) \cdot \dfrac{P}{2a}(l_0 - \dfrac{b_1}{2}), & b_1 < l_0 \end{cases} \tag{7-15}$$

每米宽板条的恒载弯矩用式与式(7-14)一致。

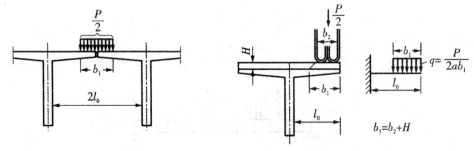

(a)相邻翼缘板沿板边作成铰接的桥面板　　(b)沿板边纵缝不相连的自由悬臂板

图 7-44　铰接悬臂板和自由悬臂板计算图示

7.4.2　梁桥荷载横向分布

1.基本概念

梁桥的上部结构主要由承重结构(主梁)及传力结构(横隔梁、行车道板)两大部分组成,各片主梁依靠横隔梁和行车道板联成空间整体结构。该空间结构所承受的主要作用有恒载(主要是自重)和活载(主要是汽车荷载和人群荷载)。

其中,恒载作用的计算比较简单,除了考虑结构自重外,桥面铺装、人行道、栏杆等的重量通常可以近似地平均分摊给各根主梁来承担。而活载作用时的结构内力计算就相对复杂。当桥上作用汽车荷载或人群荷载时,由于结构的空间整体性,必然会使各主梁不同程度地共同参与工作,形成了各片主梁之间的内力分布,同时每片主梁分布到的内力大小,又随荷载在横向作用位置变化而改变。求解梁桥结构内力应采用空间计算理论,求解梁桥的这种内力实际上属于空间计算理论的问题。目前广泛采用的简化方法是将复杂的空间问题转化为平面问题来计算。

2.荷载横向分布计算

以下将介绍几种横向分布系数的计算原理。

(1)杠杆原理法

①基本原理:忽略主梁之间横向结构的联系作用,假设桥面板在主梁顶断开,把桥面板当作沿横向支承在主梁上的简支梁或悬臂梁来考虑。通过简支梁(或悬臂梁)反力影响线计算荷载横向分布。

②杠杆法的适用范围:杠杆原理法适用于计算荷载位于靠近主梁支点的荷载横向分布系数,此时主梁的支承刚度远大于主梁间横向联系的刚度,受力特性与杠杆原理法接近。此外,该方法也可用于双主梁桥(见图 7-45),还可近似用于横向联系很弱的无中间横隔梁的桥梁,但是这样计算的荷载横向分布系数通常对于中间主梁会偏大些,而对于边梁会偏小些。

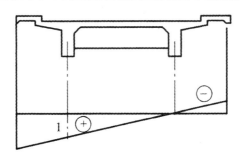

图 7-45　杠杆原理法计算双主梁桥横向分布系数

(2)刚性横梁法

在钢筋混凝土或预应力混凝土梁桥上,通常在桥的两端和中间设置有多道横隔梁,从而显著增加了桥梁结构的整体性和横向刚度。根据试验观测结果和理论分析.桥的宽跨比 $B/L < 0.5$ 或接近于 0.5(一般称为窄桥),且主梁间具有可靠横向联结时,荷载作用下中间横梁的弹性挠曲变形同主梁的相比微不足道,也就是说中间横隔梁像一根刚度无穷大的刚性梁一样保持直线形状,如图 7-46 所示。

按计算中是否考虑主梁的抗扭刚度,又可分为"偏心压力法"和"修正的偏心压力法"两种。

①基本原理:横梁当作支承在各片主梁上的连续刚性体来计算荷载横向分布系数的方法称为"刚性横梁法",从桥上受荷载后各根主梁的变形规律看,它完全类似于一般材料力学中杆件偏心受压的情况。所以,又称为"偏心压力法"。

②适用范围:具有可靠横向联结,且宽跨比 $B/L < 0.5$ 或接近于 0.5 具的窄梁桥。

③考虑主梁抗扭刚度的修正偏心压力法:前面在计算过程中,假定横隔梁绝对刚性和忽略了主梁抗扭刚度,这将导致边梁受力偏大的计算结果。为了弥补偏心压力法的不足,国内外也广泛地采用考虑主梁抗扭刚度的偏心压力法。

(3)铰接板(梁)法

对于用现浇混凝土纵向企口缝连结的装配式板桥以及仅在翼板间用焊接钢板或伸出交叉钢筋连结的无中间横隔梁的装配式梁桥,由于块件间横向具有一定的连结构造,但其连结刚性又很薄弱,可以近似视作横向铰接。它们的跨中荷载横向分布计算,前述的"杠杆原理法"和"偏心压力法"均不适用时,可以采用的铰接板(梁)法。

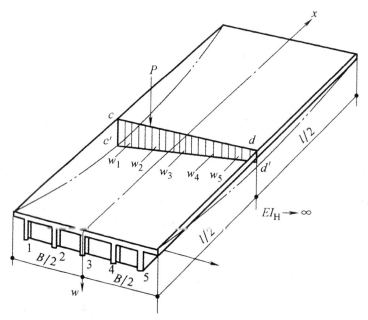

图 7-46 梁桥挠曲变形(偏心压力法)

①基本假定。用混凝土企口缝连结的装配式板桥承受荷载的变形图式。各板块之间通过结合缝传递荷载。在构造上,结合缝(企口缝)的高度不大,刚性甚弱,通常可视作近似铰接,则横向弯矩对传布荷载的影响可忽略。假定竖向荷载作用下结合缝内仅传递竖向剪力 $g(x)$。

在正弦荷载 $p(x) = P\sin\frac{\pi x}{l}$ 作用下,各铰缝也产生正弦分布的铰接力 $g_i(x) = g_i\sin\frac{\pi x}{l}$,如图 7-47 中示出任意一条板梁的铰接力分布图形。鉴于荷载、铰接力和挠度三者的协调性,对于研究各条板梁所分布荷载的相对规律来说,方便地取跨中单位长度和截割段来进行分析不失其一般性,此时各板条间铰接力可用正弦分布铰接力的峰值 g_1 来表示。单位力作用下的各板分配到竖向荷载的峰值为荷载横向分布影响线,由此求荷载横向分布系数。

②适用范围:适用范围为铰接板(梁)桥及横向刚度较弱的 T 梁桥。

（4）比拟正交异性板法（G-M 法）

对于由主梁、连续的桥面板和多道横隔梁所组成的梁桥，当其宽度与其跨度之比较大时，还可以把此类结构简化为纵横相交的梁格系，按杆件系统的空间结构求解，也可设法将其比拟简化为一块矩形的平板，作为弹性薄板按古典弹性理论来进行分析，即所谓的"比拟正交异性板法"或"G-M 法"。

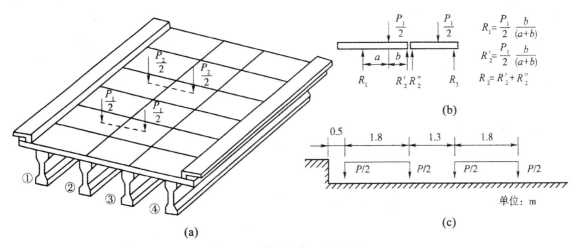

图 7-47　横向分布系数的概念

G-M 法是将整个梁格系比拟成正交各向异性板，研究它在受力后的挠度和内力。为解决荷载的横向分布问题，把集中荷载均换算成正弦形荷载，这样跨中的横向分布规律也可以适用于跨间各断面。取一个板的单元体来看，它与梁的不同之处就在于板不仅双向受弯、受剪，而且受扭。

①基本原理：如图 7-48（a）表示实际结构纵横向的构造图式，纵向主梁的中心距离为 6，每根主梁的截面抗弯惯矩和抗扭惯矩分别为 I_x 和 I_{Tx}。如果梁肋间距 a 和 b 相应地与桥跨结构的宽度或长度相比是相当小的，并且桥面板与梁肋之间具有完善的结合，可假设将主梁的截面惯矩，I_x 和 I_{Tx} 平均分摊于宽度 a，这样就把实际的纵横梁格系比拟为一块假想的平板，如图 7-48 所示。图中沿 x 方向的板厚表示成虚线，这说明所比拟的板在 x 和 y 两个方向的换算厚度是不相同的。

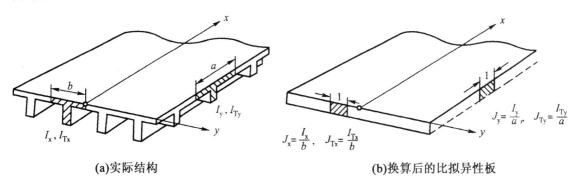

图 7-48　实际结构换算成比拟异性板的图式

②适用范围：任何纵横梁格系结构比拟成的异性板可仿照真正的材料异性板来求解，仅是方程中的刚度常数不同。实际结构中，由于梁格系的梁肋并非对称于板的中间布置的，故此法所

得解是近似的。

在实际设计中,可利用"G-M"法编制的图表得出比较精确的结果,此法概念明确、计算简捷,对于各种桥面净空宽度的情况,可很快地求出各片主梁的相应内力值。

3.荷载横向分布系数沿桥纵向的变化

一般来说,荷载位于桥跨纵向的位置不同,对同一主梁产生的横向分布系数也是不同的。前面所介绍的各种计算荷载横向分布的方法中,只有"杠杆原理法"能计算荷载位于支点处的横向分布系数 m_0,其他方法均是计算荷载位于跨中时的荷载横向分布系数 m_0。而当荷载位于桥跨其他位置时,要精确计算 m_x 值,找出 m_x 沿桥跨的连续变化规律,显然,从理论上讲是很复杂的,而且也会使主梁内力的计算更加麻烦。为了简化计算,目前在桥梁设计中采用下面的实用处理方法。

对于无中间横隔梁或仅有一根中横隔梁的情况,跨中部分采用不变的荷载横向分布系数 m_c,从离支点 $l/4$ 处到支点的区段内 m_x 采用直线形过渡到 m_0。[见图7-49(a)]。

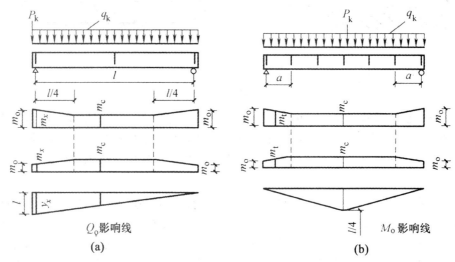

图 7-49　荷载横向分布系数沿跨长的变化

对于有多根内横隔梁的情况,跨中部分采用不变的 m_c,从第一根内横隔梁起,m_c 直线形过渡到支点截面的 m_0。[见图7-49(b)]。

这样,主梁上的活载因其纵向位置不同,就应有不同的横向分布系数。在计算简支梁跨中最大弯矩时,由于车辆的重轴一般作用于跨中部分,而横向分布系数沿跨内部分的变化不大—为了简化计算,通常采用不变的跨中横向分布系数 m_c 计算。对于其他截面的弯矩计算,一般也可取用不变的 m_c。但对于中梁来说,m_0 与 m_c 的差值可能较大,且其内横梁又少于3根时以计及 m 沿跨径变化的影响为宜。在计算简支梁支点最大剪力时,由于车辆的重轴一般作用于靠近支点的部分,而靠近支点的部分横向分布系数沿跨变化较大,通常考虑该段内横向分布系数变化的影响。对于跨内其他截面的主梁剪力,也可视具体情况计及 m 沿跨变化的影响。

7.4.3　主梁内力计算

主梁内力计算包括恒载内力计算、汽车荷载内力计算及荷载组合计算。

1.恒载内力

钢筋混凝土或预应力混凝土公路桥梁的恒载效应,往往占总作用效应很大的比重(60%~90%),桥梁的跨径越大,恒载的比重也就越大。通常将跨内横隔梁的重量、桥面系的重量平均分配给各梁,对于等截面梁桥的主梁,其计算恒载为均布荷载。恒载内力按《结构力学》方法计算,计算结果为各控制截面的内力标准值。

2.活载内力

主梁活载内力是由可变作用中的车道荷载、人群荷载等产生的。

(1)跨中截面

计算简支梁跨中截面最大弯矩和剪力时,可近似取用不变的跨中横向分布系数 m_c,如图 7-50 所示。

$$车道荷载内力计算:S_q = (1+\mu)\xi m_{cq}(P_k y_k + q_k\Omega)$$

$$人群荷载:S_r = m_{cr}q_r\Omega$$

式中,S_q、S_r 为跨中截面由车道荷载、人群荷载引起的弯矩或剪力;μ 为汽车荷载冲击系数,根据《公路桥涵设计通用规范》(JTG D60—2004)确定;ξ 为多车道桥梁的汽车荷载折减系数;m_{cq}、m_{cr} 分别为跨中截面车道荷载、人群荷载的横向分布系数;P_k、q_K 为车道荷载的集中荷载和均布荷载标准值;y_k 为计算内力影响线纵标的最大值,也就是说,应将集中荷载标准值作用于影响线纵标的最大的位置处;q_r 为人群荷载集度,一般均取单侧人行道计算,q_r =人群荷载标准值×单侧人行道宽,《公路工程技术标准》(JTG B01—2003)规定,当桥梁的计算跨径小于或等于 50 m 时,人群荷载的标准值为 3.0 kN/m^2;Ω 为跨中截面计算内力影响线面积。

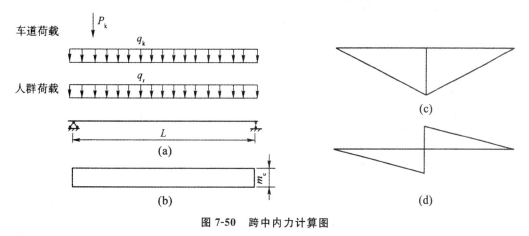

图 7-50　跨中内力计算图

(2)支点截面

对于支点截面的剪力或靠近支点截面的剪力,需计入由于荷载横向分布系数在梁端区段内发生变化所产生的影响[见图 7-51(b)],以支点截面为例,其计算公式为:

$$Q_A = Q'_A + \Delta Q_A$$

式中,Q'_A 为依照不变的 m_c 计算的内力值,即图 7-51(c)中由均布荷载 m_{ck} 计算的内力值。

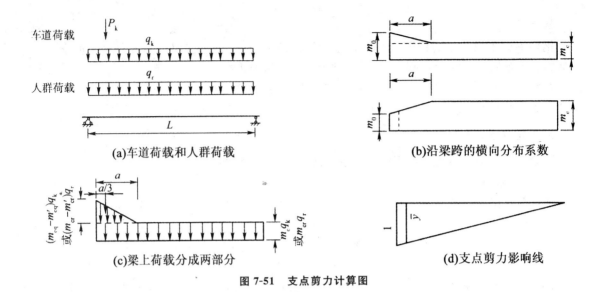

图 7-51　支点剪力计算图

7.4.4　挠度和预拱度计算

1. 桥梁挠度的验算

对于一座混凝土桥梁,除了要对主梁进行承载能力极限状态的强度计算,还要对正常使用极限状态下梁的变形(裂缝和挠度)进行验算,以确保结构具有足够的刚度。

桥梁的挠度,按产生的原因可分为永久作用挠度和可变作用挠度。永久作用(包括结构自重、桥面铺装和附属设备的重力、预应力、混凝土徐变和收缩作用)是恒久存在的,其产生的挠度与持续时间有关,可分为短期挠度和长期挠度。永久作用挠度可以通过施工时预设的反向挠度(预拱度)来加以抵消,使竣工后的桥梁达到理想的线形。

可变作用挠度是临时出现的,在最不利的荷载位置上,挠度达到最大值,随着可变荷载的移动,挠度逐渐减小,一旦汽车驶离桥梁,挠度就会消失。在桥梁设计中,需要验算可变作用的挠度以体现结构的刚度特性。

钢筋混凝土和预应力混凝土简支梁长期挠度值 f_c 为:

$$f_c = f \times \eta_\theta$$

式中,f 为按荷载短期效应组合计算的挠度值,短期效应组合中汽车荷载频遇值为汽车荷载标准值的 0.7 倍,恒载以及人群荷载的频遇值等于标准值;η_θ 为挠度长期增长系数,C40 以下混凝土时,η_θ 取为 1.60;C40～C80 混凝土时,η_θ 取为 1.45～1.35,中间强度等级按直线内插取用。计算预应力混凝土简支梁预加力反拱值时,取为 2.0。

对于钢筋混凝土简支梁,荷载短期效应作用下的跨中截面挠度按下式近似计算:

$$f = \frac{5}{48} \frac{M_s l^2}{B}$$

$$B = \frac{B_0}{\left(\frac{M_{cr}}{M_s}\right)^2 + \left[1 - \left(\frac{M_{cr}}{M_s}\right)^2\right] \frac{B_0}{B_{cr}}}$$

$$M_{cr} = \gamma f_{tk} W_0$$

式中，M_s 为南荷载短期效应组合计算的弯矩值；l 为计算跨径；B 为开裂构件等效截面的抗弯刚度；B_0 为全截面的抗弯刚度，$B_0 = 0.95E_0I_0$；B_{cr} 为开裂截面的抗弯刚度，$B_{cr} = E_{cr}I_{cr}$；M_{cr} 为开裂弯矩；γ 为构件受拉区混凝土塑性影响系数；I_0 为全截面换算截面惯性矩；I_{cr} 为开裂截面换算截面惯性矩；f_{tk} 为混凝土轴心抗拉强度标准值；W_0 为换算截面抗裂边缘的弹性抵抗矩。

2.预拱度的设置

(1)钢筋混凝土受弯构件预拱度的设置

为了消除永久作用挠度而设置的预拱度(指跨中的反向挠度)，其值通常按结构自重和 1/2 可变荷载频遇值计算的长期挠度值之和采用。这就意味着在使用阶段常遇荷载情况下桥面基本接近设计标高。

《公预规》规定，当由结构短期效应组合并考虑长期效应影响产生的长期挠度不超过 $l/1600$ 时，可不设预拱度；反之应设置预拱度。

(2)预应力混凝土受弯构件预拱度的设置

当预加应力产生的长期反拱值大于按荷载短期效应组合计算的长期挠度时，可不设预拱度；反之应设预拱度，其值应按该项荷载的挠度值与预加应力长期反拱值之差采用。

对自重相对于活载较小的预应力混凝土受弯构件，应考虑预加应力反拱值过大可能造成的不利影响，必要时采取反预拱或设计和施工上的其他措施，避免桥面隆起直至开裂破坏。

对于位于竖曲线上的桥梁，应视竖曲线的凸起(或凹下)情况，适当增(或减)预拱度值，使竣工后的线形与竖曲线接近一致。

第8章 其他体系桥梁及桥梁支座

8.1 连续体系梁桥

与悬臂梁桥相似,连续梁桥由于支点负弯矩的存在,对跨中正弯矩起到卸载作用,显著减小了跨中正弯矩,因而可相应减小跨度内主梁的高度,降低钢筋混凝土数量和结构自重,而且这本身又导致了恒载内力的减小。

连续梁是超静定结构,墩台基础的不均匀沉降会使梁内产生不利的附加内力(由于混凝土的塑性性质,这种内力会随着时间逐渐减小),因而通常适用于地基条件较好的场合。

连续梁桥与悬臂梁桥相同的另一个重要特点是:从桥的立面上看,在桥墩上只需设置一排沿墩中心布置的支座,即可相应的减小桥墩的尺寸,降低下部结构工程造价。

从营运条件来说,由于结构刚度大,变形小,伸缩缝少,所以连续体系较简支和悬臂体系都要更优越。

8.1.1 结构类型

1.等截面连续梁

超静定结构的连续梁在自重和活载作用下,支点截面设计负弯矩一般比跨中截面设计正弯矩大,但在跨径不大时,这个差值相差不大,可考虑采用等截面形式,采取一定的构造措施予以调节,从而简化主梁的构造,如图 8-1(a)所示。

等截面连续梁桥的跨径以 40~60 m 为宜,可选用等跨和不等跨两种布置方式,常采用的施工方法有就地浇筑施工、逐孔施工、移动模架施工、顶推施工等。

2.变截面连续梁

当连续梁的主跨跨径接近或大于 70 m 时,若主梁仍采用等截面布置,在结构自重和活载作用下,主梁支点截面设计负弯矩将比跨中截面设计正弯矩大得多,受力变得不合理。因此采用变截面形式符合受力要求,使得截面高度变化基本上与内力变化相适应,并且外形美观,节省材料,增大桥下净空高度。

连续梁桥超过五跨时,虽然内力变化情况与五跨相差不大,但连续跨数过大会增大温度变化的附加影响,造成梁端伸缩量很大,需设置大位移量的伸缩缝,因此连续孔数一般不超过五跨。三跨连续梁桥最为常用,其边跨与中跨的跨径比例,T 形截面连续梁桥一般为 0.8:1.0,如图 8-1(b)所示;箱形截面一般为(0.5:1.0)~(0.7:1.0)。五跨连续梁常用的比例为 0.65:0.9:1.0,如图 8-1(c)所示。

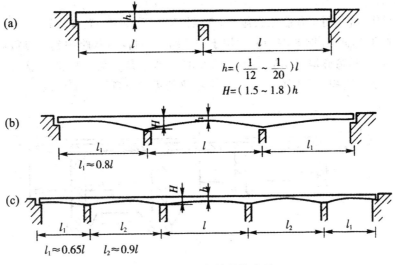

$$h=\left(\frac{1}{12}\sim\frac{1}{20}\right)l$$
$$H=(1.5\sim1.8)h$$

图 8-1　连续梁桥的结构类型

8.1.2　构造特点

1. 横截面形式和尺寸

连续梁桥横截面形式主要有板式、肋梁式和箱形截面。

(1)板式截面

板式截面分实体截面、空心截面。实体截面[图 8-2(a)、(b)]多用于中小跨径,一般有支架现浇施工。空心截面[图 8-2(c)、(d)]常用于跨径 15～30 m,板厚 0.8～1.5 m。

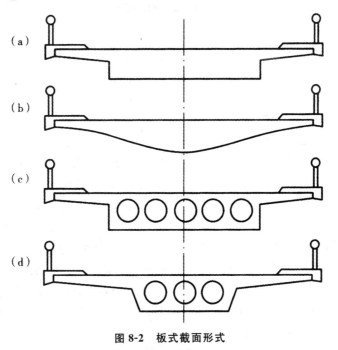

图 8-2　板式截面形式

（2）肋式截面

肋式截面制作方便，用于预制架设施工，在梁段安装后经体系转换为连续梁桥。常用的肋式截面有带马蹄的 T 形截面[图 8-3(a)]，适用于中等跨径的桥梁，从跨中到支点截面，其负弯矩逐渐增大，因此梁高和马蹄形均要相应加大。图 8-3(b) 所示是在梁肋底部加设局部宽度的翼板，以加大混凝土的受压面积。翼板的宽度与厚度沿梁长可随负弯矩数值而改变。

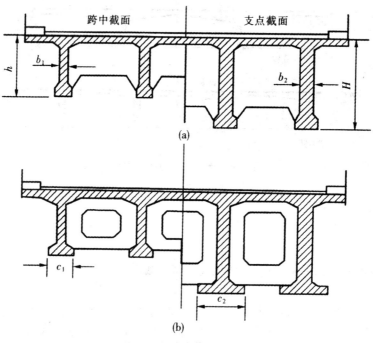

图 8-3 肋式截面形式

（3）箱形截面

当连续梁桥跨径超过 40～60 m 时，主梁多采用箱形截面。箱形截面的整体性强，不但能提供足够的混凝土受压面积，而且闭合截面的抗扭刚度很大。常用箱形截面有单箱单室、单箱双室和分离式双箱单室等等。

图 8-4(a) 是最简单的单箱单室箱梁截面，适用于桥面较窄的情况。图 8-4(b) 所示的单箱单室截面将人行道和行车道分两层布置，这种新颖截面适用于城市高架道路。在抗扭刚度大的箱梁上从两端挑出足够长的悬臂，这样既满足了使用要求，又最大限度地缩减了墩台尺寸。宽桥采用多室的箱形截面[图 8-4(c)]，为了减小箱梁宽度，还可在两侧敷设人行道挑梁来支承较宽的人行道结构。箱梁的顶板主要按行车道板要求来设计，钢筋混凝土箱梁梁肋的间距通常不宜超过 2.5～3.0 m，使得顶板跨径不致过大并保证翼板与肋共同受力，底板尽量做得薄些，但从施工要求出发，不宜小于肋间净距的 1/16 或 0.15 m。沿桥长可做成底板等厚的变高度梁，或者可将底板在负弯矩区逐渐加厚。肋厚一般亦可沿桥长变化，跨中截面肋的总厚度不宜小于桥宽的 1/20～1/12，支点处则不宜小于 1/12～1/8。顶底板与肋板连接处应设承托，以加强竖肋与水平板的联系，同时也避免了抗扭构件内角点处很高的集中应力。图 8-4(d) 是顶板采用预制装配式微弯板（也可现浇）的箱形截面，这种构造的混凝土数量略有增加，但可显著节约桥面板的钢筋用量。

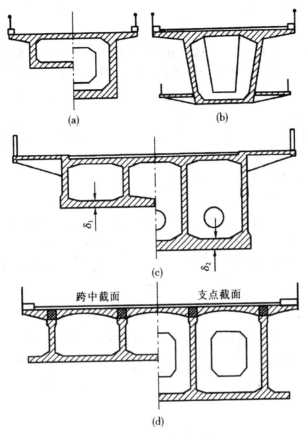

图 8-4　箱形截面形式

2. 横隔板

(1)肋式截面梁的横隔板

对于 T 形梁等肋式结构,横隔板的主要作用是将主梁连接成整体,增加结构的整体性和横向刚度,其结构、设置与简支梁相同。

(2)箱形截面梁的横隔板

箱形截面梁一般都在支点位置设置横隔板,用以约束箱梁的畸变变形和扭转变形,并承担和传递支反力。

对于整体式双箱结构,设置横隔板的目的是将两箱连为整体,根据整体刚度的要求来计算确定横隔板的位置和构造。在箱梁内部设置横隔板,用以约束截面的畸变和扭转变形。箱梁内的横隔板通常采用板式结构,为满足施工、维修和通风要求,须在横隔板上设置过人洞。

对于大悬臂单箱单室宽桥,要设置加劲横梁以改善箱梁的横向受力。加劲横梁多为肋式结构,其间距和构造由受力要求确定。

3. 预应力钢筋布置

连续梁的内力主要有三个:纵向受弯、受剪以及横向受弯。为了抵抗上述三个内力,需配置三向预应力钢筋。纵向预应力抵抗纵向受弯和部分受剪,竖向预应力抵抗受剪,横向预应力抵抗横向受弯。预应力钢筋数量和布筋位置需根据结构在使用阶段的受力状态予以确定,同时满足施工各阶段的受力需要。

（1）纵向预应力筋

沿着桥跨方向的纵向力筋又称为主筋，用以保证桥梁在结构重力和活载作用下纵向跨越能力的主要受力钢筋，可布置在顶、底板和腹板中。常用的纵向预应力筋为钢铰线和高强碳素钢丝。纵向预应力钢筋的布置不仅与结构形式有关，而且与施工方法关系密切，常用的布筋方式有连续配筋和分段配筋两大类。

当采用满堂支架法施工时，不存在施工阶段的内力变化问题，可以直接根据成桥后的内力，采用连续配筋方式，如图 8-5（a）所示。这类布筋方式构造简单，曲线段力筋还具有抗剪作用，但跨数较多时，预应力损失大，穿束施工难度较大。

当采用节段施工［图 8-5（b）、（c）］、简支-连续施工［图 8-5（d）］时，采用分段配筋方式。节段施工中，预应力筋束分直束和弯束。直束布置在截面的上、下翼缘；弯束布置在腹板宽度范围内。

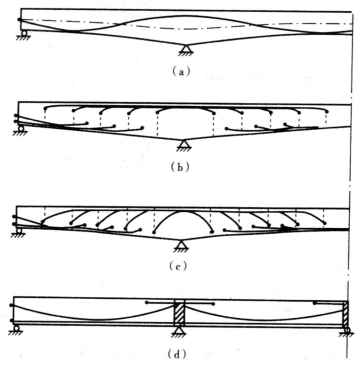

图 8-5　纵向预应力筋配筋示意图

（2）横向预应力筋

横向预应力筋用以保证桥梁的横向整体性、桥面板及横隔板横向抗弯能力的主要受力钢筋，一般布置在顶板和横隔板中。常用的横向预应力筋为钢铰线和高强碳素钢丝。图 8-6 所示为对箱梁截面的顶板施加横向预应力的力筋构造。

（3）竖向预应力筋

竖向预应力筋布置在腹板中，主要作用是提高截面的抗弯能力。竖向预应力筋在梁体腹板内沿纵向的间距根据竖向剪力的分布进行调整，一般在 0.3～1.0 m 之间，靠支点截面位置布置较密，靠跨中位置较疏。常用的竖向预应力筋为预应力粗钢筋。图 8-6 所示为对箱梁截面的腹板施加竖向预应力的力筋构造。

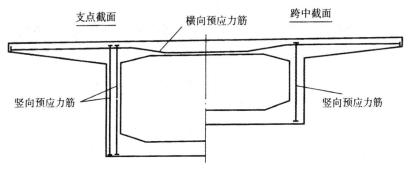

图 8-6　箱梁横向和竖向预应力筋配筋示意图

8.1.3　内力计算

1. 恒载内力计算

连续梁与简支梁恒载内力计算方法不同。简支梁桥恒载内力计算是按照成桥以后的结构图式进行分析的,对于连续梁桥等超静定结构,结构自重所产生的内力应根据它所采用的施工方法来确定其计算图式。对于桥面铺装等二期恒载,如果它是在成桥以后开始施工,可以按照整桥的结构图式进行,否则应按其相应施工阶段的计算图式单独计算,然后进行内力或应力的叠加。

除有支架施工一次落梁法的连续梁桥可按成桥结构进行分析外,其余方法施工的连续梁桥都存在结构体系转换和内力(或应力)叠加的问题,这是连续梁桥恒载内力计算的一个重要特点。

(1)满堂支架现浇连续梁桥恒载内力计算

连续梁在满堂支架上整体浇筑时,在穿束张拉并锚固压浆后,拆除支架。由于连续梁桥在此过程中并无体系转换,恒载内力按结构力学中的连续梁进行计算。

(2)悬臂施工连续梁桥恒载内力计算

如图 8-7 所示,某三跨连续梁桥,跨径为 30 m＋45 m＋30 m,采用悬臂拼装施工,合拢次序由边孔对称向中孔依次进行。该桥的施工程序及相应的内力如下:

①悬拼完毕,吊机拆除。首先在桥墩内预埋铁件,安装扇形支架,浇筑墩顶节段。永久支座为钢辊轴,临时支座为混凝土块,设于永久支座两侧,用直径 32 mm 的钢筋将墩顶节段临时锚固在桥墩上,以保证从墩顶向墩两侧对称悬臂拼装的稳定性。悬臂施工完毕时的恒载内力如图 8-7(a)所示。

②现浇边跨部分。由于边跨长度大于悬臂拼装长度,需要在边跨内另立排架,现浇部分与边跨的悬臂拼装段相接。此时为一端固定,一端简支的梁式结构,在现浇段自重作用下的恒载内力,如图 8-7(b)所示。

③拆除 2 号墩和 3 号墩上的临时支座,计算由一端固定一端简支的梁式结构转换成两端简支的单悬臂结构的内力,即计算临时支座所释放的不平衡弯矩在两端简支的单悬臂上所产生的内力,见图 8-7(c)。

④中跨合拢。将左半跨与右半跨合拢成为三跨连续梁。计算合拢段两悬臂端在支架、模板重力、合拢段自重作用下的内力,见图 8-7(d)。

⑤合拢段支架模板拆除后,考虑上述重力以相反的方向加在连续梁上产生的内力,见图

8-7(e)。

⑥图 8-7(a)～(e)的内力叠加之后,再加上二期恒载作用,得到连续梁最终的恒载内力,如图 8-7(f)所示。

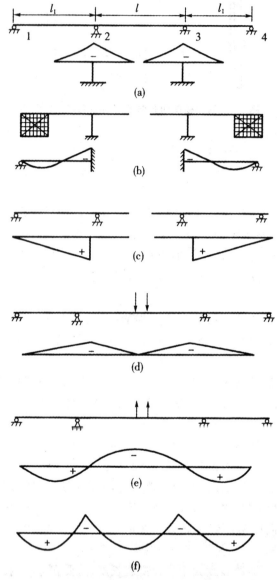

图 8-7　三跨连续梁施工程序及恒载内力图

(3)梁段-整体施工连续梁桥的恒载内力计算

梁段-整体施工连续梁桥的施工程序主要有简支-连续(图 8-8)和悬臂-连续(如图 8-9 所示)两种。分别介绍如下:

1)简支-连续

如图 8-8 所示安装①、②号边部梁,浇筑节点(1)、(2)待混凝土达到强度后张拉节点(1)、(2)后期连接束及接缝中的竖向预应力筋,张拉③号中部梁后期贯通束,最后拆除临时墩,形成三跨连续梁。

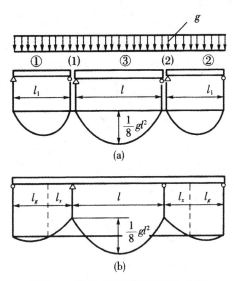

图 8-8　简支-连续梁桥恒载内力图

2)悬臂-连续

如图 8-9 所示为一座三跨的城市立交连续梁桥,两边为悬臂梁,中间为一简支梁,见图 8-9 (a)。两侧悬臂梁为满堂支架现浇施工,中间简支梁仍用两临时支墩预制架设,然后再合拢,其具体施工程序及相应的恒载内力为:

①完成两侧悬臂梁,拆除支架,中段简支梁架设于临时支墩上,恒载内力为单悬臂的恒载内力图与简支梁恒载内力图的组合,如图 8-9(b)所示。

②在临时支座上的接头处现浇混凝土,待混凝土凝结,张拉预应力筋锚固压浆后,拆除临时支座,原临时支座上的反力以相反方向作用在结构上。此时,两端临时支座同时拆除,结构成为双悬臂体系,见图 8-9(c)。拆除临时支座的目的是使结构保持静定体系,消除连续筋预加力所产生的次内力。这个阶段结构的恒载内力,如图 8-9(d)所示。结构的总恒载内力为两个阶段恒载内力之和,如图 8-9(e)所示。

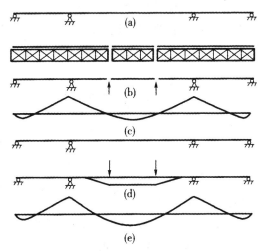

图 8-9　悬臂-连续梁桥恒载内力图

2.内力计算注意事项

①计算连续梁中间支承处的负弯矩时,可考虑支座宽度对弯矩折减的影响;折减后的弯矩按式(8-1)计算,如图 8-10 所示;但折减后的弯矩不得小于未经折减的弯矩的 0.9 倍。

$$M_e = M - M' \tag{8-1}$$

$$M' = \frac{1}{8}qa^2 \tag{8-2}$$

式中,M_e 为折减后的支点负弯矩;M 是按理论公式或方法计算的支点负弯矩;M' 为折减弯矩;q 为梁的支点反力 R 在支座两侧向上按 45°分布于梁截面重心轴 1—1 的荷载强度,$q = R/a$;a 表示梁支点反力在支座两侧向上按 45°扩散交于重心轴 1—1 的长度(圆形支座可换算为边长等于 0.8 倍直径的方形支座)。

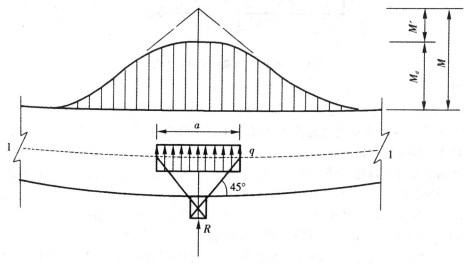

图 8-10 中间支承处折减弯矩计算图

②设有承托的连续梁,其承托竖向与纵向之比不宜大于 1/6。支点设有承托的变高度或等高度连续梁,计算作用效应时应考虑截面惯性矩的变化。但当支点截面惯性矩与跨中截面惯性矩之比等于或小于 2 时,可不考虑其截面惯性矩变化的影响。

③当连续梁中间支承处设有横隔梁时,支座上的计算截面可采用横隔梁侧面的连续梁截面。

8.2 悬臂体系梁桥

8.2.1 力学特点

与简支梁桥相比较,悬臂梁桥由于支点负弯矩的存在,对跨中正弯矩起到卸载作用,显著减小了跨中正弯矩,因而可相应减小跨度内主梁的高度,降低钢筋混凝土数量和结构自重,而且这本身又导致了恒载内力的减小。总之,悬臂梁桥加大了跨越能力。

悬臂梁和简支梁一样都属于静定结构,其内力不受基础不均匀沉降等附加变形的影响。

悬臂梁桥与多孔简支梁桥相比较的另一个重要特点是:从桥的立面上看,在桥墩上只需设置一排沿墩中心布置的支座,从而可相应减小桥墩的尺寸,降低下部结构工程造价。

从营运条件来说,悬臂体系在悬臂端与挂梁衔接处和简支体系在梁端衔接处的挠曲都会发生不利于行车的折点;另外,桥面增设了伸缩缝也会影响行车的舒适性。

8.2.2 结构类型

悬臂梁桥的各种桥型图式如图 8-11(b)~(e)所示。图 8-11(b)表示由双悬臂锚跨带挂梁的多孔悬臂梁桥,图 8-11(c)是由单悬臂锚跨和挂梁组成的三跨悬臂梁桥。另一种悬臂体系是悬臂梁与墩柱固结并带挂梁的 T 形悬臂梁桥,见图 8-11(d)。鉴于这种体系中悬臂与墩柱整体结合成 T 形构架,也称 T 形刚构桥。

为了深入理解这些体系的共同力学特征,从荷载作用所产生的梁体截面内力方面来与简支体系作一比较。从恒载弯矩图来分析(见图 8-11),当跨径 l 和恒载集度 g 相同的情况下,简支梁的跨中弯矩值最大,见图 8-11(a),悬臂体系则由于支点负弯矩的存在,使跨中正弯矩值显著减小[图 8-11 中(b)、(c)、(d)]。从表征材料用量的弯矩图面积大小(绝对值)来看,悬臂梁桥也比简支梁桥小得多。如以图 8-11c 的中跨弯矩图形为例,当 $l_x = l/4$ 时,正、负弯矩图面积的总和仅为同跨径简支梁的 1/3.2。再从活载方面来看,如果只在图 8-11(b)的中孔布载,则其跨中最大正弯矩仍然与简支梁一样。但对于带有挂梁的多孔悬臂梁桥[如图 8-11(c)],活载对于中间孔只按较小跨径(通常只有桥孔跨径的 0.4~0.6)的简支挂梁产生正弯矩,因此它也比简支梁桥的小得多。

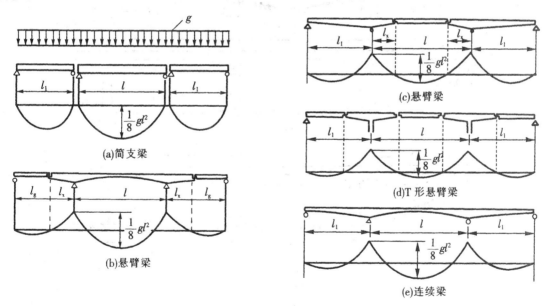

图 8-11 恒载弯矩比较图

由此可见,与简支体系相比较,悬臂梁桥可以减小跨度内主梁的高度,从而可降低钢筋混凝土数量和结构自重,并且这本身又导致了恒载内力的减小。

悬臂梁桥与多孔简支梁桥相比较的另一个重要特点是:从桥的立面上看,在桥墩上只需设置一排沿墩中心布置的支座,从而可相应地减小桥墩的尺寸。然而,由于钢筋混凝土悬臂梁桥的支点附近负弯矩区段内,梁的上翼缘受拉,不可避免要出现裂缝,雨水易浸入梁体,而且其构造也较简支梁复杂。另外,当跨度较大时长而重的构件不利于预制安装施工,而要在造价昂贵的支架上现浇。一般非预应力的 T 形悬臂梁桥跨径也不宜过大,由于墩顶接头部分负弯矩钢筋过分密集,因此现场焊接质量和混凝土抗裂安全度难以保证。

8.2.3 构造特点

1. 主要尺寸的拟定

图 8-12 示出各种悬臂体系 T 形截面梁桥的跨径布置和梁高尺寸。

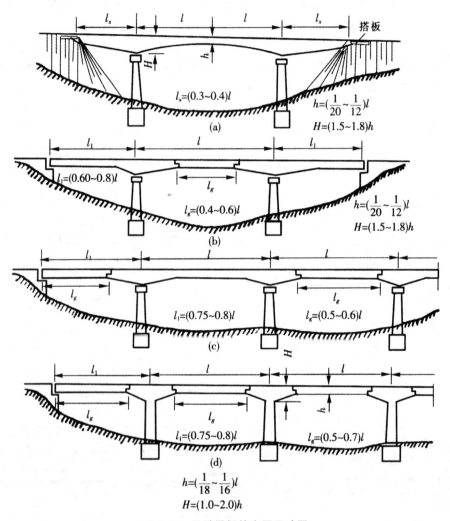

图 8-12 悬臂梁桥的主要尺寸图

单孔双悬臂梁桥,见图 8-12(a),利用悬臂端伸入路堤可省去两个体积庞大的桥台,但需在悬臂与路堤衔接处设置搭板以利行车。主梁采用 T 形截面时,悬臂长度一般为中跨长度的 0.3~0.4 倍。当采用箱形截面时,最好使跨中最大和最小弯矩的绝对值大致相等,充分发挥跨中部分底板的受压作用,因此,悬臂长度可达中跨长度的 0.4~0.6 倍。悬臂过长,活载挠度就大,过车时跳动厉害,桥与路堤的连接构造容易损坏。T 形梁的跨中梁高为跨径的 1/20~1/12,支点处梁高通常加大到跨中梁高的 $1 \sim 1.5$ 倍。当为大跨径箱形截面梁时,跨中梁高可减小至$(1/35 \sim 1/30)l$。在此情况下,支点梁高一般为跨中梁高的 $2 \sim 2.5$ 倍。

多跨悬臂梁桥的主孔跨径 l 通常由通航净空确定,或与边孔一起由河床地形和地质等条件综合考虑后选定。当不受上述这些条件限制时,就可按照梁的弯矩包络图面积为最小的原则来确定边孔与中孔的跨径。图 8-12(b)所示带挂梁的三孔悬臂梁桥用得较多,通常挂梁的跨度取 $l_g = (0.4 \sim 0.6)l$,锚孔跨径取 $l_1 = (0.6 \sim 0.8)l$,中孔跨径较小时取稍大值,跨径达 $50 \sim 60$ m 时取较小值。在特殊情况下必须进一步减小锚孔的跨径时,应考虑活载作用在中孔时锚孔边支点可能出现负反力的情况,为此应采取加设平衡重或敷设拉力支座等特殊措施。箱形截面多跨悬臂梁桥的悬臂长度 l_x 要比 T 形截面的长些,$l_x = (1.5 \sim 1.8)h$;跨中梁高的高跨比同样也可减小至 $1/35 \sim 1/30$。

图 8-12(c)所示多跨双悬臂梁的两个悬臂一般都做成相同的尺寸,当为 T 形截面时,其挂梁长度约为 $l_g = (0.5 \sim 0.6)l$,中间各孔的跨中梁高 h 约为跨径的 $1/20 \sim 1/12$,在支点处梁高增大至$(1.5 \sim 1.8)h$。当跨径不太大时,为便于预制和运输,带双悬臂的锚跨也可以设计成等高梁。

钢筋混凝土的 T 形悬臂梁桥[如图 8-12(d)]宜将每侧悬臂长度设计得稍短一些,约为中跨跨径的 $0.25 \sim 0.15$ 倍,以减小悬臂根部装配接缝或墩柱内所受的弯矩。悬臂长度的确定还与挂梁的长度(涉及吊装重量)和建筑高度(涉及桥梁引道标高)等因素有关。挂梁的梁高约为其跨径的 $1/18 \sim 1/19$,悬臂根部的高度约为跨中梁高的 $1.8 \sim 2.0$ 倍。

2. 截面形式及配筋特点

由于悬臂梁桥的主梁除了在跨中部分承受正弯矩外,在支点附近还要抵抗较大的负弯矩,因此在进行截面设计时往往要加强截面底部的混凝土受压区。悬臂梁桥的横截面形式和尺寸与连续梁桥基本相同,不再赘述。

图 8-13 显示出悬臂梁桥的支点附近加大梁肋厚度并增设梁肋下缘翼板的主梁构造。为了适应向支点逐渐增大的负弯矩和剪力的需要,可以采取三种措施:①增大梁高(从 h 逐渐增大至 H);②加厚梁肋(从 b_1 加厚至 b_2);③增设逐渐拓宽的下缘翼板(见图 8-13 中截面 2—2)。图中还示出了悬臂端部局部加强的构造方式。上述三种加强措施是否同时采纳,应视具体条件通过分析比较来决定。

变高度梁的梁底曲线可以做成很多形式,如大半径圆弧曲线、抛物线、正弦曲线、折线等,从与截面内力的配合和美观方面来看,以抛物线或正弦曲线为佳;但从施工方便来看,则以折线或圆弧曲线为好。特别是对于多孔 T 形悬臂梁桥,直线形变高度的 T 形悬臂配上等高度挂梁形成的折线形梁底,既经济又简洁,施工也方便。对于变高度的钢筋混凝土连续梁桥则多半采用曲线形的梁底。有时对于各种体系的变高度梁还可采用曲线和直线相结合的混合型梁底曲线。总之,梁底线形应视具体桥梁从多方面因素综合考虑后加以选定。

悬臂梁受力主筋的布置要满足正、负两种弯矩的要求。在悬臂部分和支点附近是负弯矩区,主钢筋要布置在梁的顶部;跨中部分承受正弯矩,主钢筋应布置在梁的底部;在正、负弯矩过渡区段,两个方向的弯矩都可能发生,因此顶部和底部均要布置适量的钢筋。梁内抵抗剪应力的斜钢筋,可由主钢筋弯折形成。对于跨中正弯矩区主钢筋密集的部位,往往铺设加强钢筋网来改善混凝土的裂缝分布。在支点负弯矩区,也可在桥面铺装层内铺设钢筋网并采取有效的防水措施,以免雨水渗入梁体。

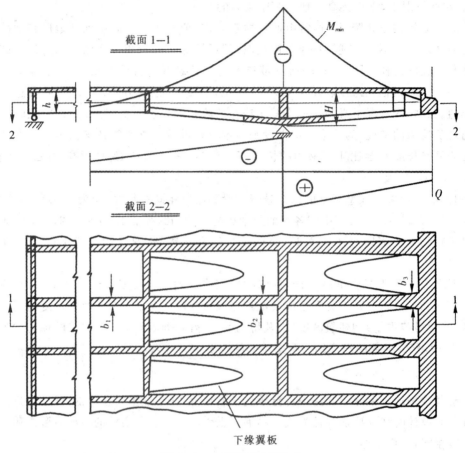

图 8-13　变截面的主梁构造

多跨悬臂体系桥梁会出现挂梁与悬臂的搁置构造,通常将悬臂端和挂梁端的局部构造称为牛腿(图 8-14)。由于梁的相互搭接,要设置传力支座来传递较大的竖直和水平反力,因此牛腿高度虽削弱至不到梁高的一半,却又要传递较大的竖直和水平反力,这就使它成为上部结构中的薄弱部位。鉴于牛腿处梁高骤然减小,在凹角处就有应力集中现象,因此除将此处梁肋局部加宽并设置端横梁加强外,还需配置密集的钢筋。根据理论和实验研究,两种不同形状牛腿在荷载作用下的主应力迹线。图 8-14(a)的牛腿在凹角处主拉应力迹线密集,应力集中现象严重。图 8-14(b)是改进后的牛腿形状。显然,只要简单地避免尖锐的凹角,就能缓和应力集中。此外,为改善牛腿受力,还应尽量减小支座的高度,如采用橡胶支座等。

图 8-14(c)所示是常用的牛腿构造形式。图中斜筋 $N_1 \sim N_3$ 是牛腿中的主要钢筋,它们基本上沿着主拉应力方向布置并应尽量靠近凹角转折处。水平钢筋 N_4 起着牛腿竖截面承受负弯矩及支座水平力的作用。沿牛腿端部下弯的竖向钢筋 N_5 相当于加粗的箍筋。此外,为了承受主拉应力和减少裂缝,在牛腿处的纵向水平附加钢筋和钢箍也应适当加密。

当悬臂为箱形截面时,最好设计成箱形腹板与挂梁梁肋一一对齐,使牛腿相互间传力明确。但由于 T 形截面挂梁的肋距一般均小于箱梁腹板的间距,使之不能直接对齐,在此情况下,就要加强悬臂的端横梁。

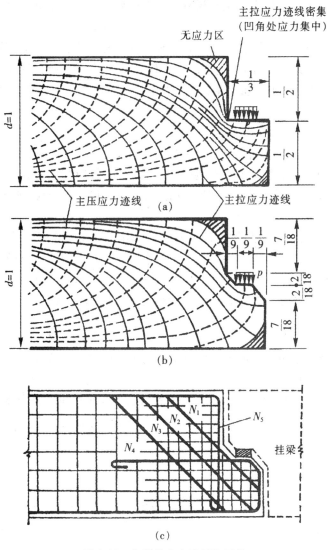

图 8-14　牛腿的应力迹线和配筋

8.2.4　内力计算

1.恒载内力计算

悬臂梁桥的截面内力沿梁长方向不但数值有变化,而且还有正负符号的变化,所以为了能较准确地确定内力的变化情况,以便合理设计截面和布置钢筋,主梁的计算截面就要比简支梁的多些,对于一般中等跨径每跨宜选 5～6 个计算截面。为了能方便的计算截面内力并绘出内力包络图,通常可利用各截面的内力影响线来进行。

2.活载内力计算

在内力影响线上,按最不利荷载位置布置活载,就可求得截面的控制内力值。但应注意,当内力影响线有正、负两种区段时,就应分别对正、负区段加载,分别求出正、负两个内力值。在此情况下,正值和负值分别称为最大和最小活载弯矩(或剪力)。当只有正号影响线时,则最小内力为零,反之则最大内力为零。

在计算各主梁活载内力时,与简支梁一样也要分析荷载的横向分布,及确定主梁的荷载横向分布系数。鉴于悬臂梁和连续梁与简支梁的力学体系不同,因而不能直接应用前面基于简支梁分析所得的结果。下面按 T 形或工字形截面、箱形截面两类情况分别阐述横向分布系数和截面内力的确定方法。

(1)T 形或工字形截面主梁

对各种桥梁位于支点处的荷载,显然均可像简支梁一样按"杠杆原理法"来计算其横向分布系数 m_0。对位于悬臂梁桥锚固孔跨中的荷载,由于其力学效应与同跨径简支梁相似,故也可视具体情况按窄桥($l/B \geqslant 2$)或宽桥($l/B < 2$)的条件采用"偏心压力法"或"G-M 法"计算其横向分布系数 m_c。

然而,对于悬臂和连续体系中的悬臂部分和连续梁跨,情况就与简支梁不同。鉴于跨中荷载横向分布的规律主要取决于结构纵向刚度与横向刚度之间的关系,因此我们可以引用一个非简支体系的纵向刚度修正系数 C_w 来近似考虑因体系不同对荷载横向分布带来的影响(体系改变不引起横向刚度的变化)。如果以跨中挠度来表示刚度特征,则系数 C_w,可计算如下:

$$C_w = \frac{w}{w'}$$

式中,w 为单位荷载 P=1 作用于简支体系跨中时的跨中挠度;w' 为单位荷载 P=1 作用于非简支体系跨中时的跨中挠度。

当荷载作用于不同体系的悬臂端时,为了计算与简支梁相对应的跨中挠度,我们可在不损及悬臂受力特性的情况下做出[如图 8-15(b)、(c)和(d)所示]的假想计算图式。但需注意,此时与简支梁对应的跨径应取 $l = 2l_x$。表 3-1 列出了图 8-15(b)~(g)所示常用非简支梁体系等截面梁的纵向刚度修正系数 C_w 值。

表 8-1　C_w 值

结构体系	固端悬臂梁	带锚孔悬臂梁	T 形悬臂梁	两跨连续梁	三跨连续梁中跨 $l_{边} : l_{中}$			三跨连续梁边跨 $l_{边} : l_{中}$		
					1:1	1:1.2	1:1.4	1:1	1:1.2	1:1.4
纵向刚度修正系数 C_w	1	$\dfrac{l_x}{l_1 + l_x}$	$\dfrac{l_x}{l_x + 3Ha}$	1.391	1.818	1.931	2.034	1.429	1.382	1.344

注:表中符号见图 8-11。第三栏中的 $a = \dfrac{EJ_x}{E_z J_z}$,$EJ_x$ 和 $E_z J_z$ 分别为墩和墩柱的抗弯刚度。

根据理论分析可知,按 $\theta = \dfrac{B}{2l}\sqrt[4]{\dfrac{J_x}{J_y}} \leqslant 0.3$ 来定义"窄桥"比粗略的按 $l/B \geqslant 2$ 来定义更为合适。在上式中引入纵向刚度修正系数 C_w 即得其作为窄桥的条件为:

$$\frac{l}{B} \geqslant 1.66 \sqrt[4]{\frac{C_w J_x}{J_y}}$$

式中,l 为与简支梁相对应的跨径,对于悬臂部分取 $l = 2l_x$,对于连续梁取 $l = l_1$(或 l_2);B 为桥梁承重结构的宽度；J_x,J_y 表示桥梁纵向和横向的比拟单宽刚度。

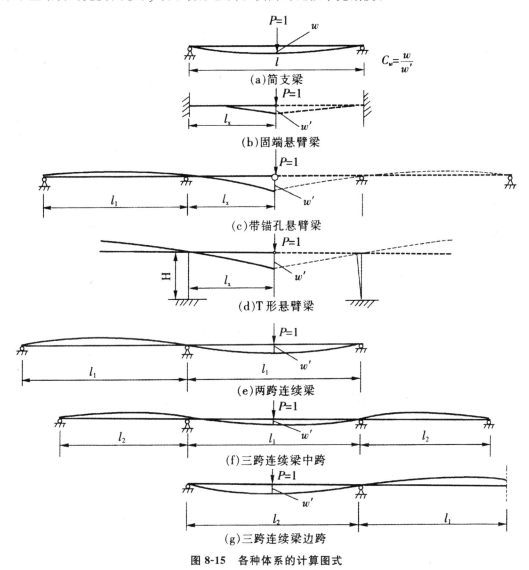

图 8-15　各种体系的计算图式

由此可见，当荷载位于悬臂端部和连续梁跨中时，如结构满足上式的条件，就可按"偏心压力法"来计算相应的荷载横向分布系数 m_c。

对于 $\dfrac{l}{B}<1.66\sqrt[4]{\dfrac{C_w J_x}{J_y}}$ 的场合，宜采用"G-M 法"来计算。在此情况下，应根据用 C_w 系数修正后的刚度参数 θ' 和 α' 进行查表计算，并绘制荷载横向分布影响线。θ' 和 α' 的修正式为：

$$\left.\begin{aligned}\theta' &= \frac{B}{2l}\sqrt[4]{\frac{C_w J_x}{J_y}} = \sqrt[4]{C_w}\cdot\theta \\ \alpha' &= \frac{G(J_{Tx}+J_{Ty})}{2E\sqrt{C_w J_x\cdot J_y}} = \frac{1}{\sqrt{C_w}}\cdot\alpha\end{aligned}\right\}$$

式中，θ 和 α 为同跨径简支体系的刚度参数。必须注意，对于长度为 l_x 的悬臂梁在计算 θ 时应取对应的跨径 $l=2l_x$。

荷载横向分布系数沿梁长的变化,也可参照简支梁桥中的方法一样处理。

(2)箱形截面主梁

闭口箱形薄壁截面梁的受力特点与一般 T 形梁不同,其精确计算必须用薄壁构件结构力学的方法来求解。如图 8-16 所示,当桥上有 K 行车辆活载对桥中线呈偏心作用时,横向一排车辆的总重 KP 将具有偏心距 e,此时整体箱形梁的受力可分作两种情况来计算:对称荷载 KP 作用下的平面弯曲计算和扭矩 $M_T = KP \cdot e$ 作用下的扭转计算。

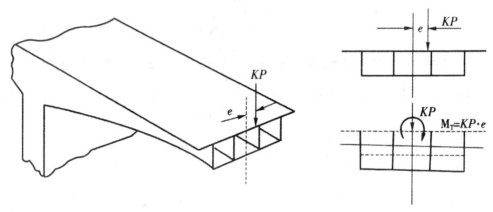

图 8-16　箱形截面梁的受力图式

对于平面弯曲计算,通常可用材料力学公式计算出横截面上的弯曲正应力 σ_M 和弯曲剪应力 τ_M。

对于扭转计算,一般来说,箱形薄壁杆件受扭后横截面上将产生自由扭转剪应力 τ_K、约束扭转正应力 σ_w 与剪应力 τ_w 以及截面发生歪扭引起的畸变正应力 σ_{dw} 与剪应力 τ_{dw}。

设计经验表明,钢筋混凝土或预应力混凝土箱形截面的抗扭刚度很大,由扭转引起的应力通常较平面弯曲引起的应力小得多。而且箱壁具有一定厚度的箱梁在横隔板的制约下截面不易发生歪扭,因而其畸变应力很小,可以忽略不计。再考虑到一般中、大跨径箱形截面桥梁的恒载内力就比活载内力大很多,因此活载扭转应力占总应力的比重就更小了。如按技术文献所推荐的约束扭转正应力的活载弯曲应力的 15% 计,扭转剪应力以活载弯曲剪应力的 5% 计,则约束扭转正应力仅占全部荷载所产生正应力的 1.7～3.2%,扭转剪应力仅占全部荷载剪应力的 0.5～1.5%,数值甚微。由此可见,在工程设计中,我们可以避免相当繁复的扭转应力计算而采用估计这些值,这对计算结果不会导致大的误差。

国内对直线箱形截面的桥梁常采用下列近似方法来计算其荷载内力。

1)经验估值法

对于箱壁具有一定厚度且有横隔板加劲的箱形梁,忽略歪扭变形的畸变应力,将活载偏心作用引起的约束扭转正应力和扭转剪应力分别估计为活载对称作用下平面弯曲正应力的 15% 和剪应力的 5%。当恒载对称作用时箱形梁任意截面计及扭转影响的总荷载内力可近似估计为:

$$弯矩 \quad M = M_g + 1.15M_p$$
$$剪力 \quad Q = Q_g + 1.05Q_p$$

式中,M_g,Q_g 为恒载引起的弯矩和剪力;M_p,Q_p 为全部活载对称于桥中线作用时引起的弯矩和剪力。

2)用修正偏心压力法求活载内力增大系数

鉴于箱梁截面横向刚度和抗扭刚度大,则荷载作用下梁发生变形时可以认为横截面保持原来形状不变,即箱梁各个腹板的挠度也呈直线变化。因此,通常可以将箱梁腹板近似看作等截面的梁肋,先按修正偏心压力法求出活载偏心作用下边腹板的荷载分配系数,再乘以腹板总数,这样就得到箱梁截面活载内力的增大系数。例如对于图 8-17 所示的单箱三室截面,边腹板的活载分配系数为:

$$\eta_{\max} = \frac{1}{n} + \beta \frac{e_{\max} a_1}{\sum\limits_{i=1}^{n} a_i^2}$$

式中,n 箱梁的腹板总数;β 为抗扭修正系数:

$$\beta = \frac{1}{1 + n\gamma \dfrac{G}{E} \cdot \dfrac{I_T}{I} \cdot \dfrac{1}{\sum a_i^2}}$$

式中,对于简支跨的跨中截面,$\gamma = \dfrac{l^2}{12}$;对于悬臂梁的端部截面,$\gamma = \dfrac{l_x^2}{3}$;对于带锚固孔(跨径为 l_1)的外伸梁的端部截面,$\gamma = \dfrac{l_x(l_1 + l_x)}{3}$;对于各种跨径比的连续梁的跨中截面,也可按前面所述的原理求得 γ 之值。

$\dfrac{I_T}{I}$ 之比值在这里可用整个箱梁截面的抗扭惯矩与抗弯惯距之比来代替。在计算抗扭惯矩时可近似地忽略中间腹板的影响。系数 γ 的值是按等截面杆自由扭转推得的,对于变截面杆约束扭转来说,修正系数 β 将更小,因此是偏于安全的。

求得了边腹板的荷载分配系数 $\eta_{\max}$ 后,即得活载内力增大系数 ξ:

$$\xi = n\eta_{\max}$$

则,活载偏心扭转作用的箱梁截面总内力为:

弯矩　　$M = M_g + \xi M_p$

剪力　　$Q = Q_g + \xi Q_p$

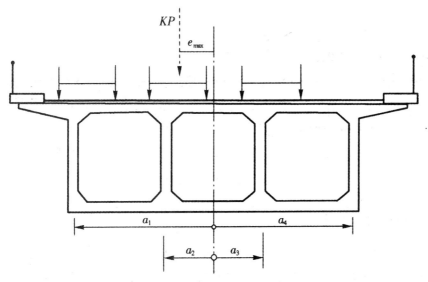

图 8-17　内力增大系数计算图式

在设计时应分别计算出设计活载产生的最大和最小内力值,并与恒载内力组合,确定各截面的控制设计内力值。据此就可绘制最大和最小内力包络图,以作钢筋布置和强度校核之用。

8.3 斜拉桥

预应力混凝土斜拉桥是一种由索、梁、塔三种基本构件组成的结构,又称斜张桥,属组合体系桥梁。其主要组成部分为主梁、斜拉索和索塔(图 8-18)。由图中可以看到,从索塔上用若干斜拉索将梁吊起,使主梁在跨内增加了若干弹性支点,从而大大减小了梁内弯矩,使梁高降低并减轻重量,提高了梁的跨越能力,并具有结构经济合理、外形美观等优点。

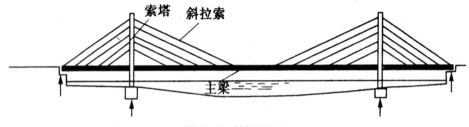

图 8-18 斜拉桥概貌

独塔双跨式斜拉桥也是一种常见的孔跨布置方式,如图 8-19 所示的重庆石门嘉陵江大桥即为独塔双跨式斜拉桥。独塔双跨式斜拉桥可以布置成两跨不对称的形式,即分为主跨与边跨;也可以布置成两跨对称,即等跨形式。其中以两跨不对称的形式居多,也比较合理。独塔双跨式斜拉桥的边跨的跨度 L_1 与主跨的跨度 L_2 的比例,通常介于 $0.6 \sim 0.7$ 之间。由于它的主孔跨径一般比双塔三跨式的主孔跨径小,故特别适用于跨越中小河流、谷地及交通道路;当然,也可以用于跨越较大河流的主航道部分。

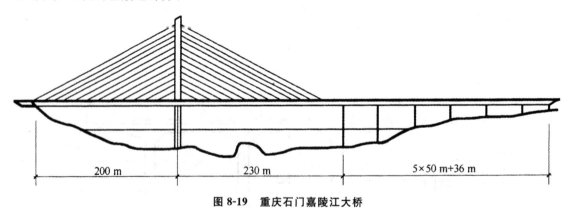

图 8-19 重庆石门嘉陵江大桥

8.3.1 斜拉桥的特点

斜拉索对斜拉桥的工作状态影响很大,而且造价约占全桥的 $25\% \sim 30\%$。每一根斜拉索,都包括钢索和锚具两大部分。在现代大跨度斜拉桥中,斜拉索的构造基本上分为整体安装的斜拉索和分散安装的斜拉索两大类。前者的代表是平行钢丝索,后者的代表是平行钢铰线索(见图

8-20)。平行钢丝索由 $\phi5\sim\phi7$ mm 高强镀锌钢丝组成，一般排列成六边形，整体在工厂制造。将平行钢丝索中的钢丝换成等截面的钢绞线即为平行钢铰线索。将钢绞线成盘运至现场后，截取需要长度，逐根安装和张拉。它适用于跨度大因而索也大的斜拉桥中。

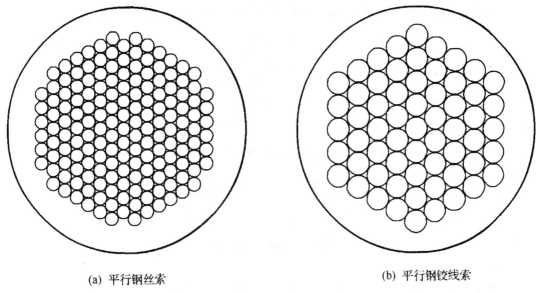

（a）平行钢丝索　　　　　　　　　　　　　　　　（b）平行钢铰线索

图 8-20　斜拉索的截面类型

　　为了提高斜索的耐久性，延长其使用寿命，减少养护的工作量，在斜拉桥中要对斜索的防护工作加以重视，其中斜拉索桥的特点如下：

　　①鉴于主梁增加中间的斜索支承，弯矩显著减小，与其他体系的大跨径桥梁比较，斜拉桥的钢材和混凝土用量均较节省。

　　②借斜索的预拉力可以调整主梁的内力，使内力分布均匀合理，获得较好的经济效果，并且能将主梁做成等截面梁，便于制造和安装。

　　③斜索的水平分力相当于对混凝土梁施加的预压力，有助于提高梁体的抗裂性能，并可充分发挥高强材料的特性。

　　④结构轻巧，适用性强。利用梁、索、塔三者的组合变化做成不同体系，可适应不同地形与地质条件。

　　⑤建筑高度小，主梁高度一般为跨度的 $1/40\sim1/100$，能充分满足桥下净空与美观要求，并能降低引道填土高度。

　　⑥与吊桥比较，竖向刚度与抗扭刚度均较强，抗风稳定性要好得多，用钢量较少，钢索的锚固装置也较简单。

　　⑦便于采用悬臂法施工和架设，施工安全可靠。

　　⑧斜拉桥属于超静定结构，计算复杂，施工中高空作业多，且技术要求严格。

　　⑨索与梁或塔的连接构造比较复杂，且缆索的防护、新型锚具的锚固工艺和耐疲劳问题都是需要研究的问题。

8.3.2　斜拉桥的分类

　　斜拉桥的主要组成部分为主梁、索塔和拉锁。由于主要组成部分的不同构造，构成不同类型的斜拉桥。

1.按索塔布置方式

(1)单塔式斜拉桥

当跨越宽度不大或基础、桥墩工程数量不是很大时,可采用单塔式斜拉桥,如图 8-21 所示。

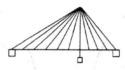

图 8-21　单塔式斜拉塔

(2)双塔式斜拉桥

桥下净空要求较大时多采用双塔式斜拉桥,如图 8-22 所示。

图 8-22　双塔式斜拉塔

(3)多塔式斜拉桥

当跨越宽度大时,可采用多塔斜拉桥,如图 8-23 所示。

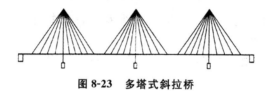

图 8-23　多塔式斜拉桥

2.按主梁支承条件

(1)连续梁式斜拉桥

墩台支撑处采用活动支座,温度变位均匀,水平变位由拉索约束,可采用连续梁的各种施工方法,如图 8-24 所示。

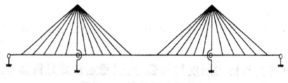

图 8-24　连续梁式斜拉桥

(2)单悬臂式斜拉桥

跨中有一挂梁,边跨采用临时墩施工,中跨采用悬臂施工,如图 8-25 所示。

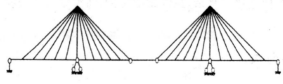

图 8-25　单悬臂式斜拉桥

（3）T 形刚架式斜拉桥

梁根部与墩、塔连成整体，形成十字固接，固结处承受很大负弯矩，主梁截面要求足够强度，构造复杂，便于平衡施工，如图 8-26 所示。

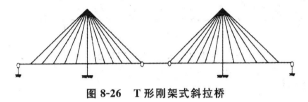

图 8-26　T 形刚架式斜拉桥

3. 按主梁所用材料

（1）混凝土斜拉桥

主梁为钢筋混凝土和预应力混凝土。特点是造价低，刚度大，挠度小，抗风稳定性好，抗潮湿性能好，后期养护比钢桥简单，但跨越能力受限制，施工安装速度不如钢结构快。

（2）钢斜拉桥

主梁及桥面系均为钢结构。特点是跨越能力大，施工速度快，但价格昂贵，后期养护工作量大，抗风稳定性较差。

（3）钢-混凝土叠合梁斜拉桥

主梁为钢结构，桥面系为混凝土结构，主梁与桥面系结合在一起共同受力。除具有钢主梁相同的特点外，还可节省钢材用量，刚度及抗风稳定性均优于钢主梁斜拉桥。

（4）钢-混凝土混合梁斜拉桥

主跨采用钢主梁，两侧边跨采用混凝土梁。特点是加大了边跨主梁的刚度和重量，从而减小了主跨内力和变形，减小或者避免了边跨端支点出现负反力，混凝土梁容易架设，造价比钢斜拉桥低。它特别适合于边跨与主跨比值较小的情况，但需要处理好钢与混凝土连接处的构造细节。

8.3.3　斜拉桥的结构体系

根据斜拉桥主要组成部分相互结合方式的不同，形成斜拉桥四种结构体系：悬浮体系、支承体系、塔梁固结体系和刚构体系。

1. 悬浮体系斜拉桥

悬浮体系斜拉桥也称漂浮体系，它是将主梁除两端外全部用缆索吊起，具有弹性支承的单跨梁，如图 8-27 所示。采用悬臂法施工，靠近塔柱处的梁段设置临时支点。

图 8-27　悬浮体系斜拉桥

2. 支承体系斜拉桥

主梁在塔墩上设有支点，接近于具有弹性支承的三跨连续梁，如图 8-28 所示。主梁一般设置活动支座。采用悬臂施工时不需设置临时支点，比较方便。

图 8-28　支承体系斜拉桥

3.塔梁固结体系斜拉桥

相当于梁顶面用斜索加强的一根连续梁，如图 8-29 所示。上部结构的重量和活载由支座传给桥墩，需设置大吨位支座，支承力可能是万吨级的。

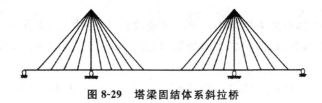

图 8-29　塔梁固结体系斜拉桥

4.刚构体系斜拉桥

塔柱、主梁和柱墩相互固结，形成具有弹性支承的刚构，刚度较大，主梁和塔柱的挠度较小，如图 8-30 所示。

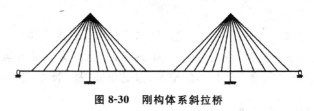

图 8-30　刚构体系斜拉桥

8.3.4　斜拉桥的构造

预应力混凝土斜拉桥的拉索布置、塔柱型式、主梁截面多种多样，在此介绍一些常见的斜拉桥构造。

1.拉索

拉索是斜拉桥的一个重要组成部分，桥跨结构的重力和桥上活载，绝大多数或全部通过拉索传递到索塔上。拉索必须用高强度的钢筋、钢丝或钢绞线制作，根据拉索在立面的不同布置，有如下四种索面形式。

（1）辐射式

将全部拉索汇集到塔顶，使各根拉索具有可能的最大倾角，如图 8-31 所示。索力主要由垂直力的需要确定，斜拉力较小，减少了拉索用钢量；外索以内的其他各索拉力较小，锚头及张拉易于处理；拉索能担负最大的荷载作用力。铰接的辐射索使结构形成几何不变体系，对变形及内力分布均有利。缺点是有较多拉索汇集塔顶，锚头拥挤，构造处理困难；塔身从顶到底受到最大压力，自由长度较大，塔身刚度要保证压曲稳定要求。

图 8-31　辐射式

（2）竖琴式

拉索与塔柱连接分散，拉索倾角相同，如图 8-32 所示。该布索形式的连接构造易于处理，塔柱受力较有利，无辐射式斜索的视觉交叉，外形简洁美观。缺点是拉索倾角较小，工作效率差，索的总拉力大，钢索用量较多；属于几何可变体系，对内力及变形分布较不利，但可在边跨内设辅助墩改善。

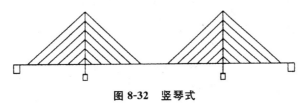

图 8-32　竖琴式

（3）扇式

其特点介于辐射式与竖琴式之间，兼有上述两种优点，如图 8-33 所示。近年来长大跨径斜拉桥多半采用这种方式。

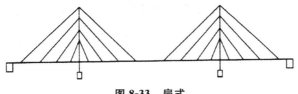

图 8-33　扇式

（4）星式

将分散锚固在塔柱上的拉索合并锚在边跨梁端与桥台上，或锚在边跨的桥墩上，如图 8-34 所示。该布索形式显著减小中跨挠度，避免在中跨加载时边跨产生很大的负弯矩。缺点是拉索倾角最小，斜索在梁上的锚固复杂，目前较少采用。

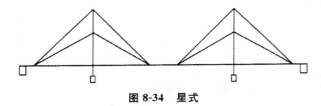

图 8-34　星式

根据拉索在横截面布置的不同，有如下三种索面布置。

（1）双垂直平面拉索

这种形式又有两种布置，一是将索平面布置在桥面宽度之外，因为不受索和塔妨碍，桥面可以被充分利用。缺点是从梁的两侧伸出强大的悬臂横梁供索锚固，传递弯矩与剪力；为了放置索塔，桥墩也要长一些。前一缺点可以选择不需强大横梁的横截面弥补，后者可用拐脚式塔柱克服。另一是将索平面布置在桥面宽度之内,省掉强大的悬臂横梁,但为了拉索锚固需要,有一部分桥面不能使用,从而增大了整个桥面宽度,如图 8-35(a)所示。

（2）双斜面拉索

索塔在横向采用 A 形刚构,形成双斜面,特别适合大跨径桥梁,因为此种情况索塔很高,采用三角刚架形式可以增加横向刚度,而且双斜面的拉索有利于梁的抗扭能力及抗风动力性能,如图 8-35(b)所示。

（3）单平面拉索

拉索设置在桥梁纵轴线上,这对于设置分隔带的桥梁特别合适,基本上不需要增加桥面宽度,具有最小的桥墩尺寸和最佳视线,如图 8-35(c)所示。另外单平面索也可以偏离中线布置在人行道上,如图 8-35(d)所示。

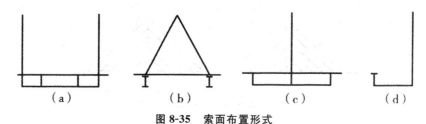

图 8-35　索面布置形式

2.索塔

塔柱承受的轴向力在数千吨以上,有的塔柱还要承受很大的弯矩。索塔的上端与拉索连接,下端与桥墩或主梁连接,是斜拉桥很重要的组成部分。从桥梁立面看,索塔有独柱式、A 型和倒 Y 型等,如图 8-36 所示。从桥梁横向看,塔柱有独柱式、双柱式、门式、斜腿门式、倒 V 式、宝石式和倒 Y 式等,如图 8-37 所示。

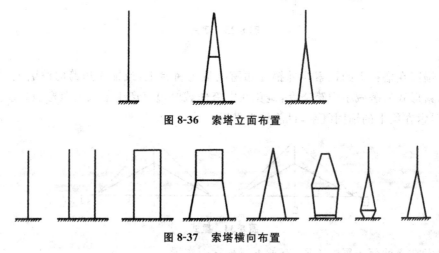

图 8-36　索塔立面布置

图 8-37　索塔横向布置

组成索塔的主要构件是塔柱、塔柱之间的横梁或其他联结构件。桥面以上塔柱-高度与主梁跨径之比,从整体经济性来说,对三跨斜拉桥宜在 0.16～0.22 范围内。索塔与拉索的连接部位是将一个拉索的局部集中力安全均匀传递到索塔的重要受力构造,有两种不同的连接方式:一是在索塔上用混凝土做成鞍形支承,辐射式拉索分一层或两层分在索鞍上;二是用锚头将拉索锚固在索塔上。

3. 主梁

一般说来,梁式桥主梁的不少横截面形式都可以用于斜拉桥,但由于梁在跨间被支撑在一排或两排斜索支点上,因此要求横截面的抗扭刚度比较好,而且便于斜索与主梁的连接,所以一般不用 T 形截面。

混凝土主梁的常用横截面形式如图 8-38 所示,图 8-38(a)为板式截面,结构最简单,为锚固斜索,板边时常需要加厚。它的建筑高度小,在索距较密而桥宽不大的情况下,尚能满足一定的抗扭能力要求,因此在条件适合时也可以采用。图 8-38(b)是经过风洞试验分析得到的一种风动力性能良好的半封闭箱形截面。此截面两侧为三角形封闭箱,端部加厚以锚固斜索。两个三角形之间为整体桥面板,除个别需要的梁段外,不设底板。此种截面在满足抗弯、抗扭刚度的要求下,有良好的抗风动力性能,特别适合索距较密的宽桥。图 8-38(c)为板式边主梁截面,是常用

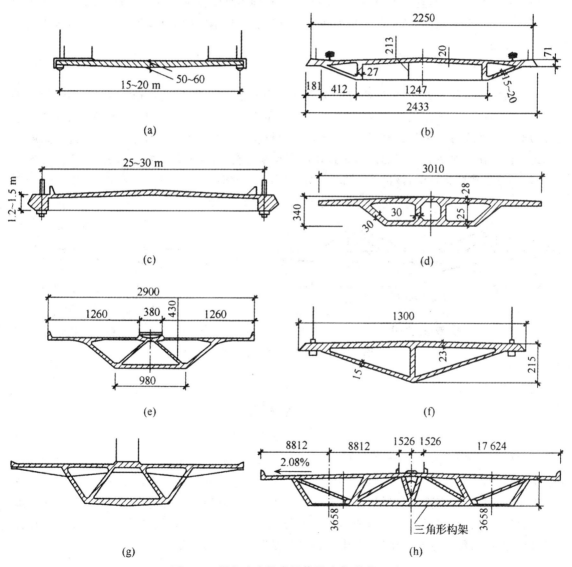

图 8-38　混凝土主梁常用截面形式(单位:cm)

双主梁截面的一种改进形式。双主梁可以靠边布置，也可以向里布置。图 8-38(d)的闭合箱形截面有极大的抗弯和抗扭能力，尤其适用于斜索为单平面布置的斜拉桥。将外侧腹板做成倾斜式，既可以改善风动力性能，又可以减小墩台宽度。其缺点是节段重量较大。图 8-38(e)为较典型的单索面单室箱形截面，箱室内沿纵向设置一对预应力加劲斜杆，借以将索力有效地传递到整个截面。将中间腹板改为斜撑并增设横撑，可以减轻梁体重量。图 8-38(f)为挪威的斯卡尔桑德桥（主跨 530 m）的主梁截面，其为倒三角形，对抗风特别有利。图 8-38(g)表示两个索面靠近桥中央而两侧伸出较长悬臂肋板的截面形式。图 8-38(h)为利用三角形构架将两个箱梁连接在一起，加大桥面宽度的一种截面设计。

拉索与主梁的连接指主梁上锚固拉索部位的构造，是斜拉桥的一个重要部位，要保证连接的可靠性，承担集中应力并将其分散到全截面，并且要有防锈蚀能力。拉索较大时，往往分散为小束锚固。拉索与主梁的连接有多种作法，一是梁外侧伸出悬臂横梁来锚固拉索；二是在箱梁内设横隔板锚固或在梁底锚固，此种作法应使锚固处有足够张拉钢索的空间，并允许任何时候再次张拉以调整索力。

4. 塔高

在斜拉桥的总体布置中，索塔高度的选取也是涉及工程技术经济指标的一个重要参数。塔的有效高度一般应从桥面以上算起，它与斜索的倾角有关。桥塔越高，斜索的倾角越大，斜索垂直分力对主梁的支撑效果就越好，但桥塔与斜索的材料用量也要增加，因此，桥塔的适宜高度要通过进行经济比较来决定。根据已有斜拉桥的资料来分析，对于双塔斜拉桥，塔高与主跨之比为 $1/4 \sim 1/7$；对于独塔斜拉桥，该值为 $1/2.7 \sim 1/4.7$（图 8-39）。

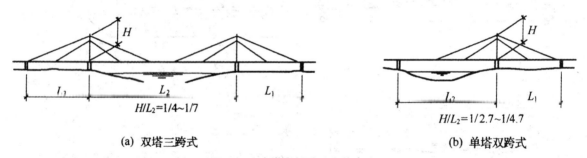

(a) 双塔三跨式　　　　　　　　　　　(b) 单塔双跨式

图 8-39　索塔在桥面以上的高度

8.4　悬索桥

悬索桥是以受拉主缆为主要承重构件的桥梁结构，如图 8-40 所示。它主要由桥塔（包括基础）、主缆（也称大缆）、加劲梁、锚碇、吊索（也称吊杆）、鞍座及桥面结构等几部分组成。

由于悬索桥是以高强钢丝作为主要承拉结构，所以，具有跨越能力大、受力合理、能最大限度发挥材料强度等优点，另外，它还具有整体造型流畅美观和施工安全快捷等优势。在桥梁设计时，当所需要的跨度超过 600 m 时，悬索桥总是备受推崇的经典桥型。

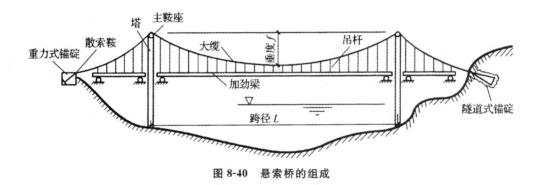

图 8-40　悬索桥的组成

8.4.1　悬索桥的基本类型

1. 按主缆的锚固形式分类

悬索桥按主缆的锚固形式分有地锚式和自锚式两类。

绝大多数悬索桥,特别是大跨度的悬索桥,都采用地锚方式锚固主缆,即主缆的拉力由桥梁端部的重力式锚碇或隧道式锚碇传递给地基。因此在锚碇处一般要求地基具有较大的承载力,最好有良好的岩层作持力地基。地锚式悬索桥的形式如图 8-40 所示。

悬索桥有时也可以采用自锚的形式锚固主缆,而不需单独设置锚碇(见图 8-41)。自锚式悬索桥的主缆拉力直接传递给它的加劲梁来承受。主缆拉力的垂直分力(一般较小)可以抵消边跨端支点部分的反力,从而减小加劲梁的端支点反力,但水平分力则以轴向压力的方式传递到加劲梁中。因此自锚式悬索桥的跨度不宜过大,否则,为了抵抗巨大的主缆水平分力,加劲梁的截面将非常庞大而很不经济。另外,这种桥式一般必须先架设加劲梁,然后再安装主缆,实践中因施工困难、风险大等原因而极少采用。

图 8-41　自锚式悬索桥

自锚式悬索桥的优点是适用于两岸地基承载力较差,特别是软土的桥位。另外,对城市中闹市区的跨河桥梁的建设,可以避免影响景观或无法布置庞大的主缆锚碇建筑物。

2. 按孔跨布置形式分类

图 8-42 是按悬吊的孔跨数分类的悬索桥结构的布置形式。其中三跨悬索桥的结构形式最为合理,是大跨度悬索桥最常用的桥型。单跨悬索桥常常是由地形条件或线路平面条件来决定的,它应用于边跨地面较高,采用桥墩来支撑边跨的梁体结构比较经济,或者道路的平面线形受到限制,不得不设有曲线进入大桥边跨的情况。

当只有一岸的边跨地面较高或线路有平面曲线进入时,也可以采用两跨悬索桥的形式(即一个边跨与主跨的加劲梁是悬吊的,另一个边跨的梁体是由桥墩支承的形式)。

当建桥条件需要采用连续做大跨布置时,可以用两个三跨悬索桥联袂布置,中间共用一座锚碇锚固这两桥的主缆,如日本本州四国联络线中的南北备赞大桥,就是以两座三跨悬索桥的形式出现的,如图 8-43 所示。

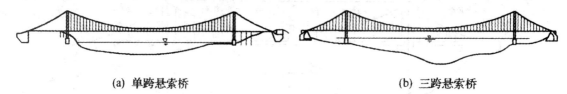

(a) 单跨悬索桥　　　　　　　　　　　　　　　(b) 三跨悬索桥

图 8-42　悬吊跨数不同的悬索桥

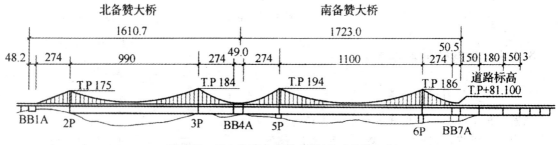

图 8-43　日本的南北备赞大桥(尺寸单位:m)

3. 按悬吊方式

按悬吊方式悬索桥可分为竖直悬吊式、斜索悬吊式和混合悬吊式。

(1)竖直悬吊式

如图 8-44 所示,采用竖直吊索并以钢桁架作加劲梁。这种形式的悬索桥一般为三跨地锚式,加劲梁不是连续的,主塔处有伸缩缝,桥面为钢筋混凝土,主塔采用钢结构。其特点是可以通过增加桁架高度来保证梁有足够的刚度,并且便于实现双层通车。

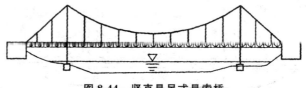

图 8-44　竖直悬吊式悬索桥

(2)斜索悬吊式

如图 8-45 所示,采用三角布置斜吊索,以高度较小的扁平流线形钢箱梁作加劲梁。这种形式的悬索桥桥塔处没有伸缩缝,用混凝土桥塔代替钢桥塔,有的还将主缆与加劲梁在主跨中点处固结。其特点是钢箱加劲梁可减轻恒载,且抗扭刚度大,三角布置的斜吊索提高了桥梁刚度,但在吊点处构造复杂。

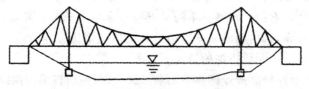

图 8-45　斜索悬吊式悬索桥

(3)混合悬吊式悬索桥

采用竖直吊索和扁平流线形钢箱梁作加劲梁。它的出现显示出钢箱加劲梁的优越性,同时避免了采用有争议的斜吊索。我国目前修建的悬索桥大多属于这种形式。混合悬吊式悬索桥除了有一般悬索桥的缆索体系外,有的还设有若干加强用的斜拉索,如图 8-46 所示。

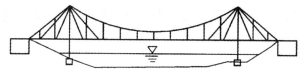

图 8-46　混合悬吊式悬索桥

8.4.2　悬索桥的总体布置

实际设计中,针对选定的桥式进行总体布置时,需要考虑的结构特性包括:跨度比、垂跨比、宽跨比、高跨比、加劲梁的支撑体系等要素。下面以三跨对称悬索桥(见图 8-47)为例加以说明,对其他类型的悬索桥也有一定的参考价值。

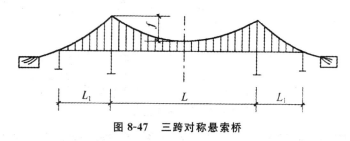

图 8-47　三跨对称悬索桥

1. 跨度比

边跨与主跨的跨度之比(L_1/L)(即跨度比)一般受具体桥位处的地形与地质条件的制约,其取值的自由度较小,一般的跨度比为 $0.25\sim0.5$ 。研究表明,若主孔跨度及垂跨比确定,则跨度比越小,单位桥长所需的钢材质量越大,若减小跨度比可以起到减小加劲梁最大竖向挠度及最大竖向转角的作用。目前,世界上已建的三跨悬索桥的实例中,跨度比大部分在 $0.2\sim0.4$ 之间。

2. 垂跨比

悬索桥的垂跨比是指大缆在主孔内的垂度 f 与主孔的跨度 L 之比。垂跨比的大小一方面对主缆中的拉力有很大的影响,它在较大程度上影响主缆所需截面的面积与单位桥长的用钢量。另一方面还对悬索桥的整体(包括竖向及横向)刚度有明显的影响,垂跨比越小,刚度越大,但缆中的拉力也越大。因此,在实桥设计中,应结合对刚度的要求和大缆的用钢量来选取合适的垂跨比,一般公路悬索桥的平均垂跨比为 1/10 左右(1/9～1/12 之间)。

3. 宽跨比

宽跨比是指桥梁上部结构的梁宽(或主缆中心距) W 与主孔跨度 L 的比值。加劲梁的宽度是由车道宽度及桥面构造的布置等决定的。对中小跨度桥梁而言,宽跨比习惯上沿用 1/20 的大致标准,但对大跨度桥梁而言,该标准过于保守。大跨度悬索桥的宽跨比至今尚无合理且具有科学性的标准值。设计中主要根据抗风理论分析和风洞试验来验证所取的宽跨比是否具备优良的动力特性。在理论上,当主孔跨度 L 为定值时,宽跨比越大,结构整体(特别是横向)刚度就越大。据统计,世界大跨度悬索桥的宽跨比大都在 1/60～1/40 之间。

4. 高跨比

高跨比是指悬索桥加劲梁的高度 h 与主孔跨径 L 的比值。对大跨度悬索桥而言,梁高与跨度基本上没有关系,设计中的关键是确保具有优良的动力特性。通常桁架式加劲梁的梁高一般为 8～14 m,箱型加劲梁的梁高一般为 2.5～4.5 m。

5. 加劲梁

加劲梁开始采用连续支承体系是始于 1959 年法国建成的坦卡维尔(Tancarville)桥,近期正在增多,尤其多用在公路铁路两用的大跨度悬索桥中。这是因为连续加劲梁的布置形式能减小桥面的变形,对整体抗风性、运营平顺性和舒适性均有利。但也存在缺点,主梁连续通过塔柱,使得主梁在主塔处的支点负弯矩较大,加大了桥塔处塔柱的间距,加劲梁中还存在附加内力等。

加劲梁的主要功能是提供桥面并防止桥面发生过大的挠曲和扭曲变形,是承受风荷载和其他横向水平力的主要构件。加劲梁主要有扁平钢箱梁和钢桁架两种。扁平钢箱加劲梁(图8-48)的建筑高度小、自重较轻、用钢量省、结构抗风性能好。钢桁架加劲梁的刚度较大;它能布置成双层桥面,能适应于交通量较大或公铁两用的桥梁。

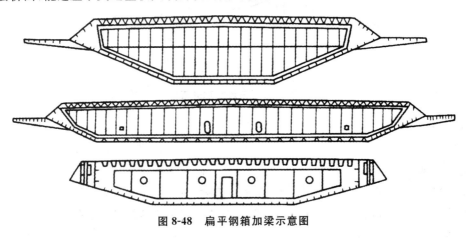

图 8-48　扁平钢箱加梁示意图

8.4.3　悬索桥构造简介

1. 桥塔

桥塔也称主塔,它是支撑主缆的主要构件,分担主缆所受的竖向荷载,并将其传递到下部的塔墩和基础处。另外,在风荷载和地震荷载的作用下,它还可以对全桥的总体稳定提供安全保证。

按桥塔的外形分,在横桥向一般有刚构式、桁架式和混合式三种结构形式,如图 8-49 所示。刚构式简洁明快,可用于钢桥塔或混凝土桥塔,采用桁架式和混合式时,由于交叉斜杆的施工对混凝土桥墩有较大困难,只能用于钢桥塔。

在顺桥向,按力学性质可分刚性塔、柔性塔和摇柱塔三种结构形式。刚性塔可以做成单柱形或 A 字形,一般多用于多塔悬索桥中,可提高结构的纵向刚度,减小纵向变位,从而减小梁的内应力;柔性塔允许塔顶有较大的变位,是现代悬索桥中最常用的桥塔结构,一般是将塔柱下端做成固结的单柱形式;摇柱塔是将下端做成铰接的单柱形式,该形式一般只用于跨度较小的悬索桥。

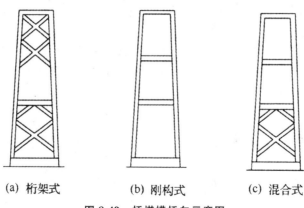

(a) 桁架式　　　　(b) 刚构式　　　　(c) 混合式

图 8-49　桥塔横桥向示意图

2. 主缆

主缆通过塔顶的鞍座悬挂于主塔上并锚固于两端的锚固体中。主缆的布置形式一般是采用每桥设置两根,平行布置于加劲梁两侧的吊点上。

现代大跨度悬索桥多采用平行钢丝主缆,它是由平行的高强、冷拔、镀锌钢丝组成。钢丝的直径大都在 5 mm 左右。视缆力大小,每根主缆可以包含几千根至几万根钢丝。为便于施工安装和锚固,主缆通常被分成束股编制架设(一般每根主缆可分成几十乃至几百股,每股的丝数大致相等),并在两端锚碇处分别锚固。为了保护钢丝,并使主缆的形状明确,主缆的其余区段则挤紧成规则的圆形,然后用软质钢丝捆扎并进行外部涂装防腐。

对一座具体的桥梁而言,如果钢丝直径已经选定,主缆所含钢丝总数 n 就是确定的。但组成具有 n 根钢丝的主缆应编制成多少股钢束 n_1 和每股钢束含多少根钢丝 n_2,则应当根据主缆的编制方法确定。钢丝束股的编织方法通常有空中编丝组缆(air spinning)法和预制平行钢丝束股(prefabricated parallel strands)法。前者简称 AS 法,后者简称 PS 法或 PWS(parallel wire strands)法。AS 法每缆所含总股数较少,为 30～90 股,但每股所含丝数 n_2 多达 400～500 根以上。因此其单股锚固吨位大,锚固的空间相对集中。PWS 法束股通常按正六边形平行排列定型,其主缆空隙率可以最小,现用钢丝束股的钢丝数为 61、91、127、169 等,图 8-50 所示为钢丝数为 127 的排列形式。PWS 法每缆总股数 n_1 多达 100～300 股,锚固空间相对较大。由于采用工厂预制,故现场架索施工时间相对缩短,气候因素的影响小,成缆工效提高。这种成缆方法在目前大跨悬索桥的施工中常用。

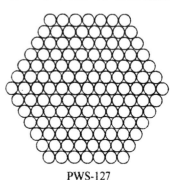

PWS-127

图 8-50　预制束股截面形式

3. 吊索

吊索是将加劲梁上的竖向荷载通过索夹(cable band)传递到主缆的受力构件。其下端通过锚头与加劲梁两侧的吊点连接,上端通过索夹与主缆连接。现代悬索桥一般采用柔性较大且易于操作的钢丝绳索或平行钢丝索作为吊索,吊索表面采用涂上油漆或包裹 HDPE(高密度聚乙烯)护套的办法防腐。

立面布置上,传统的悬索桥都是竖直的,斜向吊索是英国式悬索桥的一大特点。斜吊索与竖直吊索相比,索力较大,因此可以提高悬索桥整体振动时的结构阻尼。但多数人认为斜吊索在抗疲劳强度方面不如竖直吊索。

吊索与索夹的连接方式一般分为四股骑跨式和双股销铰式两种,如图 8-51 所示。其中,前者不宜采用平行钢丝索,而后者对钢丝绳索与平行钢丝索都能适用。

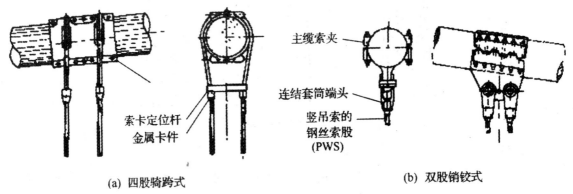

主缆索夹

连结套筒端头

竖吊索的
钢丝索股
(PWS)

(a) 四股骑跨式

索卡定位杆
金属卡件

(b) 双股销铰式

图 8-51　吊索与索夹的连接方式

4.加劲梁

加劲梁的主要功能是提供桥面和防止桥面发生过大的挠曲变形和扭曲变形,它直接承担竖向活载,也是悬索桥承受风荷载和其他横向水平荷载的主要构件,所以,它必须具有足够的抗扭刚度或自重,以保持在风荷载作用下的气动稳定性。加劲梁所承担的活载及本身的恒载通过吊索和索夹传递至主缆。加劲梁的变形从属于主缆,它的刚度对悬索桥的总体刚度贡献不大,因而梁高通常不必做得太高。

加劲梁一般都采用钢结构,由于混凝土结构的自重太大,从耗材、造价、工期等方面考虑,当跨径大于 200 m 的时候就不再采用混凝土结构。钢加劲梁的截面形式主要有美国流派的钢桁梁和英国流派的扁平钢箱梁(见图 8-52 和图 8-53),钢箱梁的抗风性能较好,风的阻力系数仅为桁架式的 1/2～1/4;耗钢量也较少。但钢桁梁在双层桥面的适应性方面远比钢箱梁优越,因此它适合于交通量较大或公路铁路两用的悬索桥。

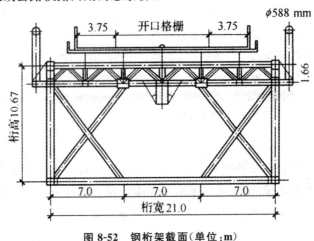

ϕ588 mm

3.75　开口格栅　3.75

1.66

桁高10.67

7.0　7.0　7.0

桁宽21.0

图 8-52　钢桁架截面(单位:m)

(葡萄牙 4 月 25 日大桥)

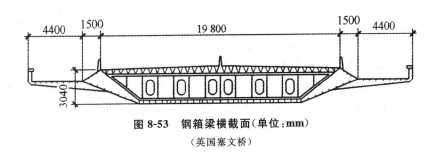

图 8-53　钢箱梁横截面(单位:mm)

(英国塞文桥)

5.锚碇

锚碇是主缆的锚固体,将主缆中的拉力传递给地基基础。锚碇有重力式锚碇和隧洞式(隧道式、岩隧式)锚碇两种(图 8-54),一般由基础、锚块、锚碇架及固定装置等部分组成。重力式锚碇为一庞大的混凝土结构,依靠自重实现对主缆拉力的锚固。隧洞式锚碇为在坚固的天然岩体上开凿隧洞,然后再浇筑混凝土形成,利用岩体强度对混凝土锚体形成嵌固作用,达到锚固主缆拉力的目的,因而其锚碇混凝土用量较为节省;在条件具备时,使用隧洞式锚碇比较经济。

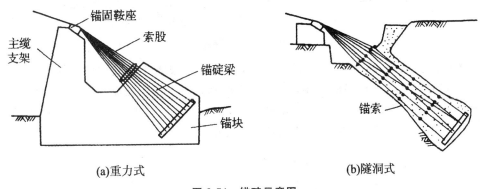

(a)重力式　　　　　　　　　　　　　(b)隧洞式

图 8-54　锚碇示意图

当主缆在锚碇处改变方向时,则需设置主缆支架。主缆支架是主缆的支点,可以独立地设置于锚碇之前,也可以设置在锚碇之内。主缆支架的主要型式有钢筋混凝土刚性支架、钢制柔性支架和钢制摇杆支架等,参见图 8-55。

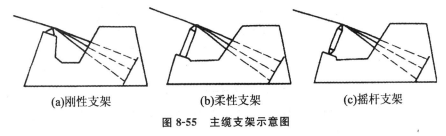

(a)刚性支架　　　　　　(b)柔性支架　　　　　　(c)摇杆支架

图 8-55　主缆支架示意图

隧道式锚碇是先在两岸天然完整坚固的岩体中开凿隧道,将锚碇架置于其中后,用混凝土浇筑而成,这是利用岩体的强度对混凝土锚体形成嵌固作用,达到锚固主缆的目的,因而其锚碇混凝土用量比重力式锚碇大为节省,经济性能更为显著。但迄今为止,大部分悬索桥都由于缺乏坚固的山体岩壁可利用,而一般采用重力式锚碇。

6. 鞍座

鞍座分为塔顶鞍座（也称主鞍座）和散索鞍座。

塔顶鞍座位于主缆和塔顶之间，其上座设有索槽用来安放主缆（见图 8-56）。刚性桥塔上的主鞍座，一般在上座下面设一排辊轴，用来调整施工中主缆在塔顶两侧的水平分力使之接近平衡。辊轴下面设置下座底板。柔性塔和摇柱塔上的主鞍座仅设上座，它是通过螺栓与塔固定的。

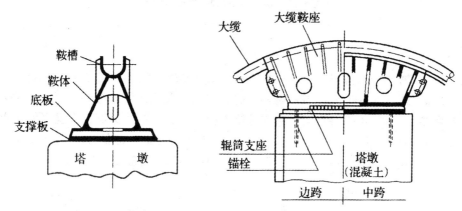

图 8-56　塔顶鞍座

散索鞍座是主缆进入锚碇之前的最后一个支撑构件。设置于锚碇的前墙处，起着支承转向和分散大缆束股使之便于锚固的作用，如图 8-57 所示。与塔顶主鞍座不同的是，散索鞍座在主缆因活载作用或温度变化而产生长度变化时，其本身能够随主缆同步移动，以调节主缆的长度变化。其结构形式上又有摇柱式和滑移式两种基本类型。

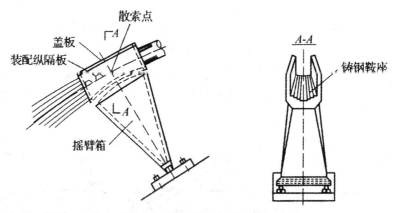

图 8-57　散索鞍座构造示意图

散索鞍座如今一般也是兼用铸焊的方法进行制造，即鞍槽部分采用铸钢件，其他部分则用厚钢板焊接。

8.4.4　悬索桥的静力计算理论

悬索桥是大缆系统和加劲梁系统两者的简单组合。图 8-58 所示的单跨悬索桥，是一次超静定结构，将大缆在跨中切开，作用一对赘余力 H，按照力法的原理就可以计算大缆的内力和加劲梁的内力。

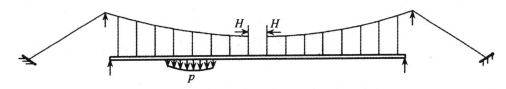

图 8-58　单跨两铰悬索桥的计算简图

对于大缆和主梁结构内力分析的计算理论可以分为三种:弹性理论、挠度理论和有限变形理论。弹性理论是悬索桥最早的计算理论,该理论是基于结构变形非常微小且可以忽略的计算假设,它不考虑结构体系变形对内力的影响,将悬索桥作为超静定结构,按照普通的结构力学方法计算。它只能满足早期跨度较小且加劲梁刚度相对较大的悬索桥的计算。

采用挠度理论来计算悬索桥时,考虑到原有荷载(如恒载)已产生的主缆轴力对新的荷载(如活载)产生的竖向变形(挠度)将再产生一种新的抗力。该理论是在变形之后再考虑内力的平衡(见图 8-59)。用挠度理论来计算活载内力时,计入了恒载内力对悬索桥的刚度所起的提高作用。在挠度理论中的计算假定如下:

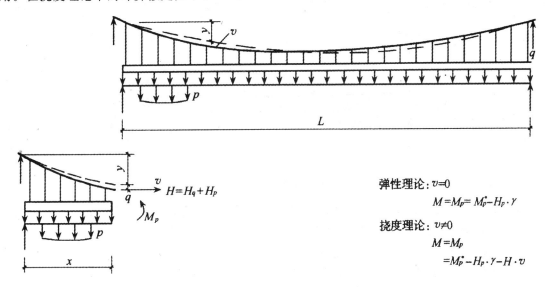

弹性理论: $v=0$

$$M=M_p=M_p^\ast-H_p\cdot\gamma$$

挠度理论: $v\neq0$

$$M=M_p$$
$$=M_p^\ast-H_p\cdot\gamma-H\cdot v$$

图 8-59　弹性理论与挠度理论的比较

M—梁的弯矩;$M_p^\ast$—恒载下的主梁弯矩;H—主缆拉力的水平分力;
H_p—恒载下的主缆水平分力;y—主缆的垂度;v—主缆的挠度;p—活载集度

①恒载沿桥梁的纵向是均匀分布的。

②在恒载作用下,加劲梁处于无应力状态(吊索之间的局部挠曲应力除外)。

③吊索是竖向的,并且是密布的。

④在活载作用下,只考虑吊索有拉力,但不考虑吊索的拉伸和倾斜。

⑤加劲梁为直线形,并且是等截面。

⑥只计入主缆及加劲梁的竖向变形(挠度),但不考虑它们的纵向变形。

从图 8-59 中的公式可知:采用挠度理论计算所得的内力比弹性理论要小得多,根据悬索桥的跨度大小、加劲梁的刚度大小以及活载影响与恒载影响的比例,一般挠度理论的内力计算值比弹性理论的计算值减少 1/2～1/10。

8.5 梁式桥的支座

支座是位于桥梁上部结构和下部结构之间的传力装置。支座的作用是将桥跨结构的支承反力(包括由恒载和活载引的竖向力和水平力)传递给墩台;并保证桥跨结构在荷载(包括温度、混凝土收缩徐变)等因素作用下能满足设计所要求的变形,使上、下部结构的实际受力情况符合结构的静力图式。本节主要讲述支座的常见类型及布置原则。

8.5.1 支座的类型和布置

1. 支座类型

梁式桥的支座按其功能一般分成固定支座和活动支座两种。固定支座允许主梁截面自由转动,但不能移动,如图 8-60 左端所示。活动支座允许主梁在支撑处既能自由转动又能水平移动。

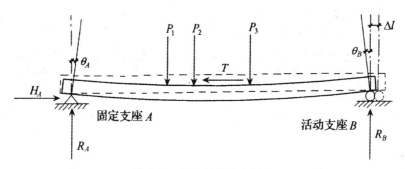

图 8-60 简支梁的静力图式

按支座采用的材料分,梁桥的支座有钢支座、橡胶支座、钢筋混凝土支座及简易油毛毡支座等类型。随着桥梁工程技术的不断发展,支座类型也在更新换代,简易油毛毡支座、钢板支座、钢筋混凝土摆柱式支座等,目前已不常使用。

按支座外形分,橡胶支座又可以分为板式支座、盆式支座和球型支座等。

按支座能否承受拉力,或者是否具有减震功能,又可以分为普通支座、拉压支座和减震支座。

2. 支座布置

按照静力图式,简支梁桥应在每跨的一端设置固定支座,另一端设置活动支座。悬臂梁桥的锚固跨也应在一侧设置固定支座,另一侧设置活动支座。多孔悬臂梁桥挂梁的支座布置与简支梁相同。连续梁桥一般在每联中的一个桥墩(或桥台)上设置固定支座,其余墩台上一般设置活动支座。此外,悬臂梁桥和连续梁桥在某些特殊情况下,支座需要传递竖向拉力时,还应设置也能承受拉力的支座。

支座的布置,应以有利于墩台传递纵向水平力、有利于梁体的自由变形为原则。根据梁桥的结构体系以及桥宽,支座在纵、横桥向的布置方式主要有以下几种:

①对于坡桥,宜将固定支座布置在标高低的墩台上。同时,为了避免整个桥跨下滑,影响车辆的行驶,当纵坡大于1%或横坡大于2%时,应使支座保持水平,通常在设置支座的梁底面,增设局部的楔形构造(图 8-61)。

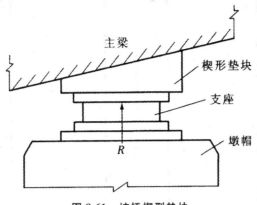

图 8-61　坡桥楔型垫块

②对于简支梁桥,每跨宜布置一个固定支座,一个活动支座;对于多跨简支梁,一般把固定支座布置在桥台上,每个桥墩上布置一个(组)活动支座与一个(组)固定支座。若个别桥墩较高,也可在高墩上布置两个(组)活动支座。

图 8-62(a)为地震区单跨简支梁常用布置,也称"浮动"支座布置;图 8-62(b)为整体简支板桥或箱梁桥常用支座布置。

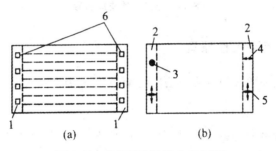

图 8-62　单跨简支梁桥支座布置

1,2—桥台;3—固定支座;4—单向活动支座;5—多向活动支座;6—橡胶支座

③对于连续梁桥及桥面连续的简支梁桥,一般在每一联设置一个固定支座,并宜将固定支座设置在靠近温度中心,以使全梁的纵向变形分散在梁的两端,其余墩台上均设置活动支座,在设置固定支座的桥墩上,一般采用一个固定支座,其余为横桥向的单向活动支座;在设置活动支座的所有桥墩(台)上,一般沿设置固定支座的一侧,均布置顺桥向的单向活动支座,其余均为双向活动支座。图 8-63 为连续结构支座布置示意图。

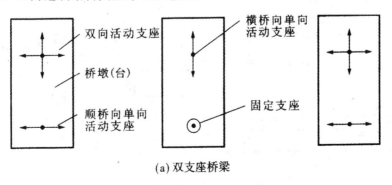

(a) 双支座桥梁

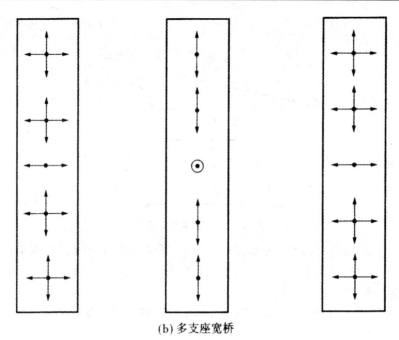

(b) 多支座宽桥

图 8-63　连续结构支座布置

8.5.2　支座的构造及工作原理

下面介绍钢筋混凝土和预应力混凝土公路桥梁中,几种常见支座类型的构造及工作原理。

1.板式橡胶支座

板式橡胶支座的构造最为简单,从外形上看,它就是一块放置在上下部结构之间的矩形黑色橡胶板,如图 8-64(a)、(b)所示。它的工作原理是:利用橡胶的不均匀弹性压缩实现转角 θ,利用其剪切变形实现水平位移△,如图 8-64(c)所示。板式橡胶支座一般无固定支座与活动支座的区别,所有纵向水平力由各个支座按抗推刚度的大小进行分配。必要时,也可以采用高度不同的橡胶板来调节各支座传递的水平力和位移。

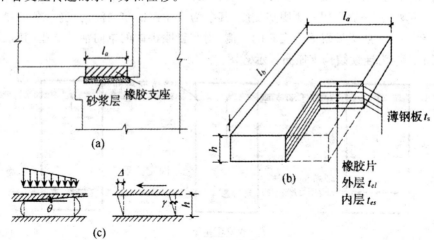

图 8-64　板式橡胶支座

常见的板式橡胶支座均内设有几层薄钢板作为加劲层,加劲层的作用是阻止橡胶片侧向膨胀,提高橡胶片的抗压强度。目前,国内定形产品规格很多,根据《桥规》规定支座成品的物理力学性能满足表 8-2 的要求。

表 8-2　桥梁支座成品的物理性能

项目	指标	项目	指标
极限抗压强度（MPa）	70	橡胶片容许剪切正切值	不计制动力≤0.5 计制动力≤0.7
抗压弹性模量 E_e（MPa）	$5.4G_eS^2$	支座与混凝土摩擦系数 μ	≥0.3
常温下抗剪弹性模量 G_e（MPa）	1.0	支座与钢板摩擦系数 μ	≥0.2

注:表中形状系数 $S = \dfrac{a \times b}{2(a+b)\delta_1}$,其中 δ_1 为中间层橡胶片厚度,a 为支座短边尺寸,b 为支座长边尺寸。

板式橡胶支座有矩形和圆形两种形状,支座的橡胶材料以氯丁橡胶为主,也可采用天然橡胶和三元乙丙橡胶。其中氯丁橡胶支座适于在 -25℃~60℃ 的范围内使用;天然橡胶支座适于在 -35℃~60℃ 的范围内使用;三元乙丙橡胶支座适于在 -40℃~60℃ 的范围内使用。

板式橡胶支座的竖向承载力一般在 70~3600 kN 的范围内,标准跨径在 20 m 以内的梁、板桥多采用此种支座。圆板橡胶支座多用于弯桥,以适应结构多向变形的需要。

为了使橡胶支座受力均匀,在安装时应使梁底面和墩台顶面清洁平整,安装位置要正确。必要时可在墩台顶面铺设一层 1∶3 水泥砂浆。由于施工等原因在倾斜安装时,其坡度最大不能超过 2%。在水平荷载较大的情况下,为防止支座滑动,可在支座顶面、底面上设置浅的定位孔槽,并使梁底和墩台顶预埋的伸出锚钉伸入顶位的孔槽加以固定。应注意,锚钉不能伸入支座过深,以免影响支座的活动性。

2. 聚四氟乙烯滑板式橡胶支座

聚四氟乙烯滑板式橡胶支座(简称四氟滑板支座)是板式橡胶支座的一种特殊形式,是将一块平面尺寸与橡胶支座相同、厚度为 1.5~3 mm 的聚四氟乙烯板材,与橡胶支座黏合在一起,另外在梁底设置一块有一定光洁度的不锈钢板。由于不锈钢板与四氟板之间的摩擦系数很小,通常 $\mu_f = 0.06$ 因而能提供较大的水平位移。因此,这种支座不仅适用于较大跨度的简支梁,而且适用于桥面连续的桥梁和连续梁等。

3. 盆式橡胶支座

盆式橡胶支座是一种钢与橡胶的混合型支座,其变形原理综合了板式橡胶支座和四氟板支座的优点,利用设置在钢盆中的橡胶承压和转动。它用聚四氟乙烯板和不锈钢板之间的平面滑动来适应桥梁的纵向位移,而安放在钢盆中的橡胶板因受压时处于三向受压状态,其承载力得到大幅度提高。盆式橡胶支座变位量大、转动灵活,适用于支座承载力在 1000 kN 以上的大跨径桥梁。

盆式橡胶支座也分为活动盆式橡胶支座和固定盆式橡胶支座。活动盆式橡胶支座的基本结构一般可分为上座板和下座板[见图 8-65(a)]。上座板由顶板和不锈钢板组成,上座板与桥的上部构造联结。下座板由底盆、橡胶块、密封圈、中间钢板、聚四氟乙烯滑板组成,下座板固结在桥墩上。不锈钢板与聚四氟乙烯板间的摩擦系数很小,可以实现梁的水平位移。在转矩的作用下,由于置于底盆内的橡胶块处于三向约束的状态,此时它具有流体的性质,故中间钢板顺利地随着上部构造而产生倾斜,从而实现了梁端的转动。底盆内的密封圈使橡胶受压后不至于被从底盆中挤出。固定盆式橡胶支座的构造与活动盆式橡胶支座相似,但取消了实现水平位移功能的聚四氟乙烯滑板和不锈钢板,其构造见图 8-65(b)。

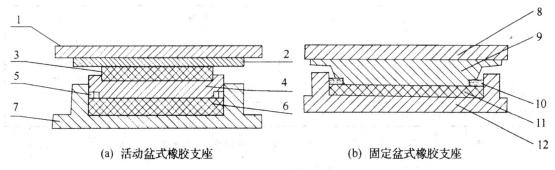

(a) 活动盆式橡胶支座　　　　　　　　(b) 固定盆式橡胶支座

图 8-65　盆式橡胶支座的基本结构

1—顶板;2—不锈钢板;3—聚四氟乙烯板;4—中间钢板;5—密封圈;
6—橡胶块;7—底盆;8—顶板;9—凸板;10—钢密封圈;11—橡胶;12—底盆

盆式橡胶支座是桥梁中采用较多的形式之一,主要用于较大跨径和支反力较大的备上种桥梁。目前,我国使用的盆式橡胶支座每种支座的竖向承载力分为 18 级,从 1050~21000 kN。按温度适用范围通常有常温型支座和耐寒型支座两种,常温型支座适用于-25℃~60℃,耐寒型支座适用于-40℃~60℃。

4.其他支座

(1)球形钢支座

球形钢支座是一种新型支座,它的结构如图 8-66 所示,主要由下座板、球面四氟板、密封裙、中座板、平面四氟板、上滑板和上座板组成。球形钢支座通过球面四氟板的滑动来实现支座的转动,转角人,转动灵沽,且承载能力高,特别适用于大跨度桥梁及宽桥、曲线桥、坡道桥等构造复杂的桥梁。

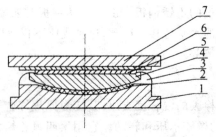

图 8-66　球形支座的构造

1—下座板;2—球面四氟板;3—密封裙;4—中座板;5—平面四氟板;6—上滑板;7—上座板

(2)减震支座

减震支座是一种应用于地震区的新型桥梁支座。它共有 12 种型号。这种支座适用于设计支反力在 400~3600 kN 内的各类梁式桥;特别是跨度在 20 m 以上的公路梁式桥。滑板式减震支座的主要构造见图 8-67。

上、下支座盆构成传力机构,连接上下部结构和限制梁墩之间过大变位的承载系统。不锈钢板、聚四氟乙烯板和钢盆共同构成竖向承载力高、水平滑动摩擦系数小的滑动系统。减震器和侧摩擦板组成水平减震消能系统。

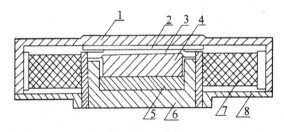

图 8-67　滑板式支座简图

1—上支座盆；2—不锈钢板；3—聚四氟乙烯板；4—中支座板；5—盆式橡胶板；

6—下支座盆；7—橡胶减震器或弹簧—橡胶减震器；8—密封底板以及制动销、防跳动装置等

（3）拉压支座

在一定荷载条件下，在某些桥上可能会出现个别的支座既要承受压力也要抵抗拉力的情况，通常出现在连续梁桥的短跨、斜桥、带宽侧面悬臂箱梁桥以及小半径曲线桥上。在这种情况下，必须安装拉压支座，以承受向上的拉力或向下的压力，以及相应的转动和水平位移。这种支座设计比较精确，价格昂贵。

球面、盆式和板式橡胶支座能变更功能作为拉压支座，这种变更既可用于固定支座，也可用于单向或多向活动支座。板式橡胶拉压支座能够用于压力较小的桥梁，见图 8-68，而反力较大的桥梁则采用球面（见图 8-69）或盆式拉压支座更适合。但是，支座拉力超过 1000 kN 时，上述结构是不经济的。

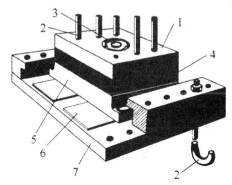

图 8-68　板式橡胶拉压支座

1—上支座板；2—锚筋；3—受拉螺栓；4—承压橡胶块；5—滑板；6—奥式体钢；7—下支座板

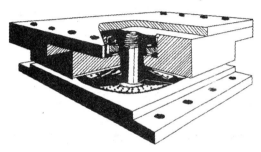

图 8-69　球面拉压支座

8.5.3　支座的计算与选择

1.支座反力的确定

在进行桥梁支座尺寸的选定和稳定性验算时,必须先求得每个支座上所承受的竖向力和水平力。支座上的竖向力包括自重反力、活载支点反力及其影响力。在计算活载支点反力时,应按最不利的状态布置荷载计算。对于汽车荷载的作用,应计入冲击影响力。在可能出现拉拔力的支点,应分别计算支座的最大竖向力和最大上拔力。对于上部结构可能被风力掀离的桥梁,应计算其支座锚栓及有关部件的支承力。正交直线桥梁的支座,一般仅需计算纵向水平力。斜桥和弯桥,还需要计算由于汽车荷载的离心力或风力所产生的横向水平力。支座上的纵向水平力,包括由于汽车荷载的制动力、风力、支座摩阻力或温度变化、支座变形等引起的水平力,以及桥梁纵坡等产生的水平力。

2.板式橡胶支座的设计计算

板式橡胶支座的设计与计算包括确定支座尺寸、验算支座受压偏转情况以及验算支座的抗滑稳定性。

(1)支座尺寸确定

根据橡胶支座和支承垫石混凝土的压应力不超过它们相应容许承压应力的要求,确定支座平面面积 A。在一般情况下,面积 A 由橡胶支座控制设计:

$$\sigma = \frac{N_{\max}}{A} \leqslant [\sigma]$$

式中,$N_{\max}$ 为运营阶段由桥上全部恒载与活载(包括冲击力)所产生的最大支点反力;A 为橡胶支座平面面积,矩形支座面积为 $a \times b$,其中 a 以为支座短边尺寸,b 为支座长边尺寸;圆形支座面积为 $\frac{\pi d^2}{4}$,其中 d 为支座直径;$[\sigma]$ 为橡胶支座的平均容许应力,当支座形状系数 $S > 8$ 时,$[\sigma] = 10\,\text{MPa}$;当 $5 \leqslant S \leqslant 8$ 时,$[\sigma] = 7 \sim 9\,\text{MPa}$。矩形支座形状系数 $S = \frac{a \cdot b}{2(a+b)\delta_1}$,圆形支座形状系数 $S = \frac{d}{4\delta_1}$,其中 δ_1 为支座中间层单层橡胶厚度。

确定支座厚度 h 必须先求橡胶片的总厚度 $\sum t$,它是由梁产生纵向位移时,支座的受剪状态决定的,即由剪切变形(如图 8-70 所示)来实现线位移。《桥规》规定,橡胶片的总厚度 $\sum t$ 不应大于支座顺桥向边长的 0.2 倍。梁式桥的主梁由温度变化等因素在支座处产生的纵向水平位移 Δ,依靠全部橡胶片的剪切变形来实现,则 $\sum t$ 与 Δ 之间有下列关系:

$$\tan\gamma = \frac{\Delta}{\sum t} \leqslant [\tan\gamma]$$

即

$$\sum t \geqslant \frac{\Delta}{\tan\gamma}$$

式中,$[\tan\gamma]$ 为橡胶片容许剪切角的正切,不计活载制动力时取用 0.5;计及活载制动力时取用 0.7,则可写成:

$$\sum t \geqslant 2\Delta_D$$

$$\sum t \geqslant 1.43(\Delta_D + \Delta_L)$$

式中，Δ_D 表示由上部结构温度变化、桥面纵坡等因素，引起支座顶面相对于底面的水平位移。当跨径为 l 的简支梁桥两端采用等厚橡胶支座时，因温度变化每个支座承担的水平位移 Δ_D，可取简支梁纵向温度变形的一半，即：

$$\Delta_D = 0.5a\Delta tl$$

Δ_L 表示由制动力引起在支座顶面相对于底面的水平位移，可按下式计算：

$$\Delta_L = \frac{H_T \sum t}{2GA}$$

式中，H_T 为活载制动力在一个支座上的水平力；G 橡胶的剪切模量，在无实验资料时，G 值可采用 1.1 MPa；A 表示橡胶支座的面积。

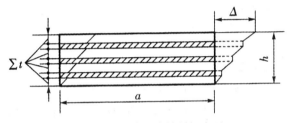

图 8-70　橡胶支座的剪切变形

橡胶片的总厚度 $\sum t$ 确定后，再加上加劲薄钢板的总厚度，即是所需橡胶支座的厚度 h。

(2)支座偏转与平均压缩变形验算

如图 8-71 所示，主梁受荷挠曲时，梁端将产生转动角 θ，但不允许其与支座间产生脱空现象。梁端转动时，支座就受到一个偏心竖向力 N 的作用，表面将产生不均匀的压缩变形，一端为 Δs_1，另一端为 Δs_2，其平均压缩变形 $\Delta s = 0.5(\Delta s_1 + \Delta s_2)$，可根据下式计算：

$$\Delta s = \frac{N \sum t}{EA}$$

式中，E 橡胶支座的弹性模量。当无试验数据时，其值与支座的形状系数 S 有关，可按下式计算：

$$E = 0.1(530S - 418)(MPa)$$

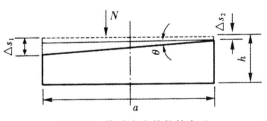

图 8-71　橡胶支座的偏转变形

若梁端转角 θ 已知，或按材料力学中公式算得，则有：

$$\theta a = \Delta s_1 - \Delta s_2$$

其中，a 为主梁跨径方向的支座尺寸，又因 $\Delta s = 0.5(\Delta s_1 + \Delta s_2)$，所以 $\Delta s_2 = \Delta s - 0.5\theta a$。当

$\Delta s_2 < 0$ 时，表示支座与梁底产生了部分脱空，支座是局部承压，因此设计时必须保证 $\Delta s_2 \geqslant 0$。《桥规》规定，橡胶支座的最大平均压缩变形 Δs 不应大于支座橡胶总厚 $\sum t$ 的 0.05 倍。

(3)支座抗滑性验算

橡胶支座一般直接搁置在墩台与梁底之间，在它受到梁体传来的水平力后，应保证支座不滑动，即支座与混凝土之间要有足够大的摩阻力来抵抗水平力，故应满足以下两个式子：

无活载作用时
$$\mu N_D \geqslant 1.4 GA \frac{\Delta_D}{\sum t}$$

有活载作用时
$$\mu(N_D + N_{pmin}) \geqslant 1.4 GA \frac{\Delta_D}{\sum t} + H_T$$

式中，N_D 在上部结构重力作用下的支座反力；N_{pmin} 表示与计算制动力相应的汽车活载产生的最小支座反力；μ 为橡胶支座与混凝土表面的摩阻系数采用 0.3，与钢板的摩阻系数采用 0.2；H_T 表示活载制动力分在一个支座上的水平力。$GA \dfrac{\Delta_D}{\sum t}$ 表示由温度变化等因素分在一个支座上的水平力。

(4)成品板式橡胶支座的选配

成品的板式橡胶支座早已形成系列，在一般情况下，没有必要自行设计支座，只需根据标准成品支座的目录，选配合适的产品。我国交通部颁布的成品板式橡胶支座代号表示方法，由这样几项代码组成：名称、型式、规格及胶种。如 GJZ300×400×47(CR)，表示公路桥梁矩形、平面尺寸 300 mm×400 mm、厚度为 47 mm 的氯丁橡胶支座；又如 GYZF4300×54(NR)，表示公路桥梁圆形、直径 300 mm、厚度为 54 mm、带聚四氟乙烯滑板的天然橡胶支座。当用产品目录选型时，先根据支座反力、梁肋宽度和梁体水平位移初选出支座，再通过偏转验算和抗滑性能的验算，最终确定支座类型。

第9章 拱桥的构造、设计及计算

9.1 拱桥概述

拱桥是我国公路上使用广泛且历史悠久的一种桥梁结构形式，它的外形宏伟壮观且经久耐用。拱桥与梁桥不仅外形上不同，而且在受力性能上有着较大的区别。由力学知识可以知道，拱桥在竖向荷载作用下，两端支承处除有竖向反力外，还产生水平推力。正是这个水平推力，使拱内产生轴向压力，并大大减小了跨中弯矩，使之成为偏心受压构件，截面上的应力分布[图 9-1(a)]与受弯梁的应力[图 9-1(b)]相比，较为均匀。因而可以充分利用主拱截面的材料强度，使跨越能力增大。根据理论推算，混凝土拱桥的极限跨度可以达到 500 m 左右，钢拱桥的极限跨度可达 1200 m 左右。

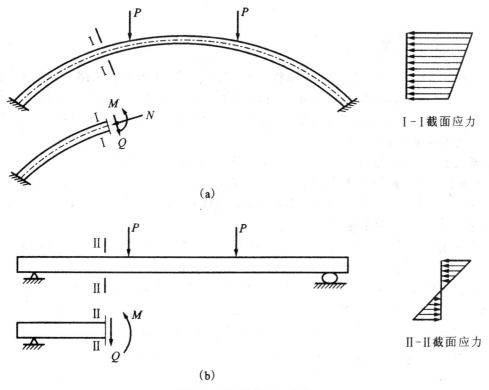

图 9-1 拱和梁的应力分布

拱桥的主要优点：

①能充分做到就地取材，与钢筋混凝土梁桥相比，可节省大量的钢材和水泥。

②跨越能力较大。

③构造较简单，尤其是圬工拱桥，技术容易被掌握，有利于广泛采用。

④耐久性能好,维修、养护费用少。

⑤外形美观。

拱桥的主要缺点是:

①自重较大,相应的水平推力也较大,增加了下部结构的工程量,当采用无铰拱时,基础发生变位或沉降所产生的附加力是很大的,因此,对地基条件要求高。

②随着跨径和桥高的增大,施工技术难度提高,费用增大,造价高;同时施工的工序多,需要的劳动力多,建桥时间也较长。

③由于拱桥的水平推力较大,在多孔连续拱桥中,为了防止一孔破坏而影响全桥的安全,需要采用较复杂的措施,或设置单向推力墩,以承受不平衡的推力,因此增加了造价。

④与梁式桥相比,由于上承式拱桥的建筑高度较高,当用于城市立体交叉和平原地区的桥梁时,因桥面标高提高,而使得桥两头的接线工程量增大,或使桥面纵坡增大,既增加了造价又对行车不利。

拱桥虽然存在这些缺点,但由于它的优点突出,因此在我国的公路桥梁建设中,拱桥——特别是其中的圬工拱桥得到广泛的应用。而且拱桥的缺点也正在逐步得到改善和克服。因此只要在条件许可的情况下,修建拱桥仍是经济合理的。目前,在我国公路桥梁中,拱桥已得到广泛的应用。

9.1.1 拱桥的组成

拱桥和其他桥梁一样,也是由上部结构和下部结构组成。拱桥的桥跨结构由主拱圈及拱上建筑构成,主拱圈是拱桥的主要承重构件。由于拱圈呈曲线,在桥面系与拱圈之间需要有传递压力的构件或填充物,使车辆在桥面上行驶。这些主拱圈以上的桥面系和传力构件或填充物统则称为拱上建筑或拱上结构。

上承式拱桥的上部结构由主拱圈和拱上建筑组成(图9-2)。主拱圈是拱桥的主要承重结构。由于拱圈是曲线形,一般情况下车辆无法直接在弧面上行驶。所以在桥面系与拱圈之间需要有传递压力的构件和填充物,以使车辆能在平顺的桥道上行驶。桥面系和这些传力构件或填充物统称为拱上结构或拱上建筑。

拱圈的最高处称为拱顶,拱圈与墩台连接处称为拱脚(或起拱面)。拱圈各横向截面(或换算截面)的形心连线称为拱轴线。拱圈的上曲面称为拱背,下曲面称为拱腹。起拱面和拱腹相交的直线称为起拱线。拱顶截面形心至相邻两拱脚截面形心之连线的垂直距离称为计算矢高(f)。拱顶截面下缘至起拱线连线的垂直距离称为净矢高(f_0)。相邻两拱脚截面形心点之间的水平距离称为计算跨径(l)。每孔拱跨两个起拱线之间的水平距离称为净跨径(l_0)。拱圈(或拱肋)的矢高(或净矢高)与计算跨径(或净跨径)之比称为矢跨比,即 $D = \frac{f}{l}$ 或 $D_0 = \frac{f_0}{l_0}$。

拱桥的下部结构由桥墩、桥台及基础等组成,用以支承桥跨结构,将桥跨结构的荷载传至地基。桥台还起着与两岸路堤相连的作用,使路桥形成一个协调的整体。

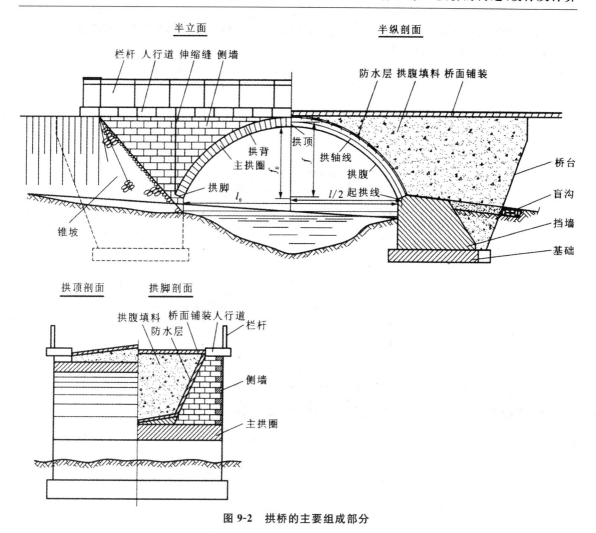

图 9-2　拱桥的主要组成部分

9.1.2　拱桥的主要类型

拱桥的型式多种多样,构造各有差异。为了便于进行研究,可以按照不同的方式将拱桥分为各种类型。例如:

①按照建桥材料(主要是针对主拱圈使用的材料)可以分为圬工拱桥、钢筋混凝土拱桥、钢拱桥和钢-混凝土组合拱桥等。

②按照桥面的位置可以分为上承式拱、中承式拱和下承式拱(图 9-3)。

③按照结构体系可以分为简单体系拱桥、桁架拱桥、刚架拱桥和梁拱组合体系桥。

④按照截面的型式可以分为板拱桥、混凝土肋拱桥、箱形拱桥、双曲拱桥、钢管混凝土拱桥和劲性混凝土拱桥。

下面仅按最后两种分类方式作一些介绍。

1.按结构的体系分类

(1)简单体系

简单体系的拱桥可以做成上承式、中承式、下承式。在简单体系中,主拱圈作为主要承重构件单独承受桥上的全部荷载,而行车系结构(如拱上建筑或拱下悬吊结构)则不参与主拱圈一起受力。拱的水平推力则由墩台或基础承受。

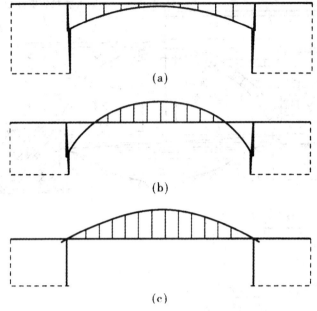

图 9-3 上承式、中承式与下承式拱

按照主拱的静力图式,主拱圈又可以分为三铰拱、两铰拱或无铰拱(图 9-4)。

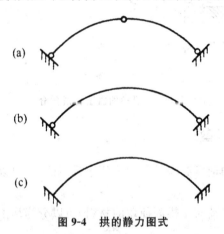

图 9-4 拱的静力图式

(2)拱片拱桥

拱片拱桥是属于有推力的拱桥,它是将整个桥跨结构的所有组成部分刚性联结成一个整体,称为拱片。如图 9-5 所示,桁架拱桥是由拱和桁架两种结构体系组合而成,因此具有桁架和拱的受力特点。即由于受推力的作用,跨间的弯矩得以大大减少。根据桥梁宽度的不同,拱片拱桥可由两片以上的拱片组成,并用横向联结系将各拱片联成整体,共同受力。由于把一般拱桥的传力构件(拱上建筑)与承重结构(拱肋)联合成整体桁架,结构整体受力,能充分发挥各部分构件的作用。结构刚度大、自重小、用钢量省。桁架拱的拱脚一般采用铰结方式,以减少次内力影响。

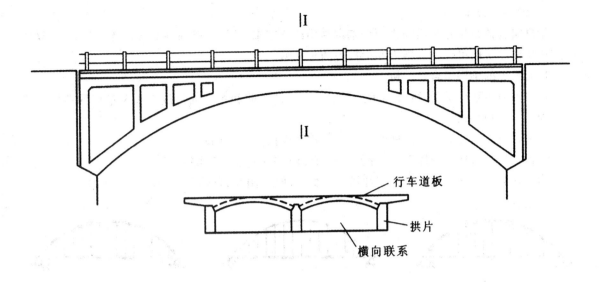

I—I 剖面

图 9-5　桁架拱桥

(3)刚架拱桥

　　刚架拱桥是在桁架拱桥、斜腿刚架桥等基础上发展起来的另一种桥型,属于有推力的高次超静定结构(图 9-6)。它具有构件少、质量小、整体性好、刚度大、施工简便、造价低和造型美观等优点。

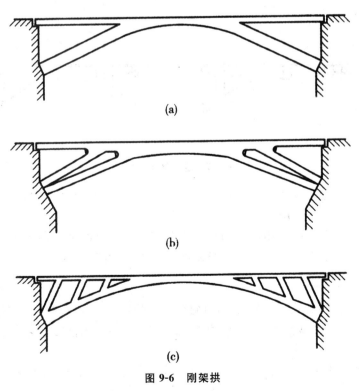

图 9-6　刚架拱

（4）梁拱组合体系桥

梁拱组合体系桥是将梁和拱两种基本结构组合起来，共同承受荷载充分发挥梁受弯、拱受压的结构特性。一般可分为有推力和无推力两种类型。

1）无推力的梁拱组合体系桥

拱的推力由系杆承受，墩台不承受水平力。根据拱肋和系杆的刚度大小及吊杆的布置型式可分为以下几种型式：

①具有竖直吊杆的柔性系杆刚性拱——称系杆拱［图9-7（a）］。

②具有竖直吊杆的刚性系杆柔性拱——称蓝格尔拱［图9-7（b）］。

③具有竖直吊杆的刚性系杆刚性拱——称络泽拱［图9-7（c）］。

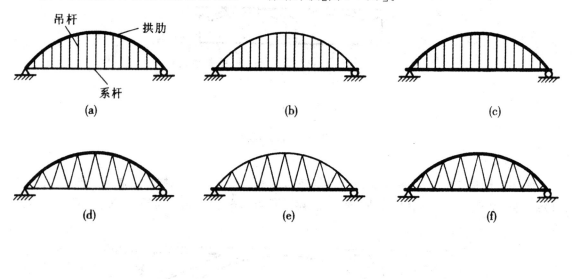

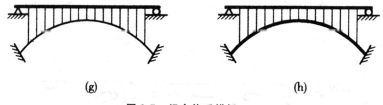

图9-7　组合体系拱桥

以上三种拱，当用斜吊杆来代替竖直吊杆时，称为尼尔森拱［图9-7（d）、（e）、（f）］。

2）有推力的梁拱组合体系桥

此种组合体系拱没有系杆，由单独的梁和拱共同受力。拱的推力仍由墩台承受，图9-7（g）是刚性梁柔性拱（倒蓝格尔拱），图9-7（h）是刚性梁刚性拱（倒洛泽拱）。

2.按照主拱的截面型式分类

拱桥的主拱圈，沿拱轴线可以分为等截面拱或变截面拱。所谓等截面拱，就是主拱圈的横断面形状和尺寸相同。而变截面拱则是指主拱圈的横截面从拱顶到拱脚是逐渐变化的（图9-8）。

（1）板拱桥

主拱圈采用矩形实体截面的拱桥称为板拱桥［图9-9（a）］，其宽度和与之相配的道路宽度相当。它的构造简单，施工方便。但在相同的截面条件下，实体矩形截面比其他型式的抵抗矩小。

如果为了获得与其他型式截面相同的截面抵抗矩,必须增大截面尺寸,这就相应地增加了材料用量和结构自重,这是不经济的。所以通常只在地基条件较好的中、小跨径圬工拱桥中采用板拱形式。为提高拱圈的抗弯刚度,可以在较薄的拱板上增加几条纵向肋就构成板拱的另一种形式,即板肋拱[图 9-9(b)]。

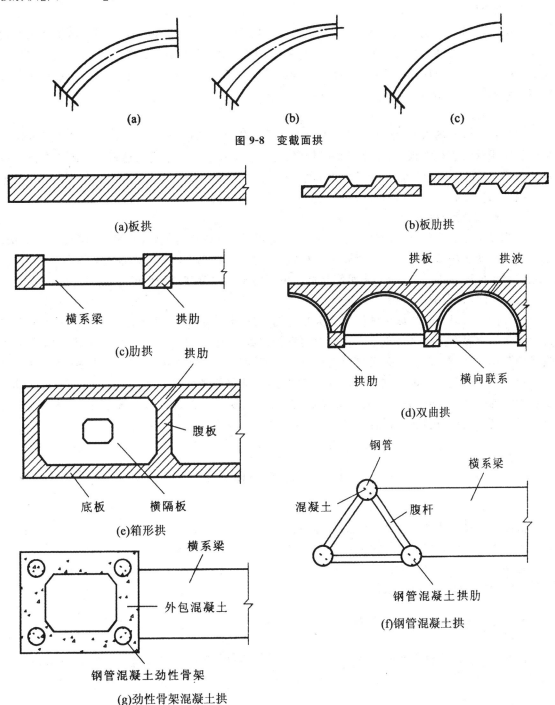

图 9-8　变截面拱

(a)板拱　　(b)板肋拱

(c)肋拱　　(d)双曲拱

(e)箱形拱　　(f)钢管混凝土拱

(g)劲性骨架混凝土拱

图 9-9　主拱圈横截面形式图

(2)肋拱桥

肋拱桥[图 9-9(c)]通常是由两个(布置在桥面两侧)或三个(桥面两侧和中间分隔带各一个)相对较窄而高的截面组成,肋与肋之间由横系梁相联。其优点是用料不多,而抗弯刚度大大增加,从而减轻了拱桥的自重。因此多用于大、中跨径的拱桥。

(3)双曲拱桥

主拱圈的横截面是由数个横向小拱组成,使主拱圈在纵向及横向均是曲线形,故称之为双曲拱[图 9-9(d)]。这种截面抵抗矩较相同材料用量的板拱大,它的预制部件分得细,吊装质量轻,在公路桥梁上曾获得广泛的应用。但由于其截面组成划分过细,整体性能较差,建成后出现裂缝较多。目前较少采用。

(4)箱形拱

箱形截面拱圈的拱桥[图 9-9(e)],外形与板拱相似,由于截面的挖空,使箱形拱的抵抗矩较相同材料用量的板拱大很多,故节省材料较多,对于大跨径拱则效果更为显著。又由于它是闭口箱形截面,截面抗扭刚度大,横向整体性和结构稳定性均较双曲拱好,所以特别适用于无支架施工。因此,它是国内外大跨径钢筋混凝土拱桥主拱圈截面的基本型式。

(5)钢管混凝土拱桥

钢管混凝土拱[图 9-9(f)]属于钢-混凝土组合结构中的一种,主要用于以受压为主的结构,它一方面借助于内填混凝土增强钢管壁的稳定性。同时又利用钢管对其混凝土的套箍作用,使填充混凝土处于三向受压状态,从而使其具有更高的抗压强度和抗变形能力。

(6)劲性骨架混凝土拱桥

劲性混凝土拱桥是指以钢骨桁架作为受力筋,它既可以是型钢,也可以是钢管。采用钢管作为劲性骨架的混凝土拱又可称为内填外包型钢筋混凝土拱[图 9-9(g)],它主要解决大跨度拱桥施工的"自架设问题"。首先架设自重轻,强度、刚度均较大的钢管骨架,然后在空钢管内灌注混凝土形成钢管混凝土。再在钢管混凝土骨架外挂模板浇筑外包混凝土,形成钢筋混凝土结构。在这种结构中,钢管和随后形成的钢管混凝土主要是作为施工的劲性骨架来考虑的。成桥后,它可以参与受力,但其用量通常是由施工设计控制的。

9.2　拱桥的构造

桥面位于整个桥跨结构之上的拱桥称为上承式拱桥(deck type arch bridge)。上承式拱桥分为两大类:一类是由主拱圈、拱上传载构件或填充物、桥面系组成,以主拱圈作为主要承重结构的普通型上承式拱桥;另一类是由主拱片和桥面系组成,以主拱片(包括刚架拱和桁架拱)作为主要承重结构的整体型上承式拱桥。

9.2.1　上承式拱桥的构造

普通型上承式拱桥根据主拱圈(肋)截面形式的不同,主要分为板拱、肋拱、双曲拱和箱形拱等。

1.板拱

板拱(slab arch)是指主拱(圈)采用整体实心矩形截面的拱。按照共轴线型,板拱常采用等截面圆弧拱、等截面或变截面悬链线拱等拱轴形式。

(1)主拱圈宽度的确定

板拱一般用于实腹式拱桥,其主拱圈的宽度主要决定于桥面的宽度。主拱圈宽度的确定与人行道的布置可以参考图 9-10。当不设人行道时,仅将防撞栏杆悬出 5～10 cm[图 9-10(a)];当设人行道时,通常将人行道栏杆悬出 15～25 cm[图 9-10(b)];对于多孔或大跨径实腹式拱桥,可将单独设置的钢筋混凝土构件组成的人行道部分悬出[图 9-10(c)],也可将设置在横贯全桥的钢筋混凝土横挑梁上的人行道全部悬出[图 9-10(d)];当板拱用于空腹式拱桥时,可通过盖梁将人行道或部分车行道悬挑出拱圈宽度外,以减小拱圈宽度和墩台尺寸[图 9-10(e)、(f)]。

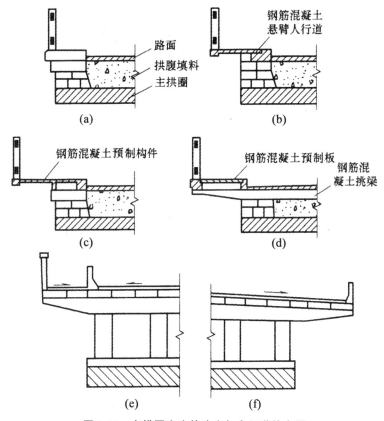

图 9-10 主拱圈宽度的确定与人行道的布置

公路拱桥的主拱圈宽度一般均应大于计算跨径的 1/20。《公预规》规定:当板拱的宽度小于计算跨径的 1/20 时,则应验算主拱圈的横向稳定性。《圬桥规》也有类似的规定。

(2)石板拱的拱圈构造

按照砌筑主拱圈的石料规格,板拱又可分为料石板拱、块石板拱、片石板拱等类型。

1)材料要求

用于砌筑拱圈的石料应石质均匀,不易风化,无裂纹,强度等级不低于 MU50。石料加工时应严格按照 JTJ 041—2000《公路桥涵施工技术规范》的要求进行。

砌筑主拱圈所用的砂浆标号对大中跨径拱桥,其强度等级不低于 M10,对小跨径拱桥,不得低于 M7.5。对有条件的地区,也可以采用小石子混凝土代替砂浆砌筑片石或块石拱圈,以适量节省水泥。所用小石子的粒径一般不宜大于 20 mm。

2）拱石编号

用粗料石砌筑拱圈时，为了便于拱石加工和确保施工砌筑的要求，需依据拱轴线和截面形式的不同，对拱石进行合理的编号。对等截面圆弧拱，因截面相等，又是同心圆弧线，拱石规格较少，编号相对简单，如图 9-11 所示。对等截面悬链线拱，因内外弧线与拱轴线平行，拱石编号也不十分复杂。同时，为简化起见，还可采用多心圆弧线代替悬链线放样，如图 9-12（a）所示。但当采用变截面悬链线拱时，由于截面发生变化，曲率半径也变化，拱石类型繁多，编号就比较复杂，给施工带来了一定的麻烦，如图 9-12（b）所示。

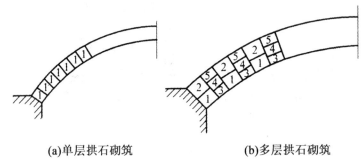

(a)单层拱石砌筑 　　　　　 (b)多层拱石砌筑

图 9-11　等截面圆弧拱拱石编号

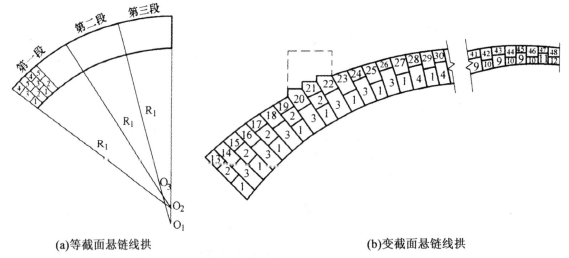

(a)等截面悬链线拱 　　　　　　　　　 (b)变截面悬链线拱

图 9-12　悬链线拱拱石编号

3）辐射缝与错缝

为保证拱圈的抗剪强度和整体性，拱圈的辐射缝应垂直于拱轴线，辐射缝两侧相邻两行拱石的砌缝应互相错开（同一行内上下层砌缝可不错开），错开距离不应小于 100 mm，错缝规则如图 9-13 所示。对于块石拱或片石拱，应选择拱石较大平面与拱轴线垂直，拱石大头在上，小头在下，砌缝错开，且不小于 80 mm。较大的缝隙应用小石块嵌紧，同时还要求砌缝用砂浆或小石子混凝土灌满。

4）限制砌缝宽度

拱石砌缝宽度不能太大，因砂浆强度比拱石低得多，缝太宽必将影响砌体强度和整体性。通常，对料石拱不大于 20 mm，对块石拱不大于 30 mm，对片石拱不大于 40 mm，采用小石子混凝土砌筑时,块石砌缝宽不大于 50 mm,片石砌缝宽为 40～70 mm。

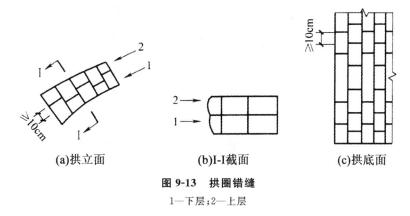

(a)拱立面　　　　　(b)I-I截面　　　　　(c)拱底面

图 9-13　拱圈错缝

1—下层;2—上层

5)设置五角石

拱圈与墩台以及拱圈与空腹式拱上建筑的腹孔墩连接处,应采用特制的五角石[图 9-14(a)],以改善连接处的受力状况。为避免施工时损坏或被压碎,五角石不得带有锐角。为了简化施工,目前常用现浇混凝土拱座及腹孔墩底梁代替石质五角石[图 9-14(b)]。

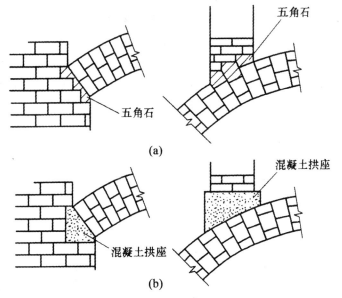

图 9-14　角石及混凝土拱座、底梁

(3)混凝土板拱的拱圈构造

这类拱桥主要用于缺乏合格天然石料地区,可以采用整体现浇,也可以预制砌筑。由于拱圈采用混凝土整体现浇,其共内不仅收缩应力大,对受力不利,而且拱架和模板材料用量多,费工,质量不易控制,故很少采用。

预制块砌筑就是先将混凝土板拱划分成若干块件,然后预制混凝土块件,最后进行块件砌筑成拱。预制块所用混凝土强度等级不得低于 C30。根据预制及砌筑的可能性,预制砌块可制成同前述料石一样,或体积更大的块件,也可制成空心的块件(图 9-15)。有关砌块的构造、砌筑要求与石拱圈类似。

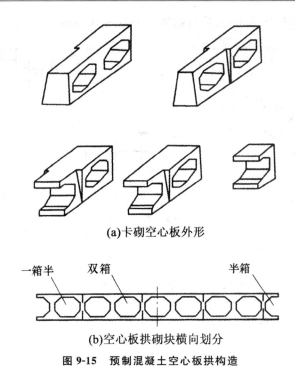

(a)卡砌空心板外形

(b)空心板拱砌块横向划分

图 9-15　预制混凝土空心板拱构造

（4）钢筋混凝土板拱的拱圈构造

与石板拱和混凝土板拱相比，钢筋混凝土板拱具有构造简单、轻巧美观的特点。根据桥宽和施工的需要，可做成单条整体拱圈[图 9-16(a)]或多条平行板(肋)(分离式)拱圈[图 9-16(b)]的形式。其中，分离式钢筋混凝土板拱可反复利用一套较窄的拱架与模板来完成施工，既节省材料，也可节省一部分拱板混凝土。

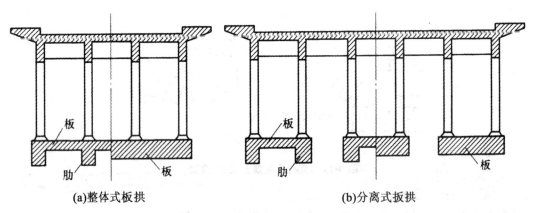

(a)整体式板拱　　　　　　　　　　　　　　(b)分离式扳拱

图 9-16　钢筋混凝土板拱横断面

钢筋混凝土板拱应按计算需要与构造要求配置各类钢筋。主筋沿拱圈纵向拱形布置，最小配筋率为 $0.2\%\sim0.4\%$，且上下缘对称通长布置，以适应沿拱圈各截面弯矩的变化。无铰拱的主钢筋应伸入墩台内并可靠锚固。横向分布钢筋设置于主筋的内侧，箍筋则位于主筋的外侧，并沿半径方向布置，靠拱背处间距不大于 15 cm。在拱脚及其他结点处横向钢筋按相关规范要求加密布置。

2.肋拱

肋拱桥(rib arch bridge)是由两条或多条分离的拱肋、横系梁、立柱和由横梁支承的行车道部分组成,拱肋是主要的承重结构,如图 9-17 所示。

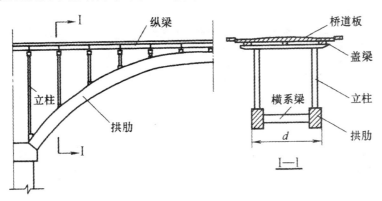

图 9-17　肋拱桥构造

拱肋的截面形式分为实体矩形[图 9-18(a)]、工字形[图 9-18(b)]、箱形[图 9-18(c)]和管形[图 9-18(d)]等。弓字形截面的核心距比矩形截面大,具有更大的抗弯能力,一般适用于大、中跨径的肋拱桥。肋高可取跨径的 $1/40\sim1/60$,肋宽可为肋高的 $0.5\sim2.0$ 倍。工字形截面,具有更大的抗弯能力,常用于中等跨径的肋拱桥。肋高一般为跨径的 $1/25\sim1/35$,肋宽为肋高的 0.4 ~0.5 倍,腹板厚度常为 $30\sim50$ mm。当肋拱桥跨径大、桥面宽时,拱肋可采用箱形截面,这样就可以减少更多的圬工体积。管形肋拱是指采用钢管混凝土结构作为拱肋的拱桥,其肋高与跨径之比常在 $1/45\sim1/65$ 之间。

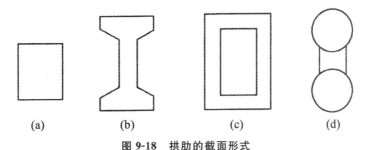

(a)　　　　　　(b)　　　　　　(c)　　　　　　(d)

图 9-18　拱肋的截面形式

另外,在分离的拱肋之间还需要设置足够数量和刚度的横系梁,以增强肋拱桥的整体性和稳定性。在拱脚及跨中段横系梁布置应适当加密。横系梁可采用矩形或工字形截面,肋(腹)板的厚度不少于 100 mm。

3.双曲拱

双曲拱(two-way curved arch)的主拱圈由拱肋(arch rib)、拱波(two way curved arch tile)、拱板(arch slab)和横向联系等部分组成,如图 9-19 所示。双曲拱桥的主要特点是将主拱圈以"化整为零"的方法按先后顺序进行施工,再以"集零为整"的方式组成整体结构来承重。

根据桥梁的跨径、宽度、设计荷载的大小、材料类型以及施工工艺等,双曲拱桥的主拱圈截面可以采用不同的形式(图 9-20)。采用最多的为多肋多波的形式[图 9-20(a)、(b)、(c)],在小跨径桥梁中也可以采用双肋单波的形式[图 9-20(d)]。

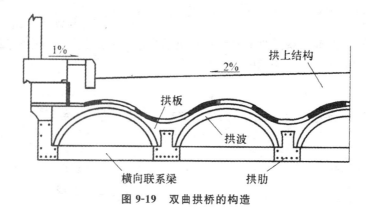

图 9-19　双曲拱桥的构造

　　拱肋除了参与拱圈受力之外,还是砌筑拱波和浇筑拱板的支架,可以利用拱肋做支架现浇混凝土或分段预制安装拱板,主拱圈有多种横截面形式(图 9-20)。

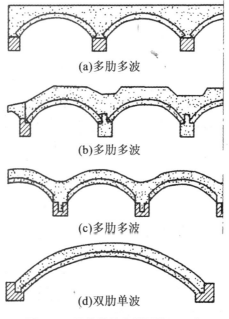

(a)多肋多波

(b)多肋多波

(c)多肋多波

(d)双肋单波

图 9-20　双曲拱的主拱圈截面形式

　　拱波不仅参与拱圈受力,而且还是浇筑拱圈的模板,一般采用混凝土预制成圆弧形。拱板在拱圈中占有较大比重,采用就地浇筑混凝土施工,起到加强拱圈整体性,使之"集零为整"的作用。为保证结构的整体性及各肋之间受力均匀,避免拱顶可能出现的纵向裂缝,还需在拱肋间设置横向联系。常用的形式有横系梁和横隔板,通常布置在拱顶、腹孔墩下面和分段吊装的拱肋接头处等,间距一般为 3～5 m,拱顶部分可适当加密。

　　4. 箱形拱

　　主拱圈截面由一个箱(单室箱)或几个箱(多室箱)构成的拱称为箱形拱(box-ribbed arch)。每一个箱又由侧板、顶板、底板及横隔板组成(图 9-21)。箱形拱包括箱形板拱和箱形肋拱,由箱形截面组成的主拱圈截面外观如同板拱,称箱板拱。而如果肋拱桥的拱肋截面为箱形,则称为箱形肋拱(图 9-22)。

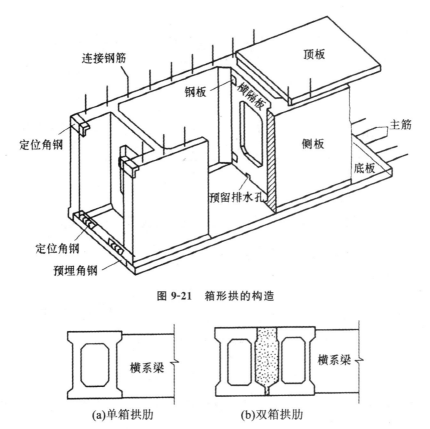

图 9-21　箱形拱的构造

图 9-22　箱形肋拱横断面示意图

(a)单箱拱肋　　　(b)双箱拱肋

箱形板拱的主拱圈断面组成方式有以下几种：①由多条 U 形肋组成的多室箱形截面［图 9-23(a)］；②由多条工字形肋组成的多室箱形截面［图 9-23(b)］；③由多条闭合箱肋组成的多室箱形截面［图 9-23(c)］；④整体式/单箱多室截面［图 9-23(d)］。箱拱通常采用预制拼装施工，由于闭合箱肋的吊装稳定性好，而成为目前箱形拱的主要截面形式；整体式单箱多室截面则常用于不能采用预制吊装施工的特大桥，如万县长江大桥、加拿大 KRK 桥等。

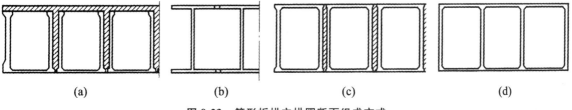

(a)　　　　　(b)　　　　　(c)　　　　　(d)

图 9-23　箱形板拱主拱圈断面组成方式

为了加强预制箱形肋在吊运及使用期的抗扭刚度，提高局部稳定性，应在预制箱肋的端部、吊点、拱上结构传力点处设置垂直于拱轴线的横隔板。箱内其他部位也应该每隔 3～5 m 设一道横隔板。

对于多条箱肋组成的箱板拱，为保证其整体性，箱与箱之间应有可靠的横向联结。预制箱形和 U 形肋的横向联结一般采用底板横向预留外伸带钩钢筋，交叉绑扎后现浇混凝土的湿接头方式，如图 9-24 所示。

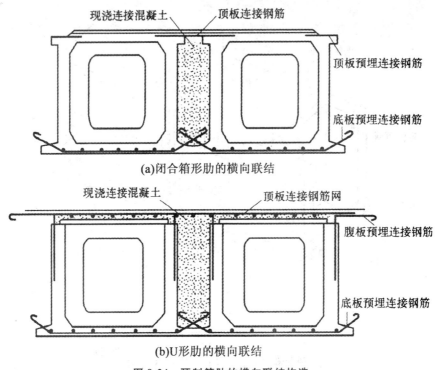

图 9-24　预制箱肋的横向联结构造

箱形肋拱肋间的横系梁除了增强肋拱横向整体性外,还起到横向分布荷载的作用,要求具有一定的强度和刚度,并与拱肋之间可靠地固结。其常用的截面形式有三种:工字形、桁片及箱形(图 9-25)。横系梁与拱肋之间亦应采用现浇湿接头的连接方式。

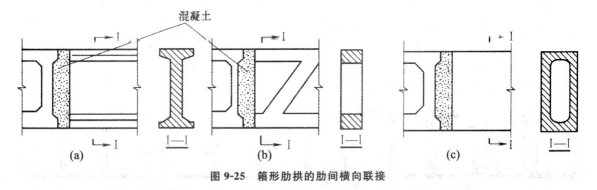

图 9-25　箱形肋拱的肋间横向联接

9.2.2　拱上建筑的构造

拱上建筑(或拱上结构)是对上承式拱桥的桥面系及其与主拱圈(肋)之间的传载构件或填充物的统称。按拱上建筑的构造形式不同,可分为实腹式和空腹式两类。选择拱上建筑的构造形式既要考虑桥型美观,又要考虑结构的受力及变形的适应性。

1.实腹式拱上建筑

实腹式拱上建筑(filled spandrel stmcture)由拱腹填料、侧墙、护拱、变形缝、防水层、泄水管以及桥面系等组成(图 9-26)。实腹式拱上建筑构造简单,施工方便,但填料数量较多,恒载较重,所以一般用于小跨径的板拱桥。

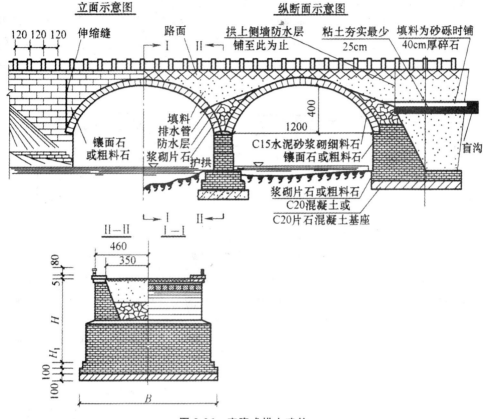

图 9-26　实腹式拱上建筑

　　填充式拱腹填料应尽量做到就地取材。通常采用透水性好、土侧压力小、成本较低的砾石、碎石、粗砂或卵石夹黏土等材料,并加以分层夯实。在地质条件较差的地区,为了减小拱上建筑的重量,可以采用其他轻质材料作为拱腹填料。如炉渣与黏土的混合物、陶粒混凝土(其重力密度可小到 10 kN/m³)等。

　　侧墙(side wall)设置在主拱圈两侧,其作用是围护拱腹上的散粒填料。侧墙主要承受填料及车辆荷载所产生的侧压力,应按挡土墙进行计算和设计。侧墙在主拱圈横桥向两侧砌筑,它的作用是围护拱腹上的散粒填料,并承受拱腹填料及车辆荷载所产生的侧压力(推力)。侧墙一般采用浆砌块石或片石结构,为了美观需要,可用粗料石或细料石镶面。侧墙厚度一般按构造要求确定,其顶面宽约 500~700 mm,向下逐渐增厚,墙脚厚度可以采用侧墙高度的 0.4 倍。特殊情况下侧墙厚度应由计算确定。对混凝土或钢筋混凝土板拱,也可用钢筋混凝土扶壁式侧墙。这种侧墙可以与主拱浇筑为一体,其内配置的竖向受力钢筋应伸入拱圈内一定长度(规定的锚固长度)。

　　2.空腹式拱上建筑

　　空腹式拱上建筑(open spandrel structute)由多跨腹孔构造、桥面结构及其支撑结构(腹孔墩)组成。空腹式拱上建筑重量小、结构轻巧,适用于大、中跨径拱桥(特别是矢高较大者)。

　　根据腹孔的构造,又分为拱式拱上建筑和梁式拱上建筑两种。

　　(1)拱式拱上建筑

　　拱式拱上建筑构造简单,外形美观,但重量较大,一般用于圬工拱桥。

　　拱式腹孔一般对称布置在主拱上建筑高度所允许的靠拱脚侧的一定范围内,在半跨内的布置范围一般不超过主拱跨径的1/3～1/4,此时,跨中存在实腹段[图9-27(a)]。腹孔跨数随桥跨大小而异,对中小跨径的拱桥,一般以3～6孔为宜。目前也有采用全空腹式[图9-27(b)],考虑到美观和受力要求,一般以奇数孔为宜。

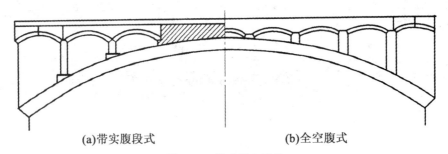

(a)带实腹段式　　　　　　　　　　(b)全空腹式

图 9-27　拱式拱上建筑

　　腹孔跨径的确定主要应考虑主拱的受力需要。对中小跨径拱桥一般选用2.5～5.5 m。对大跨径拱桥则控制在主拱跨径的1/8～1/15之间。腹孔的构造应该统一,以便于施工和有利于腹孔墩的受力。

　　腹孔与墩台的连接有两种做法:一种是直接支承在墩台上;一种是跨过墩顶,使桥墩两侧的腹孔相连,如图9-28所示。

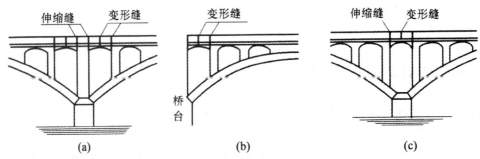

(a)　　　　　　　　　　(b)　　　　　　　　　　(c)

图 9-28　腹拱与墩(台)的连接

　　腹拱圈一般采用石砌、混凝土预制或现浇的圆弧形板拱,矢跨比常用1/2～1/5。也可采用矢跨比为1/10～1/12的微弯板或扁壳结构,以减轻重量。腹拱圈的厚度与它的跨径和构造形式有关。当跨径小于4 m时,石板拱腹拱圈不小于30 cm,混凝土板拱腹拱圈不小于15 cm。当跨径大于4 m时,腹拱圈厚度则可按板拱厚度经验公式或参考已成桥的资料确定。另外,腹拱圈在拱上建筑需要设置伸缩缝或变形缝的地方应设铰(三铰或两铰),其余为无铰拱。

　　腹孔墩由底梁、墩身(或立柱)和墩帽(或盖梁)组成。腹孔墩可采用横墙式或排架式两种(图9-29)。横墙式腹孔墩的墩身为横墙式,一般采用圬工材料砌筑或现浇混凝土形成,施工简便,节省钢材,多用于地基条件较好的砖、石拱桥。为了便于维修、减小重量,可在横向挖一个或几个孔,如图9-29(a)所示。浆砌块片石横墙厚度一般不小于60 cm,现浇混凝土横墙时,其厚度一般应大于腹拱圈厚度。底梁能使横墙传下来的压力较均匀地分布到主拱圈全宽上,其每边尺寸较横墙宽 5 cm,其高度则以使较矮一侧为 5～10 cm 为原则来确定。底梁常采用素混凝土结构。墩帽宽度宜大于墙宽 5 cm,也采用素混凝土。排架式腹孔墩是由立柱和倒角矩形断面的钢筋混凝土盖梁组成的排架结构,排架一般由两根或多根钢筋混凝土柱组成,如图 9-29(b)所示,多用于河流无飘浮物或流冰的混凝土拱桥。立柱较高时在各柱间应设置横系梁,以确保立柱的稳定。立柱下设置贯通拱圈全宽的底梁。立柱、盖梁按计算要求配筋,底梁可按构造要求配筋。腹孔墩的侧面一般做成竖直的,以方便施工。

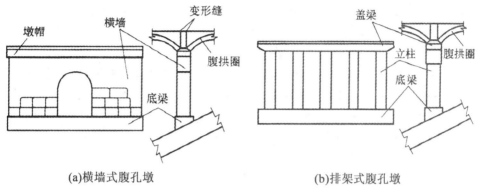

(a)横墙式腹孔墩　　　　　　　　　　(b)排架式腹孔墩

图 9-29　腹孔墩构造

(2)梁式拱上建筑

梁式腹孔拱上建筑,可减轻拱上重量,使桥梁造型轻巧美观,降低拱轴系数,改善拱圈在施工过程中的受力状况,获得更好的经济效果。大跨径混凝土拱桥一般都采用梁式腹孔拱上建筑。梁式腹孔的布置与上述拱式拱上建筑的腹拱布置要求基本相同。

梁式腹孔结构有简支、连续或框架式多种(图 9-30)。不同的腹孔结构形式使拱上建筑参与主拱联合作用的程度不相同。

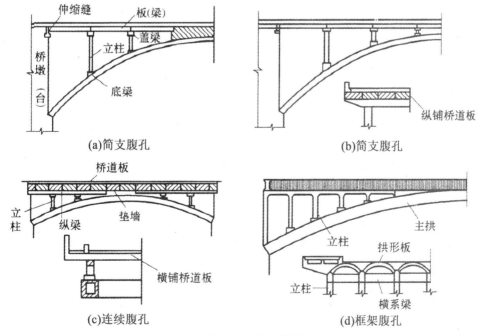

(a)简支腹孔　　　　　　　　　　　　(b)简支腹孔

(c)连续腹孔　　　　　　　　　　　　(d)框架腹孔

图 9-30　梁式拱上建筑

1)连续腹孔(横铺桥道板)

连续腹孔由立柱、纵梁、实腹段垫墙及横铺桥道板组成。立柱上设置连续纵梁,在纵梁上和拱顶段垫墙上设置横向桥道板,形成拱上传载结构[图 9-30(c)]。这种形式主要用于肋拱桥。立柱与纵梁通常采用钢筋混凝土预制装配结构。由于拱顶上总的厚度为一个板厚(含垫墙)加上桥面铺装厚,建筑高度小,适合于建筑高度受限制的拱桥。

2)腹孔墩

腹孔墩由底梁、墩身和墩帽组成。腹孔墩可分为横墙(立墙)式和排架(立柱)式两种(图 9-31)。横墙(立墙)式这种腹孔墩采用横墙式墩身,一般用圬工材料砌筑或现浇混凝土形成,自重较大,但施工简便,节省钢材。多用于砖、石拱桥中。为了便于维修、节省材料、减轻重量,可在横向挖一个或几个孔[图 9-31(a)]。排架式腹孔墩是由立柱和钢筋混凝土盖梁组成的排架结构[图 9-31(b)]。为了使立柱传递给主拱圈的压力不至于过分集中,通常在立柱下面设置底梁。立柱和盖梁按计算要求配筋,底梁按构造要求配筋,并设置足够的埋人填缝(属主拱圈)混凝土内的锚固钢筋。腹孔墩的侧面一般做成竖直的,以方便施工。

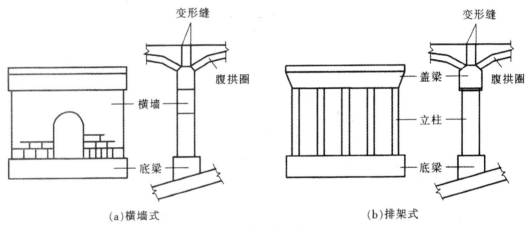

图 9-31 腹孔墩构造型式

3)框架腹孔

框架腹孔在横桥向根据需要设置多片,每片间通过系梁形成整体。需要说明的是,对于拱上结构与主拱联结成整体的钢筋混凝土空腹式拱桥,在活载或温度变化等因素作用下将引起拱上结构变形,在腹孔墩中产生附加弯矩,从而导致节点附近产生裂缝。为了使拱上结构不参与主拱受力,可以在腹孔墩的上下端部设铰,使它成为仅受轴向压力的受力构件,以削弱其对主拱圈的影响。为了简化构造和方便施工,一般高立柱仍可采用固结形式,而只在靠近拱顶处的一两根高度较小的矮立柱上、下端设铰(图 9-32)。

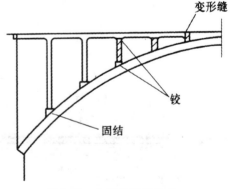

图 9-32 立柱的连接方式

9.2.3 中下承式钢筋混凝土拱桥构造

中承式拱桥的行车道位于拱肋的中部,桥面系(行车道、人行道、栏杆等)一部分用吊杆悬挂在拱肋之下,一部分用刚架立柱支承在拱肋之上(图 9-33)。下承式拱桥的桥面系全部位于拱肋之下,通过吊杆悬挂的纵梁和横梁系统支承行车道板,形成桥面系(图 9-34)。中、下承式拱桥不但保持了上承式拱桥的基本力学特性,而且具有结构轻巧、造型美观、建筑高度小,可有效降低桥面高度,减少引道工程数量,适用范围广等优点。目前,已成为桥梁设计方案中优先考虑的桥型之一。

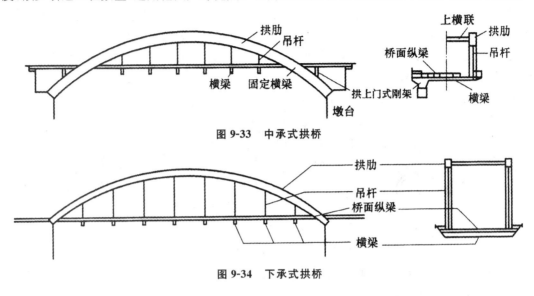

图 9-33　中承式拱桥

图 9-34　下承式拱桥

1. 拱肋

拱肋结构的常用材料是钢筋混凝土、钢管混凝土、劲性骨架混凝土或钢材。两片拱肋一般在两个相互平行的平面内,有时为了提高拱肋的横向稳定性和承载力,也可使两拱肋顶部互相内倾,在水平面上的投影呈 X 形(即提篮式拱),如图 9-35 所示。

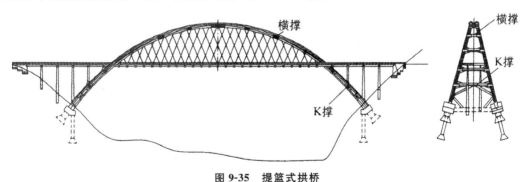

图 9-35　提篮式拱桥

中、下承式拱桥的拱肋一般采用无铰拱形式,以保证其刚度。由于拱肋的恒载集度分布比较均匀,因此,中、下承式拱桥的拱轴线形一般采用二次抛物线,也可采用悬链线。肋拱的矢跨比通常为 1/4~1/7。

拱肋截面可选用矩形、工字形、箱形或管形。截面沿拱轴线的变化规律可以为等截面或变截面,有时为了增加拱肋的横向刚度和稳定性,可将拱脚段的肋宽加大。其他类型横截面尺寸的拟定及配筋与上承式肋拱相同。下面主要补充说明一下钢管混凝土拱肋的相关内容。

钢管混凝土拱肋横截面形式,按钢管的根数及布置方式,通常分为单管形、哑铃形、四肢格构形、三角形格构形和集束形,如图 9-36 所示。单管形截面[图 9-36(a)]用于跨径不大的拱桥。单管形又分为圆形和圆端形,单圆管加工简单,抗扭性能好,抗轴向力性能由于紧箍力作用显示出优越性,但抗弯效率较低,主要用于跨径 80 m 以下的城市桥梁和人行桥中。钢管混凝土拱桥中绝大部分为哑铃形断面[图 9-36(b)],跨径从几十米到 160 m,以 100 m 左右为多。哑铃形截面比单圆管截面的抗弯刚度大,类似于工字形截面。直接采用多肢桁式(格构式)断面[图 9-36(c)～(f)]的钢管混凝土肋拱近年来有较多采用的趋势。对跨径超过 100 m 的钢管混凝土拱桥,这种截面形式比较适合。格构式拱肋弦杆采用钢管混凝土材料,腹杆和平联均采用钢管,它较之横哑铃形桥式截面,材料省,自重轻,跨越能力强。同时,由于各肢以受轴向力为主,更易于采用钢管混凝土理论进行计算。在多肢桁式断面中,四肢最为常见,截面的高度与宽度之比在 2∶1 附近较为合理。集束形[图 9-36(g)]钢管混凝土的肋拱桥的加工量少,材料用量比桁拱多,使用较少。

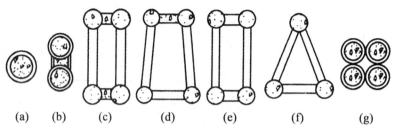

(a)　(b)　(c)　(d)　(e)　(f)　(g)

图 9-36　钢管混凝土拱肋横截面形式

选定断面形式后,钢管直径及壁厚尺寸将直接影响结构的强度,考虑到防腐等要求,壁厚不宜小于 12 mm。钢管与混凝土面积之比称之为含钢率,其值不宜小于 5%,否则不能发挥钢管混凝土弦杆的套箍作用,但也不宜大于 10%,以免耗用过多的钢材,造成浪费。钢管应采用 16Mn钢、15Mn 或 A$_3$ 钢,既可采用成品无缝钢管,也可由钢板卷制加工而成。当钢管直径较大或壁厚超过常用规格时,可用钢板冷卷或热压后焊接成相应的空钢管。由于焊接质量直接关系到全桥的安全.对焊缝必须采用超声波或 X 射线检测。

钢管混凝土材料的显著优点之一是在构件受压时,钢管对混凝土的紧箍力作用使混凝土的受压强度得到提高。钢管内宜填高强混凝土,一般采用 C40、C50 或 C60,使其与钢管钢号和含钢率匹配,以充分发挥钢管混凝构件的套箍作用。为了保证混凝土能填满钢管,应采用减水剂和膨胀剂,同时掺入适量的粉煤灰,以降低混凝土的水化热,减少水泥用量,提高混凝土的和易性和可泵性,减少收缩。

2.横向联系

为了确保拱肋的横向稳定,一般应在两片分离的拱肋之间设置横向联系。横向联系可做成横撑、对角撑或空格式构造等形式(图 9-37)。中、下承式拱桥横向联系的设置不可避免地受桥面净空高度的限制,横向联系构件只允许设置在桥面净空高度范围之外的拱段。对中承式拱肋包括净空高度之上及桥面系以下的肋段。中承式拱桥面以上布置少量横撑,以下部分采用刚度较大的 K 形或 x 形横撑,以加强拱脚段的横向刚度。对下承式拱肋则只能设置于净空高度之上的拱段范围,不能布置强大的 K 形或 x 形横撑。为了满足规定的桥面净空高度要求,在必要时,甚至不得不将拱肋矢高加大来设置横向构件。

横撑一般由钢筋混凝土做成,当拱肋间距较大时,为了减轻重量,也可以采用钢结构做成。钢管混凝土拱肋的横撑多采用钢管桁架,钢管可以是空心的,也可以内填混凝土。横撑的宽度通常不应小于其长度的 1/15。

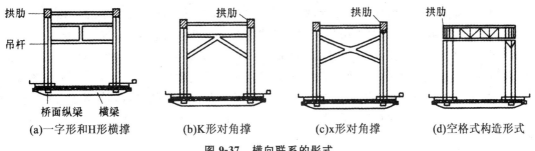

图 9-37　横向联系的形式

9.2.4　整体上承式拱桥的构造

整体型上承式拱桥包括桁架拱桥(truss arch bridge)和刚架拱桥(rigid-fram arch bridge)。这类桥型进一步减轻了拱桥自重,增强了桥梁结构的整体性,可以充分发挥装配式结构工业化程度高、施工进度快等优点,扩大了拱桥的使用范围,在我国得到了逐步推广和发展。本节主要介绍钢筋混凝土桁架拱桥和刚架拱桥的构造和特点。

1. 桁架拱桥

(1)桁架拱的组成与结构形式

桁架拱桥又称拱形桁架桥。桁架拱由钢筋混凝土或预应力混凝土桁架拱片、横向联系和桥面系组成。桁架拱片是主要的承重结构,由上下弦杆、腹杆和实腹段组成整体,共同受力(图 9-38)。桁架拱片在荷载作用下是一种具有水平推力的拱形桁架结构,外形轻巧美观,在结构上兼有桁架和梁的特点。

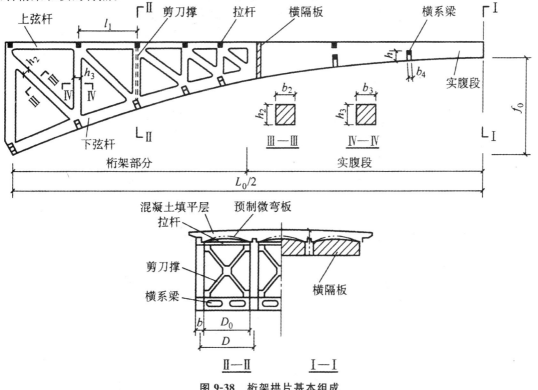

图 9-38　桁架拱片基本组成

上弦杆和实腹段上缘构成桁架拱片的上边缘,与桥面纵向平行。跨中实腹段以受压为主。下弦杆的轴线可采用圆弧线、二次抛物线或悬链线。腹杆包括斜杆和竖杆,按布置形式不同分为斜杆式(图9-39)、竖杆式[图9-40(a)]和桁肋式[图9-40(b)]。随着拱桥跨径和矢高的不同,斜杆式还可以采取图9-39所示的多种腹杆布置方式。竖杆式桁架拱片[图9-40(a)]外形美观,节点构造简单,施工较方便,但整体刚度较小。竖杆与上、下弦杆连接的节点处易开裂,故适用于荷载小、跨径较小的桥梁。桁肋式拱桥[图9-40(b)]实质上为普通型上承式拱桥,仅是将主拱圈改为桁架结构。

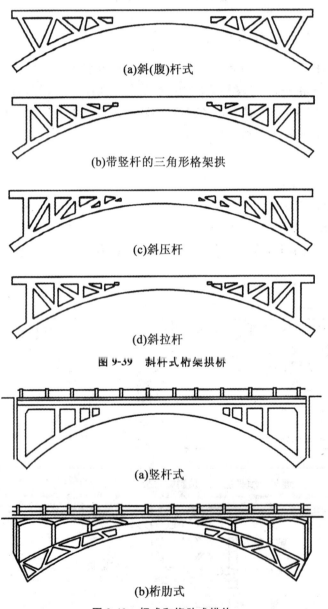

(a)斜(腹)杆式

(b)带竖杆的三角形格架拱

(c)斜压杆

(d)斜拉杆

图9-39　斜杆式桁架拱桥

(a)竖杆式

(b)桁肋式

图9-40　杆式和桁肋式拱片

桁架拱片外部为两铰结构,温度变化及变位的结构附加内力较小。各部件截面尺寸较小,重力较轻,对墩台的垂直压力和水平推力也相应减小。结构的整体性能好,装配化程度高,施工程序少。其缺点在于杆件纤细、模板复杂、浇筑及吊运要求高,节点处常常有开裂现象发生。

2.桁架拱的构造

（1）桁架拱片

桁架拱片数和间距与桥宽、跨径及桥面板等多种因素有关,采用微弯板桥面时,双车道可采用 3～4 片;采用空心板桥面时,可采用 2～3 片。桁架拱片的节间间距一般小于跨度的 1/8～1/12。

桁架拱片实腹段长度一般为跨度的 0.3～0.5 倍。实腹段跨中截面高度大约为跨径的 1/40 左右。下弦杆常采用等截面（一般为矩形）,高为跨度的 1/80～1/100。上弦杆截面形式与桥面构造有关。杆与上弦杆夹角应为 30°～50°。腹杆一般采用矩形截面,高度为下弦杆高度的 1/1.5～1/2。

与一般拱桥相同,矢跨比也是桁架拱片设计的重要参数,应根据桥址情况、桥下净空、桥面标高、构造型式、受力及施工等多方面综合考虑确定。桁架拱片的净矢跨比一般在 1/6～1/10 之间选用。

（2）横向联系

横向联系主要有横系梁、横拉杆、横隔板和剪刀撑。横系梁设在上、下弦杆的结点处和实腹段（间距 3～5 m）。横隔板设在实腹段与桁架部分的交界处和跨中,板的高度一般都直抵桥面。剪力撑设置在 1/4 附近的上、下结点之间及跨径端部。

（3）桥面系

桥面有横向微弯板、纵向微弯板和预应力混凝土空心板等多种形式。

（4）节点构造（图 9-41）

各杆要相交于节点上,避免产生附加弯矩。相邻杆件外缘交角以圆弧或直线过渡,不得小于 90°。腹杆主筋伸过上下弦杆轴线一定深度。设置节点块包络钢筋.节点块范围内箍筋加密。预制装配时,现浇节点块部分将预制端面包入一定深度（5 cm）。

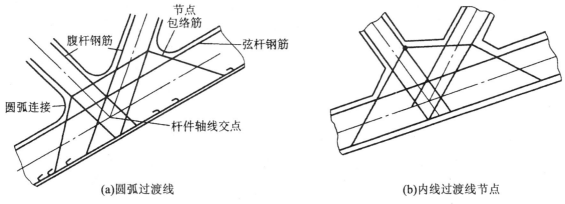

(a)圆弧过渡线　　　　　　　　　　　　(b)内线过渡线节点

图 9-41　节点构造

（5）桁架拱片与墩（台）的连接

桁架拱片与墩台的连接形式包括上、下弦杆与墩（台）的连接和多孔桁架拱桥桥跨之间的连接。连接构造随上、下部结构的形式、施工方法、美观要求等而异。桁架拱上部在墩台处的连接以及多跨拱间的连接型式有三种:悬臂式[图 9-42（a）、（b）]、过梁式[图 9-42（c）、（d）]和伸入式 [图 9-42（e）、（f）]。中小跨径桁架拱的下弦杆与墩（台）的连接一般是在墩（台）帽上预留深

10 cm 左右(或与肋高相同)的槽孔,将下弦杆的端头插入,然后四周用砂浆填塞。在跨径较大时,由于墩(台)位移等原因,往往造成支承面局部承压,引起反力偏心和结构内力变化,故宜采用较完善的铰接。

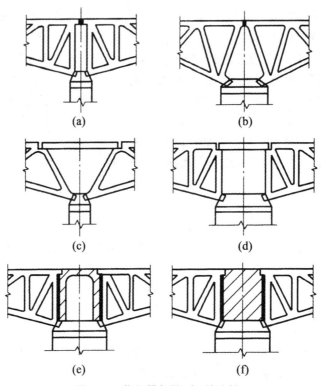

图 9-42　桁架拱与墩(台)的连接

　　以上介绍的是普通桁架拱,还有一种称为桁式组合拱(图 9-43)。桁式组合拱与普通桁架拱的主要区别在于上弦杆的断点。普通桁架拱没有断点,桁式组合拱在 $L/4$ 附近设一道断缝,使断点至墩台顶部形成一个与墩台固结的悬臂桁架,跨间两断点之间为一普通桁架拱,全桥下弦杆保持连续。拱顶弯矩比同跨度的桁架拱减少 1/3 以上,上弦杆断开,拉力减小很多。桁式组合拱常用于 100 m 以上的特大型预应力混凝土拱桥,1995 年建成的贵州江界河大桥,跨径达 330 m,居世界首位。

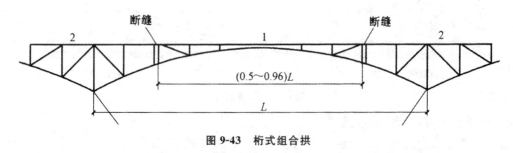

图 9-43　桁式组合拱

　　3. 刚架拱桥

　　刚架拱桥是在桁架拱、斜腿刚架等基础上发展起来的另一种桥型,属于有推力的高次超静定结构。具有构件少、质量轻、整体性好、刚度大、施工简便、造价低、造型美观等优点,广泛用于

25～70 m 跨径的桥梁建造中。

刚架拱桥的上部由刚架拱片、横向联系和桥面系等部分组成。刚架拱片是刚架拱桥的主要承重结构，一般由跨中实腹段的主梁、空腹段的次梁、主拱腿（主斜撑）、次拱腿（次斜撑）等构成（图 9-44）。主梁和主拱腿的交接处称为主节点，次梁和次拱腿的交接处称为次节点。主节点和次节点均按固结设计，主拱腿和次拱腿的支座根据构造和计算图示采用固结或铰接。

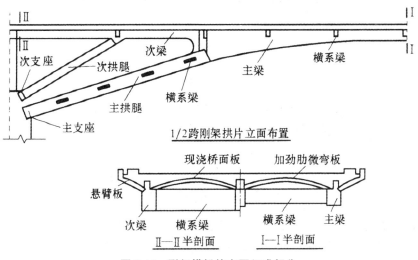

图 9-44　刚架拱桥的主要组成部分

主梁和次梁的梁肋上缘线一般与桥面纵向平行，主梁下边缘线一般可采用二次抛物线、圆弧线或悬链线，使主梁成为变截面构件。主拱腿可根据跨径大小和施工方法等不同，设计成等截面直杆或微曲杆。有时从美观考虑，也可采用与主梁同一曲线的弧形杆，但需注意其受压稳定性。

刚架拱桥的总体布置形式主要与桥梁跨径、荷载大小等有关。跨径小于 30 m 时，只设主拱腿（主斜撑）。跨径 30～50 m 时，为减小次梁和斜撑内力，设置次拱腿。跨径大于 50 m 后，可设多根次拱腿，这些次拱腿可以直接支承在桥梁墩（台）上，也可以支承在主拱腿上，以减小次拱腿的长度（图 9-45）。

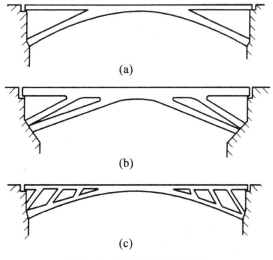

图 9-45　刚架拱桥总体布置

刚架拱桥可采用现浇或预制安装现浇接头连接,应根据运输条件和安装能力具体确定,目前大多数采用后者。为了减小吊装质量,可将主梁和次梁、斜撑等分别预制,用现浇混凝土湿接头连接(图 9-46)。当跨径较大时,次梁还可分段预制。

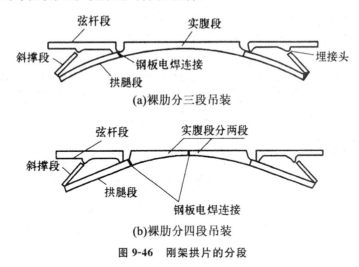

图 9-46 刚架拱片的分段

横向联系可采用预制装配式的横系梁或横隔板形式,其间距视跨径大小酌情布置。在刚架拱片的跨中,主、次节点,次梁端部等处设置横系梁。桥面板可采用微弯板、现浇混凝土填平层及预制空心板。

9.3 拱桥的设计

拱桥的设计应遵守安全、实用、经济、美观和环保的原则进行、在拱桥设计中,如何根据这些原则,结合实际情况,具体地、合理地进行设计,就是本节所要介绍的内容。

9.3.1 拱桥的总体布置

在通过必要的桥址方案比较,确定了桥位,进行了必要的水文、水力计算,掌握了桥址处的地质、地形等具体情况后,即可进行拱桥总体布置。总体布置是否合理,考虑的问题是否全面,不但直接影响桥梁的总造价,而且还对以后桥梁的使用、维护和管理带来直接的影响。

总体布置图中应阐明的主要内容包括:拟采用的结构体系及结构形式;桥梁的长度、跨径、孔数、桥面标高;拱的主要几何尺寸,例如:矢跨比、桥梁的高度、宽度、外形等;墩台及其基础形式和埋置深度;桥上及桥头引道的纵坡等。

1. 确定拱桥的设计标高

拱桥的标高包括:桥面标高、拱顶底面标高、起拱线标高、基础底面标高等四个(图 9-47)。

拱桥桥面的标高,即指桥面与缘石相接处的高程,一方面由两岸线路的纵断面设计来控制;另一方面还要保证桥下净空泄洪或通航的要求。设计时需按有关规定、并与有关部门(如航运、防洪、水利等)商定。

确定桥面标高后,将桥面标高减去拱顶填料厚度(一般包括路面 0.30～0.50 m),就可得到

（拱背）的标高。此后可根据跨径大小、荷载等级、主材料规格等条件估算出拱圈的厚度,拱背的标高减去拱圈厚度即可得到拱顶底面标高。

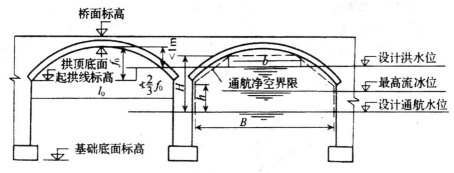

图 9-47 拱桥标高及桥下净空图

拱桥的桥面标高代表着建桥的高度,一方面要考虑两岸线路的纵断面设计要求,另外还要保证桥下净空能满足泄洪和通航的要求。特别是在平原地区,在相同纵坡的情况下,桥高会使两端的引桥或引道工程显著增加,此将提高桥梁的总造价;反之,如果桥修矮了,不但可能影响到桥下通航的正常运行,而且会有遭受洪水冲毁的危险。

拟定起拱线标高时,为了减小墩台基础底面的弯矩,节省墩台的圬工数量,一般宜选择低拱脚的设计方案。当洪水带有大量漂浮物时,若拱上建筑采用立柱时,应当将起拱线标高提高,使主拱圈不要淹没过多,以防漂浮物对立柱的撞击或挂留。有时为了美观的要求,应避免就地起拱,而应使墩台露出地面一定的高度。

2. 确定拱桥的矢跨比

当拱顶和拱脚的标高确定后,根据分孔时拟定的跨径即可确定拱的矢跨比。矢跨比是拱桥的一个主要的设计参数。当跨径及拱顶、拱脚标高确定后,即可根据分孔时拟定的跨径大小确定主拱圈的矢跨比（f/l）。

矢跨比的大小不仅影响拱圈内力的大小,而且也影响到拱桥的构造型式和施工方法的选择。计算表明,当矢跨比减小时,拱的推力增大。推力增大,对拱圈自身的受力状况是有利的,但对墩台基础不利。同时,矢跨比越小,由其他因素引起的附加内力就越大。但拱的矢跨比过大时,拱脚区段过陡,给拱圈的砌筑或混凝土浇筑带来困难。另外,拱桥的外形是否美观,与周围景物能否协调等也与矢跨比有很大关系。因此,在设计阶段,矢跨比的大小应经过综合比较后选定。

一般的矢跨比,石、混凝土板拱桥及双曲拱桥为 1/4~1/8;钢筋混凝土拱桥为 1/5~1/10;矢跨比≥1/5 的拱桥为陡拱、<1/5 的为坦拱。

3. 不等跨连续拱桥的处理方法

多孔连续拱桥最好选用等跨分孔的方案。但受地形、地质、通航等条件的限制,如引桥很长,考虑与桥面纵坡协调一致时,或对桥梁的美观有特殊要求（如城市或风景区的桥梁）时,可采用不等跨的分孔。

不等跨拱桥,由于相邻孔的恒载推力不相等,使桥墩和基础承受了不平衡推力。在采用柔性墩的多孔连续拱桥中,还需考虑恒载不平衡推力产生的连拱作用,使计算和构造较为复杂。为了减小不平衡推力,改善桥墩、基础的受力状况,可采用以下措施:

（1）采用不同的矢跨比

跨径一定时，矢跨比与推力大小成反比。在相邻两孔中，大跨径用较陡的拱，小跨径用较坦的拱，这样使两相邻孔在恒载作用下的不平衡推力尽量减小。

（2）采用不同的拱脚标高

由于采用了不同的矢跨比，致使两相邻孔的拱脚标高不在同一水平线上。因大跨径孔的矢跨比大，拱脚降低，减小了拱脚水平推力对基底的力臂，这样可以使大跨与小跨的恒载水平推力对基底所产生的弯矩得到平衡（图9-48）。

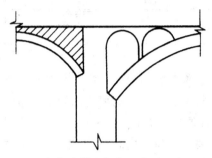

图 9-48　相邻孔拱脚标高不在同一水平线上

（3）调整拱上建筑的恒载重量

在相邻两孔中，大跨径可采用轻质的拱上填料或空腹式拱上建筑，小跨径用重质的拱上填料或实腹式拱上建筑，以调整恒载重量改变拱桥恒载的水平推力。

在这三种措施中，从桥梁外观考虑，以第三种为好。在具体设计时，也可以将几种措施同时采用。如果仍不能达到完全平衡恒载推力的目的，则需设计成体型不对称的或加大尺寸的桥墩和基础来解决。

9.3.2　拱轴线型选择和拱上建筑物的布置

拱轴线的形状直接影响着拱圈的内力分布及大小。选择拱轴线的原则，就是要尽可能降低由于荷载产生的弯矩值。

最理想的拱轴线是与拱上各种荷载作用下的压力线相吻合，使拱圈截面只受轴向压力作用而无弯矩作用，以此充分利用圬工材料的抗压性能；这样的拱轴线称为合理拱轴线。但事实上不可能获得这样的拱轴线，因为除恒载外，拱圈还要受到活载、温度变化和材料收缩等因素的作用。当恒载压力线与拱轴线吻合时，在活载作用下就不再吻合。

一般来说，拱桥设计中选择拱轴线时，应满足以下四方面的要求：①要求尽量减小拱圈截面的弯矩，使主拱圈各主要截面的应力相差不大、且最大限度减小截面拉应力，最好是不出现拉应力；②对于无支架施工的拱桥，应能满足各施工阶段的要求，并尽可能少用或不用临时性施工措施；③计算方法简便，易为生产人员掌握；④线型美观，便于施工。

目前，我国拱桥常用的拱轴线型式有以下几种：

1. 圆弧线

圆弧线拱，线形最简单，施工放样方便，易为群众掌握［图9-49(a)］。但在一般情况下，圆弧形拱轴线与恒载压力线偏离较大，使拱圈各截面受力不够均匀。因此圆弧线常用于 15～20 m

以下的小跨径拱桥。圆弧线的拱轴方程为：

$$\left.\begin{array}{l} x^2 + y_1^2 - 2Ry_1 = 0 \\ x = R\sin\varphi \\ y_1 = R(1-\cos\varphi) \\ R = \dfrac{1}{2}\left(\dfrac{1}{4f/l} + f/l\right) \end{array}\right\}$$

2. 抛物线

在竖向均布荷载作用下，拱的压力线是二次抛物线[图 9-49(b)]。因此，采用悬链线作为实腹式拱桥的拱轴线，在恒作用下，当不计主拱圈由恒载弹性压缩产生的影响时，其与恒载压力线重合，一般认为悬链线是实腹式拱桥在恒载作用下的合理拱轴线。对于恒载分布比较接近均布的拱桥，例如矢跨比较小的空腹式钢筋混凝土拱桥，钢筋混凝土桁架拱桥和刚架桥等，可以采用二次抛物线作为拱轴线。

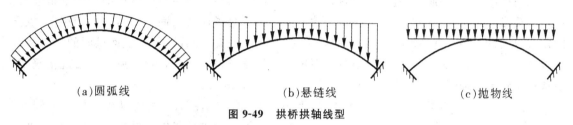

(a)圆弧线　　　　　　　　(b)悬链线　　　　　　　　(c)抛物线

图 9-49　拱桥拱轴线型

3. 悬链线

对于空腹式拱桥，由于有立柱传下来的集中荷载，恒载强度从拱顶到拱脚不再是连续分布的，其相应的恒载压力线也不再是悬链线，而是一条在腹孔墩处有转折点的多段曲线[图 9-49(c)]。

由于公路桥梁的恒载占总荷载的比例较大，故一般采用与恒载压力线相近的悬链线作拱轴线，使恒载压力线与拱轴线在拱顶、四分之一跨径、拱脚等五个截面重合。此时，恒载压力线与拱轴线之间将有偏离。理论分析证明，这种偏离对拱圈控制截面的内力是有利的，可以减少弹性压缩产生的弯矩。又因为用悬链线作拱轴线，对各种空腹型式的拱上建筑的适应性较强，有现成的、完备的计算图表可供利用。因此，空腹式拱桥也广泛采用悬链线作为拱轴线。目前，悬链线是我国大、中跨径拱桥采用最普遍的拱轴线型。

对实腹式拱桥，恒载强度（单位长度上的重量）从拱顶向拱脚是均匀增加的，此时，拱圈的压力线是一条悬链线。因此，实腹式拱桥采用悬链线作拱轴线，在恒载作用下，当不计拱圈由恒载弹性压缩产生的影响时，拱圈截面将只承受中心压力而无弯矩。

由上可见，拱上建筑的型式及其布置，对于合理选择拱轴线型是有密切联系的。一般而言，小跨径拱桥可采用实腹式圆弧拱或实腹式悬链线拱；大、中跨径拱桥可采用空腹式悬链线拱；轻型拱桥或矢跨比较小的大跨径钢筋混凝土拱桥可以采用抛物线拱。

9.3.3　拱圈截面变化规律和截面尺寸拟定

1. 拱圈截面变化规律

拱桥的主拱圈有等截面和变截面两种型式。变截面拱的做法通常有两种，一种是沿拱圈拱轴方向只改变厚度而宽度不变,另一种是厚度不变而只改变宽度(图 9-50)。

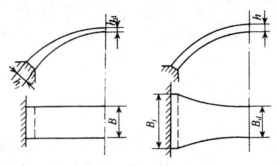

图 9-50　变截面拱圈的两种形式

拱圈横截面沿轴线的变化,应能适应主拱圈内力变化的情况,并有利于充分利用主拱圈的材料强度,并且便于设计和施工。

在荷载作用下,拱圈内的轴向力由拱顶到拱脚逐渐增大;弯矩沿拱轴截面的变化也很复杂,但一般情况下拱脚截面的弯矩常常比拱顶截面大一些。为了使各截面的内力值趋于相等,拱圈的截面也应自拱顶向拱脚逐渐增大。在相同条件(跨径、矢高、荷载)下,变截面拱圈的圬工数量较等截面拱圈少,拱圈稳定性较好;但变截面拱施工较复杂,特别是料石拱,所需料石规格繁多,给备料和砌筑带来困难。即使是混凝土拱,制模工作也较复杂。

因此,为了方便施工,拱桥宜采用等截面形式。目前,在无铰拱桥的设计中,对于跨径小于 50 m 的石板拱桥、跨径小于 100 m 的箱形拱或钢筋混凝土肋拱桥或钢筋混凝土拱桥,均可采用等截面形式。

无铰拱采用的截面变化规律(图 9-51)可用下式表示:

$$I = \frac{I_d}{[1-(1-n)\xi]\cos\varphi}$$

$$n = \frac{I_d}{I_j\cos\varphi_j}$$

式中,n 为拱厚变换系数;I 拱任意截面惯性矩;I_d 为拱顶截面惯性矩;I_j 为拱脚截面惯性矩;φ 为拱任意截面处的拱轴线水平倾角;φ_j 为拱脚截面处的拱轴线水平倾角。

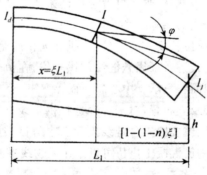

图 9-51　变截面悬链线拱的截面变化

2.截面尺寸的拟定

(1)拱圈宽度的确定

拱圈的宽度,主要取决于桥面的宽度,即行车道宽度与人行道宽度之和。中、小跨径拱桥的栏杆(约宽 15～25 cm)，一般都布置在帽石的悬出部分上面(图 9-52)。在大跨径桥梁中，为了减小拱圈宽度，常将人行道布置在钢筋混凝土悬臂梁上，或做成钢筋混凝土悬臂人行道。如四川宜宾岷江大桥，其悬出长度达 2.30 m。主桥全长 1250 m 的长沙湘江大桥，桥面宽度为 20 m，采用了图 9-51(c)所示的预制钢筋混凝土悬臂人行道，两侧各挑出 1.10 m，而使主拱圈宽度减小到 17.80 m。公路拱桥主拱圈宽度一般均大于跨径的 1/20，如我国最大跨径混凝土拱桥(跨径 170 m)宽跨比为 1/16。《桥规》规定，主拱圈的宽跨比小于 1/20 时，应验算拱圈的横向稳定和强度。

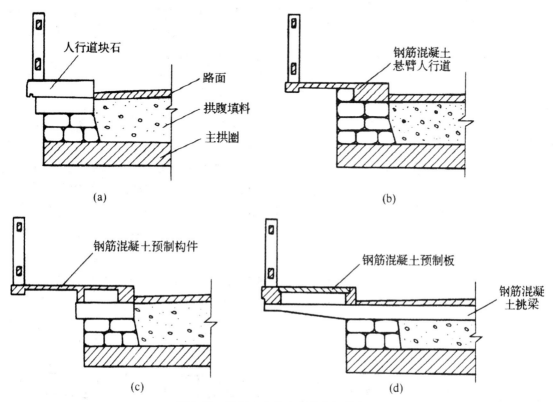

图 9-52　拱圈宽度的确定及人行道布置

(2)主拱圈高度的拟定

根据我国多年来大量修建各类拱桥的实践经验，已总结出一些估算主拱圈高度的经验公式或数据，可作为设计计算时拟定截面尺寸的参考。板拱桥的拱圈厚度可以是等厚度的，也可以是变厚度的。拱圈厚度应根据跨径大小、荷载等级、主拱圈材料规格等条件决定。对于中、小跨径的等截面石拱桥，主拱圈高度可按下式进行估算

$$d = mk\sqrt[3]{l_0}$$

式中，d 为主拱圈高度(cm)；l_0 主拱圈净跨径(cm)；m 为系数，一般为 4.5～6，取值随矢跨比的减小而增大；k 为荷载系数，对公路-Ⅰ级为 1.4，公路-Ⅱ级为 1.2。

大跨径石拱桥的拱圈厚度可参照已建成桥梁的设计经验，也可由其他经验公式进行估算

$$d = m_1 k(l_0 + 20)$$

式中，m 为系数，一般为 0.016～0.02，跨径越大、矢跨比越小，系数取大值；其余参数意义同前。

对于钢筋混凝土板拱，拱顶厚度可按跨径的 1/60～1/70 进行估算，跨径大时取小值。若为

变厚度拱,其拱脚厚度 h_j 可按 $h_j = h_d/\cos\varphi_j$ 进行估算,拱脚截面倾角可近似按相应圆弧拱之值 $\varphi_j = 2\tan(2f/l)$,对中小跨径无铰拱, h_j 可取为 $(1.2\sim1.5)h_d$ 。

9.4 拱桥的计算

拱桥为多次超静定的空间结构。实际上存在有“拱上建筑与主拱的联合作用”,但为了简化分析,一般偏安全地不去考虑它。在横桥向,不论活载是否作用在桥面的中心,在桥梁的横断面上都会出现应力的不均匀分布,这种现象,称为“活载的横向分布”,但目前我国在设计石拱桥,箱形拱桥及拱上建筑为立墙的双曲拱桥时,一般也不考虑这个影响。

9.4.1 悬链线拱的计算

拱轴线形直接影响主拱截面内力的分布与大小。理想的拱轴线是与拱上荷载的压力线重合,这样主拱截面只受轴向压力而无弯矩和剪力,截面应力分布均匀。但实际上由于主拱不但受到恒载的作用还受到活载、温度荷载、材料收缩等作用,拱轴线不可能与拱上荷载压力线完全重合,所以选择拱轴线也只可能尽量减少主拱截面的弯矩。一般来说,恒载所占比重相对于活载等其他荷载来说要大许多,在实际当中也一般采用恒载压力线作为拱轴线。恒载越大这种选择越合理。

1. 实腹式悬链线拱

实腹式拱桥的恒载包括主拱圈、拱上填料和桥面的自重,其恒载集度由拱顶向拱脚连续分布且逐渐加大(图 9-53),其恒载压力线是一条悬链线。因此实腹式悬链线拱采用恒载压力线(不计弹性压缩)作为拱轴线。实腹式悬链线拱的拱轴方程就是在图 9-53(b)所示的恒载作用下,根据拱轴线与压力线完全吻合的条件推导出来的。

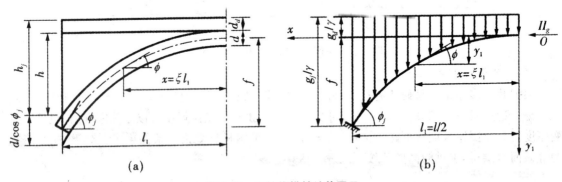

图 9-53 悬链线拱轴计算图示

取图 9-53 所示的坐标系,由拱轴线为恒载压力线可知在恒载作用下,拱顶截面的弯矩 $M_d = 0$,由于对称性,剪力 $Q_d = 0$,于是拱顶截面仅有恒载推力致。对拱脚截面取矩,则有:

$$H_g = \frac{\sum M_j}{f} \tag{9-1}$$

式中, $\sum M_j$ 为半拱恒载对拱脚截面的弯矩; H_g 为拱的恒载水平推力(不考虑弹性压缩); f 为拱的计算矢高。

对任意截面取矩,可得:

$$y_1 = \frac{M_x}{H_g} \tag{9-2}$$

式中,M_x 为任意截面以右的全部恒载对该截面的弯矩值;y_1 为以拱顶为坐标原点,拱轴上任意点的坐标。

式(9-2)即为求算恒载压力线的基本方程。将式(9-2)两边对 x 求二阶导数得:

$$\frac{d^2 y_1}{dx^2} = \frac{1}{H_g} \cdot \frac{d^2 M_x}{dx^2} = \frac{g_x}{H_g} \tag{9-3}$$

式(9-3)即为求算恒载压力线的基本微分方程。为了得到拱轴线(即恒载压力线)的一般方程,必须知道恒载的分布规律。由图 9-53(b)得任意点的恒载集度 g_x 可以由下式表示:

$$g_x = g_d + \gamma y_1 \tag{9-4}$$

式中,g_d 为拱顶处恒载集度;γ 为拱上材料单位体积重量。

令:

$$m = \frac{g_j}{g_d} \tag{9-5}$$

由式(9-4)、式(9-5)得:

$$g_j = g_d + \gamma f = mg_d \tag{9-6}$$

式中,m 为拱轴系数(或称拱轴曲线系数);g_j 为拱脚处恒载集度。

由式(9-6)得:

$$\gamma = (m-1)\frac{g_d}{f} \tag{9-7}$$

将式(9-7)代入(9-4)可得:

$$g_x = g_d + (m-1)\frac{g_d}{f}y_1 = g_d\left[1 + (m-1)\frac{y_1}{f}\right] \tag{9-8}$$

再将式(9-8)代入基本微分方程(9-3),引入参数:

$$x = \xi l_1 \text{,则 } dx = l_1 d\xi$$

可得:

$$\frac{d^2 y_1}{d\xi^2} = \frac{l_1^2}{H_g} g_d\left[1 + (m-1)\frac{y_1}{f}\right]$$

令

$$k^2 = \frac{l_1^2 g_d}{H_g f}(m-1) \tag{9-9}$$

则:

$$\frac{d^2 y_1}{d\xi^2} = \frac{l_1^2 g_d}{H_g} + k^2 y_1 \tag{9-10}$$

式(9-10)为二阶非齐次常系数线性微分方程。解此方程,则得拱轴线方程为:

$$y_1 = \frac{f}{m-1}(\text{ch}k\xi - 1) \tag{9-11}$$

式(9-11)一般称为悬链线方程。

引入边界条件可得拱脚截面:$\xi = 1$,$y_1 = f$,代入式(9-11)得:

$$\mathrm{ch}k = m$$

通常，m 为已知值，则 k 值可由下式求得：

$$k = \mathrm{ch}^{-1}m = \ln(m + \sqrt{m^2 - 1})\tag{9-12}$$

任一点的拱轴纵坐标 y_1 由式(9-11)求得。

当 $m = 1$ 时，即表示恒载是均布荷载，则 $g_x = g_d$。将 $m = 1$ 代入式(9-9)，解式(9-10)微分方程后可知，在均布荷载作用下的压力线为二次抛物线，其方程为：

$$y_1 = f\xi^2$$

由悬链线方程(9-11)可以看出，当拱的矢跨比 f/l 确定后，拱轴线各点的纵坐标将取决于拱轴系数 m，而 m 又取决于拱脚与拱顶的恒载集度比。

2.拱轴系数 m 的确定

如前所述，根据实腹拱的恒载分布规律，由图 9-53 知拱脚及拱顶处恒载集度分别为：

$$\begin{cases} g_d = h_d\gamma_1 + \mathrm{d}\gamma \\ g_j = h_d\gamma_1 + h\gamma_2 + \dfrac{d}{\cos\varphi_j}\gamma \end{cases}\tag{9-13}$$

$$h = f + \frac{d}{2} - \frac{d}{2\cos\varphi_j}\tag{9-14}$$

式中，h_d 为拱顶填料厚度，一般为 30~50 cm；d 为拱圈厚度；γ 为拱圈材料单位体积重量；γ_1 为拱顶填料及路面的单位体积重量；γ_2 为拱腹填料单位体积重量；φ_j 为拱脚处拱轴线的水平倾角。

从公式(9-13)可以看出，除 φ_j 为未知数外，其余均为已知数。由于 φ_j 为未知，故不能直接算出 m 值，需用逐次逼近法确定：即先根据跨径和矢高假定 m 值，由《拱桥》表(Ⅲ)—20 查得拱脚处的 $\cos\varphi_j$ 值，代入式(9-13)求得 g_j 后，即可算得 m 值。然后与假定的 m 值相比较，如两者相符，则假定的 m 值即为真实值；如两者相差较大，则应以算得的 m 值作为假定值(为了计算的方便，m 值应按表 9-1 所列数值假定)，重新进行计算，直至两者接近为止。

由公式(9-11)可以看出，当拱的矢跨比 f/l 确定后，悬链线的形状取决于拱轴系数 m，而 m 值越大，曲线在拱脚处越陡，其线型特征点的位置就越高(图 9-54)。拱跨 $l/4$ 点的纵坐标 $y_{l/4}$ 与 m 有下述关系：

当 $\xi = \dfrac{1}{2}$ 时，$y_1 = y_{l/4}$，由式(9-11)得：

$$y_{l/4}/f = \frac{1}{m-1}\left(\mathrm{ch}\frac{k}{2} - 1\right)$$

因

$$\mathrm{ch}\frac{k}{2} = \sqrt{\frac{\mathrm{ch}k + 1}{2}} = \sqrt{\frac{m+1}{2}}$$

所以

$$y_{l/4}/f = \frac{\sqrt{\dfrac{m+1}{2}}}{m-1} = \frac{1}{\sqrt{2(m+1)} + 2}\tag{9-15}$$

或

$$m = \frac{1}{2}\left(\frac{f}{y_{l/4}} - 2\right)^2 - 1\tag{9-16}$$

由式(9-16)可见,$y_{l/4}$ 随 m 的增大而减小(拱轴线抬高),随 m 的减小而增大(拱轴线降低)(图9-54)。在一般的悬链线拱桥中,$g_j > g_d$,因而 $m > 1$。只有在均布荷载作用下,$g_j = g_d$ 时,方能出现 $m = 1$ 的情况。在这种情况下由公式(9-15)可得 $y_{l/4}/f = 0.25$,即为悬链线中最低的一条曲线(二次抛物线)。

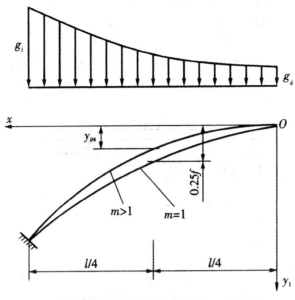

图 9-54　拱跨 $l/4$ 点与中坐标与 m 的关系

为了方便起见,按公式(9-11)在 $y_{l/4}/f = 0.25$ 到 $y_{l/4}/f = 0.18$ 的范围内(相当于常用的拱轴系数 $m = 1.167 \sim 5.321$),以 0.005 为级差计算得 $y_{l/4}/f \circ f/y_{l/4}$ 与 m 的对应关系见表9-1。

表 9-1　拱轴系数 m 与等的关系表

m	1.000	1.167	1.347	1.543	1.756	1.988	2.240	2.514	2.814	3.142	3.500	⋯	5.321
$y_{l/4}/f$	0.250	0.245	0.240	0.235	0.230	0.225	0.220	0.215	0.210	0.205	0.200	⋯	0.180

3. 不计弹性压缩的恒载内力

如前所述,实腹式悬链线拱的拱轴线与恒载压力线完全吻合,所以当采用恒载压力线作拱轴线而不考虑拱圈变形的影响时,拱圈各截面的恒载内力均只有轴向压力,而无弯矩和剪力,即拱圈处于纯压状态。

所以,由公式(9-9)可得恒载水平推力为:

$$H_g = \frac{m-1}{4k^2} \times = k_d \frac{l_1^2 g_d}{f}$$ (9-17)

式中,$k_d = \dfrac{m-1}{4k^2}$

因为恒载弯矩和剪力均为零,拱圈各截面的轴向力 N 按下式计算:

$$N = \frac{H_g}{\cos\varphi}$$ (9-18)

式中,φ 为距拱顶 x 截面的倾角。

9.4.2　空腹式悬链线拱

1.拱轴系数 m 的确定

相对实腹式拱桥来说,空腹式拱桥的恒载不是连续分布的,即主拱圈与实腹段自重的连续分布荷载及空腹部分通过腹孔墩传下的集中力[图9-55(a)]。由于集中力这种非连续分布荷载的存在,拱的恒载压力线也不是一条平滑的曲线,而是在集中力处有转折,更不是悬链线。但由于悬链线拱的受力情况较好,又有完整的计算表格可供利用,所以在设计空腹式拱桥时,仍然采用悬链线作为拱轴线。而由公式(9-11)可知,当拱的矢跨比 f/l 确定后,悬链线的形状就取决于拱轴系数 m。

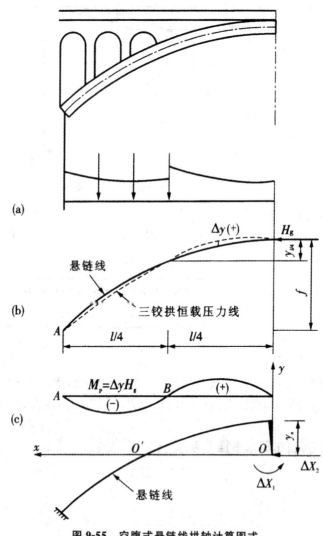

图9-55　空腹式悬链线拱轴计算图式

为了使拱轴线与恒载压力线比较接近,一般采用"五点重合法"确定悬链线拱轴线的 m 值,即要求拱轴线在全拱有五点(拱顶、两 $l/4$ 点和两拱脚)与其相应三铰拱恒载压力线重合[图9-55(b)]。由此,可以根据上述五点弯矩为零的条件确定 m 值。

由拱顶弯矩为零及恒载的对称条件知，拱顶仅有通过截面重心的恒载推力 H_g，相应弯矩 M_d，剪力 $Q_d = 0$。

在图 9-55(a)、(b)中，由 $\sum M_A = 0$，得

$$H_g = \frac{\sum M_j}{f} \qquad (9\text{-}19)$$

由 $\sum M_B = 0$，得

$$H_g y_{l/4} - \sum M_{l/4} = 0$$

$$H_g = \frac{\sum M_{l/4}}{y_{l/4}}$$

将式(9-19)代入上式，可得：

$$y_{l/4}/f = \frac{\sum M_{l/4}}{\sum M_j} \qquad (9\text{-}20)$$

式中，$\sum M_j$ 为半拱恒载对拱脚截面的弯矩；$\sum M_{l/4}$ 为拱顶至拱跨泓点区域的恒载对 $\frac{l}{4}$ 截面的弯矩。

等截面悬链线拱主拱圈恒载对 $l/4$ 及拱脚截面的弯矩 $M_{l/4}$、M_j 可由《拱桥》表（Ⅲ）－19 查得。求得之后，可由(9-16)反求 m。

空腹式拱桥的 m 值，仍按逐次逼近法确定。即先假定一个 m 值，定出拱轴线，作图布置拱上建筑，然后计算拱圈和拱上建筑的恒载对 $l/4$ 和拱脚截面的力矩 $\sum M_{l/4}$ 和 $\sum M_j$，根据式(9-20)求出等，然后利用式(9-16)算出 m 值，如与假定的 m 值不符，则应以求得的 m 值作为新假定值，重新计算，直至两者接近为止。

应当注意，用上述方法确定空腹拱的拱轴线，仅与其三铰拱恒载压力线保持五点重合，其他截面，拱轴线与三铰拱恒载压力线都有不同程度的偏离。计算证明，从拱顶到 $l/4$ 点，一般压力线在拱轴线之上；而从 $l/4$ 点到拱脚，压力线则大多在拱轴线之下。拱轴线与相应三铰拱恒载压力线的偏离类似于一个正弦波[图 9-55(b)]。

空腹式无铰拱桥，采用"五点重合法"确定的拱轴线，与相应三铰拱的恒载压力线在拱顶、两 $l/4$ 点和两拱脚五点重合，而与无铰拱的恒载压力线（简称恒载压力线）实际上并不存在五点重合的关系。由结构力学知识可知压力线与拱轴线的偏离会在拱中产生附加内力。但研究证明，拱顶的偏离弯矩为负，而拱脚的偏离弯矩为正，恰好与这两截面控制弯矩的符号相反。这一事实说明，在空腹式拱桥中，用"五点重合法"确定的悬链线拱轴线，偏离弯矩对拱顶、拱脚都是有利的。因而，空腹式无铰拱的拱轴线，用悬链线比用恒载压力线更加合理。

2. 不计弹性压缩的恒载内力

空腹式悬链线无铰拱，由于拱轴线与恒载压力线有偏离，拱顶、拱脚和 $l/4$ 点都有恒载弯矩。在设计中，为了计算的方便，空腹式无铰拱桥的恒载内力又可分为两部分，即先不考虑偏离的影响，将拱轴线视为与恒载压力线完全吻合，然后再考虑偏离的影响，计算由偏离引起的恒载内力。两者叠加，即得空腹式无铰拱计弹性压缩时的恒载内力。

不考虑偏离的影响时，空腹拱的恒载内力亦按纯压拱计算。此时，拱的恒载推力 H_g 和拱脚

竖向反力坎，可直接由静力平衡条件写出。其中 H_g 由式(9-19)计算，以为半跨拱及拱上结构的重量。

求得 H_g 后，可直接利用公式(9-18)得出主拱各截面的轴力，拱中的弯矩和剪力均为零。

在设计中、小跨径的空腹式拱桥时，可偏安全地不考虑偏离弯矩的影响。大跨径空腹式拱桥，恒载压力线与拱轴线的偏离一般比中、小跨径大，恒载偏离弯矩是一种可供利用的有利因素。此时，应当计入偏离弯矩的影响。

3. 考虑弹性压缩的活载内力计算

活载弹性压缩与恒载弹性压缩相似，亦在弹性中心产生赘余水平力 ΔH（拉力），如图 9-56 所示。由典型方程得

$$\Delta H = \frac{\Delta l}{\delta'_{22}} = \frac{\int_s \dfrac{N \mathrm{d}s}{EA}\cos\varphi}{\delta'_{22}} \tag{9-21}$$

取脱离体如图 9-57 所示，拱脚作用有三个已知力：弯矩 M、竖向反力 V 和通过弹性中心的水平力 H_1，于是

$$\Delta l = \int_s \frac{N \mathrm{d}s}{EA}\cos\varphi = H_1 \int_0^l \frac{\mathrm{d}x}{EA\cos\varphi} \tag{9-22}$$

将上式代入式(9-21)得

$$\Delta H = \frac{H_1 \displaystyle\int_0^l \dfrac{\mathrm{d}x}{EA\cos\varphi}}{\delta'_{22}} = -\frac{H_1 \displaystyle\int_0^l \dfrac{\mathrm{d}x}{EA\cos\varphi}}{(1+\mu)\displaystyle\int_s \dfrac{\gamma^2 \mathrm{d}s}{EI}} = -H_1 \frac{\mu_1}{1+\mu}$$

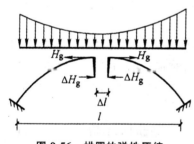

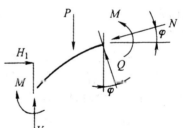

图 9-56　拱圈的弹性压缩　　　　　图 9-57　活载弹性压缩引起的内力

考虑弹性压缩后的活载推力（总推力）为（引入规定正负号后）

$$H = H_1 + \Delta H = H_1\left(1 - \frac{\mu_1}{1+\mu}\right) = H_1\left(\frac{1+\mu-\mu_1}{1+\mu}\right)$$

考虑到 $\Delta\mu = \mu_1 - \mu$，远比 μ_1 要小，实际应用时尚可将上式进一步简化为

$$H = H_1\left(\frac{1+\mu-\mu_1}{1+\mu}\right) = H_1\frac{1-\Delta\mu}{1+\mu_1-\Delta\mu} = H_1\frac{1}{1+\mu_1}$$

活载弹性压缩引起的内力为

弯矩　　　　　　　　　$$\Delta M = -\Delta H y = \frac{\mu_1}{1+\mu}H_1 y$$

轴向矩　　　　　　　　$$\Delta N = \Delta H\cos\varphi = -\frac{\mu_1}{1+\mu}H_1\cos\varphi$$

剪力

$$\Delta Q = \pm \Delta H \sin\varphi = \mp \frac{\mu_1}{1+\mu} H_1 \sin\varphi$$

将不考虑弹性压缩的活载内力与活载弹性压缩产生的内力叠加起来,即得活载作用下的总内力。采用电算求出结构内力影响线并用直接布载法求出内力,因考虑了弹压影响,故此内力即为最终活载内力。

需要指出的是,计算由车道荷载引起的拱的正弯矩时,拱顶、拱跨 $l/4$ 截面应乘以折减系数 0.7,拱脚应乘以 0.9,中间各个截面的正弯矩折减系数,可通过直线内插确定。

9.4.3　拱圈截面强度验算

1.圬工拱桥

对于圬工拱桥(砖、石、混凝土及配筋不多的混凝土拱桥),《桥规》规定:拱圈采用分项安全系数的极限状态法设计,其设计原则是作用效应不利组合的设计值应小于或等于结构抗力效应的设计值。

(1)拱圈截面强度验算

根据《桥规》规定,得:

$$\gamma_0 N_0 < \varphi f_{cd} A \tag{9-23}$$

式中,N_d 为轴向力设计值;f_{cd} 为砌体或混凝土抗压强度设计值;A 验算截面面积;γ_0 为结构重要性系数;对于特大桥、重要大桥为 1.1,对于大桥、中桥、重要小桥为 1.0,对于小桥、涵洞为 0.9;φ 为主拱截面轴向力的偏心矩和长细比对墩身承载力的影响系数,按《桥规》有关规定计算。

(2)拱圈截面合力偏心矩验算

墩身任一截面应满足:

$$e \leqslant [e] \tag{9-24}$$

式中,e 为墩身截面轴向力的偏心距;$[e]$ 为偏心距限值,应根据不同的荷载组合按表 9-2 选用。

表 9-2　受压构件偏心距限值

作用组合	偏心距限值 $[e]$	作用组合	偏心距限值 $[e]$
基本组合	$\leqslant 0.6\,s$	偶然组合	$\leqslant 0.7\,s$

注:①混凝土结构单向偏心的受拉一边或双向偏心的各受拉一边,当设有小不于载面面积 0.05% 的纵向钢筋时,表内规定值可增加 0.1 s。

②表中 s 值为截面或换算截面重心轴至偏心方向截面边缘的距离(图 9-58)。

验算截面在各种荷载组合下的偏心距 e 如果超过上述表 9-2 偏心距限值时,可按下式确定墩身截面承载力:

单向偏心

$$\gamma_0 N_d < \varphi \frac{A f_{tmd}}{\dfrac{Ae}{W} - 1} \tag{9-25a}$$

双向偏心

$$\gamma_0 N_d < \varphi \frac{A f_{tmd}}{\dfrac{Ae_x}{W_y} + \dfrac{Ae_y}{W_x} - 1} \tag{9-25b}$$

式中,f_{tmd} 为受拉边缘的弯曲抗拉极限强度;W 为单向偏心时,截面受拉边缘的弹性抵抗矩,对于组合截面应按弹性模量比换算为换算截面弹性抵抗矩；W_x，W_y 为双向偏心时，截面 x 方向受拉边缘绕 y 轴的截面弹性抵抗矩和截面 y 方向受拉边缘绕 x 轴的截面弹性低抗矩，对于组合截面应按弹性模量比换算为换算截面弹性抵抗矩；e 为单向偏心时，轴向力偏心距；e_x，e_y 双向偏心时，轴向力在戈方向和 y 方向的偏心距。其余符号意义同前。

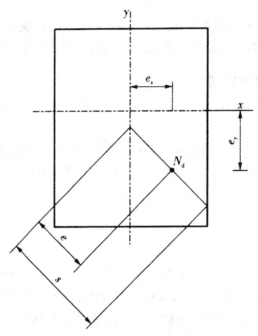

图 9-58　受压构件偏心距

(3)拱圈正截面直接受剪计算

$$\gamma_0 V_d \leqslant A f_{vd} + \frac{1}{1.4} \mu_f N_k \tag{9-26}$$

式中，V_d 为剪力设计值；A 为受剪截面面积；f_{vd} 为砌体或混凝土抗剪强度设计值，按《桥规》有关规定采用；μ_f 摩擦系数，采用 $\mu_f = 0.7$；N_k 表示与受剪截面垂直的压力标准值。其余符号意义同前。

2. 钢筋混凝土拱桥

对于钢筋混凝土拱桥，钢筋混凝土拱圈应进行承载能力极限状态和正常使用极限状态的计算。根据《桥规》规定：

$$\gamma_0 N_d < 0.90 \varphi (f_{cd} A + f'_{sd} A'_s) \tag{9-27a}$$

$$N_d = H_d / \cos\varphi_m \tag{9-27b}$$

式中，N_d 为拱的轴向力组合设计值，H_d 为拱的水平推力组合设计值，φ_m 为拱顶与拱脚连线与平线的夹角；φ 为轴压构件稳定系数，按《桥规》有关规定采用；为 A 构件毛截面面积，当纵向钢筋配筋率大于 3‰时，A 应改用 $A_n = A - A'_s$；A'_s 为全部纵向钢筋的截面面积。其余符号意义同前。

9.4.4　稳定性验算

拱是以受压为主的结构，随着施工技术水平的提高，高强度材料的使用，拱桥正朝大跨径方向发展,结构变得更柔,稳定性问题更加突出。拱的稳定性问题主要包括纵向(拱轴平面内)稳定和横向(拱轴平面外)稳定。

1. 纵向稳定性验算

计算分析和试验均表明,竖向均布荷载作用下,无铰拱和两铰拱在拱轴平面内的失稳形式为反对称失稳,如图 9-59(a)、(b)所示;三铰拱的失稳形态则取决于矢跨比 f/l,当 $f/l \geqslant 0.3$ 时,发生反对称失稳,当 $f/l \leqslant 0.2$ 时,将发生对称失稳,如图 9-59(c)所示。

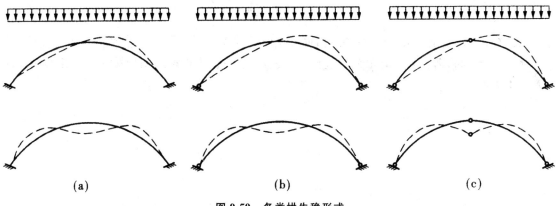

| (a) | (b) | (c) |

图 9-59　各类拱失稳形式

对长细比不大,矢跨比在 0.3 以下的拱,其纵向稳定性验算一般可表达为强度校核的形式,即将拱圈(肋)换算为相当长度的压杆,按平均轴力计算(图 9-60)。

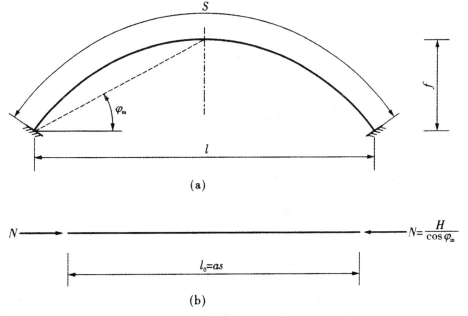

图 9-60　拱圈纵向稳定性验算

砌体(包括砌体与混凝土组合)受压构件:

$$\gamma_0 N_d < \varphi f_{cd} A \tag{9-28}$$

混凝土受压构件:

$$\gamma_0 N_d < \varphi f_{cd} A_c \tag{9-29}$$

钢筋混凝土构件： $\qquad \gamma_0 N_d < 0.90 \varphi (f_{cd} A + f'_{sd} A'_s)$ (9-30)

式中，A_c 为验算截面混凝土受压区面积；N_d 为拱的轴向力组合设计值，按式(9-27)计算；其余符号意义同前。

2.横向稳定性验算

当桥的宽跨比小于 1/120 的主拱以及无支架施工的拱桥，应验算拱的横向稳定性。目前，常采用以下公式来验算拱的横向稳定性。

$$K = \frac{N_L}{N_d} \geqslant 4$$ (9-31)

式中，K 横向稳定安全系数；N_L 拱丧失横向稳定时的临界轴向力；N_d 拱的轴向力组合设计值。

对于一般拱桥，需要利用有限元法进行横向稳定性分析，求得拱结构的横向稳定系数 K，只要 $K \geqslant 4$ 即可。

第10章　桥梁墩台的构造、设计及计算

10.1　桥梁墩台的构造与设计

10.1.1　概述

桥梁墩台是桥墩和桥台的合称，是支承桥梁上部结构的结构物。它与基础统称为桥梁下部结构。

桥墩指多跨（两跨以上）桥梁的中间支承结构物，它除了承受上部结构传来的作用外，还要承受流水压力、风荷载以及可能出现的冰压力、船舶或漂流物的撞击作用或者桥下车辆的撞击作用（对于跨线桥），并且将这些作用传给地基基础。桥台一般指桥头两端设置的支承与挡土的结构物，它既支承上部结构，又衔接两岸接线路堤、挡土护岸、承受台背填土及填土上汽车引起的土侧压力，且将承受的作用传给地基基础。因此，桥梁墩台不仅自身结构应具有足够的强度、刚度和稳定性，而且为确保上部结构的稳定，对地基的承载力、沉降量、地基与基础之间的摩擦力等也都提出了一定的要求，以避免在上述作用力的影响下产生过大的沉降、水平位移或者转动。从 20世纪 50 年代以来，国内外出现了不少新颖的桥梁墩台造型（尤其是桥墩），它们把结构上的轻巧新颖、力学上的合理平衡以及艺术造型上的美观有机地结合起来，使桥梁功能与环境景观更加协调统一（图 10-1）。

(a)X形、V形桥墩

(b)X形、V形桥墩

(c)倒V形桥墩

(d)空心高桥墩

(e)挪威特罗姆泽海湾桥柱式桥墩　　(f)拉萨河铁路桥"牦牛腿"造型的桥墩

图 10-1　各种桥墩造型

如图 10-2 所示,桥梁墩台一般由墩(台)帽(或拱座)、墩(台)身和基础三部分组成。

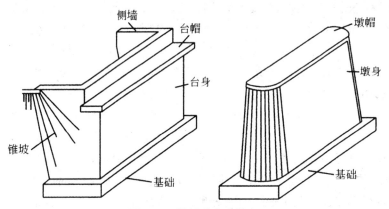

图 10-2　梁桥重力式墩台

确定桥梁下部结构应遵循安全、耐久,满足交通要求,造价低,维修养护少,预制施工方便,工期短,与周围环境协调,造型美观等原则。桥梁的墩台设计与结构受力、土质构造和地质条件以及水文、流速和河床性质等有关。因此,桥梁墩台要置于稳定可靠的地基上,要通过设计和计算确定基础形式和埋置深度。从桥梁破坏的实例分析,桥梁下部结构要经受洪水、地震、桥梁活载等的动力作用,要确保安全、耐久,必须充分考虑上述各种因素的组合。

基础是桥梁墩台直接与地基接触的构件,它的作用是保证桥梁墩台安全埋入土层之中,并将桥梁的全部作用传至地基。

桥梁墩台,总体上可分为重力式墩台、轻型墩台两种类型。

(1)重力式墩台

重力式墩台的主要特点是靠自身重力来平衡外力而保持其稳定。因此,墩台身比较厚实,可用石材或片石混凝土建成。它适用于地基良好的大、中跨径桥梁,或流水、漂流物较多的河流中。在砂石料供应方便的地区,小桥也往往采用重力式墩台。其主要缺点是圬工体积较大,因而其重力和阻水面积也较大。

(2)轻型墩台

与重力式墩台不同,轻型墩台力求体积轻巧、自重要小,它借助结构物的整体刚度和材料强度承受外力,从而可节省材料,降低对地基强度的要求和扩大应用范围,为在软土地基上修建墩台开辟了经济可行的途径。这类墩台的刚度小、受力后允许在一定的范围内发生弹性变形。所用的建筑材料大都以钢筋混凝土和少量配筋的混凝土为主,但也有一些轻型墩台,通过验算后,可以用石料砌筑。属于这类墩台的形式很多,而且都有各自的特点和使用条件。选用时必须根据桥位处的地形、地质、水文和施工条件等因素综合考虑确定。

桥梁墩台的施工方法与结构形式有关,主要有在桥位处就地施工与预制装配两种。就桥墩来说,目前较多的采用滑动模板连续浇筑施工,它对于高桥墩、薄壁直墩和无横隔板的空心墩有较高的经济效益。而装配式墩常在带有横隔板的空心墩、V 形墩、Y 形墩等形式中采用。在墩台施工中,今后应从实际情况出发,因地制宜地提高机械化程度,大力采用工业化、自动化和施加预应力的施工工艺,提高工程质量,加快施工速度。

10.1.2　梁桥墩台

1.梁桥桥墩的构造

梁桥桥墩按其构造可分为实体桥墩、空心桥墩、柱式桥墩、柔性排架桩墩及框架墩等,按墩身横截面形状可分为矩形、圆端形、尖端形及各种空心截面组合成的墩(图 10-3),按受力特点可分为刚性墩和柔性墩,按施工工艺可分为就地浇(砌)筑桥墩、预制安装桥墩。

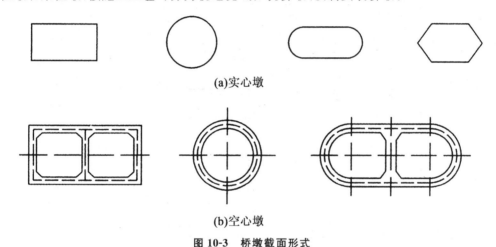

(a)实心墩

(b)空心墩

图 10-3　桥墩截面形式

(1)实体桥墩

实体桥墩按其截面尺寸和桥墩重力的大小不同,可分为实体重力式桥墩(图 10-4)和实体薄壁式(墙式)桥墩(图 10-5)。

1)墩帽

墩帽是桥墩顶部的传力部分,它通过支座承托上部结构,并将荷载传到墩身上。因此,墩帽本身应有足够的强度。

墩帽的厚度随桥梁跨径而定,对于特大、大跨径桥梁不应小于 50 cm,对于中、小跨径桥梁不应小于 40 cm。墩帽一般要用 C20 以上的混凝土做成,且设置构造钢筋。在一些桥面较宽、墩身较高的桥梁中,为了减小墩身及基础的圬工体积,常常利用挑出的悬臂或托盘来缩短墩身横向长度。悬臂式或托盘式墩帽(图 10-6)一般采用 C20 或 C25 钢筋混凝土。

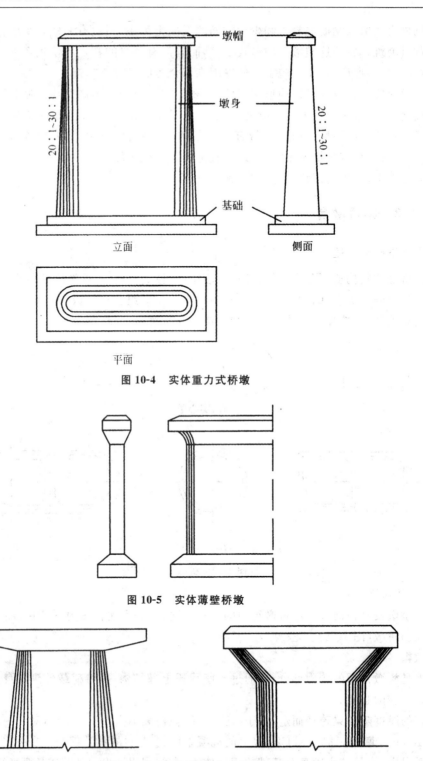

图 10-4 实体重力式桥墩

图 10-5 实体薄壁桥墩

图 10-6 悬臂式和托盘式墩帽

墩帽长度和宽度视上部结构的形式、支座的尺寸和布置、上部结构的防震以及主梁的施工吊装要求等条件而定。设计采用橡胶支座时,尚应预留更换支座所需的位置和空间。墩帽尺寸拟定如下:

①顺桥向墩帽最小宽度 b。

· 双排支座（图 10-7）

$$b \geqslant f + \frac{a}{2} + \frac{a'}{2} + 2c_1 + 2c_2 \tag{10-1}$$

$$f = e_0 + e_1 + e_1' \geqslant \frac{a}{2} + \frac{a'}{2} \tag{10-2}$$

式中，f 为相邻两跨支座间的中心距；e_0 为伸缩缝宽，中小桥为 $2\sim5$ cm，大跨径桥梁可按温度变化及施工放样、安装构件可能出现的误差等决定；e_1、e_1' 为桥跨梁端过支座中心的长度；a、a' 为桥跨结构支座垫板的纵桥向宽度；c_1 为纵桥向支座垫板至墩身边缘的最小距离，见表 10-1 及图 10-8；c_2 为檐口宽度，$5\sim10$ cm。

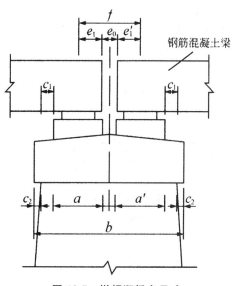

图 10-7　墩帽顺桥身尺寸

表 10-1　支座边缘到台、墩身边缘的最小距离 c_1（cm）

桥向　　　桥的分类	纵桥向	横桥向	
		圆弧形端头（自支座边角量起）	矩形端头
特大桥	30	30	50
大桥	25	25	40
中桥	20	20	30
小桥	15	15	20

注：当采用钢筋混凝土或预应力混凝土悬臂墩帽时，可不受本表限制，应以便于施工、养护和更换支座而定。

大跨径桥梁伸缩缝宽中由温度引起的变位：

$$e_0 = l \cdot t \cdot \alpha \tag{10-3}$$

式中，l 为桥跨的计算长度（因桥梁的分孔、联长、固定支座与活动支座布置不同而不同）；t 为温度变化幅度值，可采用当地最高和最低月平均气温及桥跨浇筑完成时的温度计算决定；α 为材料的线膨胀系数，钢筋混凝土及预应力混凝土梁（板）为 1×10^{-5}。

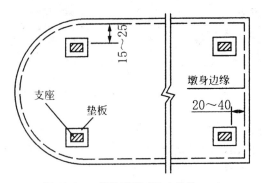

图 10-8　c 值的确定（尺寸单位：cm）

·单排支座（图 10-9）

墩上仅有一排支座时（如连续梁桥），b 可由式（10-4）计算：

$$b = a + 2c_1 + 2c_2 \qquad (10-4)$$

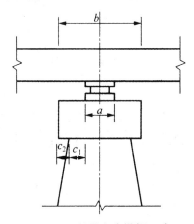

图 10-9　单排支座墩帽尺寸

·不等高梁双排支座如图 10-10 所示，b 按以下两式计算取大者：

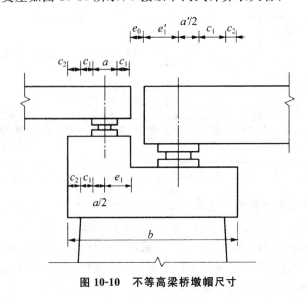

图 10-10　不等高梁桥墩帽尺寸

$$b = \left(c_2 + c_1 + \frac{a}{2} + e_1 \right) + e_0 + \left(e_1' + \frac{a'}{2} + c_1 + c_2 \right) \tag{10-5}$$

$$b = (a + 2c_1 + c_2) + e_0 + \left(e_1' + \frac{a'}{2} + c_1 + c_2 \right) \tag{10-5'}$$

②横桥向墩帽最小宽度 B。

· 平面形状为矩形的墩帽

对于多片主梁（图 10-11）：

$$B = B_1 + a_1 + 2c_1 + 2c_2 \tag{10-6}$$

式中，B_1 为桥跨结构两外侧主梁中心距；a_1 为支座底板横向宽度。

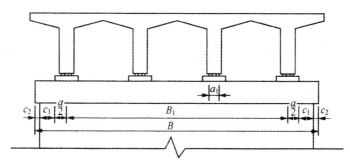

图 10-11　多片主梁墩帽横桥向尺寸

对于箱形梁（图 10-12），B 的计算公式同式（10-6），但式中 B_1 为边支座中心距。

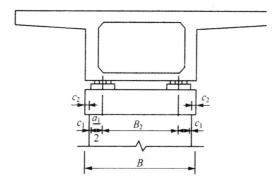

图 10-12　箱形梁墩帽横桥向尺寸

· 平面形状为圆端的墩帽

$$B = B_1 + a_1 + b \tag{10-7}$$

式中，b 为墩帽纵桥向采用的最小宽度。

　　对于大、中跨径的桥梁，在墩帽内应设置构造钢筋，小跨径桥梁除在严寒地区外，可以不设置构造钢筋。钢筋直径一般为 8～16 mm，采用间距为 15～25 cm 的网格布置。另外，在支座支承垫板的局部范围内设置 1～2 层钢筋网，其平面分布尺寸约为支承垫板面积的两倍，钢筋直径为 8～12 mm，网格间距为 5～10 cm。这样使支座传来很大的集中力能较均匀地分布到墩身上。图 10-13 所示为石砌或混凝土桥墩墩帽配筋情况。

　　设置支座的墩帽上应设置支承垫石（bearing pad stone），支承垫石的平面尺寸及钢筋配置可根据支座尺寸、支点反力和支承垫石下的砌体强度计算确定。一般规定支座垫板边缘距支承垫石边缘的距离不小于 15～20 cm，垫石厚度为其长度的 1/2～1/3。图 10-14 所示为支承垫石的配筋构造。在同一座桥墩上,当支承相邻两孔桥跨结构的支座高度不相同时,通常由不同高度的支承垫石来调整高差。

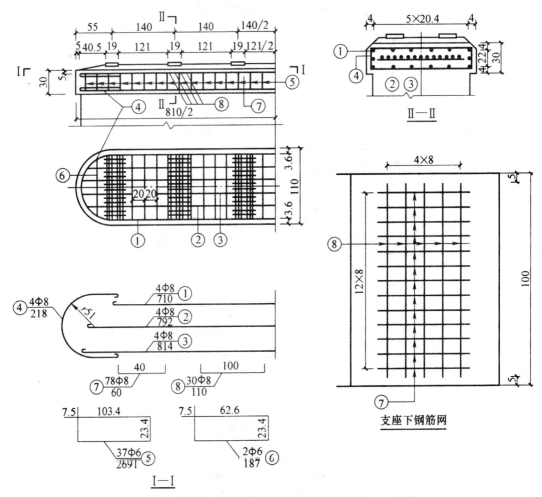

图 10-13 石砌或混凝土桥墩墩帽钢筋布置(尺寸单位:cm,钢筋:mm)

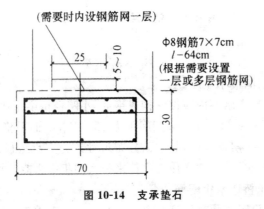

图 10-14 支承垫石

此外,在一些宽桥或者墩身较高的桥梁中,为了节省墩身及基础的圬工体积,常常利用挑出的悬臂或托盘来缩短墩身横向的长度,做成悬臂式[图 10-15(a)]或托盘式桥墩[图 10-15(b)]。

悬臂式墩帽采用 C25 以上混凝土。挑出部分的高度可向两端逐渐减小，端部高度通常采用 30～40 cm。这种墩帽需要布置受力钢筋[图 10-15(e)]和增设悬臂部分的施工脚手架。托盘式墩帽是将墩帽上的力逐渐传递到紧缩了的墩身截面上，墩帽内是否配置受力钢筋要视主梁着力点位置和托盘扩散角大小而定。

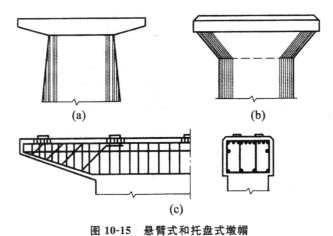

图 10-15　悬臂式和托盘式墩帽

2）墩身

墩身是桥墩的主体。重力式桥墩墩身的顶宽，对小跨径桥不宜小于 80 cm；对中跨径桥不宜小于 100 cm；对大跨径桥的墩身顶宽，视上部结构类型而定。侧坡一般采用 20∶1～30∶1，小跨径桥的桥墩也可采用直坡。

墩身通常用混凝土浇筑，或用浆砌块石和料石砌筑，也可用混凝土预制块砌筑。混凝土桥墩便于机械化施工，多用 C20（小桥）或 C25（大中桥）以上混凝土浇筑。混凝土墩身应设置表层钢筋网，其截面面积在水平方向和竖直方向分别不小于 250 mm²/m。石砌桥墩适用于盛产石料的地区，符合就地取材、降低造价的原则，但它多靠人力施工，施工速度缓慢。大中桥石砌桥墩应采用强度等级不低于 MU40 的石料，用 M7.5 以上砂浆砌筑；小桥涵用不低于 MU30 的石料，M5 以上砂浆砌筑。混凝土预制块桥墩的特点是基础工程与预制工作可平行作业，从而加快施工速度，并可节省模板，在具备吊装机具的工地可采用。对大中桥梁，预制块件用不低于 C30 的混凝土制作，小桥涵用不低于 C25 的混凝土制作。其要求与石砌桥墩相同。

为便于流水和漂流物通过，墩身平面形状可以做成圆端形或尖端形；无水的岸墩或高架桥墩可做成矩形；在水流与桥梁斜交或流向不稳时，宜做成圆形。在有强烈流冰、泥石流或漂流物的河流中的桥墩，应在其迎水端做成破冰棱体（图 10-16），破冰棱应高出最高流冰水位 100 cm，并应低于最低流冰水位时冰层底面以下 50 cm。破冰棱与桥墩应构成一体，其倾斜度宜为 3∶1～10∶1（竖∶横），选用强度等级不小于 MU60 的石材或 C40 混凝土预制块镶面，镶面砌筑的砂浆强度等级不应低于 M20。若采用混凝土破冰棱，在其迎水表面应埋设钢板或角钢。

实体薄壁桥墩（图 10-5）可用钢筋混凝土材料做成，一般不设侧坡。由于它可以显著减少圬工体积，因而被广泛使用于中小跨径的桥梁中，但其抗冲击力较差，不宜用在流速大并夹有大量泥沙的河流或可能有船舶、冰、漂流物撞击的河流。

（2）空心桥墩

对于高大的桥墩或位于软弱地基桥位的桥墩，为了减少圬工体积、减轻自重以及减小地基的负荷,可将墩身内部做成空腔体或部分空腔体,形成空心桥墩。

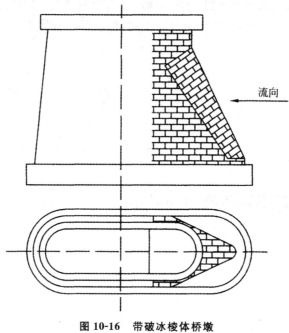

图 10-16　带破冰棱体桥墩

　　目前较常用的是薄壁混凝土空心桥墩(图 10-17),其墩身立面形状可分为直坡式和斜坡式,斜坡率通常为 50:1~40:1。其截面型式一般可采用圆形、矩形等(图 10-2)。

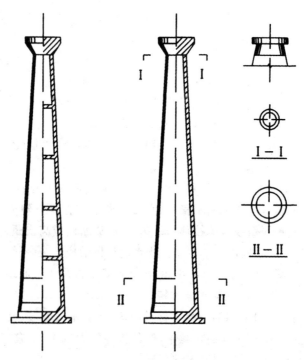

图 10-17　圆形空心桥墩

　　空心墩常用的截面形式如图 10-18 所示。墩身内设有横隔板或纵、横隔板,以加强墩壁的局部受力和稳定。墩身最小壁厚,对于钢筋混凝土不宜小于 30 cm,对于混凝土不宜小于 50 cm。另外,空心墩应设置壁孔,在墩台身周围交错布置,尺寸(或直径)一般为 20~30 cm。墩顶实体段以下还应设置带门的进入洞或相应的检查设备。

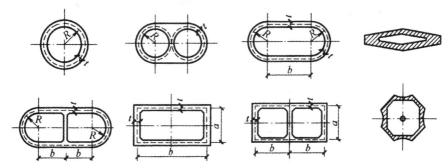

图 10-18　空心式桥墩的截面形式

薄壁混凝土空心墩的构造要求:

①墩身最小壁厚,对于钢筋混凝土不宜小于 30 cm,对于素混凝土不宜小于 50 cm。现浇混凝土的强度等级,大、中桥为 C25,小桥为 C20。

②为保证桥墩的局部和整体稳定,应在墩身内设横隔板或纵、横隔板,形成空格形结构。水平横隔板设置的间距受墩壁厚的限制,但对于 40 m 以上的高墩,不论壁厚如何,均按 6~10 m 的间距设置横隔板。

③对于薄壁钢筋混凝土空心墩应按计算配筋,一般配筋率在 0.5% 左右,但不论钢筋混凝土还是素混凝土空心桥墩,墩身表层内应设置钢筋网,其钢筋截面面积在水平方向和竖直方向均不小于每米 250 mm²,间距不应大于 40 cm。

④空心墩的侧壁与隔板应设置一定数量的通气孔和排水孔。

(3)柱式桥墩

柱式桥墩一般由墩顶的盖梁(即墩帽)、柱式墩身和桩基础或扩大基组成。墩身的外形是圆截面、矩形截面或多边形截面的单根立柱或分离的两根及多根立柱。这种桥墩轻巧美观、材料省、施工方便,是桥梁中广泛采用的墩型之一,特别是在较宽较大的城市高架桥和立交桥中。

目前公路桥梁中常用的柱式桥墩的型式有单柱式、双柱式、哑铃式以及混合双柱式四种(图 10-19)。单柱式墩宜在斜交角大于 15° 的斜交桥、河水流向不稳定的水中墩或立交桥上使用,其盖梁悬臂长度和尺寸较大。双柱式是目前双车道桥采用最多的柱式墩,特别是钻孔灌注桩柱式桥墩,适用于复杂的软弱地质条件以及较大跨径和较高桥墩的桥梁。它由地面下的钻孔灌注桩基与墩柱直接相连,当墩身柱的高度大于 1.5 倍的桩中距时,宜在桩与柱连接面处布置横系梁,以增加桩与柱的整体刚度;当墩柱高度大于 6~7 m 时,还应在高柱的中部设置双柱间的横系梁加强墩柱横向联系。哑铃式和混合双柱式墩,是为了适应河道流水速度大且有流冰或漂流物等不利条件,以加强墩身整体刚度所组合成的。

柱式桥墩采用能承受弯矩的盖梁来代替实体式桥墩上的墩帽。盖梁横截面形状一般为矩形或 T 形(或倒 T 形),底面形状有直线形和曲线形两种。其平面尺寸的拟定原则同墩帽。盖梁高度 H 一般为梁宽的 0.8~1.2 倍。盖梁悬臂端高度 h 不小于 30 cm。各截面尺寸与配筋需通过计算确定。图 10-20 所示为盖梁的配筋情况。盖梁一般就地浇筑,施工及设计条件允许时,也有采用预制安装的盖梁及预应力混凝土盖梁。

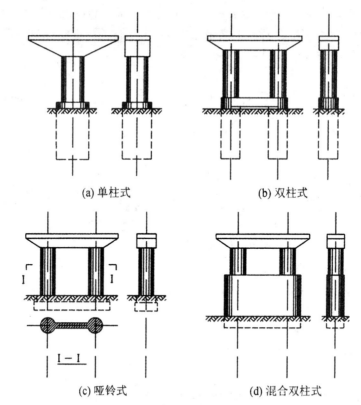

(a) 单柱式   (b) 双柱式

(c) 哑铃式   (d) 混合双柱式

图 10-19　柱式桥墩

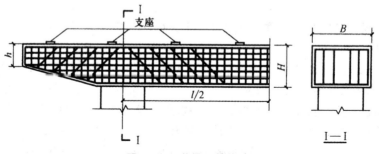

图 10-20　盖梁配筋构造

　　柱式桥墩一般为钢筋混凝土结构,各构件截面尺寸与配筋需通过受力计算确定。盖梁的计算跨径与其高度的比一般在 3～5 之间,尚属受弯构件;混凝土强度等级不应低于 C25。墩柱的核心截面为直径 60～150 cm 的圆形或矩形、六角形等,混凝土强度等级一般采用 C20～C30。桩(或柱)的横系梁截面高度和宽度可分别取 0.8～1.0 倍的桩(或 0.6～0.8 倍的柱)直径或矩形墩柱纵桥向边长。横系梁一般不直接承受外力,可不作内力计算配筋,需按构造要求配筋。

　　(4)框架墩

　　框架墩的墩身是平面或空间框架受力体系。目前,在公路和城市桥梁上预应力混凝土连续梁桥中使用框架墩时,典型的结构形式是钢筋混凝土 V 形墩和 Y 形墩(图 10-21)。

　　对于钢筋混凝土 V 形墩和 Y 形墩,支座可布置在斜撑的顶部或底部,也可不设支座。当支座布置在斜撑顶时,斜撑是桥墩的一个组成部分;当采用斜撑与主梁固结时,斜撑成为桥梁上部结构的一个组成部分,支座可布置在斜撑的底部,若斜撑与承台刚接可省掉支座。由于采用斜撑,缩短了主梁的受力计算跨径,由此,降低了梁高,可提高桥梁的跨越能力。但斜撑施工较麻烦。

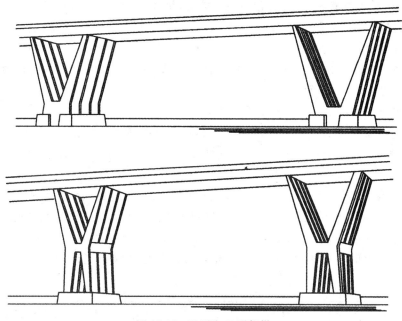

图 10-21　V 形和 X 形桥墩

（5）柔性排架桩墩

柔性排架桩墩是由单排或双排的预制钢筋混凝土沉入桩或钻孔灌注桩与钢筋混凝土盖梁组成（图 10-22）。其主要特点是,可以通过一些构造措施,将上部结构传来的水平力(汽车制动力、温度作用等)传递到全桥的各个柔性墩或相邻的刚性墩台上,以减小单个柔性墩所受到的水平力,从而达到减小桩墩截面的目的。单排架桩墩一般适用于墩身高度不超过 5.0 m;桩墩高度大于 5.0 m 时,为避免行车时可能发生的纵桥向晃动,宜设置双排架桩墩,但当采用钻孔灌注桩时,可仍采用单排架桩墩。柔性排架桩墩的尺寸较小,对于山区河流、流冰或漂流物严重的河流,墩柱易被损坏,不宜采用。对于石质或砾石河床,沉入桩也不宜采用。

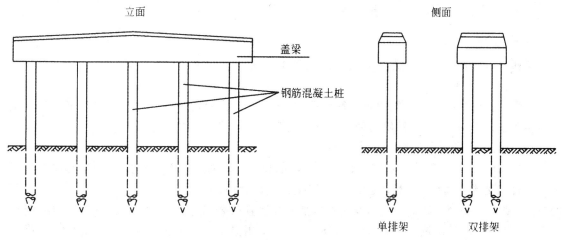

图 10-22　柔性排架桩墩

当桥梁孔数较多且较长时,柔性排架桩墩的墩顶会因水平位移过大而处于不利状态,这时宜将桥跨分成若干联,一联长度的划分视温度、地形、构造和受力情况确定。一般来讲,当墩的高度在 5 m 以内时,可采用一联式、二联式和多联式桩墩,每联 1~4 孔,每联长为 40~45 m。对于多联式中间联的桩墩,由于不受土压力的影响,此联长可以达到 50 m。联与联之间设温度墩,即为两排互不联系的桩墩,为的是在温度变化的情况下,联与联之间互不影响。当墩的高度为 6~7 m 时,应在每联内设置一个由盖梁构成整体的双排架桩墩,以增加结构的刚度(图 10-23)。此时每联长度可适当加长,中间联的孔数可相应增加。

柔性排架桩墩在构造上尚应注意以下几点:

①对于预制钢筋混凝土方桩排架墩,其桩的截面尺寸与桩长有关,一般当桩长在 10 m 以内时,横截面尺寸为 30 cm×30 cm;桩长在 10~14 m 时为 35 cm×35 cm;桩长大于 15 m 时采用 40 cm×40 cm。

②对于钻孔灌注桩排架墩,其桩的直径不宜大于 90 cm,桩间的距离不小于 2.5 倍的成孔直径,其盖梁的宽度一般比桩径大 10~20 cm,高度根据受力计算和构造要求而确定。

③桩与桩之间的中距不应小于桩边长的 3 倍,一般为 1.5~2.0 m。

④其盖梁一般为矩形截面,单、双排架桩墩盖梁的高度均为 40~50 cm,单排架桩墩盖梁的宽度采用 60~80 cm。

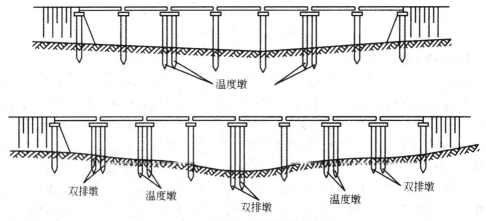

图 10-23　柔性排架桩墩的纵向布置

2. 梁桥桥台的构造

梁桥桥台从构造上可分为重力式桥台、轻型桥台和组合式桥台三种类型。

(1)重力式桥台

重力式桥台主要靠自身重力来平衡后的土侧压力,桥台台身一般由圬工材料采用就地浇(砌)筑施工建成,这类桥台常用的种类有重力式 U 形桥台和实体埋置式桥台等。

1)重力式 U 形桥台

如图 10-24 所示,U 形桥台因其台身是由前墙和两个侧墙在平面上构成的 U 字形结构而得名。其优点是构造简单,整体刚度大,可用混凝土或片、块石砌筑,适用于填土高度在 10 m 以下的桥梁;缺点是桥台体积和自重较大,也增加了对地基的要求。此外,桥台的两个侧墙之间填土容易积水,结冰后冻胀,使侧墙产生裂缝。所以宜用渗水性较好的土夯填,并做好台后排水措施。

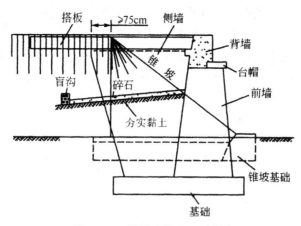

图 10-24　梁桥重力式 U 形桥台

①台帽。

台帽在桥台结构中尽管尺寸较小,但受力较复杂,应采用钢筋混凝土,若采用素混凝土应设置构造钢筋,其混凝土的强度等级应视桥梁跨径和台帽的施工方法的不同而异:对于大桥的台帽,现浇时应不低于 C25;小桥台帽,预制不低于 C25,现浇不低于 C20。台帽的厚度,对于大跨径以上桥梁不应小于 50 cm,对于中小跨径桥梁不应小于 40 cm。台帽的长、宽度取值:

·纵桥向台帽最小宽度 b(图 10-25)为:

$$b = \frac{a}{2} + e_1 + \frac{e_0}{2} + c_1 + c_2 \tag{10-8}$$

·横桥向台帽长度 l 为:

$$l = B + 2c_2 \tag{10-9}$$

式中,B 为台身宽度。

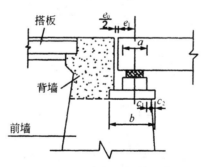

图 10-25　台帽顺桥向尺寸

②台身。

台身由前墙和侧墙构成。前墙背坡一般采用 5:1～8:1 的斜坡,前坡为 10:1 或直立。侧墙与前墙结合成一体,兼有挡土墙和支撑墙的作用。侧墙正面一般是直立的,其长度视桥台高度和锥坡坡度而定。前墙的下缘一般与锥坡下缘相齐,因此,桥台越高、锥坡越坦,侧墙则越长。侧墙尾端应有不小于 0.75 m 的长度伸入路堤内,以保证与路堤有良好的衔接。台身的宽度通常与路基的宽度相同。

《桥规》规定,前墙与侧墙的顶面宽度均不宜小于 50 cm(图 10-26),前墙任一水平截面的宽度不宜小于该截面至墙顶高度的 0.4 倍。对于侧墙任一水平截面的宽度应按下列规定取值:侧墙为片石砌体时,不宜小于该截面至墙顶高度的 0.4 倍;为块石、粗料石砌体或混凝土墙体时,不宜小于 0.35 倍;若桥台内填料为中、粗砂或砂砾时,则以上两项可分别相应减为 0.35 或 0.30 倍。另外,在非岩石类的地基上,较宽的桥台宜每隔 10~15 m 设置一道沉降缝。现浇混凝土桥台应根据当地气候条件及施工条件,每隔 5~10 m 设置一道伸缩缝。为了排除桥台内的积水,应设置台背排水设施,将积水引向设于台后横穿路堤的盲沟内。

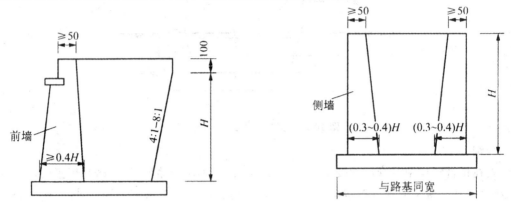

图 10-26　重力式 U 形桥台尺寸(尺寸单位:cm)

两个侧墙之间应填以渗透性较好的土壤。为了排除桥台前墙后面的积水,应于侧墙间在略高于高水位的平面上铺一层向路堤方向设有斜坡的夯实粘土作为不透水层,并在粘土层上再铺一层碎石,将积水引向设于台后横穿路堤的盲沟内。

桥台两侧的锥坡坡度,一般由纵向为 1:1 逐渐变至横向为 1:1.5,以便和路堤的边坡一致。锥坡的平面形状为 1/4 的椭圆。锥坡用土夯实而成,其表面用片石砌筑。

2)实体埋置式桥台

实体埋置式桥台是由圬工实体的台身、钢筋混凝土的台帽以及耳墙组成(图 10-27),台身埋在桥端的整体溜坡中。由于这种桥台的工作原理是,将台身后倾,使重心落在基底截面的形心之后,以平衡台后填土的倾覆力矩。

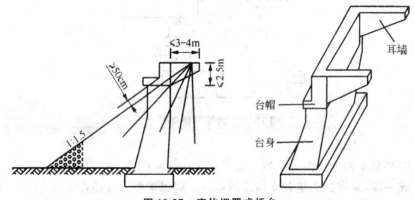

图 10-27　实体埋置式桥台

实体埋置式桥台的耳墙承受路堤的土侧压力,如需要支承人行道上的荷载,则受到两个方向的弯矩和剪力,应按受力分析配置受力钢筋。耳墙长度一般不超过 4 m,其厚度为 15~30 cm,后端高度为 50 cm、前端高度为 100~250 cm,耳墙应将主筋伸入台帽借以锚固。台帽及耳墙采用的混凝土强度等级不宜小于 C25,台身和基础为 M7.5 浆砌 MU40 块石,溜坡表面宜采用 M5 浆砌 MU30 片石作铺砌护坡。

　　3）八字形、一字形桥台

　　台身两侧为独立的翼墙，一般将台身与翼墙分开砌筑。翼墙张开的角度一般为 30°～45°，并可根据需要适当变动。当张开角度为 0°时，称为一字形桥台（head wall abutment），角度不为 0°时，称为八字形桥台（flare wing wall abutment）（图 10-28）。翼墙除挡路堤填土外，并起导引水流作用。它适用于河岸稳定、河床压缩小的中小桥。跨越水利渠道、人工河道的小桥，以及不宜做溜坡的城市立体交叉的跨路桥亦常采用。但翼墙较宽，因而需要较大的圬工体积。

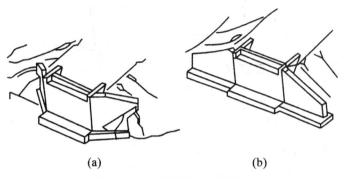

(a)　　　　　　　　　　　(b)

图 10-28　八字形及一字形桥台

　　（2）轻型桥台

　　1）设有支撑梁的轻型桥台

　　这种桥台的特点是，台身为直立的薄壁墙，台身两侧有翼墙。在两桥台下部设置钢筋混凝土支撑梁，上部结构与桥台通过锚栓连接，于是便构成四铰框架结构系统，并借助两端台后的被动土压力来保持稳定。它适用于单跨或少跨的小跨径桥。按照翼墙（侧墙）的形式和布置方式，这种桥台又可分为：一字形轻型桥台、八字形轻型桥台［图 10-29(a)］、耳墙式轻型桥台［图 10-29(b)］。

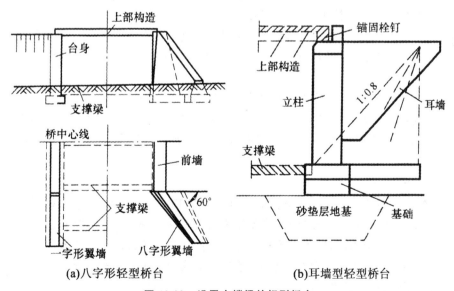

(a)八字形轻型桥台　　　　　　(b)耳墙型轻型桥台

图 10-29　设置支撑梁的轻型桥台

　　2）框架式桥台

框架式桥台是一种在横桥向将台身与盖梁(台帽)连接成框架式结构的轻型桥台,台身均埋置在溜坡内,盖梁上部设置耳墙使桥台与路堤连接。它所承受的土压力较小,适用于地基承载力较低、台身较高、跨径较大的梁桥。这种轻型桥台常用的构造形式有:肋板式桥台(图10-30)、柱式桥台(图10-31)和构架式桥台(图10-32)三种。

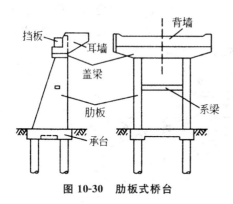

图 10-30　肋板式桥台

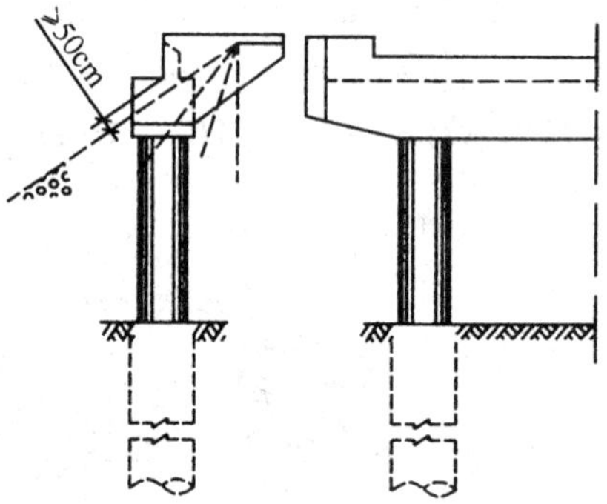

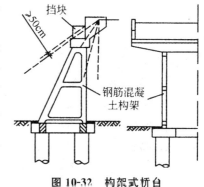

图 10-31　双柱式桥台

肋板式桥台的台身是由两块少筋的混凝土实心肋板通过上部盖梁连结而成,当台身的高度达到或超过 10 m 时肋板间须设置系梁。盖梁、系梁和耳墙应按受力配置钢筋,采用的混凝土强度等级应大于 C25。桥台的背墙和肋板表层应设置钢筋网,其截面面积在水平和竖直方向均不应小于每米 $250\ mm^2$(包括受力钢筋),间距不应大于 40 cm。肋板厚度一般为 40~80 cm,混凝土强度等级应大于 C20。

柱式桥台是将上述肋板式桥台的肋板用钢筋混凝土圆柱或方柱替代而成,它一般用于填土高度小于 5 m 的桥台,所以柱间不需设置系梁。越种桥台能适应各种地基,当地基承载力较好时可采用普通扩大基础,此时柱底嵌固在基础上部形成立柱式框架桥台;当柱子与桩相连时形成桩柱式桥台。横桥向柱子的数目应根据桥宽和地基基础而确定,可采用桩柱式(双柱式或四柱式),但常用双柱式。

图 10-32　构架式桥台

将肋板式桥台的肋采用钢筋混凝土的框架肋,就形成了构架式桥台。它既比柱式桥台具有更好的刚度,又比肋板式桥台更节省圬工用量。由于这种框架肋的斜杆能够产生水平分力以平衡台后的土压力,加之基底较宽,又通过系梁联成一个构架体,所以稳定性较好,可用于填土高度在 5 m 以上的桥台。

3)薄壁轻型桥台

薄壁轻型桥台是由扶壁式挡土墙和两侧的薄壁侧墙构成(图10-33、图10-34)。挡土墙由厚度不小于 15 cm(一般为 15~30 cm)的前墙和间距为 2.5~3.5 m 的扶壁所组成。台顶由竖直小墙和支于扶壁上的水平板构成,用以支承桥跨结构。两侧薄壁可以与前墙垂直,也可做成与前墙斜交的形式。这种桥台采用钢筋混凝土做成,尽管可以减少圬工体积和基底压力,但其构造和施工比较复杂,且钢筋用量也较多。

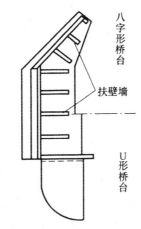

图 10-33　薄壁轻型桥台一般构造

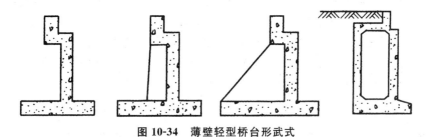

图 10-34　薄壁轻型桥台形式式

（3）组合式桥台

组合式桥台是由主要承受桥跨结构传来的竖向力和水平力的台体，与承受台后土压力的其他结构组合而成。常用的型式主要有加筋土桥台等。

加筋土桥台由柱式台的盖梁、台柱、台柱基础以及加筋体的竖直面板、面板基础、筋带和其间填料共同组合而成（图 10-35）。它的工作原理是，竖直面板后的填料主动土压力作用到面板上，再通过筋带与填料之间产生的摩擦力来平衡面板对筋带的拉力，而台柱只承受梁传来的作用力。这种桥台受力明确，适用于台高 5～6 m 的跨线桥或台位不受河水冲刷的中、小跨径桥。

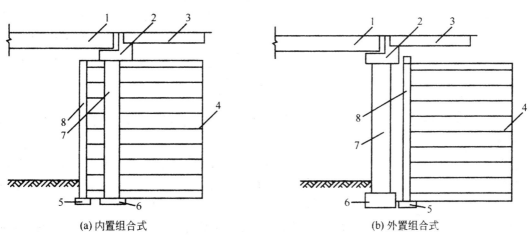

(a) 内置组合式　　　　　　　　　　　　(b) 外置组合式

图 10-35　加筋土桥台类型图

1—上部构造；2—盖梁；3—桥头搭板；4—筋带；5—基础；6—台柱基础；7—台柱；8—面板

加筋土桥台根据台柱所处位置可分为内置组合式[图 10-35(a)]和外置组合式两种[图 10-35(b)],盖梁与台柱的设计与常规柱式桥台设计要求相同。对于加筋体的设计可参见有关专业文献。

10.1.3 拱桥墩台

拱桥是一种有推力的结构,拱圈传给桥墩的力,除了垂直力以外,还有较大的水平推力,这是拱桥与梁桥的最大不同之处。无论采用什么类型的桥墩,都必须考虑承受水平推力的问题。

拱桥桥墩通常采用实体式(重力式)和桩(柱)式墩。从抵御恒载水平推力的能力看,拱桥桥墩还可分为普通墩和单向推力墩两种。普通墩除了承受相邻两跨结构传来的垂直反力外,一般不承受恒载水平推力,或者当相邻孔不相同时只承受经过相互抵消后尚余的不平衡推力。单向推力墩(single direction thrusted pier)又称制动墩,它主要作用是在一侧桥孔因某种原因遭到毁坏时,能承受单向的恒载水平推力,防止全桥倾坍。有时为了施工时拱架的多次周转,或者当缆索吊装设备的工作跨径受到限制时,为了能按桥台与某墩之间或者按某两个桥墩之间作为一个施工段进行分段施工,也要设置能承受部分恒载单向推力的推力墩。一般地,在多跨拱桥中,应每隔 3~5 孔设置一个单向推力墩。由此可见,为了满足结构强度和稳定的要求,普通墩的墩身可以做得薄一些,单向推力墩则要做得厚实一些。

1.拱桥桥墩的构造

由于拱桥是一种具有较大水平推力的结构,其墩台构造与梁桥墩台存在一定的差异。

拱桥桥墩可分为:重力式桥墩与轻型桥墩两种。

(1)重力式桥墩

拱桥实体重力式桥墩也由墩帽、墩身以及基础三部分组成(图 10-36),但它与梁桥重力式桥墩相比较,在构造上主要有如下几点不同:

1)墩帽的不同

梁桥的墩帽顶面设置了支座垫石和传力的支座,而拱桥桥墩的墩帽顶面的边缘应设置成与拱脚截面同斜度同尺寸的斜面拱座,用以直接承受由拱圈传来的竖向力和水平推力等。拱座应设置在起拱线标高上,当相邻两孔的跨径相同时,桥墩两侧的拱座在纵、横桥向应设置成整体式墩帽,如图 10-36(a)所示;当桥墩两侧的跨径不等,应将两侧的拱座放置在不同的起拱线标高上,如图 10-36(b)所示。为便于施工和满足受力要求,拱座宜采用 C25 以上的现浇钢筋混凝土。

2)墩身的不同

从抵御桥墩两侧桥跨结构重力产生的水平推力的能力来看,拱桥的桥墩可分为普通墩和单向推力墩。

普通墩[图 10-36(c)]主要承受相邻两跨结构传来的竖向反力,一般不考虑承受水平推力。其墩身的顶宽 b. 取值要求是,混凝土桥墩可按拱跨的 $1/15\sim1/25$、石砌桥墩可按拱跨的 $1/10\sim1/20$ 拟定,但均不宜小于 80 cm。墩身两侧斜面坡可为 20:1~30:1。

单向推力墩又称制动墩[图 10-36(d)],除了承受竖向反力外,它的主要作用是在它一侧的桥孔因某种原因遭到毁坏时,能承受单侧拱跨重力产生的水平推力,以保证其另一侧的拱跨不致倾塌。另外,当施工时为了拱架的周转或者当缆吊设备的工作跨径受到限制时为了能分跨进行施工,也要设置能承受不平衡推力的单向推力墩。由此可见,为了满足结构强度和稳定性的要求,单向推力墩应比普通墩的墩身要设计得厚实些,而且应适当调整墩身两侧的斜面坡比。

交接墩[图 10-36(b)]用于桥墩两侧孔径不同的不等跨拱桥,它除了拱座不设置在同一起拱线标高上之外,还应有能够承受不平衡水平推力的构造外形。因此,其墩身应在推力较小的一侧设置变坡斜面,以减小不平衡水平推力引起的基底反力偏心距。从外形美观上考虑,变坡点一般设在常水位之下,而变坡点以上的斜面应与墩另一侧斜面的坡比相同。

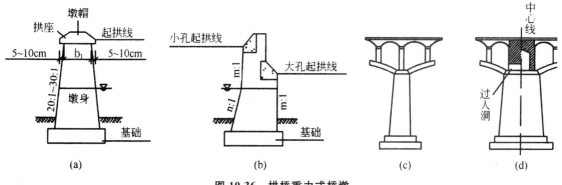

图 10-36　拱桥重力式桥墩

（2）轻型桥墩

目前所用的拱桥轻型桥墩,一般为配合钻孔灌注桩基础的柱式桩墩(图 10-37)。

拱桥的柱式桩墩与梁桥上的柱式桩墩非常相似,其主要差别是:在梁桥墩帽上设置支座,而在拱桥墩顶部分则设置拱座。当拱桥跨径在 10 m 左右时,常采用两根直径为 100 cm 的钻孔灌注桩;跨径在 20 m 左右时可采用两根直径为 120 cm 或三根直径为 100 cm 的钻孔灌注桩;跨径在 30 m 左右时可采用三根直径为 120~130 cm 的钻孔灌注桩。柱式桩墩较高时,应在柱间设置横系梁以增强柱式桩墩的刚度。柱式桩墩一般采用单排桩,单孔跨径在 40 m 以上的大桥或高墩,可采用双排桩。在桩顶设置承台,与墩柱联成整体。如果柱与桩直接连接,则应在结合处设置横系梁。若柱高大于 6 m 时,还应在柱的中部设置横系梁。

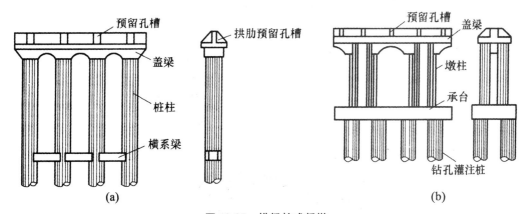

图 10-37　拱桥柱式桥墩

在采用轻型桥墩的多孔拱桥中,每隔 3~5 孔也应设置单向推力墩。当桥墩较矮或单向推力不大时,可以考虑采用轻型的单向推力墩,其优点是阻水面积小,并可节约圬工体积。常用的轻型单向推力墩形式有:

1)加设斜撑的柱式单向推力墩

是在普通墩的墩柱上，从两侧对称地增设钢筋混凝土斜撑和水平拉杆以增加抵抗水平推力的能力[图 10-38(a)]。为了提高构件的抗裂性，可以采用预应力混凝土结构。这种桥墩只在桥不太高的旱地上采用。

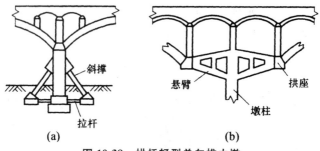

图 10-38 拱桥轻型单向推力墩

2)悬臂式单向推力墩

是在柱式墩上加一对悬臂，拱座设在悬臂端部。当一侧桥孔遭到破坏后，可以通过另一侧拱座上的竖向分力与悬臂所构成的稳定力矩来平衡由拱的水平推力所导致的倾覆力矩图[图 10-38(b)]。这种型式适用于两铰双曲拱桥。但由于墩身较薄，在受力后悬臂端会有一定位移，因而对于无铰拱来说会有附加内力发生。

2. 拱桥桥台的构造

拱桥桥台在受力变形上的最大特点是，桥台承受拱的较大推力后，将发生绕其基础形心轴向路堤方向的转动。为了抵抗这一转动，拱桥桥台比梁桥桥台在尺寸上要大，在构造类型上要多些。但这类桥台仍然可分为重力式桥台、轻型桥台和组合式桥台三大类。

(1)重力式桥台

拱桥常用的重力式桥台是 U 形桥台(图 10-39)，它由拱座、台身和基础三部分组成。在构造上除在拱座和前端两部分有所差别外，其余部分同梁桥的 U 形桥台基本相同。拱桥桥台只在向桥跨的一侧设置拱座，其尺寸可参照拱桥桥墩的拱座拟定。

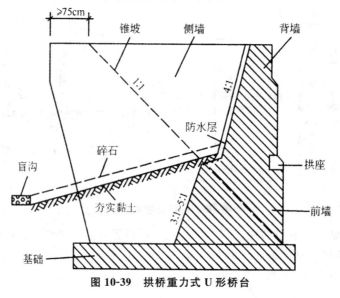

图 10-39 拱桥重力式 U 形桥台

（2）轻型桥台

拱桥轻型桥台是相对于重力式桥台而言的，当地基承载力较小、路堤填土较低时采用此类桥台。常用的轻型桥台有：八字形桥台、U 字形桥台、背撑式桥台等。

1）八字形桥台

八字形桥台的构造简单，台身由前墙和两侧的八字翼墙构成，如图 10-40(a)所示。两者之间通常留沉降缝分离。前墙可以是等厚度的，也可以是变厚度的。变厚度台身的背坡为 2：1～4：1。翼墙的顶宽一般为 40 cm。前坡为 10：1，后坡为 5：1。为了防止基底向桥跨滑动，基础应有一定埋置深度。

2）U 字形桥台

U 字形轻型桥台是由前墙和平行于车行方向的侧墙组成，构成 U 形的水平截面，如图 10-40(b)所示。它与重力式 U 形桥台的差别是，后者是靠扩大桥台底面积，以减小基底压力，并利用基底与地基的摩阻力和适当利用台背土侧压力，以平衡拱的水平推力，因此基础底面积较轻型桥台的要大。U 字形轻型桥台前墙的构造和八字形桥台相同，但侧墙却是拱上侧墙的延伸，它们之间应设变形缝，以适应桥跨的可能变位。

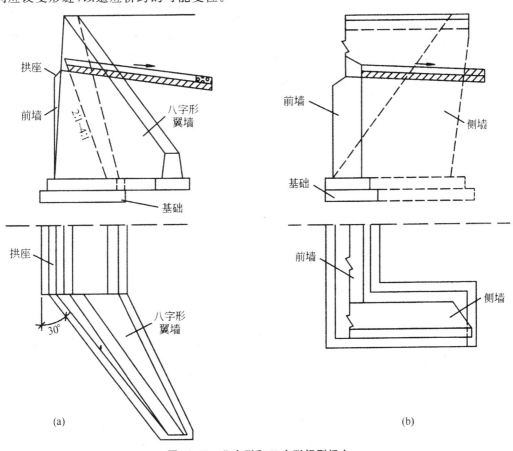

图 10-40　八字形和 U 字形轻型桥台

3）背撑式桥台

当桥台较宽时，为了保证结构的强度和稳定性，可以在八字形或 U 字形的前墙背后加一道或几道背撑，构成 π 字形、E 字形等水平截面形式的前墙（图 10-41）。背撑顶宽为 30～60 cm，厚度也为 30～60 cm，背坡为 3∶1～5∶1 的梯形。这种桥台比八字形桥台稳定性要好，但土方开挖量及坞土体积都有增多。然而加背撑的 U 字形桥台却能适用于较大跨径的高台和窄桥。

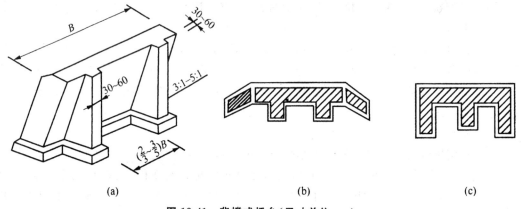

(a)　　　　　　　　　　　　(b)　　　　　　　　　　　　(c)

图 10-41　背撑式桥台（尺寸单位：cm）

（3）组合式桥台

拱桥的组合式桥台由前台和后座两部分组成（图 10-42）。前台的桩基或沉井基础承受拱的竖向力，台后的主动土压力以及后座基底的摩擦力来平衡拱的水平推力。考虑到主拱水平推力向后传递时有向下扩散的影响，后座基底标高应低于拱脚截面底缘的标高。前台台身与后座两部分之间必须密切贴合，其间应设置成既密贴又可相互自由沉降的隔离缝，以适应两者的不均匀沉降。

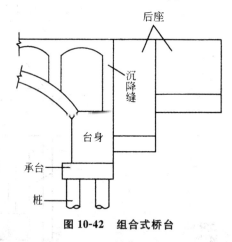

图 10-42　组合式桥台

这种台为软土地基上修建拱桥所采用，实践证明效果较好，解决了拱桥的推力问题，为采用竖直桩修建拱桥桥台提供了途径。

10.2　桥墩的计算

10.2.1　桥墩作用及其作用效应组合

本书绪论中已对公路桥涵有关作用及其作用效应组合作了介绍，本节将对桥墩计算可能涉及的作用及其作用效应组合作更具体的阐述。

1. 桥墩作用及计算

（1）永久作用

作用于桥墩的永久作用主要有：

①上部结构重力，包括桥面系、主梁及其他附属物重力对墩帽或拱座产生的支承反力。

②上部结构混凝土收缩、徐变的作用。

③桥墩重力（包括基础襟边上土的重力）。

④桥墩内预加力。

⑤基础变位作用，对超静定结构桥墩，基础的变位对桥墩产生的附加内力或基础变位使上部结构产生附加内力对桥墩产生的影响力。

⑥水的浮力。

上述永久作用中，有必要对水的浮力作一说明。在桥涵设计规范中，水的浮力对不同的土质和不同的计算内容有不同的规定。位于透水性地基上的桥墩，当验算稳定时，应计算设计水位时的浮力；当验算地基应力时，仅考虑低水位时的浮力，或不考虑水的浮力；基础嵌入不透水性地基的桥墩，可不计水的浮力；当地基的透水性难以确定时，分别按透水和不透水两种情况以最不利的作用效应组合进行计算。

（2）可变作用

①作用在上部构造上汽车荷载、人群荷载。

②汽车冲击力，对钢筋混凝土柱式桥墩应计入冲击力，对于重力式实体桥墩，由于冲击力作用衰减很快，所以不计冲击力。

③汽车离心力，对弯道半径小于或等于 250 m 的弯桥桥墩应计离心力。

④作用在上部结构和墩身上的纵横向风荷载。

⑤汽车制动力，是桥墩承受的主要纵向水平力之一，其方向与车辆行进方向相同，对于梁式桥桥墩，其作用位置可移至支座铰中心或支座的底座面上。

⑥温度作用，主要指上部结构受温度变化发生伸缩而对桥墩产生的水平力。

⑦支座摩阻力（适用于梁桥计算）。

⑧作用在墩身上的流水压力，计算时假定河底流速为零，作用力呈倒三角形分布，因而其合力作用点在设计水位以下 1/3 水深处。

⑨冰压力主要指作用在墩身上的流冰压力。

（3）偶然作用

①地震作用。

②作用在墩身上的船只或漂浮物的撞击作用。

③作用在墩身上的汽车撞击作用。

关于上述各种荷载的计算方法，可参见《公路桥涵设计通用规范》（JTG D60—2004）。

2. 作用组合

在所有桥墩的计算作用中，有的是主要的，有的是次要的；有的是经常出现的，有的是在特殊条件下出现的。它们不可能同时以最大数值、最不利的作用位置作用于桥墩上，因此，应根据实际荷载作用于桥墩的可能性进行布载。不过，布置在桥墩上的各种作用的位置、大小和方向应该使桥墩处于该作用的最不利受力状态之下。也就是说,这种组合起来的作用,应该产生相应的最大内力,这样的作用组合称为"最不利的作用效应组合"。桥墩计算一般需验算墩身截面承载力、作用在墩身截面上的合力偏心距,基底承载力、偏心距以及桥墩的稳定性等,那么就有以下可能的作用布置与组合情况:

(1)梁桥桥墩计算作用布置及作用效应组合

1)作用方式

①桥墩在顺桥向承受最大竖向荷载。

主要是用来验算顺桥向墩身承载力和偏心距、地基承载力和偏心距,因此除了有关的永久作用外,应在相邻两孔都布满汽车和人群荷载,同时还可能作用着其他纵向力,如制动力和温度作用、纵向风荷载、船只或漂浮物的撞击作用和汽车撞击作用等[图10-43(a)]。

②桥墩各截面在顺桥向可能产生最大偏心弯矩。

主要是用来验算顺桥向墩身承载力和偏心距、地基承载力和偏心距以及桥墩的稳定性,因此除永久作用外,应在相邻两孔的一孔上布置汽车和人群荷载,若为不等跨时,则在较大跨径的一孔布置汽车和人群荷载,同时还可能作用着其他纵向力,如制动力和温度作用、支座摩阻力、纵向风荷载、船只或漂浮物的撞击作用和汽车撞击作用等[图10-43(b)]。

③桥墩各截面在横桥向可能产生最大偏心弯矩。

主要是用来验算在横桥方向上墩身承载力、偏心距、地基承载力以及桥墩的稳定性,布载时,除永久作用外,要注意将汽车和人群荷载偏于桥面的一侧布置[图10-43(c)],此外还应考虑其他可变作用,如横向风荷载、流水压力、冰压力等,或者偶然作用中的船只或漂浮物的撞击力和汽车撞击作用等。

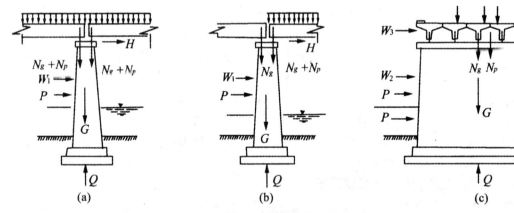

图 10-43　作用在梁桥桥墩上的荷载

2)作用效应组合

①顺桥向作用效应组合(双孔布置和单孔布置分别组合)主要有:

A.上部结构重力+计算截面以上桥墩重力+浮力。

B.上部结构重力+计算截面以上桥墩重力+浮力+汽车荷载+人群荷载。

C.上部结构重力+计算截面以上桥墩重力+浮力+汽车荷载+人群荷载+纵向风力+支座摩阻力(或制动力+温度影响力)。组合时,制动力+温度力小于摩阻力时,用制动力+温度影响力组合;制动力+温度力大于摩阻力时,用摩阻力组合。

D. 上部结构重力＋计算截面以上桥墩重力＋浮力＋汽车荷载＋人群荷载＋船只撞击作用或漂浮物撞击作用。

E. 上部结构重力＋计算截面以上桥墩重力＋浮力＋汽车荷载＋人群荷载＋汽车撞击作用。

②横桥向(以双车道为例)作用效应组合主要有：

A. 上部结构重力＋计算截面以上桥墩重力＋浮力＋双孔双行汽车荷载＋双孔单边人群荷载＋横向风荷载＋水压力或冰压力。

B. 上部结构重力＋计算截面以上桥墩重力＋浮力＋双孔单行汽车荷载＋双孔单边人群荷载＋横向风荷载＋水压力或冰压力。

C. 上部结构重力＋计算截面以上桥墩重力＋浮力＋双孔双行汽车荷载＋双孔单边人群荷载＋船只撞击作用或漂浮物撞击作用。

D. 上部结构重力＋计算截面以上桥墩重力＋浮力＋双孔双行汽车荷载＋双孔单边人群荷载＋汽车撞击作用。

E. 上部结构重力＋计算截面以上桥墩重力＋浮力＋双孔单行汽车荷载＋双孔单边人群荷载＋船只撞击作用或漂浮物撞击作用。

F. 上部结构重力＋计算截面以上桥墩重力＋浮力＋双孔单行汽车荷载＋双孔单边人群荷载＋汽车撞击作用。

(2)拱桥桥墩的作用布置及作用效应组合

1)作用布置

①桥墩在顺桥向承受最大竖向荷载。

主要是用来验算墩身承载力和偏心距、地基承载力和偏心距,即除永久作用外,相邻两孔都布满汽车荷载和人群荷载,同时还可能作用着其他纵向力,如制动力、纵向风荷载、温度作用、拱圈材料收缩作用、船只撞击作用和汽车撞击作用等(图 10-44);当相邻两孔为等跨时,则由上部结构重力、温度作用和拱圈材料收缩作用引起的拱座水平推力和弯矩互相抵消。

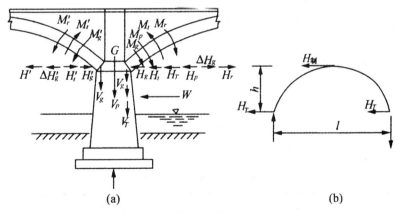

(a)　　　　　　　　　　　　　　(b)

图 10-44　作用在拱桥桥墩上的荷载

②桥墩各截面在顺桥向可能产生最大偏心弯矩。

主要是用来验算顺桥向墩身承载力和偏心距、地基承载力和偏心距以及桥墩的稳定性,即除永久作用外,只在一孔布置汽车和人群荷载,若为不等跨时,则在较大跨径的一孔布置汽车和人群荷载,同时还作用着其他纵向力,如制动力、纵向风荷载、温度作用、拱圈材料收缩作用、船只撞击作用和汽车撞击作用等。

③横桥向。

在横桥方向可能作用于桥墩上的外力有风荷载、流水压力、冰压力、船只或漂浮物撞击作用、汽车撞击作用或地震作用等。但对于公路拱桥,横桥方向的受力验算一般不控制设计,除非桥的长宽比特别大,或者受到地震作用、冰压力和船只撞击力作用时才考虑。

图 10-44 中的符号意义如下:G 为桥墩自重;Q 为水的浮力(仅在验算稳定时考虑);V_g 和 V_g' 为相邻两孔拱脚处因结构自重产生的竖向反力;V_P 为与车辆活载产生的 H_P 最大值相对应的拱脚竖向反力,可用支点反力影响线求得;V_T 为由桥面处制动力 $H_制$ 引起的拱脚竖向反力,即 $V_T = \dfrac{H_制 h}{l}$,其中,h 为桥面至拱脚的高度,l 为拱的计算跨径[图 10-44(b)];H_g 和 H_g' 为不计弹性压缩时在拱脚处由恒载引起的水平推力;ΔH_g 和 $\Delta H_g'$ 为由恒载产生弹性压缩所引起的拱脚水平推力,方向与 H_g 和 H_g' 相反;H_P 为在相邻两孔中较大的一孔上由车辆活载所引起的拱脚最大水平推力;H_T 为制动力引起的在拱脚处的水平推力,按两个拱脚平均分配计算,即 $H_T = \dfrac{H_制}{2}$;H_t 和 H_t' 为温度变化引直怕在拱脚处的水平推力;H_r 和 H_r' 为拱圈材料收缩引起的拱脚水平拉力;M_g 和 M_g' 为由恒载引起的拱脚弯矩;M_P 为车辆活载引起的拱脚弯矩,由于它是按 H_P 达到最大值时的活载布置计算,故产生的拱脚弯矩很小,可忽略不计;M_t 和 M_t' 为温度变化引起的拱脚弯矩;M_r 和 M_r' 为拱圈材料收缩引起的拱脚弯矩;W 为墩身纵向风力。

2)顺桥向作用效应组合

顺桥向作用效应组合(双孔布置和单孔布置分别组合)主要有:

①上部结构重力+计算截面以上桥墩重力+浮力+混凝土收缩作用。

②上部结构重力+计算截面以上桥墩重力+浮力+混凝土收缩作用+汽车荷载+人群荷载。

③上部结构重力+计算截面以上桥墩重力+浮力+混凝土收缩作用+汽车荷载+人群荷载+纵向风荷载+制动力+温度作用。

④上部结构重力+计算截面以上桥墩重力+浮力+混凝土收缩作用+汽车荷载+人群荷载+船只撞击作用或漂浮物撞击作用。

⑤上部结构重力+计算截面以上桥墩重力+浮力+混凝土收缩作用+汽车荷载+人群荷载+汽车撞击作用。

需要特别强调的是,以上各种荷载组合均应满足公路桥涵设计规范中所规定的安全系数、容许偏心距和稳定系数;且有的荷载不能同时组合,如汽车制动力不能与流水压力、冰压力和支座摩阻力中任意一种同时组合,如表 10-2 所示。

表 10-2　可变作用不同时组合

编号	作用名称	不与该作用同时参与组合的作用编号
13	汽车制动力	15,16,18
15	流水压力	13,16
16	冰压力	13,15
18	支撑摩阻力	13

10.2.2　重力式桥墩的计算与验算

在计算桥墩之前,应根据构造要求拟定各部分尺寸。在验算时分别按主力和主力加附加力的最不利组合情况,进行强度和稳定性的验算。验算结果如超过桥墩圬工的规定容许应力及地基土的容许应力,以及不能满足倾覆和滑动稳定性要求时,则应将尺寸作适当的修改并重新计算。

对于梁桥和拱桥重力式桥墩的计算,虽然在作用效应组合的内容上稍有不同,但是就某个截面而言,这些外力都可以合成为竖向和水平方向的合力(用 $\sum N$ 和 $\sum H$ 表示)以及绕该截面 $x-x$ 轴和 $y-y$ 轴的弯矩(用 $\sum M_x$ 和 $\sum M_y$ 表示),如图 10-45 所示。因此,它们的验算内容和计算方法基本相同。

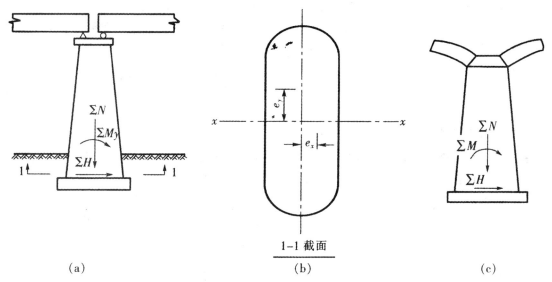

图 10-45　墩身底截面强度验算

1. 截面承载能力极限状态验算

重力式桥墩主要用圬工材料建造,一般为偏心受压构件,结构采用以概率论为基础的极限状态设计方法,采用分项系数的设计表达式进行计算,在不利作用效应组合下,桥墩各控制截面的作用效应设计值应小于或等于结构的抗力效应设计值,以方程表示为:

$$\gamma_0 S \leqslant R(f_d, a_d)$$

墩台截面的强度验算包括下列各项内容:

(1)验算截面的选取

验算截面通常选取墩身的基础顶面与墩身截面突变处。对于悬臂式墩帽的墩身,应对与墩帽交界的墩身截面进行验算。当桥墩较高时,由于危险截面不一定在墩身底部,需沿墩身每隔 2~3 m 选取一个验算截面。

(2)验算截面的内力计算

按照各种组合分别对各验算截面计算其竖向力、水平力和弯矩(顺桥向和横桥向),得到相应的竖向力 $\sum N$、水平力 $\sum H$ 和弯矩 $\sum M$。

（3）承载能力极限状态验算

按轴心或偏心受压构件验算墩身各截面的承载能力。对于砌体截面，承载力验算应按《圬工桥规》中的规定计算。如果不满足要求时，就应修改墩身截面尺寸、重新验算。

（4）截面偏心验算

桥墩承受偏心受压荷载时，各验算截面在各种组合下的偏心距 $e = \dfrac{\sum M}{\sum N}$ 不得超过《圬工桥规》中规定的允许值。

如果超过时，可按下式确定截面尺寸：

$$\gamma_0 N_d \leqslant \varphi \frac{A f_{tmd}}{\dfrac{Ae}{W} - 1} \tag{10-10}$$

（5）抗剪承载力验算

当拱桥相邻两孔的推力不相等时，常常要验算拱座底截面的抗剪强度。如果是采用无支架吊装的双曲拱时，以及在裸拱情况下卸落拱架时，都应按照该阶段的作用效应组合进行这项的验算。验算按下式计算：

$$\gamma_0 N_d \leqslant A f_{vd} + \frac{1}{4} \mu_f N_k \tag{10-11}$$

2. 桥墩的稳定性验算

桥墩整体稳定性验算包括抗倾覆稳定性验算和抗滑动稳定件验算两方面内容，可按《公路桥涵地基与基础设计规范》）（JTG D63—2007）进行计算。

（1）抗倾覆稳定性验算

如图 10-46 所示，当桥墩处于临界稳定平衡状态时，绕倾覆转动轴 $A-A$ 取矩，令稳定力矩为正，倾覆力矩为负，则：

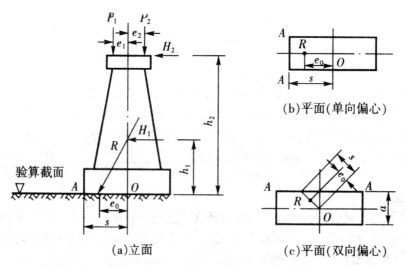

（a）立面　　　　　　　（c）平面（双向偏心）

图 10-46　墩台基础稳定验算示意图

O—截面重心；R—合力作用点；A—A 验算倾覆轴

$$\sum P_i \cdot (s - e_i) - \sum (H_i \cdot h_i) = 0 \tag{10-12}$$

即

$$s \cdot \sum P_i - \left[\sum (P_i \cdot e_i) + \sum (H_i \cdot h_i) \right] = 0 \qquad (10\text{-}13)$$

上述方程左边第一项为稳定力矩,第二项为倾覆力矩。由此可见,抵抗倾覆的稳定系数 K_0 可按下式验算:

$$K_0 = \frac{M_\text{稳}}{M_\text{倾}} = \frac{s \sum P_i}{\sum (P_i e_i) + \sum (H_i h_i)} = \frac{s}{e_0} \qquad (10\text{-}14)$$

式中,$M_\text{稳}$ 为稳定力矩;$M_\text{倾}$ 为倾覆力矩;P_i 为不考虑其分项系数和组合系数的作用标准值组合或偶然作用(地震除外)标准值组合引起的竖向力(kN);e_i 为竖向力 P_i 对验算截面重心的力臂(m);H_i 为不考虑其分项系数和组合系数的作用标准值组合或偶然作用(地震除外)标准值组合引起的水平力(kN);s 为在截面重心与合力作用点的连接线上,自截面重心至验算倾覆轴的距离(m);e_0 为所有外力的合力 R 在验算截面的作用点对基底重心的偏心距。

(2)抗滑动稳定性验算

抵抗滑动的稳定系数 K_c,按下式验算:

$$K_c = \frac{\mu \sum P_i + \sum H_{iP}}{\sum H_{ia}} \qquad (10\text{-}15)$$

式中,P 为各竖向力的总和(包括水的浮力);H_{iP} 为抗滑稳定水平力的总和;H_{ia} 为滑动水平力总和;μ 为基础底面与地基土之间的摩擦系数,若无实测值时,可根据土质情况参照《公路桥涵地基与基础设计规范》(JTG D63—2007)采用,各种土的摩擦系数见表 10-3。

表 10-3　基底摩擦系数

地基土分类	摩擦系数 μ	地基土分类	摩擦系数 μ
黏土(流塑～坚硬)、粉土	0.25	软岩(极软岩～较软岩)	0.40～0.60
砂土(粉砂 - 砾砂)	0.30～0.40	硬岩(较硬岩、坚硬岩)	0.60～0.70
碎石土(松散～密实)	0.40～0.50		

上述求得的倾覆与滑动稳定系数 K_0 和 K_c 均不得小于表 10-4 中所规定的最小值。最后还要注意的是:在验算倾覆稳定性和滑动稳定性时,应分别按常水位和设计洪水位两种情况考虑水的浮力。

表 10-4　抗倾覆和抗滑动的稳定系数

编号	作用组合	验算项目	稳定系数
1	永久作用(不包括混凝土收缩徐变、水的浮力)和车道荷载、人群荷载、的标准值效应组合	抗倾覆	1.5
		抗滑动	1.3
2	各种作用(不包括地震作用)的	抗倾覆	1.3
		抗滑动	1.2
3	施工阶段作用的标准值效应组合	抗倾覆	1.2
		抗滑动	

3.相邻墩台基础沉降及墩顶水平位移验算

当墩台建筑在地质情况复杂、土质不均匀及承载力较差的地基上，以及相邻跨径差别悬殊而需计算沉降差或跨线桥净高需预先考虑沉降量时，均应计算其沉降。

对于座落在多层土上的墩台基础，其最终沉降量可用分层总和法计算。

《公路桥涵地基与基础设计规范》(JTG D63—2007)规定相邻墩台均匀沉降差(不包括施工中的沉降)不应使桥面形成大于 0.2% 的附加纵坡(折角)。对于超静定结构，桥梁墩台间的均匀沉降差除应满足桥面纵坡要求，还应满足结构的受力要求。

4.基础底面土的承载力和偏心距验算

地基的强度一般要比墩身圬工材料低。所以在设计时常将基底面积加大，以减小基底应力。因而对基底应力和偏心仍需进行验算，使其控制在容许范围内。

(1)基底土的应力验算

基底应力验算一般按顺桥方向和横桥方向分别进行。当偏心荷载的合力作用在基底截面的核心半径 ρ 以内时，应验算偏心向的基底应力。当设置在基岩上的墩基底的合力偏心距 e_0 超出核心半径 ρ 时，其基底的一边将会出现拉应力，由于不考虑基底承受拉应力，故需按基底应力重分布，见图 10-47，重新验算基底最大压应力，其验算公式如下：

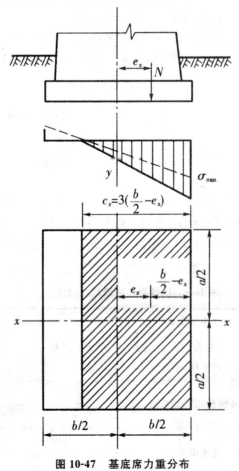

图 10-47　基底席力重分布

顺桥方向：

$$p_{max} = \frac{2N}{ac_x} \leqslant \gamma_R[f_a] \tag{10-16}$$

横桥方向：

$$p_{max} = \frac{2N}{bc_y} \leqslant \gamma_R[f_a] \tag{10-17}$$

式中，p_{max} 为重新分布后基底最大压应力；N 为作用于基础底面合力的竖向分力；a、b 为横桥方向和顺桥方向基础底面积边长；γ_R 为地基承载力容许值抗力系数，根据地基不同的受荷阶段，取 $\gamma_R = 1.0 \sim 1.5$；$[f_a]$ 为计入基底埋深影响的修正后地基土的容许承载力；c_x 为顺桥方向验算时，基底受压面积在顺桥方向的长度，即 $c_x = 3(b/2 - e_x)$；c_y 为横桥方向验算时，基底受压面积在横桥方向的长度，即 $c_y = 3(a/2 - e_y)$。

其中：e_x、e_y 为合力在 x 轴和 y 轴方向的偏心距。

（2）基底偏心距验算

为了防止基底最大和最小应力悬殊过大（即荷载偏心过大），而使基底产生不均匀沉陷，影响桥墩的正常使用。因此，必须进行基底偏心验算，使荷载的偏心距 e_0 应满足表 10-5 的规定。

表 10-5　墩台基底的合力偏心距容许值 $[e_0]$

作用情况	地基条件	合力偏心距	备注
墩台仅承受永久作用标准值效应组合	非岩石地基	桥墩 $[e_0] \leqslant 0.1\rho$	桥、刚构桥墩台，其合力作用点应尽量保持在基底重心附近
		桥台 $[e_0] \leqslant 0.75\rho$	
墩台承受坐—会标准值效应组合或偶然作用（地震作用除外）标准值效应组合	非岩石地基	$[e_0] \leqslant \rho$	拱桥单向推力墩不受限制，但 $e_0 > \rho$ 时应考虑应力重分布，且符合抗力倾覆稳定系数
	较破碎-极破碎岩石地基	$[e_0] \leqslant 1.2\rho$	
	完整、较完整岩石地基	$[e_0] \leqslant 1.5\rho$	

表中：

$$\rho = \frac{W}{A} \tag{10-18}$$

$$e_0 = \frac{\sum M}{N} \tag{10-19}$$

式中，ρ 为墩台基底截面核心半径；W 为墩台基础底面的截面模量；A 为墩台基础底面的面积；N 为作用于基础底面合力的竖向分力；$\sum M$ 为作用于墩台的水平力和竖向力对基底形心轴的弯矩。

10.2.3　桩柱式桥墩的计算

桩式桥墩计算包括盖梁和桩身两部分。

1. 盖梁计算

桩柱式桥墩通常按钢筋混凝土构件设计。在构造上，桩柱的钢筋伸入盖梁内，与盖梁的钢筋绑扎成整体，因此盖梁与桩柱刚结呈刚架结构。双柱式墩台，当盖梁的刚度与桩柱的线刚度

(EI/l) 比大于 5 时,为简化计算可以忽略节点不均衡弯矩的分配及传递,一般可按简支梁或悬臂梁进行计算和配筋,多根桩柱的盖梁可按连续梁计算。

所计算的钢筋混凝土盖梁,其跨高比为:

简支梁　　　　　　　　　　$2.0 < l/h \leqslant 5.0$　　　　　　　　　　　　(10-20)

连续梁或刚构　　　　　　　$2.5 < l/h \leqslant 5.0$　　　　　　　　　　　　(10-21)

式中,l 为盖梁的计算跨径;h 为盖梁的高度。

作用在盖梁上的外力主要考虑上部结构永久作用引起的支反力、盖梁自重、活载和施工吊装荷载以及桥墩沿纵向的水平力。最不利活载加载,首先可根据所计算盖梁处上部结构支反力影响线确定活载最大支反力,其次是根据盖梁内力影响线决定活载最不利横向布置。

盖梁在施工过程中,荷载的不对称性很大,各截面将产生较大的内力,因此应根据当时的架桥施工方案,做出最不利荷载工况。

盖梁的配筋验算方法与钢筋混凝土梁配筋类同,根据弯矩包络图配置受弯钢筋,根据剪力包络图来配置斜筋和箍筋。在配筋时,还应计算各控制截面扭矩所需要的箍筋及纵向钢筋。

2.墩身计算

桩墩一般分为刚性和柔性两种。刚性桩墩计算方法与重力式桥墩相仿;柔性桩墩的计算特点是需要从整个桥梁体系的分析来确定各桥墩的受力。

目前,国内采用橡胶支座日愈见多,这种支座在水平力作用下可以有微小的水平位移,因此,可以按在节点处设水平弹簧支承的框架图式计算,见图 10-48(a)所示。当采用对桥跨结构变形不够完善的支座,如仅垫油毛毡数层等时,通常可按多跨铰接框架的图式计算,见图 10-48(b)所示。

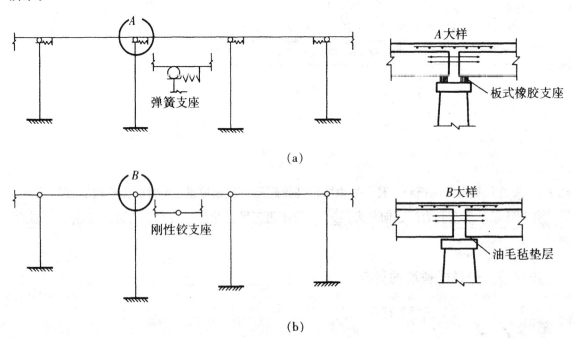

(a)

(b)

图 10-48　梁桥柔性排架墩计算图示

由于按多跨铰接框架图式所计算的要点,相对于工程的适用性越来越小,本节仅对图 10-48(a)

所示的多跨水平弹簧支承的框架图式的计算要点进行介绍。考虑到按不同的纵向荷载布置来确定各墩的最不利受力仍然甚繁,故在设计中又作进一步简化,现将有关计算的一些基本假定和计算步骤分述如下:

(1)基本假定

①柔性桩墩视为下端固支、上端节点具有水平弹性变形铰支的超静定体系。

②作用于墩顶的竖向力 N_i、不平衡弯矩 M_{0i} 以及由温度、制动力等引起的水平力 H_i,必要时还包括桩墩身受到的风荷载。对于梁体的混凝土收缩、徐变等次要因素引起的水平力可忽略不计。

③计算制动力时,各墩台受力按墩顶抗推刚度(墩顶产生单位水平位移的水平反力)分配。在计算土压力时,如设有实体刚性墩台,则全部由有关刚性墩台承受。如均为柔性墩,则由岸墩承受土压力,并假定此时各个桩顶与上部构造之间不发生相对位移。

④计算温度变形时,桩墩对梁产生的弹性拉伸或压缩影响忽略不计,而只计桩墩顶部水平力对桩墩所引起弯矩的影响。

⑤在计算墩顶板式橡胶支座的抗推刚度时,只计水平方向剪切变形的影响,而忽略梁端偏转角的影响。

(2)计算步骤

1)桥墩抗推刚度 $k_{墩i}$ 的计算

桥墩抗推刚度 $k_{墩i}$ 是指使墩顶产生单位水平位移所需施加的水平反力。

$$k_{墩i} = \frac{1}{\delta_{墩i}} \qquad (10\text{-}22)$$

①当墩柱下端固结在基础或承台顶面时:

$$\delta_{墩i} = \frac{l_i^3}{3EI} \qquad (10\text{-}23)$$

②当考虑桩侧土的弹性抗力时,$\delta_{墩i}$ 则按《地基基础》课程中桩基础的有关公式计算。

式中,$\delta_{墩i}$ 为单位水平力作用在第 i 柔性墩顶产生的水平位移(m/kN);l_i 为第 i 墩柱下端固结处到墩顶支座底面的高度(m);I 为墩身横截面对形心轴的惯性矩(m^4)。

2)支座的抗推刚度 $k_{支i}$ 的计算

设一个桥墩顶面布有 m 个橡胶支座,则该桥墩的支座抗推刚度为:

$$k_{支i} = \frac{1}{\delta_{支i}} = \frac{AGm}{t}$$

式中,A 为单个支座的平面面积;G 为橡胶支座剪切弹性模量;t 为单个支座中橡胶片的总厚度。

3)桥墩与支座的组合抗推刚度 k_{Zi}

$$k_{Zi} = \frac{1}{\delta_{Zi}} = \frac{1}{\delta_{墩i} + \delta_{支i}} = \frac{1}{\dfrac{1}{k_{墩i}} + \dfrac{1}{k_{支i}}} = \frac{k_{墩i} \cdot k_{支i}}{k_{墩i} + k_{支i}} \qquad (10\text{-}24)$$

4)墩顶制动力计算

$$H_{iT} = \frac{k_{Zi}}{\sum k_{Zi}} T \qquad (10\text{-}25)$$

式中,H_{iT} 为作用在第 i 墩(台)顶的制动力(kN);T 为全桥(或一联)承受的制动力(kN)。

由制动力产生的墩顶水平位移:

$$\Delta_{iT} = \frac{H_{iT}}{k_{Zi}} \qquad (10\text{-}26)$$

5)梁的温度变形引起的水平力

各墩由温度变化产生的水平位移为:

$$\Delta_{it} = \alpha \cdot \Delta t \cdot x_i \qquad (10\text{-}27)$$

各排架墩顶所受的温度力为:

$$H_{iT} = k_{Zi}\Delta_{iT} \qquad (10\text{-}28)$$

式中,α 为桥跨结构材料线膨胀或收缩系数,钢筋混凝土取 0.00001;Δt 为温度升降变化范围;x_i 为各排架中心到温度变化时偏移值等于零的位置的距离。

6)由墩顶不平衡弯矩 M_{0i} 产生的水平位移 Δ_{iM}

根据桥跨结构上纵桥向可变作用最不利布载,可求得简支梁桥墩顶不平衡弯矩 M_{0i},由其产生的水平位移为:

$$\Delta_{iM} = \frac{M_{0i}l_i^2}{2EI} \qquad (10\text{-}29)$$

式中,l_i、E 和 I 的意义同前。

7)不计入支座约束影响时,墩顶产生的总水平位移的计算

在这种情况下,应计入墩顶受到的最不利布载时的竖向力 N_i 及墩身的自重 q 、水平力 H_i 和不平衡弯矩 M_{0i} 的影响。这是一个几何非线性的问题,如图 10-49 所示,可应用瑞雷-里兹法和最小势能原理近似求解。

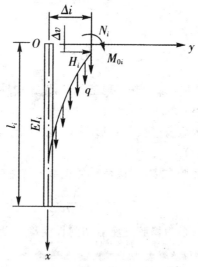

图 10-49 等直截面悬臂墩

墩顶总水平位移为:

$$\Delta_i = \frac{H_i + M_{0i}\left(\frac{\pi}{2l_i}\right)}{\frac{l_i}{8}\left[\frac{EI_i}{4}\left(\frac{\pi}{l_i}\right)^4 - \left(N_i + \frac{ql_i}{3}\right)\left(\frac{\pi}{l_i}\right)^2\right]} \qquad (10\text{-}30)$$

式中,H_i 为作用于墩顶处的纵桥向总水平力,其作用方向与图 10-49 中的 y 轴一致者为正,反之为负;M_{0i} 为作用于墩顶处的不平衡力矩,若由它引起的墩顶水平位移与 H_i 的位移应相一致时,

则取与 H_i 同号,反之取与 H_i 异号。

8)计入板式橡胶支座约束影响后墩顶的附加水平力的计算

由图 10-50(a)可知,每个桥墩的顶部并非完全自由,而是受到板式橡胶支座的弹性约束的。梁体上的水平力是通过板式支座与墩、梁接触面的摩阻力传递至桥墩,它既使墩顶产生水平位移,而又使板式支座产生剪切变形。当梁体完成了这个水平力的传递以后,梁体便处于暂时的稳定状态。这时由于存在有轴力 N_i 和墩身自重 q 的影响,将使墩顶产生附加变形 δ_i'。于是,板式橡胶支座由原来传递水平力的功能转变为抵抗墩顶继续变形的功能,当墩身很柔时,有可能使支座原来的剪切变形先恢复到零,逐渐过渡到反向状态。根据这个工作机理,便可将每座桥墩的受力状态分解为两个工作状态的组合,如图 10-50 所示。

①不计几何非线性效应的普通悬臂墩,它可按墩顶上的各个外力先分别计算,然后进行内力或变形的叠加,如图 10-50(b)所示。

②将支座模拟为具有刚度为 $k_{支i}$ 的弹簧支承,将引起几何非线性效应影响的轴力换算为由桥墩与支座共同来承担的等效附加水平力 $H_{效i}$,如图 10-50(c)所示。该等效附加水平力可按下式计算:

$$H_{效i} = k_{墩i}(\Delta_i - \Delta_{iM}) - H_i$$

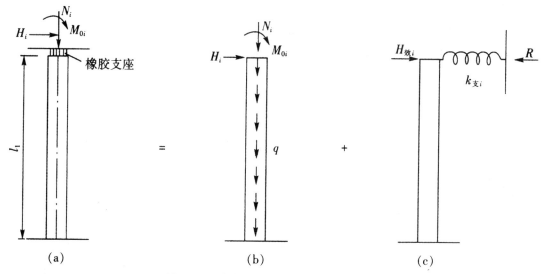

图 10-50 考虑几何非线性效应的计算模型

由此可以得到墩顶处的附加水平位移 δ_i',即:

$$\delta_i' = \frac{H_{效i}}{k_{墩i} + k_{支i}} \tag{10-31}$$

由墩顶分担的附加水平力:

$$H_{效i}' = k_{墩i}\delta_i' \tag{10-32}$$

由弹簧支撑分担的附加水平力 $H_{效i}''$ 或支反力 R_i 为:

$$H_{效i}'' = R_i = k_{支i}\delta_i' \tag{10-33}$$

以上是柔性排架墩的一般计算步骤和方法。对于不同的桥墩应分别按不同的工况进行最不利的组合,找到控制设计的截面内力进行设计。工程中有时为了简化分析,也可以偏安全地不考虑橡胶支座弹性抗力的有利影响。

顺便指出,上述的计算步骤和公式同样适用于设置板式橡胶支座的中、小跨径连续梁。由于连续梁的各个中墩均只有一排支座,理论上可以认为墩顶的不平衡力矩 $M_{0i} = 0$,并代入相应的公式即可。

10.3 桥台的计算

10.3.1 重力式桥台的计算

1.计算荷载

桥台计算时所考虑的荷载基本上与桥墩所考虑的荷载一样,但有以下不同点:桥台需考虑台后填土的侧压力,并需考虑车辆荷载引起的土侧压力。台后的土侧压力一般按主动土压力计算。车辆荷载引起的土侧压力,可按台后土体破坏棱体上布置的车辆荷载换算为等代土层来计算所增加的土压力,同样一般按主动土压力计算;桥台计算不需考虑风力、流水压力、冰压力、船只或漂浮物的撞击力。

2.作用效应组合

重力式桥台的计算与验算内容与重力式桥墩相似,包括验算台身截面强度、地基应力以及桥台稳定性等,但对于桥台只需作顺桥方向的验算。故桥台在进行荷载布置及组合时,只考虑顺桥方向。

(1)梁桥重力式桥台的荷载布置及组合

根据汽车荷载沿纵桥向不同的布置形式,按各种可能出现的荷载进行最不利荷载组合,梁桥桥台验算时车辆荷载可按以下三种情况布置:

①车辆荷载仅布置在后台填土的破坏棱体上,见图 10-51(a)。

②车辆荷载仅布置在桥跨结构上,见图 10-51(b)。

③车辆荷载同时布置在桥跨和台后填土的破坏棱体上,见图 10-51(c)。

具体是哪一种荷载组合控制设计,要结合验算的具体内容经过分析比较后才能确定。

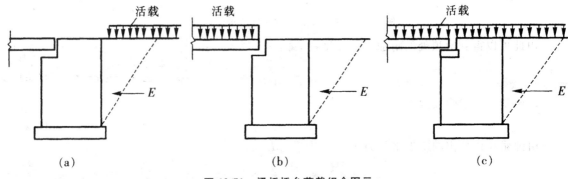

(a)   (b)   (c)

图 10-51　梁桥桥台荷载组合图示

根据上述荷载布置,重力式桥台通常进行如下几种组合(仅列出前述作用布置中①和②的组合):

①上部结构重力＋计算截面以上桥台重力＋浮力＋土侧压力(此组合是验算地基永久荷载作用时的合力偏心距)。

②上部结构重力＋计算截面以上桥台重力＋浮力＋作用在桥跨结构上的汽车荷载和人群荷载＋土侧压力。

③上部结构重力＋计算截面以上桥台重力＋浮力＋作用在桥跨结构上的汽车荷载和人群荷载＋土侧压力＋制动力。

④上部结构重力＋计算截面以上桥台重力＋浮力＋作用在桥跨结构上的汽车荷载和人群荷载＋土侧压力＋支座摩阻力。

⑤上部结构重力＋计算截面以上桥台重力＋浮力＋土侧压力(包括作用在破坏棱体上的车辆荷载所引起的土侧压力)。

⑥上部结构重力＋计算截面以上桥台重力＋浮力＋土侧压力(包括作用在破坏棱体上的车辆荷载所引起的土侧压力)＋支座摩阻力。

(2)拱桥重力式桥台的荷载布置及组合

拱桥桥台一般按以下两种情况布置车辆荷载,并进行组合:

①桥跨满布活载,使拱脚水平推力 H_p 达到最大值,温度上升,制动力向路提方向,台后按压实土考虑土侧压力,使桥台有向路堤方向偏移的趋势,见图 10-52(a)。

②台后破坏棱体上有活载,制动力向桥跨方向,桥跨上无活载,温度下降,台后按未压实土考虑土侧压力,使桥台有向桥跨方向偏移的趋势,见图 10-52(b)。

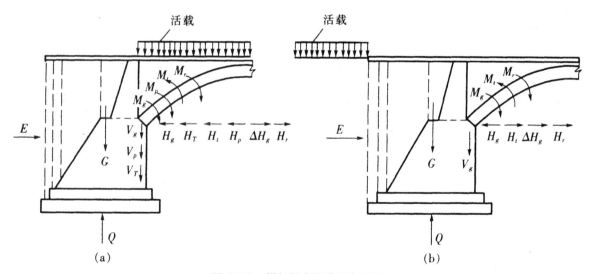

图 10-52　拱桥桥台荷载组合图示

根据上述的作用布置情况,可进行如下几种作用组合:

①上部结构重力＋计算截面以上桥台重力＋浮力＋土侧压力＋混凝土收作用(此组合是验算地基承受永久荷载作用时的偏心距)。

②上部结构重力＋计算截面以上桥台重力＋浮力＋土侧压力(包括作用在破坏棱体上的车辆荷载所引起的土侧压力)＋混凝土收缩作用。

③上部结构重力＋计算截面以上桥台重力＋浮力＋土侧压力(包括作用在破坏棱体上的车辆荷载所引起的土侧压力)＋混凝土收缩作用＋温度下降作用。

④上部结构重力＋计算截面以上、桥台重力＋浮力＋作用在桥跨结构上的车道荷载和人群荷载＋土侧压力＋混凝土收缩作用。

⑤上部结构重力＋计算截面以上桥台重力＋浮力＋作用在桥跨结构上的车道荷载和人群荷载＋土侧压力＋混凝土收缩作用＋向路堤方向的制动力＋温度上升作用。

3.验算内容

桥台只作纵桥向的验算，U形桥台验算项目与实体式桥墩基本相同，需验算台身强度、截面偏心距及桥台整体稳定性（抗倾覆稳定和抗滑动稳定）。验算方法与公式均与实体式桥墩相同。当验算台身砌体强度时，如桥台截面各部尺寸满足上述构造要求，则把桥台的翼墙和前墙作为整体来考虑受力；否则前墙应按独立的挡土墙计算。

10.3.2 设有支承梁的轻型桥台的计算特点

梁桥轻型桥台是按四铰刚构的理论进行计算的。桥梁的上部构造及桥孔下面的支撑梁作为桥台的上下支撑，保持两台不向河中移动。桥台作为上下端均为简支的竖梁，承受台后的水平土压力，同时由于翼墙与桥台连成整体，所以桥台尚应作为在弹性地基上的短梁进行验算。

轻型桥台计算主要有三个方面：

①桥台（顺桥向）在侧向土压力作用下台身作为竖梁进行截面承载能力极限状态验算。

②桥台（包括基础）在竖向荷载作用下横桥向作为一根弹性地基短梁进行截面承载能力极限状态验算。

③基础底面地基应力验算。

1.桥台作为竖梁时的强度验算（按单位宽度）

主要验算在水平土压力作用下台身截面应力。荷载组合是桥上无车辆荷载，台背填土破坏棱体上有车辆荷载为最不利。在这种荷载组合时，台身截面有较大的弯矩，因而控制设计。

（1）验算截面处竖向力 N

它包括以下三项：

①桥跨结构恒载在单位宽度桥台上的支点反力 N_1。

②单位宽度台帽的自重 N_2。

③验算截面以上单位宽度台身的自重 N_3。

于是 $N = N_1 + N_2 + N_3$。

（2）台后主动土压力计算

按《桥规》中的规定进行计算。

（3）台身内力计算

1）计算跨径

台身按上下铰接的简支梁计算，如图 10-53 所示。对于有台背的桥台，因上部构造与台背间的缝隙已用砂浆或小石子混凝土填实，保证了有牢靠的支撑作用。因此，台身受弯的计算跨径为：

$$H_1 = H_0 + \frac{d}{2} + \frac{c}{2} \tag{10-34}$$

式中，H_0 为桥跨结构与支撑梁间的净距；d 为支撑梁的高度；c 为桥台背墙的高度。

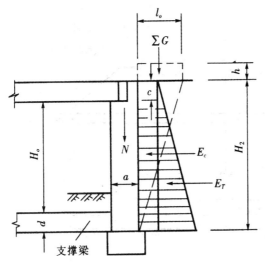
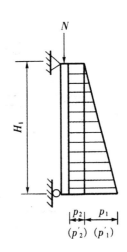

图 10-53　土压力及计算图示

对于受剪的计算跨径则取 H_0。

2)土压力引起的弯矩和剪力(近似按中点计算)

台身跨中截面的弯矩：

$$M = \frac{1}{8} p_2 H_1^2 + \frac{1}{16} p_1 H_1^2 \tag{10-35}$$

台帽顶部截面的剪力：

$$Q = \frac{1}{2} p_2' H_0 + \frac{1}{3} p_1' H_0 \tag{10-36}$$

支撑梁顶面处的剪力：

$$Q = \frac{1}{2} p_2' H_0 + \frac{2}{3} p_1' H_0 \tag{10-37}$$

式中，P_1，P_2 为受弯计算跨径 H_1 处的土压力强度；P_1'，P_2' 为受剪计算跨径 H_0 处的土压力强度。

(4)截面强度验算

按《公桥规》中有关公式进行跨中截面的抗压强度和支点截面的抗剪强度验算。

2.桥台在本身平面内的弯曲验算

根据弹性地基梁的理论，当荷载距梁两端的距离均小于 $3/\beta$(β 为特征系数)时，近似地作为短梁计算，其计算图式见图 10-54 所示。中点最大弯矩可按下式计算：

$$M_{1/2} = \frac{q}{2\beta^2} \left[\frac{\mathrm{ch}\beta l - 1}{\mathrm{sh}\beta l + \sin\beta l} \mathrm{ch}\beta a \sin\beta a + \frac{1 - \cos\beta l}{\mathrm{sh}\beta l + \sin\beta l} \mathrm{sh}\beta a \cos\beta a - \mathrm{sh}\beta a \sin\beta a \right] \tag{10-38}$$

式中，l 为基础长度；a 为桥台中心线至分布荷载边缘的距离；β 为特征系数。

$$\beta = \sqrt[4]{k/4EI} \tag{10-39}$$

式中，k 为土的弹性抗力系数，一般由试验确定；无试验资料时，可按规范或手册采用；E、I 为桥台的弹性模量和截面惯性矩。

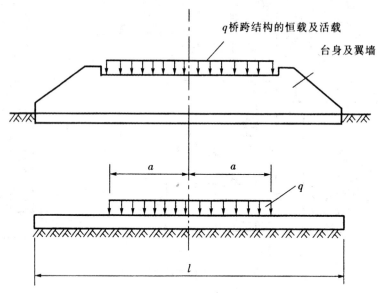

图 10-54　桥台在本身平面内弯曲的计算图示

3.基地应力验算

桥台的基底应力为桥台本身自重引起的和桥跨结构的恒载及活载引起的应力之和。桥台自重引起的基底应力可按台墙因自重不致发生弯曲的假定计算。荷载引起的基底最大应力可按下式求得。

$$\sigma = \frac{q}{b}\left[\frac{\text{ch}\beta l + 1}{\text{sh}\beta l + \sin\beta l}\text{sh}\beta a\cos\beta a + \frac{1 + \cos\beta l}{\text{sh}\beta l + \sin\beta l}\text{ch}\beta a\sin\beta a + 1 - \text{ch}\beta a\cos\beta a\right] \quad (10\text{-}40)$$

式中,b 为基础宽度,其余符号同前。

第11章 桥梁工程施工

11.1 梁桥的施工

11.1.1 桥梁施工方法的分类及特点

桥梁的基础工程有许多形式。其施工方法大致可按图 11-1 分类。

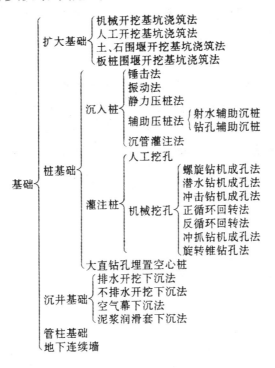

图 11-1 桥梁基础的分类及施工方法

选择确定桥梁的施工方法,需要充分考虑桥位的地形、环境、安装方法的安全性、经济性、施工速度等。因此在桥梁设计时就要对桥位条件进行详细的调查,掌握现场的地理环境、地质条件及气象条件。施工场地处在市区内、平原、山区、跨河道、跨海湾等,其各方面的条件差别很大,运输条件和环境约束也不相同,这些条件除作为选择施工方法的依据外,同时也涉及设计方案的考虑、桥跨及结构形式的选定。

在选择施工方法时,桥梁的类型、跨径、施工的技术水平、机具设备条件也是相当重要的因素。虽然桥梁的施工方法很多,但对于不同的桥梁类型,有的适合,有的就不适合,有的则在特定的条件下可以使用。

桥梁施工方法的选定,可依据下列条件综合考虑:①使用条件,包括桥梁的类型、跨径、墩高、梁下空间的限制、平面场地的限制、桥墩的形状等;②施工条件,包括工期要求、起重能力和机具设备要求、架设时是否封闭交通、架设时所需的临时设施、材料可供情况、架设施工的经济核算等;③自然环境条件,主要包括山区或平原、地质条件及软弱层状况、对河道的影响、运输线路的限制等;④社会环境影响,主要是对施工现场环境的影响,包括公害、景观、污染、架设孔下的障碍、道路交通的阻碍、公共道路的使用及建筑限界等。

11.1.2　简支梁桥施工

简支梁桥的施工主要采用预制安装的施工方法。主要施工过程包括梁的制作、梁的运输与架设、桥面铺装等。

小跨度的简支梁一般采用普通钢筋混凝土梁,采用板式截面和肋式截面。普通钢筋混凝土梁制作工艺简单,便于设计和施工。中等跨径以上的简支梁一般采用预应力混凝土梁。预应力混凝土梁一般采用板式截面、肋式截面或箱形截面,按施工工艺不同,分为先张法生产的预应力混凝土梁和后张法生产的预应力混凝土梁。

1.钢筋混凝土梁、板的构造

板桥建筑高度小,外形简单,而且内部一般无须配置抗剪钢筋,仅按构造要求弯起钢筋,因而具有施工简单、节省模板和钢筋等优点,故在小跨径桥梁中广泛应用。钢筋混凝土简支板桥的标准跨径一般在 13 m 以下,预应力混凝土简支板桥的标准跨径不宜大于 25 m。

简支板桥按照施工方法不同,分为装配式、整体式和装配一整体组合式。对于正交板桥,在缺乏起重设备的情况下,可考虑采用现浇的整体式钢筋混凝土板桥。对于斜、弯、既斜又弯或其他异形板桥,采用现浇的整体式钢筋混凝土结构是最方便的。在有条件的情况下,为了缩短工期,可考虑采用装配式钢筋混凝土结构。

(1)装配式实心板桥

矩形实心板桥是目前最常用的,它具有形状简单、施工方便、建筑高度小、施工质量易于保证等优点。如图 11-2 为装配式简支实心板桥横剖面构造。

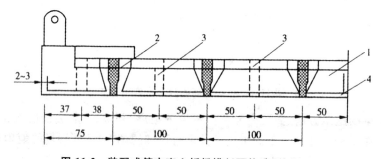

图 11-2　装配式简支实心板桥横剖面构造(单位 cm)
1—预制板;2—接缝;3—预留孔;4—垫层

(2)装配式空心板桥

当桥梁跨径增大时,宜采用钢筋混凝土空心板桥截面,板厚度为 40～70 cm,如图 11-4 所示为几种常用的开孔形式。图 11-3(a)和图 11-3(b)开成单孔,挖空面积最大、重量小,但顶板需配置横向受力钢筋,以承担车轮荷载;图 11-3(a)略呈弯形,可以节省一些钢筋,但模板较图 11-3(b)复杂。图 11-3(c)挖成两个圆孔,当用无缝钢管作芯模时,施工较方便,但挖空率小。图 11-3(d)的芯模由两块半圆模板和两块侧模板组成,当板的厚度改变时,只需更换两块侧模板。

图 11-3　空心板的截面形式

图 11-4 所示为标准跨径 13 m 的装配式预应力混凝土空心板桥的构造。桥面净空为净－7＋2×0.25 m 的安全带,总宽为 8 m,由 8 块宽 99 cm 的空心板组成,板与板之间的间隙为 1 cm,板全长 12.96 m,计算跨径 12.6 m,板厚 60 cm。空心板横截面采用图 11-4(d),腰圆孔宽 38 m、高 46 cm。采用 C40 混凝土预制空心板和填塞铰缝。每块底层配置Ⅳ级冷拉钢筋作预应力筋,共 7 根 ϕ20,每根预应力筋拉力为 194 kN,每米钢筋的拉伸值为 0.35 cm。板顶面除配置 3 根 ϕ12 的架立钢筋外,在支点附近还配置 6 根 ϕ8 的非预应力钢筋来承担由于应力产生的拉应力。用以承担剪力的箍筋 N5 与 N6 做成开口形式,待立好芯模后再与其上横向钢筋 N4 相绑扎组成封闭的箍筋。

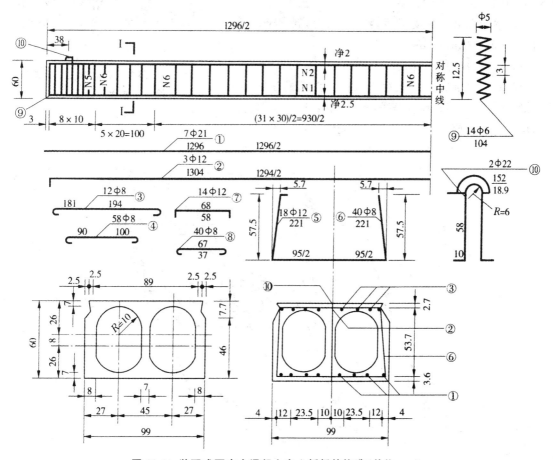

图 11-4　装配式预应力混凝土空心板桥的构造(单位:cm)

(3)装配式板桥的横向连接

为了增加块件间的整体性和在外荷载作用下相邻的几个块件能共同工作,在块件之间必须设置横向连接,这种连接的构造有企口圆形混凝土铰和企口菱形混凝土铰两种。它是在块件安装就位后,在企口缝内用 C30~C40 小石子混凝土填筑密实而成的。

为了加强块件间和板与桥面铺装间的连接,还可以将块件中钢筋伸出与相邻块伸出的钢筋互相搭接绑扎,并浇筑在混凝土铺装层内,需待混凝土达到设计强度后才能通车。为了加快工程进度,也可以采用钢板连接,用一块钢盖板焊在相邻两构件的预埋钢板上。连接构件的纵向中距通常为 80~150 cm,在跨中部分布置较密,向两端支点逐渐减疏。

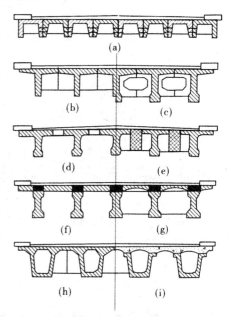

图 11-5　装配式钢筋混凝土肋式梁桥横截面基本类型

2.钢筋混凝土简支肋梁桥的构造

在中等跨径(13~15 m 以上)的钢筋混凝土肋梁桥中,多采用装配式肋梁桥。图 11-5 所示为装配式钢筋混凝土肋式梁桥横截面的几种基本类型。下面主要介绍装配式钢筋混凝土 T 梁的构造。

对于钢筋混凝土简支梁桥,我国的标准跨径有 4 种,分别为 10 m、13 m、16 m 和 20 m。

(1)主梁与横隔梁的构造

装配式钢筋混凝土 T 梁桥上部构造由几根 T 形截面的主梁、横隔梁及通过设在横隔梁下方和横隔梁翼缘顶板处的焊接钢板连成整体,如图 11-6 所示。

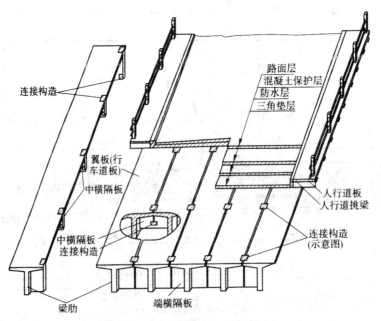

图 11-6　装配式 T 形简支梁桥概貌

(2)装配式 T 形梁的横向连接

装配式 T 形梁的接头处要有足够的强度,以保证结构的整体性,并使在施工、营运中不发生松动。其连接的方式有以下几种：

①钢板连接（见图 11-7）。它是在横隔梁上、下进行钢板焊接。

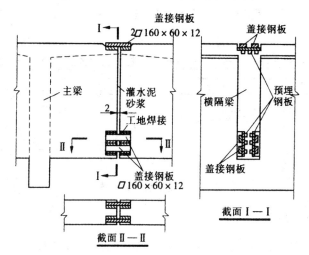

图 11-7　横隔梁的钢板接头构造（单位：mm）

②螺栓接头。此方式与钢板连接相似，不同的是，用螺栓与预埋钢板连接，钢板要预留螺栓孔。但此方法螺栓易松动，如图 11-8（a）所示。

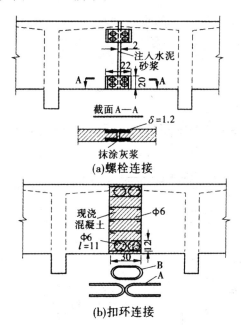

图 11-8　横隔梁的接头构造（单位：mm）

③扣环接头。横隔梁在预制时在接缝处伸出钢筋扣环 A，安装时在相邻构件的扣环两侧再安上腰圆形的接头扣环 B，在形成的圆环内插入短分布筋后即现浇混凝土封闭接缝，接缝宽度为 0.20～0.50 m，如图 11-8（b）所示。

④翼缘板处的企口缝铰接。目前，为改善挑出翼缘板的受力状态，横向连接往往做成企口铰接式的简易构造。T 梁标准设计中所采用的连接方式如图 11-9（a）所示。主梁翼缘板内伸出连

接钢筋,交叉弯制后在接缝处再安放局部的 φ6 钢筋网,并将它们浇筑在桥面混凝土铺装层内。或者可将翼板的顶层钢筋伸出,并弯转套在一根长的钢筋上,以形成纵向铰,如图 11-9(b)所示。必要时也可在铺装层内设两层钢筋网,或相邻板采用扣环钢筋连接,形成刚性连接。

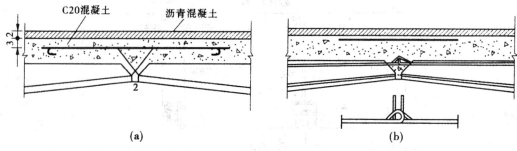

(a)   (b)

图 11-9　梁翼板连接构造

3.预应力混凝土简支梁的构造

预应力混凝土结构以其良好的使用性能被广泛地应用。目前,公路上预应力混凝土简支梁的跨径已做到 50～60 m,我国编制了后张法装配式预应力混凝土简支梁桥的标准设计,标准跨径为 25 m、30 m、35 m、40 m。下面介绍一下预应力混凝土简支梁桥的构造布置、截面尺寸及配筋特点。

(1)构造布置及截面尺寸

我国编制的公路桥涵标准图中,主梁间距采用 1.6 m,并根据桥梁横断面不同的净宽而相应采用 5、6、7 片主梁。图 11-10 所示为标准跨径 30 m、桥面净空为 2×0.75 m 人行道的标准设计构造布置图。

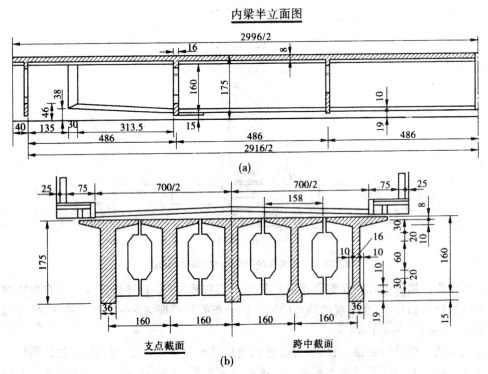

图 11-10　跨径 30 m 预应力混凝土 T 梁的构造布置(单位:cm)

（2）配筋特点

装配式预应力混凝土简支梁内配筋除主要的纵向预应力筋外，还有一些非预应力筋，如架立钢筋、箍筋、水平分布钢筋、承受局部压力的钢筋骨架等。目前，我国常用的预应力钢筋有钢丝、钢绞线、热处理钢筋、冷拉钢筋、冷拔低碳钢丝、精轧螺纹钢筋。

1）纵向预应力筋的布置

布置方式（见图 11-11）包括全部主筋直线形布置，适用于先张法。但为了减小梁端负弯矩，节省钢材，可以将主梁在中间截面截断。而将预应力筋全部弯至梁端锚固，可以减少摩擦损失。但梁端受预应力较大，可将一部分预应力筋弯出梁顶。此方法摩擦损失增大，但能缩短预应力筋的长度，且能提高梁的抗剪能力。图 11-11(b)、(c)所示方式应用较广泛。

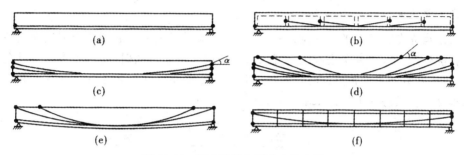

图 11-11　简支梁纵向预应力筋布置

预应力钢筋总的布置原则是：在保证梁底保护层厚度及使预应力钢筋位于索界内的前提下，尽量使预应力钢筋的重心靠下；在满足构造要求的同时，预应力钢筋尽量相互紧密靠拢，使构件尺寸紧凑。

2）非预应力筋的布置

预应力混凝土 T 形梁与钢筋混凝土梁一样，按规定布置箍筋、防收缩钢筋、架立钢筋。另外，还有其自身特点。如图 11-12 所示为梁端锚固区（约等于梁高的长度内）的配筋构造。加强钢筋网的网格约为 10 cm×10 cm。锚具下设置厚度不小于 16 mm 的钢垫板与 $\phi9$ 的螺旋筋，其螺距为 3 cm，长 21 cm，以提高混凝土的抗裂性。

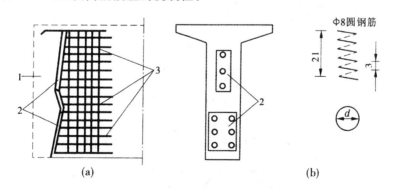

图 11-12　梁端非预应力钢筋构造（单位：cm）

1—后浇封头混凝土；2—垫板；3—钢筋网（$\phi8$，间距 10 cm）

另外，有时预应力筋与非预应力筋共同配置，会收到很好的效果，如图 11-13 所示。

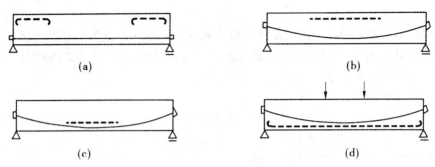

图 11-13 非预应力纵向受力钢筋(虚线)的布置

4.先张法简支梁的施工

先张法是指先在台座上张拉预应力钢材,然后浇筑混凝土以形成预应力混凝土构件的施工方法。先张法生产可采用台座法或机组流水法。采用机组流水法时,构件是在移动式的钢模中生产,钢模按流水方式通过张拉、浇筑、养护等各个固定机组完成每道工序。此法只用于工厂内预制定型构件。先张法施工工艺基本流程如图 11-14 所示。

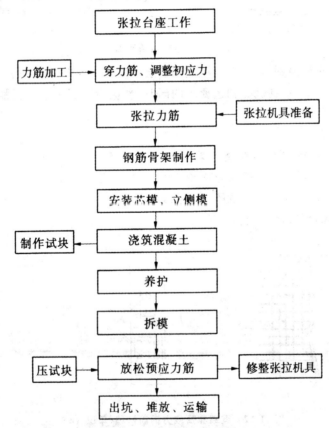

图 11-14 先张法施工工艺基本流程

台座法其构件施工的各道工序全部在固定台座上进行,它不需复杂机械设备,施工适用性强。这里重点介绍台座法。墩式台座是靠自重和土压力来平衡张拉力所产生的倾覆力矩,并靠土壤的反力和摩擦力来抵抗水平位移。墩式台座的构造见图 11-15。台座由台面、承力架、横梁和定位钢板等组成。

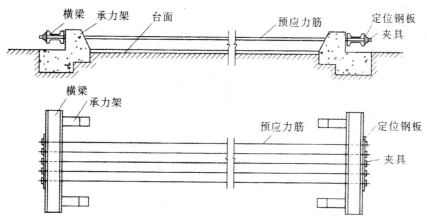

图 11-15　重力式台座构造示意图

槽式台座见图 11-16 所示,适用于现场地质条件较差,台座不很长的情况。其传力柱和横系梁一般用钢筋混凝土制作,其他部分与墩式台座的相同。

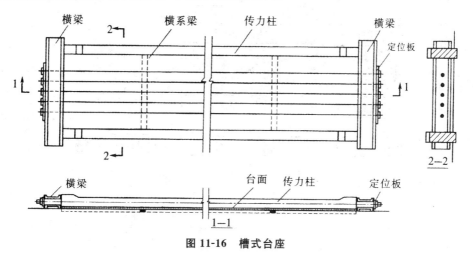

图 11-16　槽式台座

5.后张法简支梁的施工

后张法施工工艺是先浇筑留有预应力钢筋孔道的混凝土梁体,待混凝土达到规定强度后(一般不低于设计强度的 75%),再在预留孔道内穿入预应力筋进行张拉锚固(有时预留孔道内已预埋钢筋束,待混凝土达到规定强度后,对预应力筋进行张拉锚固),最后进行孔道压浆并浇筑梁端混凝土封锚。

后张法梁施加预应力前必须完成梁内预留孔道、制束、制锚、穿束和张拉设备的准备工作。但利用后张法制造混凝土梁不需要张拉台座和大型的张拉设备,便于在桥梁施工现场施工,而且适于配置曲线形预应力筋的重、大型混凝土梁的制作,因此在桥梁施工中应用广泛。

后张法施工工艺基本流程如图 11-17 所示。

梁体在固定台位上完成各工序,直到构件完全可以移动后再进行下一个构件的制作。在正常的情况下,固定台位上预制一片 30 m 跨径的后张法预应力 T 梁需要 50 h 的工作时间。

图 11-18 是 TD-60 型锥锚式三作用千斤顶构造和张拉简图。后张法预应力混凝土梁桥使用

最广的是采用高强钢丝束、钢制锥形锚具并配合锥锚式千斤顶的张拉工艺。其操作工序包括：准备工作—装上对中套—初始张拉—正式张拉—顶锚—退楔。

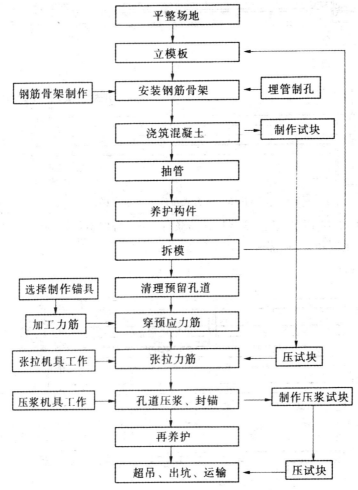

图 11-17 后张法施工工艺基本流程

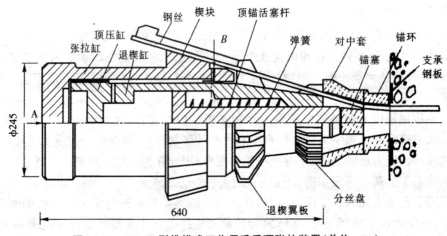

图 11-18 TD-60 型锥锚式三作用千斤顶张拉装置（单位：mm）

11.1.3 连续梁桥施工

1.预应力混凝土连续梁桥的立面布置

预应力混凝土连续梁桥根据梁高变化可分为等截面连续梁和变截面连续梁,可按照等跨和不等跨两种方式布置。

大中跨径连续梁桥一般采用不等跨布置,对于采用顶推法或先简支后连续施工法施工的桥梁,为使结构简单和模式统一,需采取等跨布置。连续梁桥梁跨数不多时,一般采用奇数孔,以三跨及五跨较为常见。

(1)等截面连续梁

等截面连续梁一般适用于中等跨径桥梁,以 40~60 m 为宜,也适用于有支架施工、逐孔架设施工、移动模架施工及顶推法施工的桥梁。立面布置以等跨径为宜,当标准跨径较大时,有时为减小边跨正弯矩,也可以将边跨跨径取小于中跨跨径的不等跨布置,一般边跨与中跨跨长之比为 0.6~0.8。

(2)变截面连续梁

当连续梁的主跨跨径达到或大于 70 m 时,采用变截面连续梁。

变截面形式的大跨径预应力混凝土连续梁桥,当采用多于两跨的连续梁桥时,其边跨跨径一般为中跨跨径的 0.6~0.8 倍。三跨连续梁应用最广泛,当采用箱形截面的三跨连续梁时,边孔跨径可减小至中孔跨径的 0.5~0.7 倍(见图 11-19)。梁底立面曲线可采用圆弧线、二次抛物线及折线等。采用变截面布置不仅外形美观,还可节省材料,并增大桥下净空高度。

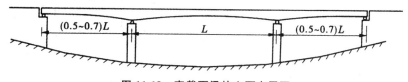

图 11-19 变截面梁的立面布置图

2.预应力混凝土连续梁桥的横截面形式和尺寸

预应力混凝土连续梁桥常用的横截面形式主要有板式截面、肋梁式截面和箱形截面。截面形式的选用应根据桥梁的跨径、宽度、梁高、荷载、静力体系和施工方法等方面综合确定。

(1)板式截面

板式截面分实体截面[见图 11-20(a)、(b)]和空心截面[图 11-20(c)、(d)]。矩形实体截面使用较少,曲线形板式截面近年来使用相对较多。实体板式截面多用于中小跨径,且多采用有支架整体浇筑施工。空心截面常用于跨径为 15~30 m 的连续梁桥,板厚一般为 0.8~1.5 m。

(2)肋梁式截面

肋梁式截面预制方便,常采用预制架设施工,并在梁段安装后经体系转换为连续梁桥。常用跨径为 25~50 m,梁高取 1.5~2.5 m,如图 11-20(e)所示。

(3)箱形截面

当连续体系梁桥的跨径超过 40~60 m 或更大时,箱形截面是最适宜的截面形式,而且箱梁底部一般较窄,与之相配的桥墩工程量可大大减少,所以在高桥墩中效果更为显著。箱形截面具有很大的抗弯和抗扭刚度,对于采用悬臂施工的桥梁尤为有利。

常用的箱形截面形式有单箱单室、双箱单室、单箱双室及单箱多室等(见图 11-21)。

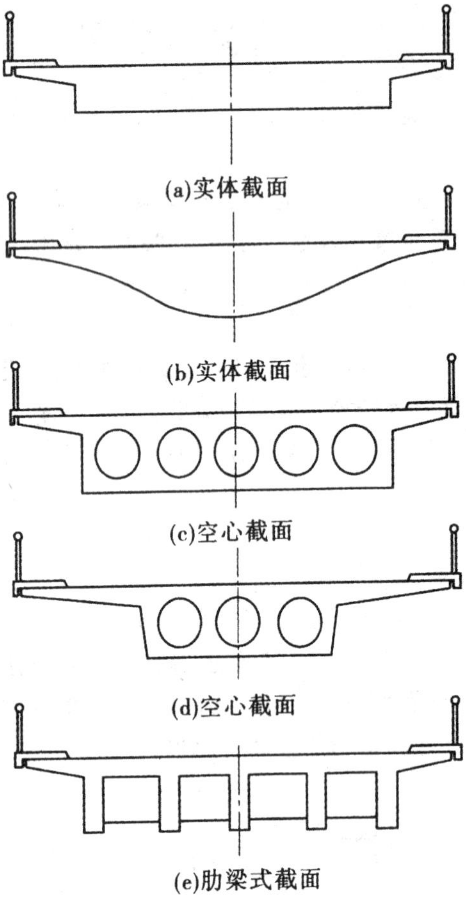

(a)实体截面

(b)实体截面

(c)空心截面

(d)空心截面

(e)肋梁式截面

图 11-20 板式、肋式截面

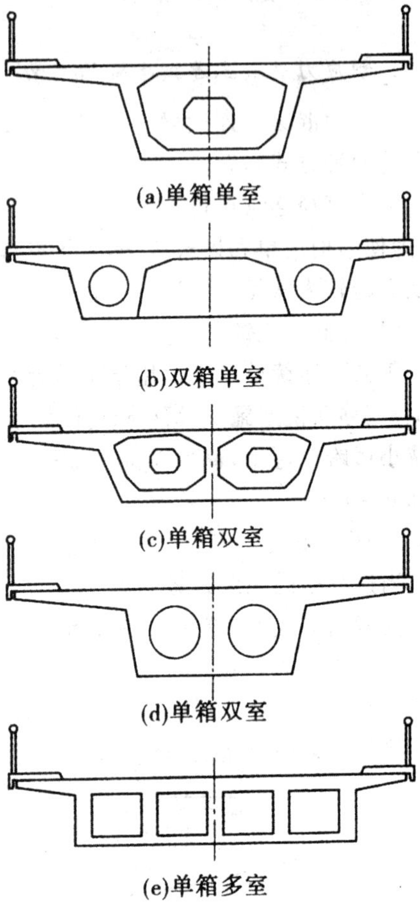

(a)单箱单室

(b)双箱单室

(c)单箱双室

(d)单箱双室

(e)单箱多室

图 11-21 箱形截面

3.预应力筋布置

连续梁主梁的内力主要有三个,即纵向受弯、纵向受剪以及横向受弯。预应力混凝土连续梁中预应力筋布置分为纵向布置、横向布置及竖向布置。纵向预应力筋抵抗纵向受弯和部分受剪,竖向预应力筋抵抗剪力,横向预应力筋则抵抗横向受弯。同时布置有三种力筋的称为三向预应力体系,同时布置有纵向与竖向或纵向与横向力筋的称为双向预应力体系。

预应力筋的数量和布筋位置都需要根据结构在使用阶段的受力状态予以确定,同时,也要满足施工各阶段的受力需要。施工方法不同,施工阶段的受力状态差别很大。因此,结构配筋必须结合施工方法考虑。

(1)纵向预应力筋

沿桥跨方向的纵向力筋又称为主筋,是用以保证桥梁在恒、活载作用下纵向跨越能力的主要受力钢筋,可布置在顶、底板和腹板中。预应力混凝土连续梁桥中纵向预应力筋的布置方式有多种,与所采用的施工方法以及预应力筋的种类等有密切的关系。

图 11-22 分别表示采用顶推法、先简支后连续、悬臂和整联现浇等施工方式,改善了腹板的混凝土浇筑条件;水平预应力筋的设计和构造仅由弯曲应力决定,而抗剪强度则由竖向预应力筋

来提供。

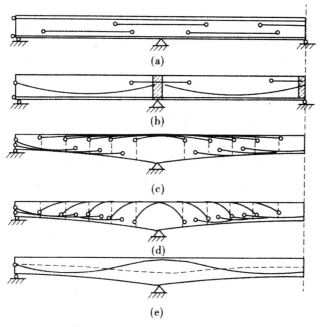

图 11-22　预应力混凝土连续梁配筋

（2）横向预应力筋

横向预应力筋是用以保证桥面板、横隔板的横向抗弯能力，以及桥梁的横向整体性的主要受力钢筋，一般布置在横隔板和顶板中。图 11-23 所示为对箱梁截面的顶板施加横向预应力的力筋构造。由于目前大跨径梁式桥主梁大都采用箱形截面，顶板厚度一般为 $25\sim35$ cm，在保证大量纵向预应力筋穿过的前提下，所剩空间位置有限，此时横向预应力筋趋向于采用扁锚体系，以减小布筋所需空间。

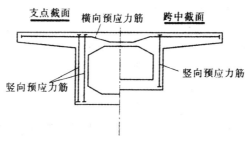

图 11-23　箱梁横向及竖向预应力筋布置方式

（3）竖向预应力筋

竖向预应力筋布置在腹板中，主要作用是提高截面的抗剪能力。竖向预应力筋在梁体腹板内沿纵向的布置间距可根据竖向剪力的分布而进行调整，靠近支点截面位置较密，靠近跨中位置较疏。竖向预应力筋常采用高强粗钢筋，以减少力筋张拉锚固时的回缩损失。

11.1.4　预应力混凝土连续梁桥的施工

预应力混凝土连续梁桥的施工方法很多，本节主要介绍支架现浇施工法、预制梁逐孔架设法、移动模架施工法、悬臂施工法和顶推法。对于施工方法的选择,应根据桥梁的设计、施工现场、环境、设备、经验等因素决定。

1.支架现浇施工法

支架现浇施工法是直接在支架上安装模板、绑扎钢筋骨架,预留孔道,现场浇筑混凝土并施加预应力的方法。

(1)整体支架现浇施工

该方法适用于低矮桥墩的中小跨径连续梁桥或弯桥、宽桥、斜交桥、立交桥等复杂桥型。

支架材料多采用钢制标准杆件,按其构造形式分为支柱式、梁式和梁柱式三种。支柱式支架常用于陆地、不通航的河道或桥墩较矮的小跨径桥梁。梁式支架可采用工字钢、钢板梁或钢桁梁。其中工字钢适用于 10 m 以下的跨径,钢板梁适用于 20 m 以下的跨径,钢桁梁适用于大于 20 m 的跨径。梁柱式支架一般在大跨径桥梁上使用,梁支承在桥梁墩台、临时支架或临时墩上,形成多跨连续支架。常用的钢支架构造如图 11-24 所示。

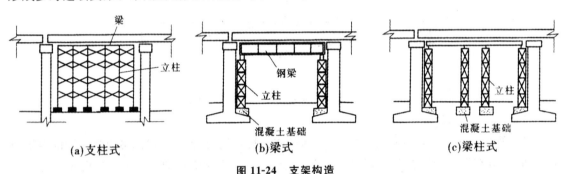

(a)支柱式　　　　(b)梁式　　　　(c)梁柱式

图 11-24　支架构造

支架是就地浇筑施工的关键,它应满足如下要求:

①支架要承受桥梁上部的大部分恒载,必须要有足够的刚度和强度。

②在河道中施工要能抵抗水流和漂浮物的撞击。

③支架的基础要叮靠。

④构件结合要紧密,要有足够的纵、横、斜连接杆件,使支架具有可靠的整体性。

⑤支架在承受荷载后会有弹性变形和非弹性变形,在架设前应计算好,设置合适的预挠度,以保证梁体的外形尺寸及标高。

⑥基础的允许下沉量应满足施工后梁体设计标高的要求。

⑦要设置落梁设施,如木楔、沙筒和千斤顶等,以确保落架对称、均匀,使主梁不产生局部受力状态。

整体支架现浇施工的顺序为:采用一联同时搭设支架,按一定程序浇筑混凝土,待张拉预应力筋,压浆后移架。对于小跨径桥梁,一般采用从一端到另一端浇筑的施工顺序,先梁身后支点,依次进行。对于大跨径预应力混凝土箱形截面连续梁桥,施工时有两种方法:一种是水平分层施工,即先浇筑底板,待达到一定强度后再进行腹板施工,最后浇筑顶板;另一种是分段施工,即每隔 20~25 m 设置一条连接缝,连接缝宽约 1 m,待各段混凝土浇筑完成后,最后在接缝处合龙。为使接缝处混凝土结合紧密,通常把该处腹板做成企口缝或齿形,同时腹板与底板不能在同一竖截面内接头。预应力混凝土连续梁桥在支架上施工,其预应力筋可一次性布置,集中张拉,因此便于采用大型力筋。

整体支架现浇施工程序如图 11-25 所示。

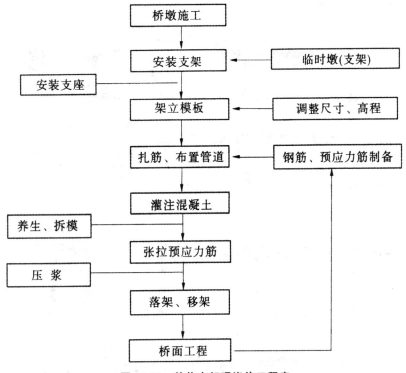

图 11-25　整体支架现浇施工程序

(2)移动支架逐孔现浇施工

移动支架逐孔现浇施工与整体支架现浇施工的区别在于：移动支架逐孔现浇施工仅在一跨梁上设置支架，当预应力筋张拉结束后，将支架移到下一跨施工，因此在施工过程中会出现体系转换问题，混凝土徐变对结构产生次内力，而整体支架现浇施工通常在一联桥跨内布设支架连续施工，没有体系转换问题。

移动支架常用的形式有落地式和梁式，如图 11-26 所示。落地式支架适合于在陆地上或桥墩较低、水不深的情况下建桥。梁式支架的承重梁可支承在锚固于桥墩的横梁上，也可支承在已施工完成的梁体上，它适合于在较深的水中建桥。

2.预制梁逐孔施工法

预制梁逐孔施工法是中等跨径预应力混凝土连续梁桥常采用的一种施工方法。它是先在工厂或现场预制整跨梁或分段梁，然后将预制构件安装在墩台和轻型的临时支架上，再现浇接头混凝土，最后通过张拉部分预应力筋，使梁体集整形成连续梁。当起吊能力受到限制时，也可沿桥的横向将梁分割，分别预制，在安装形成连续梁体系后再进行横向整体化施工。由于预制梁或预制段较长，需要在预制时先进行第一次预应力筋的张拉，拼装就位后再进行二次张拉。预制梁逐孔施工的优点是：①无须满布支架，大大减少了现浇混凝土的数量；②施工中能连续操作，可以选择最佳的施工接缝位置；③可以使上部结构的预制工作和下部结构的施工同步进行，施工速度快。缺点是：①施工过程中结构体系不断改变；②需要大型的起重设备。该方法适合于中等跨径的桥梁。

　　预制梁逐孔施工法有两种结构体系转换的施工方式:简支-连续施工,简支-单悬臂-连续施工,如图 11-27、图 11-28 所示。

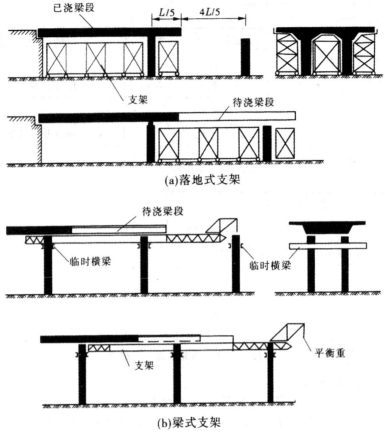

(a)落地式支架

(b)梁式支架

图 11-26　移动支架逐孔现浇施工

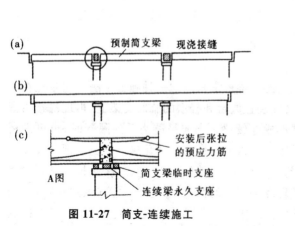

图 11-27　简支-连续施工

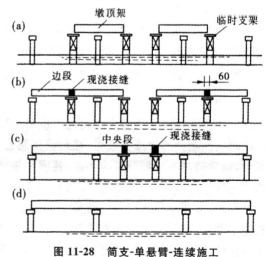

图 11-28　简支-单悬臂-连续施工

3.移动模架施工法

　　移动模架施工法是使用移动式的脚手架和装配式的模板,在桥上逐孔浇筑施工。它像一座设在桥孔上的活动预制场,随着施工进程不断移动和连续现浇施工。

常用的移动模架可分为移动悬吊模架和活动模架两种。

(1)移动悬吊模架

移动悬吊模架的基本结构包括三部分:承重梁、从承重梁伸出的肋骨状的横梁以及支承主梁的移动支承。其施工程序如图 11-29 所示。

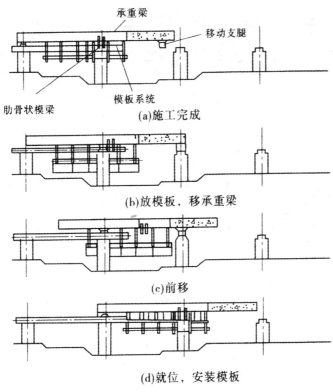

承重梁
移动支腿
模板系统
肋骨状横梁

(a)施工完成

(b)放模板,移承重梁

(c)前移

(d)就位,安装模板

图 11-29　移动悬吊模架的施工程序

(2)活动模架

活动模架的形式较多,这里主要介绍两种:一种是采用两根长度大于两倍跨径的承重梁分设在箱梁截面的翼缘板下方,兼作支承和移动模架的功能,不需导梁。承重梁设置在墩顶的临时横梁上,两根承重梁间用钢螺栓框架连接。另一种由承重梁、导梁、台车、桥墩托架和模架等构件组成,如图 11-30 所示。承重梁设置在混凝土箱梁两侧,用于支承模板和承受施工重力。承重梁的长度要大于桥梁跨径,浇筑混凝土时承重梁支承在桥墩托架上。导梁主要用于运送承重梁和活动模架,需要有大于两倍桥梁跨径的长度。当一跨梁施工完成后便进行脱模卸架,由前方台车和后方台车在导梁和已完成的桥梁上面,沿纵向将承重梁和活动模架运送至下一跨,承重梁就位后导梁再向前移动。

4.悬臂施工法

悬臂施工法亦称分段施工法,它是在已建成的桥墩上,沿桥梁跨径方向对称地逐段浇筑或拼装的施工方法。

悬臂施工法通常分为悬臂浇筑和悬臂拼装两类。

（1）悬臂浇筑

悬臂浇筑（简称悬浇）一般采用移动式挂篮作为主要施工设备，以桥墩为中心，对称地向两岸利用挂篮浇筑梁节段的混凝土，待混凝土达到要求强度后张拉预应力筋束，然后移动机具模板（挂篮），再进行下一节段的施工，一直推进到悬臂端为止。

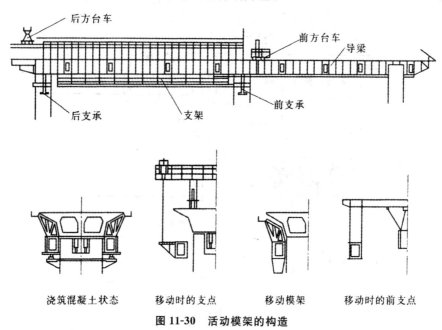

图 11-30　活动模架的构造

随着施工技术的不断改进，挂篮已由过去的压重平衡式发展成现在通用的自锚平衡式。自锚式施工挂篮结构的形式主要有桁架式、斜拉式两种。桁架式挂篮按其构成部件的不同，分为万能杆件挂篮、贝雷梁或装配式公路钢桁梁组合式挂篮、型钢组合式挂篮等；按桁架构成形状的不同，又可分为平行桁架式、平弦无平衡重式、菱形式、弓弦式等多种。部分形式如图 11-31、图 11-32 所示。

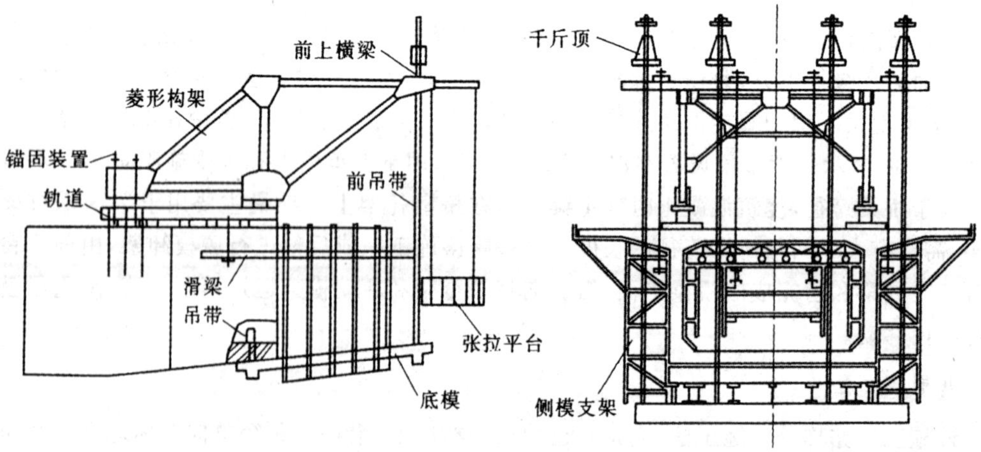

图 11-31　菱形桁架式挂篮

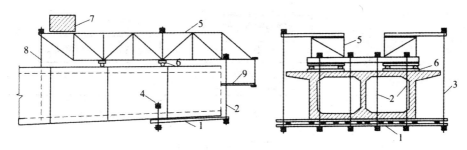

图 11-32 挂篮构造简图

1—底模架；2、3、4—悬吊系统；5—承重结构；

6—行走系统；7—平衡重；8—锚固系统；9—工作平台

（2）悬臂拼装

悬臂拼装（简称悬拼）是将块件分段预制，当下部结构完成后，将预制块件运到桥下，用活动吊机逐段起吊，拼装就位，施加预应力，使块件成为整体的施工方法。预制块件的长度应根据悬拼吊机的起重能力确定，一般为 2～5 m。悬拼按起重吊装的方式不同分为浮吊悬拼、牵引滑轮组悬拼、连续千斤顶悬拼、缆索起重机（缆吊）悬拼及移动支架悬拼等。悬拼的核心是梁的吊拼，而梁段的预制则是悬拼的基础。悬臂拼装施工如图 11-33 所示。

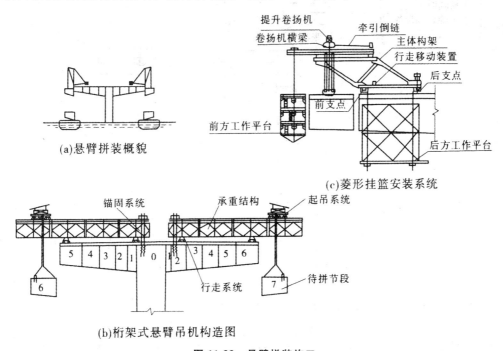

图 11-33 悬臂拼装施工

5.顶推法

顶推法施工是沿桥纵轴方向，在桥台后设置预制场地，分节段预制，并用纵向预应力筋将预制节段与前阶段施工完成的梁体连成整体，然后通过水平千斤顶施力，借助滑动装置将梁体向前顶推出预制场地，之后继续在预制场地进行下一节段梁的预制，直至施工完成，如图 11-34 所示。

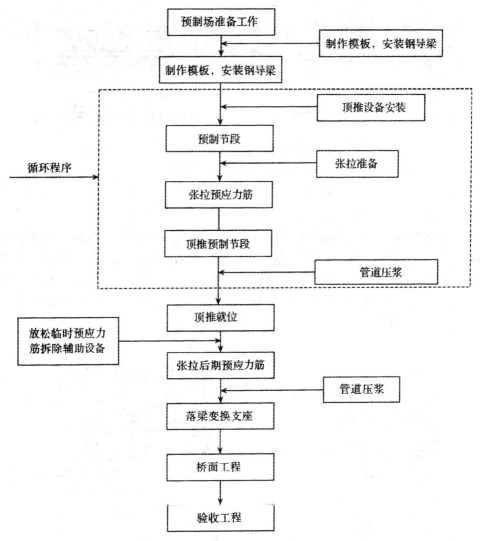

图 11-34 顶推法施工程序

图 11-35 表示一般单向顶推的情况。对于特别长的多联多跨桥梁，也可以应用多点顶推的方式使每联单独顶推就位，如图 11-35(b)所示。在此情况下，在墩顶上均可设置顶推装置，且梁的前后端都应安装导梁。图 11-35(c)所示为三跨不等跨连续梁采用从两岸双向顶推施工的图式。用此法可以不设临时墩而修建中跨跨径更大的连续梁桥。

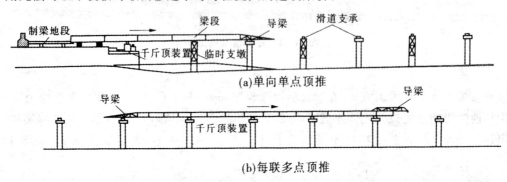

(a)单向单点顶推

(b)每联多点顶推

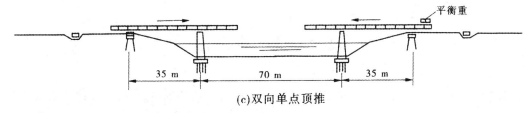

(c)双向单点顶推

图 11-35　连续梁顶推法施工示意图

顶推施工中采用的主要设备是千斤顶和滑道。根据不同的传力方式,顶推工艺又有推头式或拉杆式两种。图 11-36 所示为推头式顶推装置。图 11-37 所示为拉杆式顶推装置的布置。

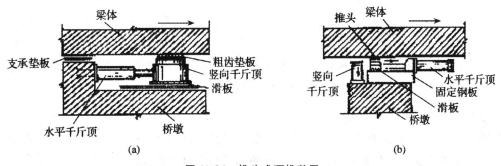

图 11-36　推头式顶推装置

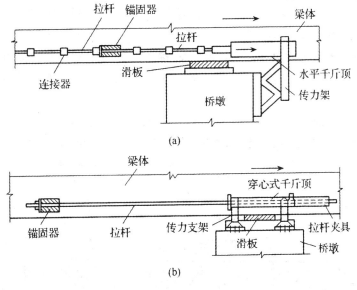

图 11-37　拉杆式顶推装置

必须注意,在顶推过程中要严格控制梁体两侧千斤顶同步运行。为了防止梁体在平面内发生偏移,通常在墩顶或在梁体旁边可设置横向导向装置。

11.2 拱桥的施工

拱桥是一种能充分发挥圬工及钢筋混凝土材料抗压性能、外形美观、维修管理费用少的合理桥型,因此被广泛采用。拱桥的施工,从方法上大体可分为有支架施工和无支架施工两大类。在我国,前者常用于石拱桥和混凝土预制块拱桥;后者多用于肋拱、双曲拱、箱形拱、桁架拱桥等。目前也有采用两者相结合的施工方法。本章着重介绍石拱桥的有支架施工及无支架缆索吊装的施工方法。

11.2.1 拱桥的施工要点

石拱桥、现浇混凝土拱桥及混凝土预制块砌筑的拱桥,均采用有支架的施工方法修建。在此,只对拱架、拱圈及拱上建筑的施工要点进行介绍。

1. 拱架

砌筑石拱桥(或预制混凝土块拱桥)及就地浇筑混凝土拱圈时,均要搭设拱架,其作用在于支承全部或部分拱圈和拱上建筑的重量和保证拱圈的形状符合设计要求。因此要求拱架应具有足够的强度、刚度和稳定性。但它又是临时结构,因此要求构造简单,易于制作,节省材料且便于拆卸。

2. 拱架的形式和构造

拱架按形式可分为满布式拱架、拱式拱架等;按所用材料可分为木拱架、钢拱架和土木材。它通常由拱架上部(拱盔)、卸架设备、拱架下部(支架)三部分组成。一般常用的形式有:

(1)立柱式

立柱式拱架的形式及其组成如图11 38所示。上部由斜梁、立柱、斜撑和拉杆等组成的拱形桁架,下部由立柱及横向联系(斜夹木、水平夹木)组成的支架,上下部之间放置卸架设备(木楔或

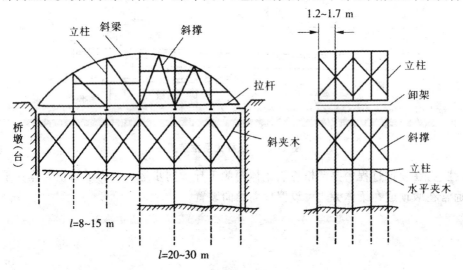

图 11-38 立柱式拱架的形式及其组成

砂筒)。斜梁上钉弧形垫木以适应拱腹的曲线形状。斜梁和弧形垫木又合称为弓形木。弓形木支承在立柱或斜撑上,长度一般为 1.5～2.0 m。弓形木上设置横梁,其间距一般为 0.6～0.7 m,上面再纵向铺设模板,其厚 0.02～0.04 m,见图 11-39(a)所示。当拱架横向间距较密时,亦可不设横梁而直接在弓形木上面铺设 30～50 mm 厚的横板,见图 11-39(b)所示。

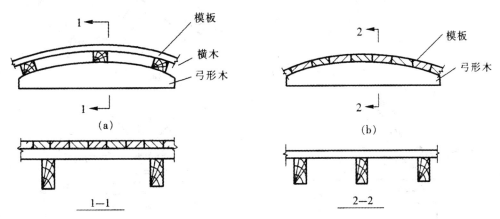

图 11-39　弓形木及模板构造图

立柱间距一般在 1.5～5.0 m 之间,视桥梁跨径及承受拱圈重量而定。拱架在横桥方向的间距一般为 1.2～1.7 m,拱架各片之间设置横向联系(水平及斜向夹木)以增强横向稳定性。立柱式拱架适用于跨度和高度不大的拱桥。

立柱式拱架的优点是刚度大、稳定可靠、构造简单、制作容易,在跨中设置支撑不困难的情况下,应用较普遍。其缺点是木材用量大,在水深、流急、漂浮物较多及施工期间不断航的河道上不能采用。

(2)撑架式

用少数框架式支架加斜撑来代替数目众多的立柱,其形式见图 11-40 所示,可少用木材,有一定的通航空间,减少洪水及漂流物的威胁。

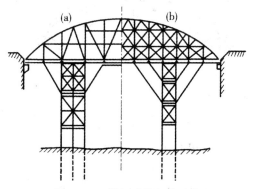

图 11-40　撑架式拱架的形式

在施工中要求上述两种形式的拱架各连接处应精密制作,连接紧密,使拱架具有足够的强度、刚度和稳定性,以保证拱架在荷载作用下变形最小且变形曲线圆顺。满布式拱架常用的节点构造见图 11-41 所示。

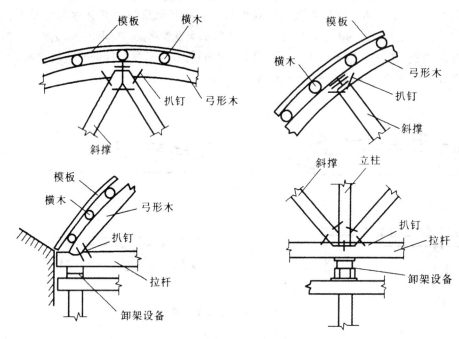

图 11-41　满布式拱架的节点构造

（3）拱式拱架

拱式拱架不受洪水、漂流物的影响，在施工期间能维持通航，适用于墩高、水深、流急或要求通航的河流。三铰桁式拱架是常用的一种形式，材料用量少，但要求有较高的施工水平和架设能力。其拱架形式见图 11-42 所示，三铰桁式拱架结构形式很多，按腹杆的形式常用的有 N 式、V 式和有反向斜杆的交叉式等。三铰桁式拱架的纵、横向稳定的保证，除加强纵横向联系外，还需设抗风缆索，以加强整体稳定性。

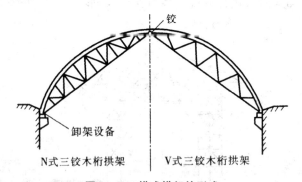

图 11-42　拱式拱架的形式

（4）钢拱架

钢拱架能节省大量木材，而且装拆、运输方便，能重复利用。钢拱架的主要缺点是弹性变形和由温度引起的变形比木拱架大，且钢拱架和拱圈的膨胀系数不相等，如果拱圈分段的空缝位置设置不妥当，当温度变化较大时，容易使拱圈发生开裂。钢拱架又可以分为梁式钢拱架和可移动式钢拱架。

梁式钢拱架用工字钢做成，上垫弓形木，如图 11-43 所示。当支架间的距离较大时，可用桁架代替工字钢。

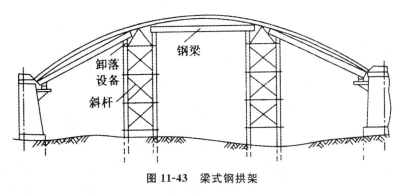

图 11-43　梁式钢拱架

当桥位比较平坦或常水位不高且河床平坦时,也可采用着地可移动式的钢拱架,如图 11-44 所示。整个拱架由万能杆件拼装而成,待上游半幅拱箱合拢后,再通过滑轨平移至下游半幅处重复使用,从而大大节省支架。

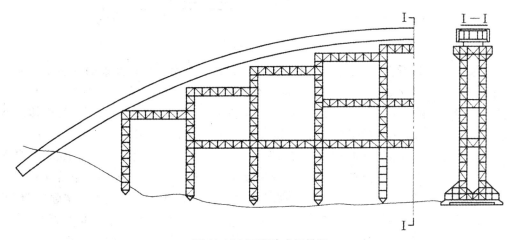

图 11-44　可移动式钢拱架

3.拱架的制作、安装及卸落

拱架应具有足够的强度、刚度和整体稳定性。因此,在计算荷载作用下,拱架解耦股应按受力程序分别验算其强度、刚度和稳定性。拱架的施工程序一般为:放出拱架大样→制作杆件样板→杆件加工→试拼→修改→安装。满布式拱架是在桥孔内逐杆安装,三铰桁式拱架均采用整片吊装安装。安装时应及时测量,保证设计尺寸要求,注意安全。

为了使拱圈在卸架时能够逐渐地、均匀受力,在拱架上部和下部之间需设置卸架设备。常用的设备有木楔和砂筒两种。中、小跨径多用木楔或木凳,大跨径或拱式拱架多用砂筒或其他专用设备(如千斤顶等)。卸架设备的几种形式见图 11-45 所示。

图 11-45(a)为简单木楔,由两块 1：6～1：10 斜面的硬木楔形块组成。落架时用锤轻击木楔小头,将其取出,即使拱架下落。图 11-45(b)为组合木楔。卸架时只要扭松螺栓,木楔即徐徐下落,它可用于 40 m 以下的满布式拱架和 20 m 以下的拱式拱架。图 11-45(c)为卸架木凳(木马),适用于跨径 15 m 以内的拱桥。卸架时只要沿 1—1 与 2—2 方向锯去木凳的两个边角,则在拱架自重作用下,木凳被压陷,则拱架随之下落。图 11-45(d)为卸架砂筒。从泄砂孔将沙子均匀泄出,则活塞下落,使拱架随之下落。所用的砂子应颗粒均匀、干燥、清洁。

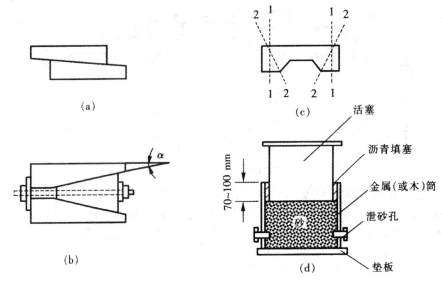

图 11-45　卸架设备的几种形式

2007 年 8 月 13 日下午,湖南省湘西土家族苗族自治州凤凰县正在建设的堤溪沱江大桥发生坍塌事故,造成 64 人死亡,22 人受伤,直接经济损失 3974.7 万元。大桥主拱圈砌筑材料未满足规范和设计要求,拱桥上部构造施工工序不合理,主拱圈砌筑质量差,降低了拱圈砌体的整体性和强度,随着拱上施工荷载的不断增加,造成 1 号孔主拱圈靠近 0 号桥台一侧 3～4 m 宽范围内,砌体强度达到破坏极限而坍塌,受连拱效应影响,整个大桥迅速坍塌。大跨径石拱桥,自重很大,侧向推力更是自重的数倍,随着大桥完工,脚手架拆除,大桥自重和侧向推力就完全传到地面和大桥两端,因此拆脚手架时是它的一个危险期。拱桥建成后,在桥拱未达到一定强度前,不能马上拆除脚手架;拆除脚手架必须严格按照一定的顺序进行,拆时也要均衡,不能只拆一边,要几个支点同时拆。若拆除脚手架的顺序出了错误,会造成石拱受力不均,其中一跨坍塌后,导致拱圈产生的水平推力失衡,就会形成多米诺骨牌式的连坏倒塌。

11.2.2　拱圈及拱上建筑施工

1.拱圈砌筑程序

砌筑拱圈前,必须对拱架进行全面检查,注意支撑是否稳固,杆件接头是否紧密,并校核模板顶面标高。砌筑拱圈时,拱架随着荷载的增加而变形。如果砌筑方法不当,拱架变形将改变共轴线的形状,在拱架变形突变的地方,引起拱圈砌缝开裂。所以,更具跨径的大小,拱圈的砌筑一般采用以下几种方法:

（1）连续砌筑法

适用于砌筑跨径小于 16 m 的满布式拱架施工。砌筑时按拱圈的全厚和全宽,同时由拱脚两端开始连续对称地向拱顶砌筑,在拱顶进行合拢。对于跨径不大于 10 m 的拱式拱架施工,应在砌筑拱脚的同时,并在拱顶部分堆压适当数量的拱石,以保持平衡。为防止拱圈合拢前变形而引起拱脚及 1/4 点裂缝,可在拱脚处设置空缝;如果在拱顶合拢时拱脚砌缝尚未凝固,在拱脚处则不必设置空缝。

（2）分段砌筑法

当拱桥跨径较大时，如果采取由拱脚向拱顶连续砌筑，则在砌筑拱脚段时，因拱石重力使该段拱架下沉，而拱顶部分则受两边拱石重力的挤压而向上隆起。当连续砌到拱顶时，拱架中部转为下沉，拱跨 1/4 处隆起，使拱圈轴线与设计拱轴线偏离较大，增加拱圈附加内力，或引起灰缝的开裂，所以一般采用分段砌筑法，即全拱分为数段，同时对称砌筑，以保持拱架受力平衡。当跨径在 16～25 m 之间采用满布式拱架施工或跨径在 10～25 m 之间采用拱式拱架施工，可采用半跨分成三段的分段对称砌筑方法。

分段砌筑时，在分段接头处设置缺口或空缝。缺口设在拱圈斜度较陡处（拱脚至 1/4 处），长 0.8～1.0 m。空缝设在拱圈斜度较缓处（拱顶跨长 1/3 范围），缝宽 3～4 cm。

拱圈斜度较陡处拱石容易下滑，此时应在拱圈全宽范围内设置三脚架支撑挡板。缺口的封填，可先拆除一部分支撑，砌筑拱石封口，待砂浆凝固后再拆去另一部分支撑，继续封填缺口。空缝的尺寸，除两侧及拱腹面上 10 cm 深的缝宽仍按原设计灰缝宽度砌筑外，其余部分做成 3～4 cm 宽，以便灌浆。空缝的填塞，可同时进行或由拱脚逐次向拱顶对称进行。填塞时，每层的灌浆厚度为 10 cm 左右，并加强振捣。

（3）分环分段砌筑法

对于较大跨径的拱桥，当拱圈较厚、由三层以上拱石组成时，可以将拱圈分成几环砌筑，砌筑一环，合拢一环。分段处一般应设置在拱架挠曲线有转折及拱圈弯矩比较大的位置，如拱顶、拱脚及拱架的节点处。当下环砌筑完毕并养护数日后，砌缝砂浆达到一定强度时，再砌筑上环。当一环砌完合拢后，拱圈就可以起到拱的作用，并可与拱架共同承担第二环拱圈的重力。对于石拱桥，分段间应预留 30～40 mm 的主缝或设置木撑架，混凝土拱圈则应在分段间设混凝土挡板（端模板），待拱圈砌筑后再用砂浆（或埋入石块、浇筑混凝土）灌缝。

上、下环间拱石应犬牙交错，每环可分段砌筑，当跨径大于 25 m 时，每段长度一般不超过 8 m，段间可设置空缝或闭合楔。对分段较多和分环砌筑的拱圈，为使拱架受力对称、均匀，可在拱跨的两个 1/4 处或在几处同时合拢。

（4）多孔拱桥砌筑法

如果多孔拱桥桥墩不是按单向推理设计，拱圈的砌筑府考虑单向推力的作用，并在砌筑程序上采取适当措施。砌筑拱圈时，在拱顶预留一缺口，待拱圈的所有缺口和空缝全部填封后，再封闭拱顶缺口，称为合拢。宫阙合拢时，应按照设计的合拢温度进行合拢。当无设计规定时，宜采取当地的年平均温度。合拢时，可在拱顶缺口内直接用拱顶石及砂浆砌筑。

2. 混凝土、钢筋混凝土拱圈

在支架上就地浇筑拱圈可分为三个阶段：第一阶段浇筑拱圈或拱肋混凝土；第二阶段浇筑拱上立柱、联系梁及横梁等；第三阶段浇筑桥面系。后一阶段的混凝土浇筑应在前一阶段混凝土强度达到规定设计强度等级后进行。拱圈或拱肋的拱架，可在混凝土强度达到设计强度等级的 70% 以上时，在第二阶段或第三阶段开始施工前拆除，但应对拆除后拱圈的稳定性进行验算。

主拱圈根据跨径的不同分为连续浇筑、分段浇筑和分环、分段浇筑。

（1）连续浇筑

跨径在 16 m 以下的混凝土拱圈或拱肋，拱圈高度较小，全桥混凝土的数量也较小，因此主拱可以从两拱脚开始连续对称地向拱顶浇筑，在混凝土失去可塑性之前完成混凝土的浇筑。当混凝土数量多而不能在限定时间内完成，则需在两拱脚处留出隔缝，于最后浇筑成拱。

（2）分段浇筑

对跨径在 16 m 以上的混凝土拱圈或拱肋，为避免先浇筑的混凝土由于拱架的下沉而开裂，减小混凝土的收缩力，可沿拱跨方向分段浇筑，各段之间留有间隔槽。这样，在拱架下沉时，拱圈各阶段有相对活动的余地，从而避免拱圈开裂。

拱段的长度一般取 6～15 m，划分拱段时应使拱顶两端保持对称、均匀。间隔槽宽 0.5～1.0 m，一般宜设在拱架受力的反弯点、拱架节点处、拱顶或拱脚。拱段的浇筑程序应符合设计要求，在拱顶两侧对称进行，以使拱架变形保持均匀和最小。图 11-46 所示为不同跨径的拱分段浇筑顺序。

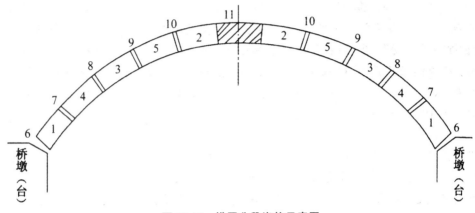

图 11-46　拱圈分段浇筑示意图

间隔槽应在拱圈各段混凝土浇筑完成且强度达到设计强度等级的 70％ 以上后进行，浇筑的顺序可从拱脚开始向拱顶对称进行，在拱顶浇筑间隔槽使拱合拢。拱的合拢温度应符合设计规定，一般应接近当地的年平均温度或在 5℃～15℃ 之间为宜。为加速施工进度，间隔槽混凝土可采用比拱圈混凝土高一级的半干硬性混凝土。

（3）分环、分段浇筑

对大跨径钢筋混凝土拱圈，为减轻拱架负重，通过计算可采用分环浇筑混凝土，即将拱圈高度分成二环或三环，先分段浇筑下环混凝土，分环合拢，再浇筑上环混凝土。下环混凝土达到设计强度后，与拱架共同承担后浇混凝土的重量，可节省支架。

分环分段浇筑也可采用先分环分段浇筑，最后一次合拢。上、下环间隔槽相互对应、贯通，一般宽度取 2 m 左右，有钢筋接头的槽宽可取用 4 m。为箱形拱主拱圈采用分环分段浇筑的顺序如图 11-47 所示。

3. 拱上建筑的施工

拱上建筑（拱上结构）是指桥面系及其与拱圈之间的传力构件或填充物的统称。

拱上建筑施工的基本要点是，拱上建筑随在拱圈合拢、混凝土或砂浆达到设计强度 30％ 以后进行。对于石拱桥，一般不少于合拢后 3 天。

拱上建筑的施工，应避免主拱圈产生过大的不均匀变形。实腹拱拱上建筑应由拱脚向拱顶对称地砌筑，当侧墙砌筑好以后，再填筑拱腹填料及修建桥面结构等。空腹式拱桥一般是在腹孔墩砌完后就卸落拱架，然后再对称地均衡砌筑腹拱圈，以免由于主拱圈的不均匀下沉而使腹拱圈开裂在多孔连拱中，当桥墩不是按单向受力墩设计时，仍应注意相邻孔间的对称均衡施工，以免桥墩承受过大的单向推力而出问题。特别是在裸拱圈上修建拱上结构的多孔连拱时,更应注意。

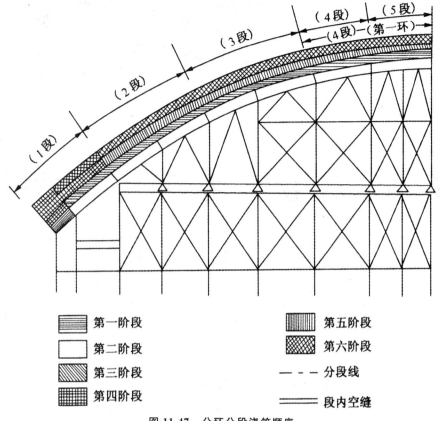

图 11-47　分环分段浇筑顺序

11.2.3　拱桥缆索吊装施工

1.缆索吊装设备

在峡谷或水深流急的河段上或在需通航的河流上或在洪水季节施工并受漂流物影响等条件下建桥,就宜考虑无支架的施工方法。

施工工序大致包括:拱肋(箱)的预制、移运和吊装、主拱圈的砌筑、拱上建筑的砌筑、桥面结构的施工等主要工序。除缆索吊装设备、拱肋(箱)的预制、移运和吊装、拱圈的砌筑外,其余工序均与有支架施工方法相同(或相近)。下面主要介绍缆索吊装施工,见图 11-48 所示,其基本内容也可用于其他无支架施工方法。

按其用途和作用,主要设备有:

(1)主索

亦称为承重索或运输天线。它横跨河面,支承在两侧塔架的索鞍上,两端锚固于地锚,吊运构件的行车支承于主索上。主索的截面积(根数)根据吊运构件的重量、垂度、计算跨径等因素由计算确定。横桥向主索的组数,可根据桥面宽度(两外侧拱肋间的距离)、塔架高度(塔架高度越大,横移构件的宽度范围就相应的增大)及设备供应情况等合理选择,一般可选 1～2 组。每组主索可由 2～4 根平行钢丝绳组成。

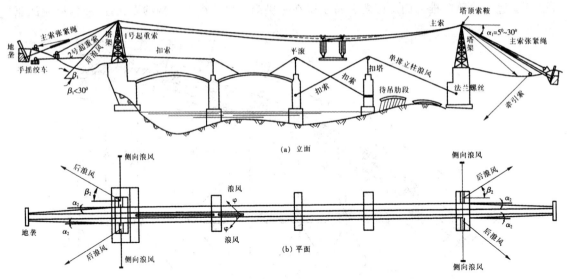

(a) 立面

(b) 平面

图 11-48 缆索吊装设备及其布置形式

（2）起重索

用来控制吊物的升降（即垂直运输），一端与卷扬机滚筒相连，另一端固定于对岸的地锚上。这样，当行车在主索上沿桥跨往复运行时，可保持行车与吊钩间的起重索长度不随行车的移动而改变，见图 11-49 所示。

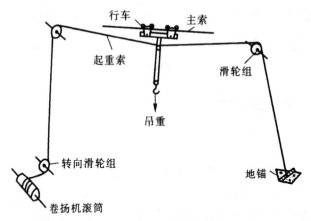

图 11-49 起重索的布置图

（3）牵引索

为牵引行车在主索上沿桥跨方向移动（即水平运输），故需在行车两端各设置一根牵引索。这两根牵引索的另一端既可分别连接在两台卷扬机上，也可合拴在一台双滚筒卷扬机上，便于操作。

（4）结索

用于悬挂分索器，使主索、起重索、牵引索不致相互干扰。它仅承受分索器（包括临时作用在它上面的工作索）的重力及自重。

（5）扣索

当拱肋分段吊装时，需用扣索悬挂端肋及调整端肋接头处标高。扣索的一端系在拱肋接头附近的扣环上,另一端通过扣索排架或塔架固定于地锚上。为了便于调整扣索的长度,可设置手摇绞车及张紧索,见图 11-50。

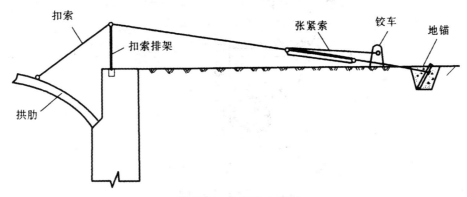

图 11-50　扣索的布置图

(6)浪风索

亦称缆风索,用来保证塔架、扣索排架等的纵、横向稳定及拱肋安装就位后的横向稳定。

(7)塔架及索鞍

塔架是用来提高主索的临空高度及支承各种受力钢索的重要结构。塔架的形式是多种多样的,按材料可分为木塔架和钢塔架两类。

木塔架的构造简单,制作、架设均很方便,但用木材数量较多。木塔架一般用于高度在 20 m 以下的场合。当高度在 20 m 以上时,较多采用钢塔架。钢塔架可采用龙门架式、独脚扒杆式或万能杆件拼装成的各种形式。

塔架顶上设置了为放置主索、起重索,扣索等用的索鞍,见图 11-51 所示,它可以减小钢丝绳与塔架的摩阻力,使塔架承受较小的水平力,并减少钢丝绳的磨损。

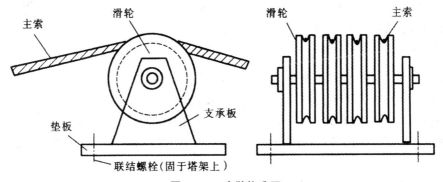

图 11-51　索鞍构造图

(8)地锚

亦称地垄或锚碇,用于锚固主索、扣索、起重索及绞车等。地锚的可靠性对缆索吊装的安全有决定性影响,设计和施工都必须高度重视。按照承载能力的大小及地形、地质条件的不同。地锚的形式和构造可以是多种多样的。条件允许时,还可以利用桥梁墩、台作锚碇,这就能节约材料,否则需设置专门的地锚。图 11-52 是一个临时性的木地垄装置,由杂木或钢轨捆扎、埋入地下而构成。

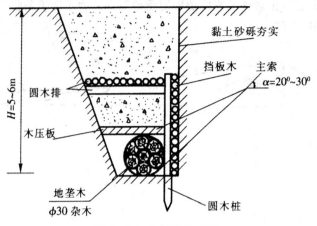

图 11-52　木地垄的构造

2．拱圈(肋)的预制

板拱、肋拱、箱拱和双曲拱桥,虽构造上有所不同,但在预制、运输、吊装等工序上的要求和方法大致相同,下面以箱形拱桥为例介绍拱圈制作工艺。

为了预制方便和减轻安装重量,先把箱形截面主拱圈从横向划分成若干根箱肋,再从纵向划分为数段,待拱肋拼装成拱后,再在箱壁间用现浇混凝土的方法连接各箱肋节段,其预制多采用组装预制的方法,施工主要步骤如下:

①按设计图的尺寸,对每一个吊装节段进行坐标放样。在放样时,应注意各接头的位置,力求准确,以减少安装困难。

②在拱箱节段的底模上,将侧板(箱壁)和横隔板安放就位,并绑扎好接头钢筋,然后浇底板混凝土及接缝混凝土,组成开口箱。

③若采用闭口箱时,便在开口箱内立顶板的底模,绑扎底板的钢筋,浇筑顶板混凝土,组成闭口箱。待节段箱肋混凝土达到设计强度后即可移运拱箱,以便进行下一节段拱箱的预制。

3．拱肋的吊装

为了保证拱肋吊装的稳定和安全,必须遵循以下规定:

①缆索吊机在吊装前必须按规定进行试拉和试吊。

②拱肋吊装时,除拱顶段以外,各段应设一组扣索扣挂。

③扣索位置必须与所扣挂的拱肋在同一竖直面内,且扣索上索鞍顶面高程应高于拱肋扣环高程。

④对于中小跨径的箱形拱桥,当其拱肋高度大于 $0.009 \sim 0.012$ 倍跨径,拱肋底面宽度为肋高的 $0.6 \sim 1.0$ 倍,且横向稳定安全系数不小于 4 时,可采用单肋合拢,嵌紧拱脚后,松索成拱,如图 11-53(a)所示。

⑤拱肋分 3 段或 5 段拼装时,至少应保持 2 根基肋设置固定风缆,拱肋接头处应设横向联结,如图 11-53(b)、(c)所示。

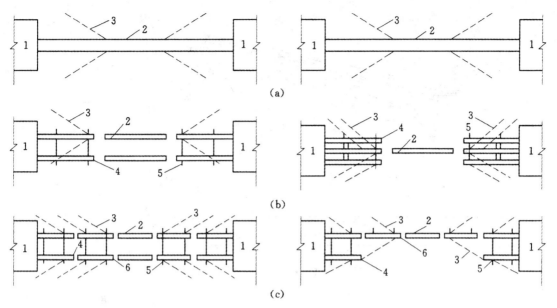

图 11-53　拱肋合拢方式示意图

1—墩台；2—基肋；3—风缆；4—肋脚段；5—横夹木；6—次拱脚段

11.2.4　拱桥无支架施工

坼工拱桥采用有支架施工，耗用大量的支架和模板，且施工工期长，特别是大跨径桥梁显得极不经济，而且还受到桥位地形、通航等条件的限制。随着大跨径钢筋混凝土轻型拱桥的发展，目前普遍采用无支架的施工方法。无支架施工主要包括悬臂拼装、转体施工等。

1.悬臂施工方法

拱桥悬臂施工是将拱圈、立柱与临时斜拉（压）杆、上拉杆组成桁架，用拉杆或缆索锚固于台后（一般锚固于岩石上），向河中悬臂逐节施工，最后于拱顶合拢。

拱桥悬臂施工方法，根据拱圈构件或上部结构的制作方式，可分为悬臂浇筑和悬臂拼装两大类；按施工过程中拱圈的支承方式，又可分为塔架斜拉索法、斜吊式现浇法、刚性骨架与塔架斜拉索联合法、悬臂桁架法。

（1）塔架斜拉索法

塔架斜拉索法的施工要点是在拱脚墩、台处安装临时的钢或钢筋混凝土塔架，用斜拉索（或斜拉粗钢筋）一端拉住拱圈节段，另一端绕向台后并锚固于岩石上，逐段向河中悬臂架设，直至拱顶合拢。按图 11-54 采用悬臂拼装时，拱脚段 45 m 为现浇段，其余采用悬臂拼装施工。

（2）斜吊式悬臂浇法

斜吊式悬臂浇法是借助于专用挂篮、结合使用斜吊钢筋的斜吊式悬臂施工，其主要施工工序如图 11-55 所示。

该拱桥拱肋除第一段（15 m）用斜吊支架现浇混凝土外，其余各段均用挂篮现浇施工。斜吊杆可以用钢丝束或预应力粗钢筋。架设过程中，作用于斜吊杆的力通过布置在桥面板上的临时拉杆传至岸边的地锚上。

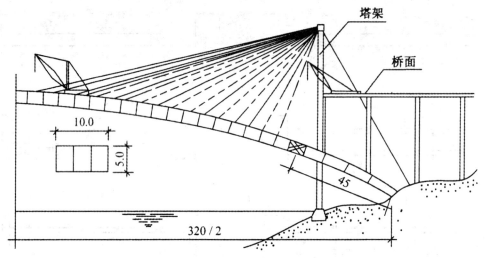

图 11-54　拱桥悬臂拼装(尺寸单位:m)

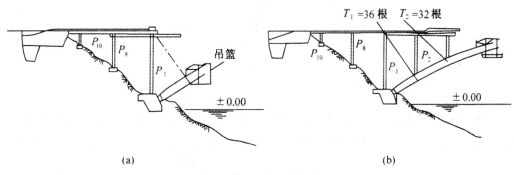

(a)　　　　　　　　　　　　　　(b)

图 11-55　拱桥悬臂浇拱

2.转体施工法

转体施工是在河流的两岸或适当的位置,利用地形或使用简便的支架先将半桥预制完成,以后以桥梁结构本身为转动体,通过一些机械设备分别将两个半桥转体到桥位轴线合拢成桥。目前,转体施工已应用在拱桥、梁桥、斜拉桥、斜腿刚架桥,一般使用于单孔或三孔的桥梁。

用转体施工法修建大跨径桥,可不搭设费用昂贵的支架,减少安装架设工序,将复杂的、技术性强的高空作业和水上作业变为在岸边的陆上作业,施工安全、质量可靠,同时不影响桥下的通航、泄洪及行车,具有良好的技术经济效益和社会效益。

转体施工可以采用平面转体、竖向转体或平竖结合转体等形式。

(1)平面转体

按照桥梁的设计标高先在两岸边预制半桥,当预制构件达到设计强度后,借助转动设备在水平面内转动至桥位中线合拢成桥。由于是平面转动,因此半桥的预制标高要准确,通常需要在岸边适当的位置先做模架,然后在模架上预制。模架可以采用简单的支架,也可以做成土牛胎直接支承预制件。由于在岸边施工,模架的构造和施工较方便。

平面转体施工可分为有平衡重转体和无平衡重转体。

1)有平衡重平面转体

有平衡重平面转体一般以桥台背墙作为平衡重,并作为桥体上部结构转体时拉杆(或拉索)

的锚碇反力墙,用以稳定转动体系和调整重心位置。因此,平衡重部分不仅在桥体转动时作为平衡重,而且也要承受桥梁转体重量的锚固力,如图 11-56 所示。拱桥的有平衡重转体施工受到转动体系重量的限制,过大的平衡重不经济,一般适用于跨径在 100 m 以内的拱桥。

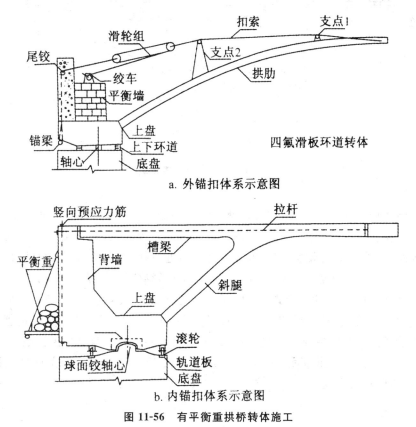

a. 外锚扣体系示意图

b. 内锚扣体系示意图

图 11-56 有平衡重拱桥转体施工

有平衡重的转体施工的特点是转体重量大,施工的关键是转体。把数百吨重的转动体系顺利、稳妥地转到设计位置,一要依靠正确的转体设计,二要有灵活可靠的转动装置,并布设牵引驱动系统。

目前,国内使用的转动装置有两种:一是以四氟乙烯作为滑板的环道平面承重转体;二是以球面转轴支承辅以滚轮的轴心承重转体。

转动体系主要由底盘、上盘、背墙、桥体上部构造、拉杆(或拉索)组成。底盘和上盘都是桥台基础的一部分,底盘和上盘之间设有能使其相互间灵活转动的转体装置。背墙一般是桥台的前墙,拉杆一般是拱桥的上弦杆(桁架拱、刚架拱),或临时设置在体外拉杆钢筋(或扣索钢丝绳)。

2)无平衡重转体施工

无平衡重转体施工不需要平衡重结构,而是以两岸山体岩土作为锚固装置,用以锚固半跨桥梁悬臂状态时产生的拉力,并在立柱的上端作转轴,下端作转盘,通过转动体系进行平面转体,如图 11-57 所示。由于撤销了平衡重,大大减轻了转动体系重量,减少了圬工数量,为桥梁转动施工向大跨径发展开辟了新的途径。

根据桥位两岸的地形,无平衡重转体可以把半跨拱圈分为上、下游两个部件,同步对称转体;或在上、下游分别在不对称的位置上预制,转体时先转到对称位置,再对称同步转体,以使扣索产生的横向力相互平衡;或直接做成半跨拱体,一次转体合拢。

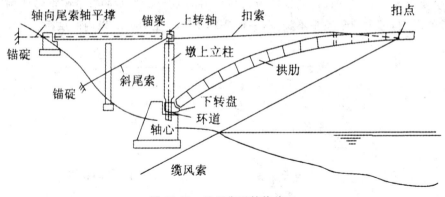

图 11-57 无平衡重转体施工

(2)竖向转体

竖向转体施工用于拱桥转体,即在桥台处先竖向预制半拱,然后在桥位竖平面内转动成拱。该方法是在竖直位置浇筑拱肋混凝土。当桥位处无水或水很浅时,可以将拱肋分为两个半跨放在桥孔下面预制,如果桥位处水较深时,可以在桥位附近预制,然后浮运至桥轴线处,再用起吊设备和旋转装置进行竖向转体施工。这种方法最适宜于钢管混凝土拱桥的施工。因为钢管混凝土拱桥的主拱圈必须先让空心钢管成拱以后再灌注混凝土,故在旋转起吊时,不但钢管自重相对较轻而且钢管本身强度也高,易于操作。如图 11-58 所示是应用扒杆吊装系统对钢管拱肋进行竖向转体施工的示意图。它的主要施工过程是:将主拱圈从拱顶分成两个半拱在地面胎架上完成,经过对焊接质量、几何尺寸、拱轴线形等验收合格后,由竖立在两个主墩顶部的两套扒杆分别将其旋转拉起,在空中对接合拢。

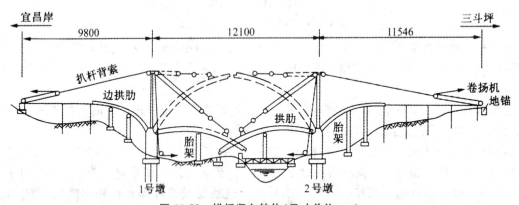

图 11-58 拱桥竖向转体(尺寸单位:cm)

参考文献

[1]JTG B01—2003 公路工程技术标准[S].北京:人民交通出版社,2004.

[2]JTG D60—2004 公路桥涵设计通用规范[S].北京:人民交通出版社,2004.

[3]JGB 50139—2004 内河通航标准[S].北京:中国计划出版社,2004.

[4]JTG D62—2004 公路钢筋混凝土及预应力混凝土桥涵设计规范[S].北京:人民交通出版社,2004.

[5]JTG D61—2005 公路坞工桥涵设计规范[S].北京:人民交通出版社,2005.

[6]JTG D63—2007 公路桥涵地基与基础设计规范[S].北京:人民交通出版社,2007.

[7]JTG/T B02-01—2008 公路桥梁抗震设计细则[S].北京:人民交通出版社,2008.

[8]强士中,邵旭东主编[M].桥梁工程.北京:高等教育出版社,2004.

[9]董军.桥梁工程[M].北京:机械工业出版社,2009.

[10]李亚东.桥梁工程概论[M].成都:西南交通大学出版社,2001.

[11]李辅元.桥梁工程[M].北京:人民交通出版社,2005.

[12]王丽荣等.桥梁工程[M].北京:中国建材工业出版社,2005.

[13]郭忠发等.桥涵工程[M].北京:人民交通出版社,2005.

[14]李永珠.桥梁工程[M].北京:人民交通出版社,1997.

[15]高红宾.公路概论[M].北京:人民交通出版社,2004.

[16]王毅才.隧道工程[M].北京:人民交通出版社,2000.

[17]彭彦彬.桥涵工程[M].大连:大连理工大学出版社,2011.

[18]胡振文,满洪高.桥梁工程(上)[M].长沙:中南大学出版社,2002.

[19]胡振文,彭彦彬.桥梁工程(下)[M].长沙:中南大学出版社,2002.

[20]彭彦彬,项志盛.道路工程[M].郑州:黄河水利出版社,2008.

[21]朱永全,宋玉香.隧道工程[M].北京:中国铁道出版社,2005.

[22]栗振锋.路基路面工程[M].北京:人民交通出版社,2005.

[23]张玉芬.道路交通环境工程[M].北京:人民交通出版社,2001.

[24]王穗平.桥梁构造与施工[M].北京:人民交通出版社,2002.

[25]张银峰,彭彦彬.道路桥梁工程概论[M].郑州:黄河水利出版社,2012.

[26]卜建清,严战友.道路桥梁工程施工[M].重庆:重庆大学出版社,2012.

[27]王学民,王以明.道路桥梁工程概论[M].北京:中国水利水电出版社,2014.

[28]孙家瑛.道路与桥梁工程材料[M].重庆:重庆大学出版社,2015.